THE CORE OF
DERIVATIVES

핵심 파생상품론

이재하
&
한덕희

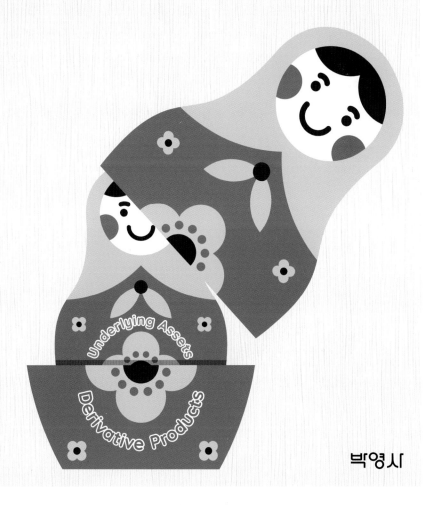

박영사

머리말

메소포타미아 지역에서 발견된 5,500년 전 인류 최초의 기록이 금융거래를 다루었을 정도로 인류역사와 함께 발전해온 금융은 단순히 경제의 한 영역이 아니라 사회, 문화, 기술, 역사적 배경까지 총망라한 집합체로서 시대의 문제를 해결해 가며, 금융혁신을 통해 끊임없이 발전을 거듭하고 있다.

특히, 1971년 8월 미국 닉슨 대통령의 금태환정지선언으로 브레튼우즈체제가 붕괴되면서 농·축산물(상품) 중심의 거래를 하던 시카고상업거래소(CME)는 1972년에 처음으로 외환(금융)을 선물거래대상으로 도입하는 혁신을 도모하였다. 이렇게 "financial futures trading"의 시대가 열린 것에 대해 노벨경제학상 수상자인 머튼 밀러는 "the most significant and successful financial innovation of the last 20 years"라고 하여 금융선물의 도입이 1970~1980년대의 금융혁신을 주도했음을 강조했다.

최근에는 글로벌 금융위기를 거치면서 금융환경이 급격하게 변화하고 위험관리의 중요성이 날이 갈수록 증가함에 따라 금융혁신 및 위험관리의 핵심인 파생상품에 대한 이해는 필수적이 되었다. 하지만 일반적으로 파생상품은 너무 복잡하고 어렵다는 선입견으로 인해 접근이 용이하지 않은 주제인 것이 사실이다. 이에 본서에서는 파생상품에 대한 선수지식이 없어도 기초부터 단계적으로 학습이 가능하게 하고 또한 배운 내용을 실무에 적용할 수 있도록 하는 것을 목적으로 한국거래소에 상장된 파생상품을 중심으로 선물, 옵션, 스왑의 세 개 주제로 구성하여 설명하였다.

제1편에서는 선물에 대해서 설명한다. 우선 선물의 기본개념과 특징 및 역할 등에 대해서 살펴본 후, 상품선물인 금선물과 돈육선물, 금융선물인 주가지수선물, 채권선물, 통화선물에 대해 각 선물의 개요와 함께 선물이론가격을 구하기 위한 보유비용

모형을 유도한다. 또한, 현물에 비해 선물이 비싸면 선물매도/현물매수, 현물에 비해 선물이 싸면 선물매수/현물매도를 통해 이익을 얻는 차익거래전략과 가격변동위험을 관리하는 헷지전략 등에 대해서 설명한다.

제2편에서는 옵션에 대해서 설명한다. 옵션의 기본개념에 대해서 살펴보고, 스프레드거래전략, 컴비네이션거래전략, 옵션가격범위, 이항옵션가격결정모형, 블랙-숄즈 옵션가격결정모형을 자세히 다룬다. 또한 옵션민감도를 이용한 투자전략 및 델타헷지전략, 포트폴리오보험전략, 옵션 측면에서의 증권가치평가, 옵션을 자본예산에 적용하여 투자의사결정으로 활용하는 실물옵션 등에 대해서 학습한다.

제3편에서는 스왑 및 신종파생금융상품에 대해서 설명한다. 신종금융상품인 ETF (상장지수펀드증권), ETN(상장지수증권), ELW(주식워런트증권)와 ELS(주가연계증권)에 대해서 알아본다. 그리고 대표적인 장외파생상품인 이자율스왑과 통화스왑의 기본개념과 스왑의 가격결정모형, 스왑을 이용한 위험관리전략에 대해서 설명한다. 또한 신용디폴트스왑, 총수익스왑, 신용연계채권, 신용스프레드옵션 등의 신용파생상품을 다룬다.

본서는 파생상품론 대학교재로서 파생상품에 대한 지식을 체계적으로 습득하려는 대학생들에게 많은 도움이 될 것이며, 동시에 금융업계에 종사하는 실무자들에게도 유용한 내용을 담고 있다. 우리나라에 도입되어 있는 파생상품들로 구사할 수 있는 투자전략 및 위험관리전략 등에 대해서 복잡하고 어려운 수학적인 설명을 피하고 보다 더 직관적으로 쉽게 이해할 수 있도록 내용을 구성하였는바, 파생상품을 처음 접하는 독자들도 기초개념부터 실무지식까지 큰 어려움 없이 마스터할 수 있을 것으로 확신한다. 끝으로 사랑하는 가족들의 성원에 항상 감사하며, 박영사의 안종만 회장, 조성호 이사, 전채린 과장 및 임직원 여러분에게 감사의 뜻을 표한다.

2021년 7월

이재하 · 한덕희

차례

PART 1 선물

CHAPTER 1 선물의 개요

CHAPTER 2 상품선물

CHAPTER 3　　주가지수선물

CHAPTER 4 채권선물

CHAPTER 9 옵션민감도

PART 3 스왑 및 신종파생금융상품

CHAPTER 13   신종금융상품

CHAPTER 14 스왑

THE CORE OF
DERIVATIVES

핵심파생상품론

선물

01 CHAPTER 선물의 개요

학습개요	본 장에서는 선물의 기본 개념과 선물의 기능 및 종류에 대해 알아본다. 또한 선물의 주요 특징인 조직화된 거래소, 표준화된 계약조건, 청산소, 증거금과 일일정산, 용이한 포지션 종결, 감독규제기관에 대해서 학습한다.
학습목표	• 선물의 개념 • 선물의 기능 및 종류 • 선물의 특징

Section 1 │ 선물의 개요

파생의 사전적 의미는 사물이 어떤 근원으로부터 갈려 나와 생긴 것을 뜻한다. 따라서 파생상품(derivatives)이라 함은 쌀이나 주식 등과 같은 현물에서 갈려 나와 생긴 상품을 의미한다. 이때, 쌀이나 주식 등과 같은 현물을 기초자산(underlying asset)이라고 하는데 이 기초자산은 파생상품거래의 대상이 된다.

파생상품의 발달 초기에는 농축산물이나 원자재 같은 실물자산이 기초자산이었으나 금융시장이 발달함에 따라 점차 주식, 채권 혹은 외환과 같은 금융자산이 기초자산이 되고 있을 뿐 아니라 최근에는 날씨나 전력, 가상화폐 등과 같은 사실상 모든 대상이 파생상품의 기초자산이 되고 있다.

파생상품은 거래소 내에서 거래되는 장내파생상품과 거래소 밖에서 거래당사자들끼리 거래하는 장외파생상품으로 구분되는데, 선물과 옵션은 장내파생상품에 해당되고 스왑은 장외파생상품에 해당된다.[1]

---

1 이재하, 한덕희, 「핵심재무관리」, 박영사(2020), pp. 542-556 참조.

1. 선물의 개념

선물(futures)은 오늘 합의된 가격으로 미래에 물건을 사거나 팔기로 약속하는 계약을 말한다. 여기서 오늘 합의된 가격은 선물가격을 의미하고, 미래시점은 만기일을 의미한다. 또한 거래 대상이 되는 물건은 기초자산에 해당되며, 사기로 약속하는 계약은 선물매수, 팔기로 약속하는 계약은 선물매도를 뜻한다. 이처럼 선물은 미래의 거래를 지금 약속하는 것이다.

일반적으로 사람들이 필요한 물건이 있을 경우 지금 당장 돈을 주고 물건을 사게 되는데, 이러한 거래는 현물거래이다. 반면, 지금은 물건가격을 미리 확정하여 미래의 어느 시점에 사거나 팔기로 계약만 하고 사전에 정한 미래시점에 가서 미리 정해 놓은 물건가격과 물건을 교환하는 거래를 선물거래라고 한다.

예를 들어, A가 피자가게에 가서 지금 당장 피자값을 주고 피자를 사는 것은 현물거래이다. 반면, A가 피자가게에 전화해서 피자를 배달시키는 것은 선물거래에 해당한다. 왜냐하면, A와 피자가게주인은 전화하는 현재시점에 피자가격을 미리 확정하여 피자를 사는 계약만 하고, 피자가 배달되는 1시간 후인 미래시점에 가서 주문 시에 확정한 피자가격을 주고 피자를 받는 거래이기 때문이다.

이러한 개념을 〈그림 1-1〉을 통하여 좀 더 자세히 살펴보자. 오늘 주식가격이 5만원이라고 하자. A라는 사람이 앞으로 주식가격이 오를 것 같으면, 지금 당장 5만원을 주고 주식을 살 수 있다. 이 거래를 현물거래라고 하고, 현재시점에서의 현물가격 (S_0)은 5만원이 된다. 예상대로 주식가격이 오르면 A는 이익을 남긴다.

이때 A는 5만원을 주고 주식을 사는 대신 그 주식을 기초자산으로 하는 선물을 B라는 사람으로부터 살 수 있다. 이 거래를 선물거래라고 한다. A는 B로부터 선물을 살 때 따로 오늘 돈을 지급하지 않으므로 '공짜'로 선물을 매수하는 것이 된다. 선물매수 시 비록 돈을 지급하지는 않지만 선물을 살 때 미래에 주식을 실제로 사는 시점에 얼마에 살 것이라고 B와 약속을 한다. 〈그림 1-1〉에서 A가 B로부터 선물을 살 때 미래에 주식을 실제로 사는 시점(만기일)에 6만원을 주고 주식을 사기로 하였다면 이 6만원을 미래시점의 거래가격이라는 의미에서 선물가격(F_0)이라고 한다.

A가 예상했던 대로 주식가격이 올라서 9만원이 되었다면, 이 가격은 미래시점의

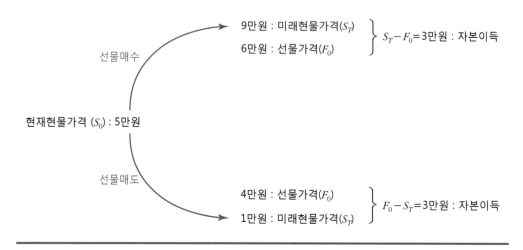

그림 1-1 선물의 개념

현재현물가격 (S_0) : 5만원

선물매수
9만원 : 미래현물가격(S_T)
6만원 : 선물가격(F_0)
$S_T - F_0$=3만원 : 자본이득

선물매도
4만원 : 선물가격(F_0)
1만원 : 미래현물가격(S_T)
$F_0 - S_T$=3만원 : 자본이득

현물가격(S_T)에 해당된다. A는 선물을 사 놓았기 때문에 만기일에 9만원짜리 주식을 선물가격인 6만원만 지급하고 B로부터 주식을 매수하게 된다. 따라서 A는 3만원의 이익($=S_T - F_0 =$9만원$-$6만원)을 얻고 '제로섬 게임'을 벌이는 B는 3만원의 손실을 본다. 공짜로 선물을 샀는데 결과적으로 3만원의 이익을 얻었으니 수익률은 무한대가 되고 이러한 결과를 속된 말로 '대박'이라고 한다.

A가 예상했던 것과 반대로 주식가격이 내려가면 어떻게 될까? 예를 들어, 2만원으로 가격이 내려가면, A는 6만원에 살 것이라고 약속을 했었기 때문에 2만원짜리 주식을 선물가격인 6만원을 지급하고 B로부터 주식을 매수해야만 한다. 이와 같이 일단 선물을 사면 주가가 오르든 내리든 반드시 약속한 가격에 사야만 하는 '의무'를 지게 된다. A는 2만원짜리를 6만원에 사므로 손실이 4만원($\leftarrow S_T - F_0 =$2만원$-$6만원$=-$4만원) 발생하고, 반면에 B는 4만원의 이익을 내게 된다. 만일에 주식가격이 계속 내려서 0원이 되어도 A는 여전히 6만원에 사야 되고, 손실은 6만원이 된다. 이러한 결과를 속된 말로 '쪽박'이라고 한다.

선물을 잘 이해하지 못하는 사람들이 이렇게 대박 혹은 쪽박의 결과를 쳐다보면서 선물거래는 무조건 위험하다는 편견을 가질 수 있다. 하지만, 선물은 잘만 활용하면 이익 획득 및 위험관리 등 여러 경우에 걸쳐 크게 도움이 되는 파생상품이다.

위의 예에서 A는 현재 5만원인 주식가격이 미래에 더 오를 것으로 예상하기 때문에 선물을 매수한다. 반면에 주식가격이 내릴 것으로 전망된다면 주식을 공매도할 수 있다. 즉, 지금 당장 주식을 빌려 와서 팔고 미래에 주식가격이 내려가면 도로 사서 갚는다는 것이다. 이처럼 주식가격의 하락이 예상될 경우에 주식을 공매도하는 대신 A는 선물을 매도할 수도 있다. 선물을 매도할 때도 거래는 '공짜'로 이루어진다. 하지만, 미래시점에 얼마에 주식을 팔겠다고 약속을 하게 된다. 이 약속하는 가격이 선물가격(F_0)이다.

〈그림 1-1〉에서 A가 B에게 오늘 선물을 매도하고 선물가격이 4만원이라고 하자. A가 예상했던 대로 주가가 내려서 1만원이 되었다면, 이 1만원이 미래현물가격(S_T)이 된다. 만기일에 A는 1만원짜리 주식을 B에게 4만원에 팔게 된다. 따라서, A는 3만원($= F_0 - S_T = 4$만원$- 1$만원)의 이익을 얻고 B는 3만원의 손실을 본다. A의 예상과 달리 주가가 계속 올라가면 어떻게 될까? 예를 들어, 주식가격이 10만원까지 치솟았다고 할 때 A는 약속한 가격인 4만원에 주식을 B에게 팔아야만 한다. 왜냐하면 선물은 처음 계약당시 선물가격에 거래하기로 한 '의무'이기 때문이다. 거래가 이행되는 미래에 A는 10만원짜리 주식을 4만원에 팔아 6만원의 손실을 입고, '제로섬 게임'을 벌이는 B는 6만원의 이익을 얻게 된다.

정리를 해보면, 가격이 오를 것으로 예상될 경우 선물을 매수하고, 가격이 내릴 것으로 예상될 경우 선물을 매도한다. 또한, 선물은 현재시점에서 '공짜'로 사고팔고, 만기 시에 손실을 보든 이익을 내든 매수했으면 반드시 사야 하고 매도했으면 반드시 팔아야만 하는 '의무'가 있으며, 매수자와 매도자는 항상 서로 '제로섬 게임(zero-sum game)'을 벌이게 된다.

2. 선물의 기능 및 종류

(1) 선물의 기능

1) 가격예시

〈그림 1-1〉에서 오늘 주식가격, 즉 현재현물가격이 5만원인데 왜 A와 B는 선물이

만기가 되는 미래시점에 6만원이라는 가격에 주식을 서로 사고팔기로 약속을 하게 될까? A와 B는 선물시장 참여자로서 선물만기일에 주식가격이 얼마가 될지에 대해 관련되는 수많은 정보를 분석해본 결과 6만원이 가장 적정한 가격일 것이라고 예측한 것이다.

예를 들어, 어떤 투자자가 주식에 상당히 관심이 있고 오늘 주식가격이 5만원인 것을 알고 있다. 미래시점에 주식가격이 얼마나 될지 궁금하면, 그 주식에 해당되는 선물의 가격을 쳐다봄으로써 미래에 현물가격이 얼마 정도가 될지 힌트를 얻을 수 있다.

〈그림 1-1〉에서 오늘 5만원인 주식에 대해 선물가격이 6만원이므로, 앞으로 주식가격이 6만원까지 오를 것이라는 정보를 얻을 수 있다. 이것을 선물의 가격예시 혹은 가격발견(price discovery)기능이라고 한다. 선물시장은 현물시장에 현물가격의 움직임에 대한 정보를 지속적으로 제공한다고 볼 수 있고 이를 선물시장의 사회적 기능이라고 부른다.

2) 헷징

선물의 가장 중요한 기능은 위험관리기능이다. 위험관리(risk management)를 다른 말로 헷징(hedging)이라고도 한다. 〈그림 1-1〉에서 지금 주식을 이미 가지고 있는 C라는 사람이 향후 가격이 많이 떨어질 것이 우려된다고 하자. 가격하락이 우려될 경우 선물을 매도하면 헷징이 된다. 주식이 5만원에서 1만원으로 내려가면 4만원만큼 손실을 본다. 하지만 선물을 매도하여 1만원짜리 주식을 4만원에 팔기 때문에 선물에서 3만원($=F_0-S_T=$4만원$-$1만원)의 이익을 얻는다. 따라서 4만원의 손실이 3만원의 이익으로 인해 순손실은 1만원이 된다. 이때 C처럼 현물을 보유하고 있는 투자자가 현물가격의 움직임으로 인한 손실을 줄이기 위해 선물을 거래하는 사람을 헷저(hedger)라 한다.

가격상승이 우려될 경우 선물을 매수하면 헷징이 된다. 예를 들어, 제빵회사의 경우 밀가루가격이 급격히 상승할 것이 우려되면 밀가루선물을 매수하여 헷징할 수 있다. 다른 예로 채권에 많은 돈을 투자한 사람이 있는데 한 달 후에 채권이 만기가 되면 목돈이 생길 것이고 이 돈을 주식에 투자할 계획이다. 하지만 앞으로 한 달 동안 주가가 급격히 상승할 것이 우려된다. 이 경우 주식선물을 매수하면 헷징할 수 있게 된다.

3) 투기

투기(speculation)는 현물포지션을 따로 취하지 않은 상태에서 선물시장에서 선물가격이 오를 것 같으면 선물을 사고, 내릴 것 같으면 선물을 파는 것이다. 그럼 투기는 무조건 나쁜 것인가? 그렇지 않다. 예를 들어, 100명의 헷저들이 선물을 매도하고 70명의 헷저들이 선물을 매수한다고 하자. 이 경우 30명의 헷저들은 선물을 매도할 수 없게 되고, 30명이 모두 선물을 매도하고자 하므로 선물가격이 상당히 많이 급격히 내려가게 된다.

이때 투기자(speculator)들은 매우 낮아진 선물가격이 곧 다시 오를 것으로 보면서 30명의 헷저들로부터 아주 싼 가격으로 선물을 매수하게 된다. 즉, 투기적 거래가 없다면 헷저는 원하는 시점에 헷징을 위한 거래를 원활히 할 수 없게 된다. 결국 위험회피자인 헷저로부터 위험선호적인 투기자로 위험이 이전된다고 볼 수 있다.

(2) 선물의 종류

초기의 선물거래는 곡물거래 중심이었으나 양적·질적으로 비약적인 발전을 거듭하여 현재는 〈그림 1-2〉와 같이 선물거래의 대상상품이 크게 확대되었다. 선물은 그 대상에 따라 상품선물(commodity futures)과 금융선물(financial futures)로 분류할 수 있다.

최초의 상품선물은 19세기 중반에 농산물을 대상으로 시카고상품거래소(CBOT: Chicago Board of Trade)에서 시작되었으며, 오늘날에는 농산물 외에도 축산물, 에너지, 귀금속, 비금속 등을 대상으로 거래하고 있다. 금융선물의 경우 시카고상업거래소(CME: Chicago Mercantile Exchange)가 1972년에 통화선물, 1982년에 S&P 500을 기초자산으로 하는 주가지수선물을 도입하였으며, 1975년에는 시카고상품거래소가 금리선물을 도입하였다.

〈그림 1-2〉에서 보듯이 한국거래소에는 돈육선물과 금선물로 구성된 상품선물이 상장되어 있다. 또한, 금융시장의 세 축인 주식시장, 채권시장, 외환시장의 현물을 기초자산으로 하는 다양한 금융선물이 상장되어 있다.

우리나라 최초의 상품선물은 1999년 4월에 상장된 금선물이다. 그 당시 상장되었던 금선물은 순도 99.99% 이상의 금지금(gold bar) 1kg을 기초자산으로 삼았다. 2010

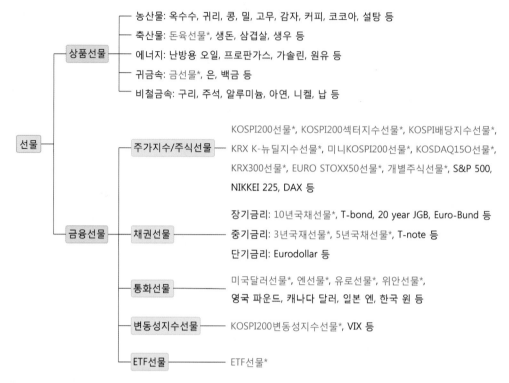

그림 1-2   선물의 종류

선물
- 상품선물
  - 농산물: 옥수수, 귀리, 콩, 밀, 고무, 감자, 커피, 코코아, 설탕 등
  - 축산물: 돈육선물*, 생돈, 삼겹살, 생우 등
  - 에너지: 난방용 오일, 프로판가스, 가솔린, 원유 등
  - 귀금속: 금선물*, 은, 백금 등
  - 비철금속: 구리, 주석, 알루미늄, 아연, 니켈, 납 등
- 금융선물
  - 주가지수/주식선물 — KOSPI200선물*, KOSPI200섹터지수선물*, KOSPI배당지수선물*, KRX K-뉴딜지수선물*, 미니KOSPI200선물*, KOSDAQ150선물*, KRX300선물*, EURO STOXX50선물*, 개별주식선물*, S&P 500, NIKKEI 225, DAX 등
  - 채권선물
    - 장기금리: 10년국채선물*, T-bond, 20 year JGB, Euro-Bund 등
    - 중기금리: 3년국채선물*, 5년국채선물*, T-note 등
    - 단기금리: Eurodollar 등
  - 통화선물 — 미국달러선물*, 엔선물*, 유로선물*, 위안선물*, 영국 파운드, 캐나다 달러, 일본 엔, 한국 원 등
  - 변동성지수선물 — KOSPI200변동성지수선물*, VIX 등
- ETF선물 — ETF선물*

* 한국거래소에 상장되어 있는 선물임.

년 9월에는 금선물의 거래단위를 1/10로 축소한 미니금선물도 상장되었다. 하지만 거래부진으로 2015년 11월 19일에 금선물과 미니금선물은 모두 상장 폐지되었고, 기존의 미니금선물을 개선한 금선물이 2015년 11월 23일에 한국거래소의 유일한 금선물로 새롭게 상장되었다. 이 금선물은 원래의 거래단위를 1/10로 낮추어 금지금 100g을 기초자산으로 하였다. 또한, 선물만기일에 실제로 금현물 100g을 사고파는 기존의 실물인수도 방식에서 벗어나 현금결제방식을 도입하였다. 즉, 현재의 거래시점에서 예측한 미래시점의 금가격에 해당하는 금선물가격(F_0)과 만기일에 실제로 형성된 금현물가격(S_T)과의 차액을 주고받게 된다.

2008년 7월에 도입된 돈육선물은 돼지가격의 변동위험을 헷지하기 위하여 1계약당 1,000kg에 해당하는 돈육대표가격을 기초자산으로 삼는다. 돈육선물은 실제로 돈육을 사고파는 것이 아니고, 현재의 거래시점에서 정해놓은 돈육대표가격인 돈육선물가격(F_0)과 만기일에 실제로 형성된 돈육현물가격(S_T)과의 차액을 주고받는 현금결제방식을 취한다.

주식시장에서의 대표적인 선물로는 1996년 5월에 최초로 상장된 KOSPI200선물을 들 수 있다. 이후, 2001년 1월에 도입된 KOSDAQ50선물이 2005년 11월에 상장폐지되고 대신 상장된 스타지수선물도 코스닥시장에 대한 대표성이 미흡하여 2015년 11월 23일에 상장 폐지되었으며, 같은 날 기술주 중심의 코스닥시장 특성을 반영한 KOSDAQ150선물이 상장되었다.

2015년 7월에는 KOSPI200선물의 1계약금액을 1/5(거래승수 25만원 → 5만원)로 축소한 미니KOSPI200선물이 상장되었고, 2018년 3월에는 유가증권시장과 코스닥시장을 아우르는 우량기업으로 구성된 KRX300지수를 기초자산으로 하는 KRX300선물도 상장되었다.

2014년 11월에는 정교한 위험관리에 대한 필요성에 따라 KOSPI200섹터지수선물이 도입되었다. 현재 KOSPI200에너지/화학, KOSPI200정보기술, KOSPI200금융, KOSPI200경기소비재, KOSPI200건설, KOSPI200중공업, KOSPI200헬스케어, KOSPI200철강/소재, KOSPI200생활소비재, KOSPI200산업재를 기초자산으로 하는 10종류의 KOSPI200섹터지수선물들이 거래되고 있다.

또한, KOSPI고배당50지수와 KOSPI배당성장50지수를 각각 기초자산으로 하는 2종류의 KOSPI배당지수선물도 2015년 10월에 상장되었다. 2016년 6월에는 최초로 해외주가지수를 기초자산으로 하는 선물인 EURO STOXX50선물이 상장되었다. EURO STOXX50선물의 기초자산은 유로존 12개 국가의 증권시장에 상장된 주식들 중에서 선정된 50종목에 대하여 지수산출전문기관인 STOXX가 산출하는 EURO STOXX50지수이다. 2021년 7월에는 최근 우리나라 주식시장을 선도하는 주도산업인 2차전지, 바이오, 인터넷, 게임 등 4개 산업군의 대표기업으로 구성된 KRX BBIG K-뉴딜지수를 기초자산으로 하는 KRX K-뉴딜지수선물을 상장하였다.

2008년 5월에는 개별주식을 기초자산으로 하는 개별주식선물이 도입되었다. 개별주식선물의 기초자산은 주식시장에 상장되어 있고 유통주식수가 200만주 이상, 소액주주수가 2,000명 이상, 1년간 총거래대금이 5,000억원 이상인 보통주식들 중에서 시가총액과 재무상태 등을 감안하여 선정된 기업이 발행한 주식을 대상으로 한다.

이외에도 KOSPI200옵션가격에 근거하여 산출되는 미래(30일)의 KOSPI200 변동성에 대한 지수(V-KOSPI200)를 기초자산으로 하는 KOSPI200변동성지수선물이 2014년 11월에 상장되었고, 2017년 6월에는 주식시장에 상장되어 있는 상장지수펀드인 ETF(Exchange Traded Fund)들을 기초자산으로 하는 5종류의 ETF선물도 상장되었다.

채권시장에서의 대표적인 선물은 1999년 9월에 도입된 3년국채선물이다. 3년국채선물 외에도 단기채권의 헷지를 위해 1999년 4월에 도입된 CD금리선물이 있었으나 2007년 12월에 상장 폐지되었고, 2002년 12월에 통안증권금리선물도 도입되었으나 역시 유동성 부족으로 2011년 2월에 상장 폐지되었다.

현재는 성공적으로 정착한 3년국채선물과 더불어 만기 5년 이상인 국고채권의 장기물 발행물량이 늘어나면서 2003년 8월에 상장된 5년국채선물과 2008년 2월에 상장된 10년국채선물이 대표적인 채권/금리선물로 자리 잡고 있다.

외환시장에서의 대표적인 선물은 1999년 4월 선물거래소 개장과 더불어 도입된 미국달러선물이 있다. 이후, 수출입 및 외국인 투자 확대에 따른 엔화와 유로화의 거래 증가, 환율의 변동성 증가 등으로 이들 외화에 대한 적극적인 환위험헷지의 필요성이 대두되면서 2006년 5월에 엔선물과 유로선물이 상장되었고, 2015년 10월에는 위안선물이 추가로 상장되었다.

| Section 2 | 선물의 특징 |

두 당사자 간에 사적이고 비공식적으로 거래가 이루어지는 선도(forward)거래의 유래는 고대 그리스시대까지 거슬러 올라간다. 19세기에 이르러서야 계약이 표준화되고 조직화된 시장에서 거래되는 현대적인 선물(futures)거래가 등장하였다. 선도거래에 대비하여 선물거래는 조직화된 거래소, 표준화된 계약조건, 청산소, 증거금 및 일일정산, 용이한 포지션 종결, 감독규제기관을 가진다는 점에서 차이가 있다.

1. 조직화된 거래소

선도거래는 장소의 구분 없이 어느 곳에서나 이루어질 수 있는 반면, 선물은 항상 조직화된 거래소에서만 거래가 이루어진다. 미국에서 가장 큰 선물거래소는 CME 그룹이다. 시카고상업거래소(CME)가 2007년 7월에 시카고상품거래소(CBOT)를 흡수합병하고, 2008년 8월에 뉴욕상업거래소(NYMEX)를 흡수합병하여 CME그룹으로 거듭나게 되었다. 미국 내의 두 번째로 큰 거래소는 2013년에 NYSE Euronext를 흡수합병한 ICE(Intercontinental Exchange)이다.

한편, 유럽지역의 가장 큰 거래소는 독일 최대 주식거래소인 독일증권거래소(Deutsche Börse Exchange)와 스위스파생상품거래소(SOFFEX: Swiss Options and Financial Futures)가 합병한 Eurex그룹이다. Eurex그룹은 Eurex거래소(Eurex Exchange), 유럽에너지거래소(European Energy Exchange), Eurex청산소(Eurex Clearing), Eurex채권시장(Eurex Bonds), Eurex리포시장(Eurex Repo)으로 구성되어 있다.

최근에는 인도의 NSE(National Stock Exchange)와 중국의 다롄거래소(DEC: Dalian Commodity Exchange), 상해선물거래소(SHFE: Shanghai Futures Exchange) 등이 급성장하여 글로벌 장내파생상품순위에서 상위를 차지하고 있다. 우리나라의 한국거래소(KRX: Korea Exchange)도 KOSPI200선물과 KOSPI200옵션의 성장에 힘입어 파생금융상품이 도입된 시점이 선진국에 비해 매우 늦지만 짧은 시간에 세계적인 거래소로 급성장하였다.

2. 표준화된 계약조건

선도거래와 선물거래의 또 다른 차이점은 표준화된 계약의 존재 여부이다. 선도거래는 당사자 간의 합의에 따라 거래가 이루어진다. 반면 선물은 계약이 표준화되어 있으므로, 어떤 상품이 어떠한 조건으로 어떻게 거래되는가를 알 수 있게 되어 선물거래의 유동성이 촉진된다. 선물계약의 거래조건들은 거래소마다 상품별로 표준화되어 있다. 우리나라 파생상품시장에서는 선물과 옵션이 상품별로 거래소에서 정한 표준화된 계약조건으로 거래되고 있다.

3. 청산소

선물은 만기 시에 손실을 보든 이익을 내든 매수했으면 반드시 사야 하고 매도했으면 반드시 팔아야만 하는 '의무'가 있다고 했다. 예를 들어, 가격이 오르면 매수자가 이익을 내고 매도자는 손실을 보게 된다. 이때 매도자가 계약조건을 이행하지 않을 위험이 있게 된다. 마찬가지로 가격이 내리면 매수자가 계약조건을 이행하지 않을 위험이 따른다. 선도거래와는 달리 거래당사자들이 반드시 계약조건을 이행하게 하기 위하여 〈그림 1-3〉과 같이 청산소(clearing house)가 매수자와 매도자 사이에서 거래에 개입하는 점이 선물거래의 또 다른 특징이다.

청산소는 선물 매수자에게는 매도자가 되고, 선물 매도자에게는 매수자가 된다. 만일에 가격이 오르면, 매수자는 이익을 내고 매도자는 손실을 본다. 매도자의 주머니에서 돈을 받아 내어 매수자의 주머니를 채워주는 역할을 청산소가 수행한다. 만일 매도자가 약속을 어기면 청산소가 매도자 대신 매수자에게 이익금을 지급해준다. 마찬가지로 매수자가 약속을 어겨도 청산소가 매수자 대신 매도자에게 이익금을 지급해준다. 이렇게 청산소는 선물거래에 참여하는 모든 거래당사자들에게 계약이행을 보장해 주는 중요한 역할을 수행한다.

이처럼 선물계약 거래당사자들의 계약불이행이 최소화가 되도록 선물의 매수자 및 매도자 간에 계약이 이행될 것을 보장하는 기관인 청산소는 거래의 계약당사자로서의 역할뿐만 아니라 증거금(margin)과 일일정산(daily settlement) 등의 청산업무를 수행하고 거래에 참여한 투자자의 거래내역자료를 보유하고 있다. 외국의 경우 거래소가 별도로 청산소를 설치하여 운영하고 있지만 우리나라는 청산소를 별도로 두지 않고 한국거래소에서 청산소의 역할을 하고 있다.

그림 1-3 　청산소

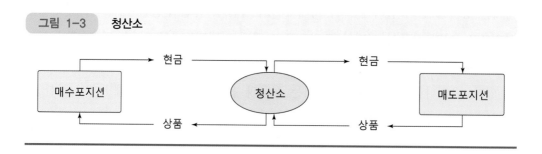

4. 증거금 및 일일정산

선물거래는 거래대상을 미래에 인수도하기 때문에 계약시점에 일종의 계약금과 같이 전체 거래금액의 일부만을 납부하는 증거금제도를 갖고 있다. 즉, 계약금 성격의 증거금만 낸다면 지금 현재 상품대금이 없더라도 선물거래가 가능하다. 이렇게 계약금만 걸어 놓고 상품대금은 따로 지급함이 없이 거래한다는 의미에서 선물은 현재 시점에서 '공짜'로 사고판다고 볼 수 있다.

선물거래의 경우 현재의 계약시점에서는 손익을 알 수 없고 미래에 거래대상을 인수도하는 시점에서 손익을 알 수 있게 된다. 증거금제도는 선물 매수자와 선물 매도자로부터 혹시 미래의 인수도 시점에 손실이 발생하더라도 반드시 결제이행을 하겠다고 약속하는 일종의 계약금 성격으로 생겨났다. 선도거래에서는 미래의 시점에 손실이 발생한 어느 일방이 거래를 이행하지 않을 위험이 있으나, 선물거래에서는 계약 당시에 납부하는 증거금이 향후 미래시점에 손실을 보더라도 계약을 반드시 이행한다는 계약이행보증의 역할을 하는 것이다.

증거금은 통상적으로 기초자산의 가격이 하루 동안 최대로 움직이는 수준으로 설정하고 있으며, 일반투자자가 거래소회원(증권회사 및 선물회사)에게 납부하는 위탁증거금과 거래소회원이 거래소에 납부하는 거래증거금으로 구분된다.[2] 이 중 위탁증거금은 크게 개시증거금(initial margin),[3] 유지증거금(maintenance margin),[4] 추가증거금 혹은 변동증거금(variation margin)으로 구분된다. 또한 연쇄적인 결제불이행을 방지하기 위하여 증거금을 매일매일 산출하여 손실액이 누적되지 않도록 일일정산을 하고 있다.

예를 들어, 투자자 A가 오늘 오전에 선물 2,000만원 어치를 투자자 B로부터 '공짜'로 샀다고 하자. A와 B 사이에서 청산소 C가 두 사람의 거래에 개입하게 된다. C는 A와 B에게 선물의 만기시점에 반드시 계약을 이행하겠다는 약속을 한다는 뜻에서

---

2 거래증거금률과 위탁증거금률은 상품마다 다르고 시장상황에 따라 변경되며 한국거래소(www.krx.co.kr)에 공시하고 있다.
3 한국거래소에서는 개시증거금을 위탁증거금이라 한다.
4 한국거래소에서는 유지증거금을 유지위탁증거금이라 한다.

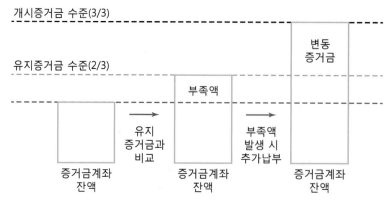

자료: 한국거래소, 「KRX 파생상품시장의 이해」, p. 157. 참조.

신규주문 시에 개시증거금으로 2,000만원의 5.7%에[5] 해당하는 114만원을 오늘 증거금계좌에 납부하게 한다. 그 결과 A의 계좌 산액은 114만원이고 B의 계좌 잔액도 114만원이 된다.

오늘 선물시장이 마감하는 시점에 2,000만원 하던 선물이 1,967만원이 되었다고 하자. 선물가격이 내려갔으니 A는 33만원 손실이 나고 B는 33만원 이익이 난다. C는 A계좌에서 33만원을 빼서 B계좌에 넣어 준다. 이제 A계좌 잔액은 81만원이 되고, B계좌 잔액은 147만원이 된다. 하루가 더 지나서 1,967만원 하던 선물이 1,947만원이 되었다고 하자. A는 또 20만원 손실이 나고 B는 20만원 이익이 난다. C는 A계좌에서 20만원을 빼서 B계좌에 넣어 준다. 이제 A계좌 잔액은 61만원이 되고, B계좌 잔액은 167만원이 된다. 이렇게 매일매일 손익을 결정하는 것을 일일정산이라고 한다.

청산소 C는 B의 계좌 잔액은 많이 늘어난 상태여서 달리 걱정할 필요가 없지만, A의 계좌 잔액이 계속 줄어드는 것이 걱정되기 시작한다. 이 문제를 해결하기 위해 청산소 C는 A와 B에게 선물이 만기가 되는 시점까지 증거금계좌 잔액이 개시증거금 수준의 2/3 이상을 유지하게 한다. 이렇게 A와 B가 유지해야 하는 최저수준의 증거금

---

5   2021년 8월 현재 KOSPI200선물의 위탁증거금률(개시증거금률)은 5.7%이고, 유지위탁증거금률(유지증거금률)은 3.8%이다.

을 유지증거금이라 한다. 개시증거금율이 5.7%이므로, 유지증거금율은 5.7%의 2/3에 해당하는 3.8%가 된다.

이제 하루가 더 지나 1,947만원 하던 선물이 1,927만원이 되었다고 하자. A계좌 잔액은 41만원까지 내려가고, B계좌 잔액은 187만원이 된다. C는 A에게 잔액이 개시증거금 수준의 2/3 혹은 거래 거시일의 선물가격의 3.8%인 76만원(=114만원×2/3= 2,000만원×3.8%)보다 더 내려갔다는 것을 알려주고, 다음날 정오까지 추가로 증거금을 더 납부하여 증거금계좌 잔액이 개시증거금 수준까지 되도록 하여야 한다는 것을 통보한다. A는 73만원(=114만원－41만원)을 추가로 더 납부하여야 하며, 이를 추가증거금 혹은 변동증거금이라 하고, 이러한 추가증거금 납부 통보를 마진콜(margin call) 이라고 한다. 실제로는 유지증거금을 산출할 때 개시증거금의 2/3가 아니라 선물거래에 해당되는 현물의 당일 종가의 3.8%로 구해준다.

5. 용이한 포지션종결

선물은 미국달러선물처럼 만기일에 실물을 인도하거나 혹은 KOSPI200선물이나 3년국채선물처럼 현금결제로 포지션을 종결할 수 있다. 또한 선도와 달리 선물은 만기 전에 반대매매를 통하여 포지션을 수월하게 종결할 수도 있다. 예를 들어, 선물을 매수한 투자자는 만기까지 기다리지 않고 언제든지 원할 때 동일한 종목을 도로 매도하는 전매를 통해 포지션을 종결할 수 있다. 마찬가지로 선물을 매도한 투자자는 동일한 종목을 도로 매수하는 환매를 통해 포지션을 종결할 수 있다.

6. 감독규제기관

선물시장에서 과도한 투기나 가격조작이 발생할 경우 선물가격이 왜곡되어 시장의 효율성을 저해한다. 선물시장은 가격조작의 가능성과 투기성이 큰 시장으로 인식되어 있기 때문에 선물거래의 순기능을 극대화하기 위해서는 적절한 규제조치가 필요하다. 우리나라의 경우 선물의 감독규제기관으로 금융위원회, 증권선물위원회, 금융감독원이 공적인 규제기관으로서, 한국거래소와 한국금융투자협회가 자율규제기관으로서 감독 역할을 수행하고 있다.

금융위원회는 금융시장에 대한 정책수립과 전반적인 금융규제 및 감독에 대한 심의·의결을 수행하고 있고 금융위원회에 별도로 설치된 기구인 증권선물위원회는 증권 및 선물시장의 관리·감독 및 감시 등의 업무를 수행한다. 그리고 금융감독원은 실질적으로 금융기관에 대한 검사 및 감독 그리고 증권·선물시장에 대한 조사·감독·감시업무를 수행하는 집행기관이다.

1. 선물

- 오늘 합의된 가격으로 미래에 물건을 사거나 팔기로 약속하는 계약
  → 의무, 제로섬 게임, 공짜거래

2. 선물의 기능

- 가격예시: 미래의 현물가격에 대한 정보제공

- 헷징: 현물가격변동에 따른 가격위험을 줄이기 위한 선물거래

- 투기: 단기간 동안 선물가격변동에 따른 이익을 얻기 위한 선물거래

3. 선물의 특징

- 조직화된 거래소

- 표준화된 계약조건

- 청산소

- 증거금과 일일정산
  - 개시증거금: 선물거래 개시일에 최초로 납부하는 증거금
  - 유지증거금: 선물거래를 하는 동안 유지해야 하는 최저수준의 증거금
  - 추가증거금: 증거금계좌 잔액이 유지증거금보다 작을 때 개시증거금 수준까지 추
    가로 납부해야 하는 증거금

- 용이한 포지션 종결

- 감독규제기관

Q1.   선물에 대한 설명으로 틀린 것은? (   )

① 제로섬 게임이다.

② 권리이다.

③ 의무이다.

④ 선물은 현재시점에서 공짜로 사고판다.

⑤ 표준화되어 있다.

Q2.   선도거래에 비해 선물거래가 가지는 특징이 아닌 것은? (   )

① 조직화된 거래소   ② 청산소

③ 용이한 포지션 종결   ④ 감독규제기관

⑤ 비표준화

Q3.   증거금에 대한 설명으로 틀린 것은? (   )

① 증거금은 선물거래대금의 일부이다.

② 개시증거금은 선물거래 개시일에 최초로 납부하는 증거금이다.

③ 증거금이 유지증거금 이하로 하락하게 되면 개시증거금 수준까지 추가로 납부해
야 한다.

④ 추가증거금은 그 다음날 12시까지 납부해야 한다.

⑤ 선물거래기간 동안 매일매일의 손익을 증거금 잔액에 반영하는 것을 일일정산이
라 한다.

Q4.   오늘 S제철 주식가격이 28만원인데 3개월 후에 만기인 S제철주식선물가격이 29만원
이라고 하자. 내가 오늘 S제철 주식선물을 29만원에 매수하였을 경우 선물만기일에 S
제철 주식가격이 32만원이라면 얼마만큼의 자본이득 혹은 자본손실이 발생하는가?
만일 선물만기일에 S제철 주식가격이 27만원이라면 얼마만큼의 자본이득 혹은 자본손
실이 발생하는가?

Q5. 오늘 K전자 주식가격이 50,000원이고, 3개월 후에 만기인 K전자 주식선물가격이 45,000원이라고 하자. 내가 오늘 K전자 주식선물을 45,000원에 매도하였을 경우 선물만기일에 K전자 주식가격이 60,000만원이라면 얼마만큼의 자본이득 혹은 자본손실이 발생하는가? 만일 선물만기일에 K전자 주식가격이 35,000원이라면 얼마만큼의 자본이득 혹은 자본손실이 발생하는가?

Q1. ②

Q2. ⑤

Q3. ①

Q4. $S_T - F_0 = 32 - 29 = 3$만원: 자본이득
$S_T - F_0 = 27 - 29 = -2$만원: 자본손실

Q5. $F_0 - S_T = 45,000 - 60,000 = -15,000$원: 자본손실
$F_0 - S_T = 45,000 - 35,000 = 10,000$원: 자본이득

상품선물

학습개요   본 장에서는 한국거래소에 상장되어 있는 선물 중 상품선물에 해당하는 금선물과 돈육선물에 대해서 알아본다. 이 세상에 거래되는 거의 모든 선물에 대해 이론가격을 구하려면 보유비용모형을 사용해야 한다. 우선 금선물에 대해 보유비용모형을 유도하여 금선물 이론가격을 계산해보기로 한다. 또한, 현물에 비해 선물이 비싸면 선물매도/현물매수(매수차익거래), 현물에 비해 선물이 싸면 선물매수/현물매도(매도차익거래)를 통해 이익을 얻는 차익거래전략과 선물을 가지고 현물의 가격위험을 관리하는 헷지전략에 대해서 학습한다.

학습목표
• 금선물과 돈육선물의 개요
• 금선물의 보유비용모형
• 금선물 차익거래전략
• 금선물 헷지전략

Section 1 | **상품선물의 개요**

1. 금선물의 개요

한국거래소(KRX)에 상장되어 있는 상품선물로는 금선물과 돈육선물이 있다. 금선물은 〈표 2-1〉과 같이 KRX금시장에서 거래되는 것과 동일한 순도 99.99% 이상 1kg 벽돌모양 직육면체 금지금(gold bar)을 거래대상인 기초자산으로 한다. 선물은 1계약을 기준으로 거래되기 때문에 1계약을 거래했을 때 얼마만큼 거래대상을 인수도할 것인가를 정해야 하는데, 이러한 계약의 크기를 거래단위라고 한다. 금선물은 1계약당 100g을 거래단위로 정하고 있고, 가격의 표시는 1g당 원화로 표시하는 것으로 정하고 있다.

투자자들이 선물가격을 조정하여 거래를 체결하고자 할 때 선물가격을 최소한으로 움직일 수 있는 수준을 설정해 놓아야 한다. 즉, 투자자가 주문을 제출할 때 표준화된 호가단위(tick)를 따라야 하는데, 호가단위란 제시가격의 최소가격단위[1]를 말한다. 금선물의 최소가격변동폭은 g당 10원으로 정하고 있기 때문에 1계약당 최소가격변동금액은 1,000원(=1계약×100g×10원)이 된다.

한편, 선물은 미래의 특정시점에 거래대상인 기초자산을 주고받는 계약이기 때문에 그 특정시점, 즉 몇 월에 인수도할 것인가를 미리 정해야 한다. 금선물은 2, 4, 6, 8, 10, 12월 중 6개와 짝수월이 아닌 월 중 1개로써 총 7개를 결제월로 정하고 있다. 예를 들어, 오늘이 11월 3일이라면 11월물, 12월물, 내년 2월물, 4월물, 6월물, 8월물, 10월물이 상장되어 거래된다.

인수도를 위한 선물결제월을 정한 후에는 어느 날에 인수도할 것인가를 정해야 한다. 인수도일 전에 선물을 최종적으로 거래할 수 있는 날을 최종거래일이라고 하고 실제로 인수도하기까지 시간이 걸리며 인수도가 일어나는 날을 최종결제일이라고 한다. 인수도일 전에 선물을 최종적으로 거래할 수 있는 날인 최종거래일(T)은 결제월의 세 번째 수요일이다. 실제로 인수도가 일어나는 최종결제일은 최종거래일(T)의 다음 거래일($T+1$) 16:00로 정해 놓고 있다.

금선물의 인수도는 최종거래일 KRX금시장 1kg 종목[2]의 종가를 최종결제가격으로 하여 현금결제를 하는 것으로 정하고 있다. 따라서 현재의 거래시점에서 만기 시점의 금현물가격의 예측치에 해당하는 금선물가격(F_0)과 만기일에 한국거래소 금시장에서 실제로 형성된 금현물가격(S_T)과의 차액을 주고받는다.

---

1 최소가격변동폭을 틱사이즈(tick size)라고도 한다. 틱은 시계에서 초침이 째깍하고 움직이는 한 칸을 나타내는 데서 유래한 말로 가장 작은 변동폭을 의미한다.
2 KRX금시장의 거래대상은 순도 99.99%, 1kg 중량의 골드바와 100g 중량의 골드바이다.

표 2-1   상품선물 거래명세

	금선물	돈육선물
기초자산	순도 99.99% 이상 1kg 벽돌모양 직육면체 금지금	돈육대표가격 (산출기관: 축산물품질평가원)
거래단위	100g	1,000kg
결제월	2, 4, 6, 8, 10, 12월 중 6개와 짝수월이 아닌 월 중 1개의 총 7개	분기월 중 2개와 그 밖의 월 중 4개
가격표시방법	원/g	원화/kg
호가가격단위	10원/g	5원/kg
최소가격변동금액	1,000원(100g×10원)	5,000원(1,000kg×5원)
거래시간	09:00-15:45 (최종거래일: 09:00-15:20)	10:15 − 15:45 (최종거래일: 10:15-15:45)
최종거래일	결제월의 세 번째 수요일	결제월의 세 번째 수요일
최종결제일	최종거래일 $T+1$일 16:00	최종거래일로부터 기산하여 3일째 거래일($T+2$)
최종결제방법	현금결제	현금결제
최종결제가격	최종거래일 KRX금시장 1천그램(g) 종목의 종가	돈육대표가격

자료: 한국거래소(www.krx.co.kr)

2. 돈육선물의 개요

2008년 7월에 도입된 돈육선물은 미국과 독일에 이어 당시 세계에서 세 번째로 상장되었고 우리나라 상품선물로는 금선물에 이어 두 번째로 상장된 상품선물이다. 돈육선물의 거래대상은 〈표 2-1〉과 같이 축산물품질평가원에서 산출되는 돈육대표가격이다. 돈육선물의 가격은 kg당 가격으로 표시한다. 계약의 크기인 거래단위는 1계약당 돈육 1,000kg이다. 예를 들어, 돈육대표가격이 1kg당 5,000원이라면 거래금액은 5,000원×1,000kg＝5,000,000원이 된다.

돈육선물을 매수하거나 매도주문을 할 수 있는 가격단위인 호가가격단위는 kg당 5원이다. 따라서 돈육선물 1계약의 최소가격변동금액은 5,000원(＝1계약×1,000kg×5원)이 된다. 즉, 돈육선물가격이 5원 변동하면 계약당 5,000원의 손익이 발생한다.

돈육선물의 상장결제월은 분기월 중 2개와 그 밖의 월 중 4개로 정하고 있다. 오늘이 11월 3일이라면 11월물, 12월물, 내년 1월물, 2월물, 3월물, 4월물이 상장되어 거래된다. 그리고 돈육선물의 최종거래일(T)은 금선물과 마찬가지로 결제월의 세 번째 수요일이다. 최종결제일은 최종거래일부터 기산하여 3일째 거래일($T+2$일)이다.

돈육선물도 금선물과 마찬가지로 현금결제방식을 채택하고 있다. 최종결제일에 최종결제가격인 돈육대표가격과 선물가격의 차이를 정산하여 주고받음으로써 선물거래를 종결한다. 돈육선물의 최종결제가격은 최종거래일인 수요일 다음 날 축산물품질평가원에서 공표하는 돈육대표가격인데, 보통 화요일과 수요일 2일간의 평균가격이 된다.

현재 도입되어 있는 금선물과 돈육선물은 아직까지 거래량이 저조하다. 특히 돈육선물의 경우 2012년 이후부터 거의 거래가 없다. 하지만 금선물의 기초자산인 금은 달러가치 하락, 인플레이션 등에 대비하는 안전자산으로 관심을 많이 받고 있다. 이에 2014년 3월에 한국거래소 내에 증권시장과 유사한 KRX금시장을 개장하였고, 금선물의 제도도 개선하여 새로운 금선물로 상장하였다. 금선물은 국제금시세의 변동성 확대에 대응하는 헷지수단으로 활용할 수 있으며, 본서에서는 금선물을 중심으로 상품선물을 설명하기로 한다.

Section 2 | **금선물의 가격결정**

1. 금선물의 보유비용모형

선물거래는 미래에 물건을 인수도하는 계약을 현재 하는 것이다. 따라서 미래에 물건가격이 어떻게 형성될지에 대한 예측이 선물가격에 반영된다. 미래물건가격이 오르리라고 예상되면 선물을 많이들 사게 되어 선물가격이 오르게 되고, 반대로 미래물건가격이 내릴 것으로 예상되면 선물을 많이들 팔게 되어 선물가격이 내리게 된다. 이러한 선물의 이론가격을 보유비용모형을 통해 계산할 수 있다.

앞 장의 〈그림 1-1〉을 다시 살펴보면, 선물을 살 때 공짜로 사고 만기시점에 수익은 미래현물가격에서 선물가격을 차감한 $S_T - F_0$가 된다. 또한 선물을 팔 때 공짜로 팔고 만기시점에 수익은 $F_0 - S_T$가 되는 것을 배웠다. 이 개념을 바탕으로 보유비용모형을 유도해 보기로 한다.

(1) 보유비용모형: 매수측면에서의 금선물 이론가격

현재의 거래시점을 0이라고 하고 선물의 만기시점을 T라고 할 때 투자자는 만기시점에서 금이라는 물건을 손에 쥐는 방법이 〈표 2-2〉와 같이 두 가지가 있다. 첫째, 선물시장에서 금선물을 매수하는 방법이다. 현재시점에서 금선물 1계약을 매수(전략 A)할 경우 만기시점에 계약을 이행하여 금을 받게 된다. 둘째, 현재시점에서 돈을 빌려와서 현물시장에서 금을 매수(전략 B)하여 만기시점까지 보유할 수 있다. 전략 A에서 현재 선물을 살 때 내 돈이 들어가지 않고 공짜로 산다는 것과 같은 의미로 전략 B에서는 돈을 빌려서 현물을 사게 되면 내 돈이 들어가지 않고 공짜로 살 수 있다.

전략 A에서 금선물을 살 때 공짜로 사니까 현재시점의 현금흐름은 0이 된다. 만기시점에서는 금선물계약을 이행하여 $S_T - F_0$만큼의 현금흐름이 발생한다.

전략 B는 $(F_0 - C)/(1 + r \times T/365)$만큼 돈을 빌려 오고, 동시에 금을 S_0만큼 지급하여 매수하는 전략이다. 금을 사는데 S_0만큼 지급하므로 현재시점의 현금흐름은 $-S_0$가 된다. 만기시점에서는 보유하고 있는 금가격이 S_T가 되며, 현재시점에서 만기시점까지 금을 보관하는 데 드는 보관비용 C를 만기시점에서 지급해야 하므로, $S_T - C$만

표 2-2   **금선물의 보유비용모형(매수측면)**

전략	현재시점의 현금흐름	만기시점의 현금흐름
A: 금선물 매수	0	$S_T - F_0$
B: 금 매수	$-S_0$	$S_T - C$
차입	$\dfrac{F_0 - C}{1 + r \times \dfrac{T}{365}}$	$-F_0 + C$
	$-S_0 + \dfrac{F_0 - C}{1 + r \times \dfrac{T}{365}}$	$S_T - F_0$

큼의 현금흐름이 발생한다.

또한 현재시점에서 $(F_0 - C)/(1 + r \times T/365)$만큼 돈을 빌려오므로 현재시점의 현금흐름은 $(F_0 - C)/(1 + r \times T/365)$가 된다. 만기시점에서는 빌려온 돈에 대해 원금과 이자를 갚아야 하므로 $-(F_0 - C)[\leftarrow ((F_0 - C)/(1 + r \times T/365)) \times (1 + r \times T/365)]$가 발생한다. 예를 들어, 100만원/(1+이자율)만큼 돈을 빌리면, 만기시점에 빌린 돈에 대해 원금과 이자를 갚아야 하므로 [100만원/(1+이자율)]×(1+이자율)이 되어 100만원을 갚아야 하는 것과 같은 개념이다. 전략 B의 만기시점에서의 총현금흐름은 $S_T - C - (F_0 - C) = S_T - F_0$이 되어, 전략 A의 현금흐름 $S_T - F_0$와 일치하게 된다.

이와 같이 전략 A와 전략 B는 만기시점에서 동일한 가치를 가져 현금흐름이 $S_T - F_0$로 서로 같게 되므로, 현재시점에서 두 전략의 가치도 같아야만 차익거래이익이 발생하지 않게 된다. 여기에서 차익거래에 대한 중요한 개념을 한 번 다지고 넘어갈 필요가 있다. 예를 들어, A와 B가 지금 각각 400원이고 600원이며, 1년이 지나면 둘 다 1,000원이 된다고 하자. 다시 말하면, A와 B는 1년 뒤에 모두 1,000원이 되는데 현재 A는 싸고(400원) B는 비싸다(600원). 따라서 싼 A를 사고 비싼 B를 파는 차익거래를 통해 지금 당장 200원 벌고, 이 경우 차익거래이익이 200원이 된다. 1년 후에는 A는 사고 B는 팔았기 때문에 +1,000−1,000=0이 되어 현금흐름이 서로 상쇄된다.

이처럼 차익거래이익을 얻기 위하여 너도 나도 A를 사고 B를 팔면 A가격은 점점 올라가고 B가격은 점점 내려가게 될 것이고 A와 B 모두 500원으로 서로 같아지면 더이상 차익거래이익이 발생하지 않게 된다. 즉, A와 B 모두 1년 후에 1,000원이 될 경우 차익거래이익이 발생하지 않으려면 오늘 둘의 가격이 같아져야 된다는 것이다.

〈표 2-2〉에서 만기시점에 현금흐름이 전략 A와 전략 B 모두 $S_T - F_0$이 되므로 전략 A의 현재시점의 현금흐름 0과 전략 B의 현재시점의 현금흐름 $-S_0 + (F_0 - C)/(1 + r \times T/365)$이 동일해야 한다. 따라서, 금선물 이론가격은 식(2-1)과 같이 도출된다.

$$0 = -S_0 + \frac{F_0 - C}{1 + r \times \dfrac{T}{365}} \quad \rightarrow \quad F_0 = S_0\left(1 + r \times \frac{T}{365}\right) + C \qquad (2-1)$$

식(2-1)을 보유비용모형(cost-of-carry model)이라고 부르며, 이 세상에 존재하는 거의 대부분의 선물의 이론가격은 바로 이 보유비용모형을 통해 구할 수 있다. 보유비용이란 현재부터 인수도하는 날까지 현물을 보유하는 데 관련된 비용으로서 보관비용(storage costs), 보험료(insurance costs), 운송비용(transportation costs), 이자와 같은 금융비용(financing costs) 등을 말한다. 보관비용은 선물의 만기일까지 현물을 창고에 보관할 경우 발생하는 비용이다. 보험료는 만기일까지 현물을 보관할 경우 그동안 발생할지도 모르는 화재나 상품의 변질에 대비하여 지불하는 비용이다. 운송비용은 대상자산을 인수도 장소까지 운송할 때 드는 비용이다. 이자는 현물을 매수하여 만기일까지 보관할 경우 발생하는 현물매수자금의 기회비용을 말한다.

금선물 이론가격을 구하는 데 사용하는 보유비용모형인 식(2-1)에서 금선물 대비 금현물에 수반되는 보유비용은 빌려온 돈으로 금현물을 사므로 빌려온 돈에 대한 이자비용과 금현물을 현재시점에서 만기시점까지 보관하는 데 드는 보관비용이 포함된다. 금현물에 대한 보험료 및 운송비용이 발생한다면, 그러한 비용들도 식(2-1)에 나온 보관비용 C에 포함시켜야 한다.

(2) 보유비용모형: 매도측면에서의 금선물 이론가격

현재의 거래시점을 0이라고 하고 선물의 만기시점을 T라고 할 때 투자자는 만기시점에서 금이라는 물건을 파는 방법이 〈표 2-3〉과 같이 두 가지가 있다.

전략 C는 현재시점에서 금선물을 매도하는 것이다. 금선물을 팔 때 공짜로 파니까 현재시점의 현금흐름은 0이 된다. 만기시점에서는 금선물계약을 이행하여 $F_0 - S_T$ 만큼의 현금흐름이 발생한다.

전략 D는 현물을 공매하고 돈을 대출하는 것이다. 공매란 현물을 빌려와서 매도하고 나중에 현물로 되갚는 것을 말한다. 오늘 금을 빌려와서 파니까 금가격 S_0이 들어온다. 그리고 $(F_0 - C)/(1 + r \times T/365)$만큼 돈을 빌려준다. 만기시점에서는 공매한 현물을 사서 갚는데 보관비용 C는 차감하고 갚기 때문에[3] $-S_T + C$가 발생한다. 그리고 현재시점에서 $(F_0 - C)/(1 + r \times T/365)$만큼 빌려준 돈의 원리금 $F_0 - C(= [(F_0 -$

---

3 금을 빌려준 원소유주는 공매로 인해 금을 보관할 필요가 없으므로 보관비용이 나가지 않는다. 따라서 만기시점에 금을 사서 갚을 때 원소유자에게 보관비용은 차감하고 갚는다.

전략	현재시점의 현금흐름	만기시점의 현금흐름
표 2-3	금선물의 보유비용모형(매도측면)	

전략	현재시점의 현금흐름	만기시점의 현금흐름
C: 금선물 매도	0	$F_0 - S_T$
D: 금 공매	S_0	$-S_T + C$
대출	$-\dfrac{F_0 - C}{1 + r \times \dfrac{T}{365}}$	$F_0 - C$
	$S_0 - \dfrac{F_0 - C}{1 + r \times \dfrac{T}{365}}$	$F_0 - S_T$

$C)/(1+r \times T/365)] \times (1+r \times T/365))$만큼 받는다. 따라서 만기시점의 총현금흐름은 $-S_T + C + F_0 - C = F_0 - S_T$가 되어, 전략 C의 현금흐름과 일치한다.

이와 같이 전략 C와 전략 D는 만기시점에서 동일한 가치를 가져 현금흐름이 $F_0 - S_T$로 서로 같게 되므로 현재시점에서 두 전략의 가치도 같아야만 차익거래이익이 발생하지 않게 된다. 즉, 전략 C의 현재시점의 현금흐름 0과 전략 D의 현재시점의 현금흐름 $S_0 - (F_0 - C)/(1+r \times T/365)$가 동일해야 하므로 금선물 이론가격은 식(2-2)와 같이 도출된다.

$$0 = S_0 - \frac{F_0 - C}{1 + r \times \dfrac{T}{365}} \rightarrow F_0 = S_0\left(1 + r \times \frac{T}{365}\right) + C \tag{2-2}$$

차입이자율과 대출이자율이 서로 같다면 전략 A와 전략 B로부터 구해 낸 식(2-1)의 선물이론가격과 전략 C와 전략 D로부터 구해낸 식(2-2)의 선물이론가격이 서로 같게 된다.

2. 금선물 차익거래전략

차익거래란 위험을 추가로 부담하지 않고 두 개 이상의 투자대상에 동시에 투자하여 가격의 불일치를 이용하여 비싼 물건은 팔고 싼 물건을 사서 그 차이만큼을 이익으로 얻는 거래이다. 식(2-1)과 식(2-2)의 보유비용모형을 보면 선물이론가격이 현

물가격에 보유비용이 반영되어 계산되는 것을 알 수 있다.[4]

따라서 현재 시장에서 거래되고 있는 선물실제가격이 선물이론가격보다 더 높다는 것은 선물실제가격이 현물가격에 대비하여 비싸다는 것을 의미한다. 이 경우 비싼 선물을 팔고 싼 현물을 사는 매수차익거래가 가능해진다. 마찬가지로 선물실제가격이 선물이론가격보다 더 낮다면 선물실제가격이 현물가격에 대비하여 싸다는 것이다. 이 경우 싼 선물을 사고 비싼 현물을 파는 매도차익거래가 가능해진다.

(1) 금선물 매수차익거래전략

금선물 실제가격이 과대평가되어 있을 경우에는 〈표 2-4〉와 같이 과대평가된 금선물을 매도하고(전략 C) 차입한 자금으로 과소평가된 금현물을 매수(전략 B)함으로써 선물만기일에 식(2-3)의 차익거래이익을 얻을 수 있다. 이렇게 전략 C와 전략 B를 결합한 전략을 매수차익거래(cash-and-carry arbitrage)전략이라고 한다.

이때 차익거래자는 현재시점에서 아무런 비용을 부담하지 않고(zero investment) 선물만기일에 주가(S_T)의 움직임에 상관없이(no uncertainty, risk-free) $F_0 - [S_0(1 + r \times T/365) + C]$, 즉, 금선물 실제가격과 금선물 이론가격의 차이만큼의 차익거래이익을 얻는다.

| 표 2-4 | 금선물 매수차익거래전략(전략 C + 전략 B) |

전략	현재시점의 현금흐름	만기시점의 현금흐름
C: 금선물 매도	0	$F_0 - S_T$
B: 금 매수	$-S_0$	$S_T - C$
차입	S_0	$-S_0\left(1 + r \times \dfrac{T}{365}\right)$
차익거래이익	0	$F_0 - S_0\left(1 + r \times \dfrac{T}{365}\right) - C$

---

[4] $F_0 = S_0\left(1 + r \times \dfrac{T}{365}\right) + C \rightarrow F_0 = S_0 + S_0 \times r \times \dfrac{T}{365} + C \rightarrow$ 선물이론가격 = 현물가격 + 이자비용 + 보관비용
$\rightarrow$ 선물이론가격 = 현물가격 + 보유비용

$$\text{매수차익거래이익} = \text{금선물 실제가격} - \text{금선물 이론가격}$$

$$= F_0 - \left[S_0 \left(1 + r \times \frac{T}{365} \right) + C \right] \qquad (2\text{-}3)$$

(2) 금선물 매도차익거래전략

금선물 실제가격이 과소평가되어 있으면 〈표 2-5〉와 같이 과소평가된 금선물을 직접 매수(전략 A)하고 과대평가된 금현물을 공매하여 그 자금을 대출(전략 D)함으로써 선물만기일에 식(2-4)의 차익거래이익을 얻을 수 있다. 이렇게 전략 A와 전략 D를 결합한 전략을 매도차익거래(reverse cash-and-carry arbitrage)전략이라고 한다.

매수차익거래와 마찬가지로 차익거래자는 현재시점에서 아무런 비용을 부담하지 않고(zero investment) 선물만기일에 주가(S_T)의 움직임에 상관없이(no uncertainty, risk-free) $[S_0(1 + r \times T/365) + C] - F_0$만큼의 차익거래이익을 얻는다.

$$\text{매도차익거래이익} = \text{금선물 이론가격} - \text{금선물 실제가격}$$

$$= \left[S_0 \left(1 + r \times \frac{T}{365} \right) + C \right] - F_0 \qquad (2\text{-}4)$$

표 2-5	금선물 매도차익거래전략(전략 A + 전략 D)	
전략	현재시점의 현금흐름	만기시점의 현금흐름
A: 금선물 매수	0	$S_T - F_0$
D: 금 공매	S_0	$-S_T + C$
대출	$-S_0$	$S_0 \left(1 + r \times \dfrac{T}{365} \right)$
차익거래이익	0	$S_0 \left(1 + r \times \dfrac{T}{365} \right) + C - F_0$

| 예제 | 금선물 차익거래전략 | ● ● ● |

현재 금가격이 g당 48,000원이고 91일물양도성예금증서 금리는 2.5%, 기타 보유비용은 g당 5원이며 선물만기일에 지급된다. 만기일까지의 잔존기간 일수는 25일이고 g당 금선물가격은 50,000원이다.

(1) 어떠한 차익거래전략을 세울 것이며 차익거래이익은 얼마인가?

(2) 만일 금선물가격이 45,000원이라면 어떠한 차익거래전략을 세울 것이며 차익거래이익은 얼마인가?

┃답┃

(1) 이론가격: $F_0 = S_0\left(1 + r \times \dfrac{T}{365}\right) + C = 48,000\left(1 + 0.025 \times \dfrac{25}{365}\right) + 5 = 48,087원$

실제가격(50,000원) > 이론가격(48,087원) → 선물매도, 현물매수: 매수차익거래전략

매수차익거래전략	현재시점의 현금흐름	만기시점의 현금흐름
C: 금선물 매도	0	$50,000 - S_T$
B: 금 매수	$-48,000$	$S_T - 5$
차입	48,000	$-48,000\left(1 + 0.025 \times \dfrac{25}{365}\right)$
차익거래이익	0	$1,913 (= 50,000 - 48,087)$

(2) 실제가격(45,000원) < 이론가격(48,087원) → 선물매수, 현물매도: 매도차익거래전략

매도차익거래전략	현재시점의 현금흐름	만기시점의 현금흐름
A: 금선물 매수	0	$S_T - 45,000$
D: 금 공매	48,000	$-S_T + 5$
대출	$-48,000$	$48,000\left(1 + 0.025 \times \dfrac{25}{365}\right)$
차익거래이익	0	$3,087 (= 48,087 - 45,000)$

헷지(hedge)는 다른 말로 위험관리(risk management)라고도 부르며, 현물가격 하락이 우려되면 선물을 매도하고, 실제로 현물가격이 하락하여 손실이 발생할 때 선물에서의 이익으로 손실을 줄여줄 수 있다. 마찬가지로 현물가격 상승이 우려되면 선물을 매수하여 현물에서의 손실을 선물에서의 이익을 통해 손실을 줄여줄 수 있다.

이러한 헷지전략을 실행하기 위해 선물을 얼마나 거래하여 헷지해야 할 것인가 즉, 헷지비율을 먼저 정해야 한다. 헷지비율 도출과 관련된 내용은 제3장 주가지수선물에서 자세히 다루기로 한다.

1. 금선물 매도헷지

매도헷지(short hedge)는 금현물시장에서 매수포지션을 취하고 있는 투자자가 금가격이 하락할 것이 우려되어 금선물을 매도하는 전략이다. 실제로 금가격이 하락할 경우 금으로부터의 손실이 금선물로부터의 이익에 의해 줄어들게 된다.

예를 들어, 투자자 A가 금 1g을 가지고 있는데, 최근 금가격이 하락추세가 되어 향후 금가격이 크게 떨어질 것으로 예상하고 있다고 하자. 현재 1g당 금가격은 10만원이다. 투자자 A는 금가격 하락으로 인한 손실의 불안으로 금선물 1계약을 g당 11만원에 매도하였다. 투자자 A의 예상대로 한 달 후에 금가격이 폭락하여 1g당 7만원이 되었고, 선물가격도 하락하여 1g당 8만원이 되었다면 투자자 A의 한 달 후 손익은 어떻게 되겠는가?

투자자 A는 금현물에서 3만원(←7만원−10만원)의 손실을 본다. 하지만 선물매도계약을 반대거래로 종결하여 선물에서 3만원(=11만원−8만원)의 이익을 본다. 이는 투자자 A가 향후 현물가격 하락에 대비하여 지금 선물을 매도함으로써 향후에 실제로 현물가격이 하락하였을 때 선물에서 이익을 얻어 현물의 손실을 줄일 수 있게 됨을 보여준다.

| 예제 | 금선물 매도헷지 | ● ● ● |

전자제품을 생산하는 A기업은 전자제품 생산에 사용되는 금을 g당 10만원에 1kg을 보유하고 있다. 하지만 향후 금가격의 하락이 예상되는 상황이어서 A기업은 금선물로 헷지하기 위해 금선물 13계약을 g당 9만원에 매도하였다. 한 달 후에 금가격이 10% 하락하고 금선물이 8% 하락한 상황에서 헷지를 해제할 경우 헷지를 할 경우와 하지 않을 경우의 손익을 분석하시오. 금선물의 거래단위는 1계약당 100g이다. 단, 거래비용은 없다고 가정한다.

▌답▌

헷지 안 할 경우의 손익: $-(100,000원)(0.1)(1,000g) = -10,000,000원$

헷지 할 경우의 손익: $-(100,000원)(0.1)(1,000g) + (90,000원)(0.08)(100g)(13계약)$

$$= -10,000,000원 + 9,360,000원 = -640,000원$$

2. 금선물 매수헷지

매수헷지(long hedge)는 금현물시장에서 미래에 매수포지션을 취하려는 투자자가 금가격이 상승할 것이 우려되어 금선물을 매수하는 전략이다. 실제로 현물가격이 상승할 경우 금으로부터의 손실이 금선물로부터의 이익에 의해 줄어든다.

예를 들어, 투자자 B가 금 1g을 한 달 후에 사고자 한다. 최근 금가격은 많이 하락하였지만 현재는 금을 살 상황이 여의치 않아 부득이 한 달 후에 사야 한다. 하지만 한 달 후에는 현재 1g당 10만원인 금가격이 현재보다 많이 올라가리라고 예상되고 있다.

이 경우 투자자 B는 한 달 후에 현재보다 높은 가격으로 금을 매수하여 손실을 볼 우려가 있기 때문에 현재 금선물 1계약을 g당 13만원에 매수하였다. 투자자 B의 예상대로 한 달 후에 금가격이 상승하여 1g당 12만원이 되었고, 선물가격도 상승하여 1g당 15만원이 되었다면 투자자 B의 한 달 후 손익은 어떻게 되겠는가?

투자자 B는 금현물에서 2만원(←10만원−12만원)의 손실을 본다. 하지만 선물매수 계약을 반대매매로 종결하여 선물에서 2만원(=15만원−13만원)의 이익을 본다. 이는 투자자 B가 향후 현물가격 상승에 대비하여 지금 선물을 매수함으로써 향후에 실제로 현물가격이 상승하였을 때 선물에서 이익을 얻어 현물의 손실을 줄일 수 있게 됨을 보여준다.

예제 **금선물 매수헷지** ● ● ●

귀금속 제품을 생산하는 B기업은 제품생산에 소요되는 금 1kg을 한 달 후에 사려고 한다. 하지만 현재 g당 8.2만원인 금가격이 향후 상승할 것이 우려되어 g당 9만원에 한 달 후 만기가 되는 금선물을 7계약 매수하였다. 한 달 후에 금가격이 7% 상승하고 금선물이 9% 상승한 상황에서 헷지를 해제할 경우 헷지를 할 경우와 하지 않을 경우의 손익을 분석하시오. 금선물의 거래단위는 1계약당 100g이다. 단, 거래비용은 없다고 가정한다.

┃답┃

헷지 안 할 경우의 손익: $-(82{,}000원)(0.07)(1{,}000g) = -5{,}740{,}000원$

헷지 할 경우의 손익: $-(82{,}000원)(0.07)(1{,}000g) + (90{,}000원)(0.09)(100g)(7계약)$

$$= -5{,}740{,}000원 + 5{,}670{,}000원 = -70{,}000원$$

1. 상품선물의 거래명세

	금선물	돈육선물
기초자산	순도 99.99%이상 1kg 벽돌모양 직육면체 금지금	돈육대표가격(산출기관: 축산물 품질평가원)
거래단위	100g	1,000kg
결제월	2, 4, 6, 8, 10, 12월 중 6개와 짝수월이 아닌 월 중 1개의 총 7개	분기월 중 2개와 그 밖의 월 중 4개
가격표시방법	원/g	원화/kg
호가가격단위	10원/g	5원/kg
최소가격변동금액	1,000원(100g×10원)	5,000원(1,000kg×5원)
거래시간	$09:00-15:45$ (최종거래일: $09:00-15:20$)	$10:15-15:45$ (최종거래일: $10:15-15:45$)
최종거래일	결제월의 세 번째 수요일	결제월의 세 번째 수요일
최종결제일	최종거래일 $T+1$일 16:00	최종거래일로부터 기산하여 3일째 거래일($T+2$)
최종결제방법	현금결제	현금결제
최종결제가격	최종거래일 KRX금시장 1천그램(g)종목의 종가	돈육대표가격

2. 금선물의 보유비용모형

• 선물이론가격 = 현물가격 + 보유비용(이자비용, 보관비용, 보험료 등)

$$\rightarrow F_0 = S_0\left(1 + r \times \frac{T}{365}\right) + C$$

3. 금선물 차익거래전략

• 매수차익거래이익 = 금선물 실제가격 - 금선물 이론가격

$$= F_0 - \left[S_0\left(1 + r \times \frac{T}{365}\right) + C\right]$$

• 매도차익거래이익＝금선물 이론가격－금선물 실제가격

$$= \left[S_0 \left(1 + r \times \frac{T}{365} \right) + C \right] - F_0$$

4. 금선물 헷지전략

• 매도헷지: 금현물시장에서 매수포지션을 취하고 있는 투자자가 금가격이 하락할 것이 우려되어 금선물을 매도하는 전략

• 매수헷지: 금현물시장에서 미래에 매수포지션을 취하려는 투자자가 금가격이 상승할 것이 우려되어 금선물을 매수하는 전략

Q1. 현재 금 1g이 47,300원이고 잔존만기 15일인 금선물가격은 47,820원이다. 보유비용은 없다고 가정하고 이자율이 3.5%라고 할 때 다음 중 어느 것이 적절한 차익거래전략인가? (   )

① 금현물 매수, 차입, 금선물 매수
② 금현물 매도, 대출, 금선물 매도
③ 금현물 매수, 차입, 금선물 매도
④ 금현물 매도, 대출, 금선물 매수
⑤ 금현물 매수, 대출, 금선물 매도

[문2–문4] (2012 CPA 2차) 만기가 1년인 금선물계약을 고려하자. 금의 현물가격은 온스당 400달러이고 무위험이자율은 연10%이다. 보관비용은 연간 온스당 2달러이며 만기에 지불된다. 금선물 1계약은 금 100온스 기준이다. 선물거래에 대해서는 만기에 가서 현물을 인수 또는 인도함으로써 계약을 이행한다고 가정하자.

Q2. 금선물의 균형가격을 계산하시오.

Q3. 금선물가격이 온스당 500인 경우 차익거래(arbitrage)를 통한 차익(payoff)을 계산하시오. 계산결과는 아래의 표를 이용하여 시점별 현금흐름의 관점에서 표기하시오. (단, 선물계약 1단위 기준으로 작성한다.)

거래내용	현재시점의 현금흐름	만기시점의 현금흐름
⋮	⋮	⋮
차익거래이익		

Q4. 금선물가격이 온스당 420인 경우 차익거래(arbitrage)를 통한 차익(payoff)을 계산하시오. 계산결과는 문3과 동일하게 표를 이용하여 시점별 현금흐름의 관점에서 표기하시오. (단, 선물계약 1단위 기준으로 작성한다.)

Q5. 만두를 생산하는 C기업은 만두 생산에 사용되는 돼지고기 10,000kg을 한 달 후에 사고자 한다. 현재 돼지고기는 kg당 9,000원이다. 하지만 가격상승이 우려되어 한 달 후 만기가 되는 돈육선물을 kg당 10,000원에 9계약 거래하였다. 한 달 후에 돼지고기 가격이 10% 상승하고 돈육선물도 9% 상승한 상황에서 헷지를 해제하였다. C기업은 어떠한 헷지전략을 구사하였는가? 또한 손익은 얼마인가? 돈육선물의 거래단위는 1계약당 돈육 1,000kg이다. 단, 거래비용은 없다고 가정한다. (　　)

① 매수헷지, −900,000원　　　　② 매도헷지, −900,000원

③ 매수헷지, +1,800,000원　　　④ 매도헷지, +1,800,000원

⑤ 매수헷지, 0원

Q1. ③

┃답┃

금선물 이론가격: $F_0 = S_0\left(1 + r \times \dfrac{T}{365}\right) + C$

→ $F_0 = 47,300\left(1 + 0.035 \times \dfrac{15}{365}\right) = 47,368$원/g < 금선물 실제가격(47,820원/g)

→ 선물과대평가: 금선물 매도(전략 C), 금현물 매수 및 차입(전략 B)

Q2. $F_0 = S_0\left(1 + r \times \dfrac{T}{365}\right) + C$ → $F_0 = 400\left(1 + 0.1 \times \dfrac{365}{365}\right) + 2 = 442$달러/온스

→ 442×100온스 $= 44,200$달러/1계약

Q3. 실제가격(500) > 이론가격(442) → 선물매도, 현물매수: 매수차익거래전략

선물계약 1단위 = 금 100온스

매수차익거래전략	현재시점의 현금흐름	만기시점의 현금흐름
C: 금선물 매도	0	$50,000 - S_T$
B: 금 매수	$-40,000$	$S_T - 200$
차입	$40,000$	$-40,000(1 + 0.1)$
차익거래이익	0	5,800

차익거래이익 = 5,800달러/1계약

Q4. 실제가격(420) < 이론가격(442) → 선물매수, 현물매도: 매도차익거래전략

매도차익거래전략	현재시점의 현금흐름	만기시점의 현금흐름
A: 금선물 매수	0	$S_T - 42,000$
D: 금 공매	$40,000$	$-S_T + 200$
대출	$-40,000$	$40,000(1 + 0.1)$
차익거래이익	0	2,200

차익거래이익 = 2,200달러/1계약

Q5. ①

┃답┃

현물가격상승 우려 → 매수헷지

헷지 할 경우의 손익: $(-9,000원)(0.1)(10,000kg)+(10,000원)(0.09)(1,000kg)(9계약)$
$$=-900,000원$$

03 CHAPTER

주가지수선물

학습개요

본 장에서는 한국거래소에 상장되어 있는 가장 대표적인 금융선물로서 세계적으로 널리 알려져 있는 주가지수선물인 KOSPI200선물을 다루기로 한다. 우선 선물이론가격을 구하기 위한 보유비용모형을 유도한 다음, 현물에 비해 선물이 비싸면 선물매도/현물매수(매수차익거래), 현물에 비해 선물이 싸면 선물매수/현물매도(매도차익거래)하여 이익을 얻는 차익거래전략에 대해 자세히 알아본다. 또한, KOSPI200선물을 이용하여 주식포트폴리오의 가격변동위험을 관리하는 헷지전략, 주식과 채권에 투자하는 비중을 조정하는 자산배분전략 등에 대해서 배운다.

학습목표

• KOSPI200
• KOSPI200선물의 개요
• KOSPI200선물의 보유비용모형
• KOSPI200선물 차익거래전략
• KOSPI200선물 헷지전략
• KOSPI200선물을 이용한 자산배분전략

Section 1 | **KOSPI200**

1. 주가지수의 개요

주가지수는 금융자산에 대한 특정시장의 투자성과를 반영하기 위한 주식들의 평균화된 가격을 말한다. 한국거래소에서 발표하는 주가지수는 4종류가 있다. 첫째, 2005년 한국거래소의 통합출범을 계기로 산출하는 KRX 시리즈(KTOP30, KRX300, KRX100, KRX섹터지수 등)로 유가증권시장과 코스닥시장의 보통주 중에서 대표종목을 선별하여 산출한다. 둘째, 유가증권시장에 상장된 종목을 대상으로 산출하는 KOSPI 시리즈(KOSPI, KOSPI200, KOSPI200섹터지수 등)이다. 셋째, 코스닥시장에 상장된 종목을 대상으로 산출하는 KOSDAQ 시리즈(KOSDAQ, KOSDAQ150, KOSDAQ150섹터지수 등)이다. 넷째, 특정한 주제의 평가기준을 충족하는 구성종목을 선별하여 산출하는 테마지수 시리즈(KOSPI고배당50, KOSPI배당성장50 등)이다.

이러한 주가지수 시리즈 중 특히 KOSPI는 시황파악 및 투자판단을 위한 지표(indicator)나 자산운용실적의 평가지표(benchmark)로 사용되며, KOSPI200은 대표적인 블루칩지수로서 선물, 옵션, ETF(exchange traded fund), ELS(equity linked securities) 등 다양한 금융상품의 기초자산으로 사용된다.

주가지수를 산출하는 방법은 모든 주가들을 합한 다음 이를 종목수로 나누어 지수를 구하는 가격가중평균지수(price-weighted average index)법과 모든 주식의 시가총액(주식수×현재가)을 합산한 금액과 기준연도의 시가총액을 합산한 금액을 비교하여 지수를 산출하는 가치가중평균지수(value-weighted average index)법이 있다.

지수를 산출할 때 가중치를 쓰는 이유는 지수에 각 주식의 상대적인 중요성을 적절한 방법으로 반영하기 위함이다. 가격가중평균지수법으로 산출하는 주가지수로는 다우존스산업평균(DJIA: Dow Jones Industrial Average), Nikkei225 등이 있다. 가치가중평균지수법으로 산출하는 주가지수로는 S&P 500, NYSE Composite Index, AMEX Index, KOSPI(기준시점: 1980.1.4., 기준지수: 100), KOSPI200(기준시점: 1990.1.3., 기준지수: 100) 등이 있다.

예제   주가지수산출 방법   ● ● ●

3월 8일 X, Y, Z 세 주식이 전체 주식시장의 상장종목이라고 가정하자. 3월 8일에 Y 주식이 2:1로 주식분할이 있었으며, 각 주식의 주가와 상장주식수는 아래와 같다. 가격가중평균지수법과 가치가중평균지수법으로 주가지수를 계산하시오. 단, 가치가중평균지수법의 3월 8일 기준지수는 100이라고 가정한다.

종목	3월 8일 주가	3월 8일 상장주식수	3월 9일 주가	3월 9일 상장주식수
X	50,000원	500주	52,000원	500주
Y	60,000원	300주	31,000원	600주
Z	70,000원	400주	73,000원	400주

❙답❙

(1) 가격가중평균지수법

3월 8일 지수: $\dfrac{50,000원+60,000원+70,000원}{3}=60,000$

시장에서 가격수준을 반영하는 지수가 단순하게 주식분할로 인해서 값이 달라져서는 안된다. 따라서 주식분할 전후의 지수변화가 없도록 만들기 위해서 제수(divisor)를 주가의 변동이나 주식배당 또는 주식분할을 수용할 수 있을 정도로 변경하여야 한다. 주식분할 전의 주식가격의 전체 합 180,000원이 주식분할 후에는 Y주식이 31,000원이 되어 156,000원으로 감소되므로 제수를 아래와 같이 조정해야 한다.

$\dfrac{50,000원+30,000원+70,000원}{제수(divisor)}=60,000 \ \rightarrow \ 제수(divisor)=2.5$

3월 9일 지수: $\dfrac{52,000원+31,000원+73,000원}{2.5}=62,400$

(2) 가치가중평균지수법

3월 8일 지수: 50,000원×500주+60,000원×300주+70,000원×400주=71,000,000원

3월 8일 시가총액이 71,000,000원일 때 기준지수를 100이라고 가정한다.

3월 9일 지수: $\dfrac{52,000원×500주+31,000원×600주+73,000원×400주}{71,000,000}×100=103.94$

2. KOSPI200

KOSPI200은 우리나라 유가증권시장의 대표지수로서 파생상품시장의 거래지수로 활용하고자 1994년 6월에 개발되었다. KOSPI200은 비교시점의 시가총액을 기준시점의 시가총액으로 나눈 후, 기준지수를 곱하여 산출한다. 기준시점은 1990년 1월 3일이고 기준지수는 100이다.

$$\text{KOSPI200} = \frac{비교시점\ 시가총액}{기준시점\ 시가총액} \times 100 \qquad\qquad (3\text{-}1)$$

한국거래소에서 산출하는 KOSPI200은 매매거래시간개시(장개시) 10초 후부터 매매거래시간종료(장종료) 시까지 1초마다 산출한다. KOSPI200을 산출할 때 시가총액은 유동주식수로 가중하여 산출한다. 유동주식수는 발행주식수에서 비유동주식수를 제외하여 산정한다. 비유동주식은 상장되어 있는 주식 중에서 시장에서 매매가 제한되어 있거나 최대주주 및 특수관계인 보유주식, 정부 보유주식(여기서, 정부는 중앙정부 및 지방자치단체로 한정), 자사주, 우리사주조합 보유주식 등과 같이 사실상 유통이 되지 않는 주식을 말한다.

예제   KOSPI200

오늘 1월 3일이 KOSPI200 산출 기준일이고 이날 기준지수가 1,000포인트라고 하자. 200종목의 주가와 주식수 및 시가총액은 아래와 같다. 1월 4일 KOSPI200이 얼마인지 계산하시오.

종목명	1월 3일 주가	1월 4일 주가	총발행 주식수	1월 3일 시가총액(억원)	1월 4일 시가총액(억원)
주식 1	1,557,000	1,577,000	140,679,337	2,190,377	2,218,513
주식 2	50,600	51,600	641,964,077	324,834	331,253
주식 3	161,500	163,500	189,690,043	306,349	310,143
주식 4	40,950	41,550	728,002,365	298,117	302,485
주식 5	134,000	133,000	220,276,479	295,170	292,968
⋮	⋮	⋮	⋮	⋮	⋮
주식 200	29,900	29,850	7,222,812	2,160	2,156
시가총액				10,904,824	10,947,458

┃답┃

1월 4일 KOSPI200: $\dfrac{10,947,458억원}{10,904,824억원} \times 1,000 = 1,003.91$

KOSPI200선물은 한국거래소에 상장된 200개 주식의 평균값인 KOSPI200이라는 주가지수를 거래대상(기초자산)으로 삼고, KOSPI200 1포인트당 25만원을 곱한 금액을 거래단위로 정하고 있다. 예를 들어, 오늘 300포인트 하는 KOSPI200선물을 1계약 매수하였다면, KOSPI200선물 1계약의 거래단위는 75,000,000원(=300포인트×1계약×25만원)이 된다.

KOSPI200선물의 호가는 예를 들어, 300.00, 300.05, 300.10처럼 0.05포인트 간격으로 호가한다. 이 호가단위를 금액으로 환산하면 12,500원(=0.05포인트×25만원)이다. 따라서 KOSPI200선물가격의 상승과 하락이 0.05포인트 간격으로 움직인다는 것은 12,500원만큼 가격이 오르거나 내린다는 의미이다.

한편, KOSPI200선물의 상장결제월은 매 분기 마지막 월인 3월, 6월, 9월 12월을 결제월로 정하여 3년 이내 7개 결제월(3, 9월: 각1개, 6월: 2개, 12월: 3개)이 상장되어 거래된다.[1] 그리고 KOSPI200선물의 최종거래일은 3월, 6월, 9월, 12월의 두 번째 목요일이며 최종결제일은 최종거래일(T)의 다음 거래일($T+1$)로 정하여 놓고 있다.[2]

인수도가 이루어질 때 KOSPI200선물의 거래대상인 KOSPI200은 200개 주식으로 산출된 주가지수이고 만일 최종결제 시에 실제로 주식실물을 인수도 해야 한다면 200개 주식을 한꺼번에 동시에 매매하여 인도해야 하는 불편함이 있게 된다. 따라서 200개 주식의 가격을 지수화하여 1포인트당 25만원씩 주고 받기로 정하여 현금결제를 한다.

예를 들어, A가 3개월 후 두 번째 목요일에 KOSPI200을 300포인트에 사기로 했다고 하자. 3개월 후 두 번째 목요일이 되었을 때 KOSPI200이 320포인트가 되면 20($=S_T-F_0=320-300$)포인트만큼 이익이 발생하게 된다. 이때 A는 KOSPI200 20포인트의 이익을 돈으로 환산하여 받게 된다. 즉, 1포인트당 25만원을 곱하여 500만원(=20포인트×1계약×25만원)의 현금을 받는다.

---

1 예를 들어, 오늘이 10월 25일이라면 12월물, 내년 3월물, 6월물, 9월물, 12월물, 내후년 6월물, 12월물이 상장되어 거래된다. 따라서 항상 3월물과 9월물 각 1개, 6월물 2개, 12월물 3개가 상장된다.
2 예를 들어, 9월물은 9월의 두 번째 목요일까지 거래가 되며, 금요일에 인수도가 이루어진다.

표 3-1   한국거래소 주요 주가지수선물 거래명세

	KOSPI200선물	미니KOSPI200선물	KOSDAQ150선물	KRX300선물
기초자산	KOSPI200	KOSPI200	KOSDAQ150지수	KRX300지수
거래단위	KOSPI200선물가격×25만원	미니KOSPI200선물가격×5만원	KOSDAQ150선물가격×10,000원	KRX300선물가격×50,000원
결제월	3, 6, 9, 12월	매월	3, 6, 9, 12월	3, 6, 9, 12월
상장결제월	3년 이내의 7개 결제월(3, 9월: 각 1개, 6월: 2개, 12월: 3개)	연속 6개(분기월 2개, 비분기월 4개)	총 7개 결제월(3, 9월: 2개, 6월: 2개, 12월: 3개)	1년 이내의 4개 결제월(3, 6, 9, 12월)
가격표시방법	KOSPI200선물 수치(포인트)	미니KOSPI200선물 수치(포인트)	KOSDAQ150선물 수치(포인트)	KRX300선물 수치(포인트)
호가가격단위	0.05포인트	0.02포인트	0.1포인트	0.2포인트
최소가격변동금액	12,500원 (25만원×0.05)	1,000원 (5만원×0.02)	1,000원 (10,000원×0.1)	10,000원 (5만원×0.2)
거래시간	09:00－15:45 (최종거래일: 09:00－15:20)	09:00－15:45 (최종거래일: 09:00－15:20)	09:00－15:45 (최종거래일: 09:00－15:20)	09:00－15:45 (최종거래일: 09:00－15:20)
최종거래일	각 결제월의 두 번째 목요일(공휴일인 경우 순차적으로 앞당김)	각 결제월의 두 번째 목요일(공휴일인 경우 순차적으로 앞당김)	각 결제월의 두 번째 목요일(공휴일인 경우 순차적으로 앞당김)	각 결제월의 두 번째 목요일(공휴일인 경우 순차적으로 앞당김)
최종결제일	최종거래일의 다음 거래일	최종거래일의 다음 거래일	최종거래일의 다음 거래일	최종거래일의 다음 거래일
최종결제방법	현금결제	현금결제	현금결제	현금결제

자료: 한국거래소(www.krx.co.kr)

2월 1일 KOSPI200선물시세가 아래와 같다.

(단위: 포인트, 계약)

종 목	종 가	전일대비	시 가	고 가	저 가	거래량
KOSPI200	373.12	−5.33	374.80	375.95	373.12	116,192
3월물	374.15	−4.65	375.05	376.50	373.25	403,486
6월물	375.10	−5.20	377.50	378.05	375.00	1,710
9월물	380.60	−1.90	0.00	0.00	0.00	0
12월물	376.50	−8.10	375.25	376.50	375.25	25

(1) 위의 KOSPI200선물시세표에서 현재 현물가격은 얼마인가?

(2) KOSPI200선물 3월물 1계약을 374.15에 매수하여 선물만기일인 3월 10일(목)까지 보유할 경우 만기일의 현물가격이 378.72라면 얼마만큼의 이익 혹은 손실이 발생하는가?

(3) 위의 경우 예상이 빗나가 만기일의 현물가격이 363.65로 내려가면 얼마만큼의 이익 혹은 손실이 발생하는가?

(4) 현재 1,000억원어치의 주식을 보유하고 있는 펀드매니저가 향후 주가가 하락할 것이 우려되어 KOSPI200선물 3월물 840계약을 374.15에 매도하였다. 실제로 주가가 하락하여 주식가치가 950억원이 되었고 만기일의 현물가격이 350.45까지 하락할 경우 선물포지션으로부터의 손익은 얼마인가?

▮답▮

(1) 373.12

(2) $(378.72-374.15) \times 25$만원$\times 1$계약$=1,142,500$원

(3) $(363.65-374.15) \times 25$만원$\times 1$계약$=-2,625,000$원

(4) $(374.15-350.45) \times 25$만원$\times 840$계약$=4,977,000,000$원 이익

┃ **KOSPI200선물의 가격결정**

1. 보유비용모형

제2장의 금선물에서 도출한 보유비용모형은 현물가격에 보유비용을 고려하여 선물의 이론가격을 계산한다. 동일한 논리로 KOSPI200선물의 보유비용모형을 도출하여 이론가격을 계산해보기로 한다.[3]

(1) 보유비용모형: 매수측면에서의 KOSPI200선물 이론가격

〈표 3-2〉에 나타낸 것과 같이 전략 A는 현재시점에서 KOSPI200선물을 직접 매수하는 전략이다. KOSPI200선물을 살 때 공짜로 사니까 현재시점의 현금흐름은 0이 된다. 만기시점에서는 KOSPI200선물계약을 이행하여 $S_T - F_0$만큼의 현금흐름이 발생한다.

표 3-2	KOSPI200선물의 보유비용모형(매수측면)	
전략	**현재시점의 현금흐름**	**만기시점의 현금흐름**
A: KOSPI200선물 매수	0	$S_T - F_0$
B: KOSPI200 매수	$-S_0$	$S_T + \sum d_t$
차입	$\dfrac{F_0 + \sum d_t}{1 + r \times \dfrac{T}{365}}$	$-F_0 - \sum d_t$
	$-S_0 + \dfrac{F_0 + \sum d_t}{1 + r \times \dfrac{T}{365}}$	$S_T - F_0$

주: r : 한국금융투자협회가 산출하는 만기가 91일인 양도성예금증서의 최근일의 연수익률
$\sum d_t$: 현재시점부터 만기시점까지 받은 배당금을 재투자하여 쌓인 총합을 지수로 나타낸 값

---

3   이재하, 한덕희, 「핵심재무관리」, 박영사(2020), pp. 558-563 참조.

전략 B는 현재시점의 KOSPI200가격인 S_0에 KOSPI200을 매수하므로 현금흐름이 $-S_0$이 되고, $(F_0 + \sum d_t)/(1 + r \times T/365)$만큼 돈을 빌리므로 현금흐름이 $+(F_0 + \sum d_t)/(1 + r \times T/365)$가 된다. 만기시점에서는 KOSPI200을 보유하여 얻게 되는 S_T와 이 기간 동안 받은 배당금을 재투자하여 쌓인 $\sum d_t$의 합인 $(S_T + \sum d_t)$가 발생한다. 그리고 현재시점에서 $(F_0 + \sum d_t)(1 + r \times T/365)$만큼 빌려온 돈을 갚아야 하므로 $-F_0$ $-\sum d_t [= (F_0 + \sum d_t)/(1 + r \times T/365) \times (1 + r \times T/365)]$가 발생하게 된다. 따라서 전략 B의 만기시점에서의 총현금흐름은 $S_T - F_0$이 되어, 전략 A의 현금흐름과 일치한다.

이와 같이 전략 A와 전략 B는 만기시점에서 동일한 가치를 가져 현금흐름이 같으므로 현재시점에서 두 전략의 가치도 같아야만 차익거래이익이 발생하지 않게 된다. 전략 A의 현재시점의 현금흐름 0과 전략 B의 현재시점의 현금흐름 $-S_0 + (F_0 + \sum d_t)/(1 + r \times T/365)$가 동일해야 하므로 선물이론가격은 식(3-2)와 같이 도출된다.

$$0 = -S_0 + \frac{F_0 + \sum d_t}{1 + r \times \dfrac{T}{365}} \quad \rightarrow \quad F_0 = S_0\left(1 + r \times \frac{T}{365}\right) - \sum d_t \qquad (3\text{-}2)$$

보유비용모형이라고 불리는 식(3-2)는 KOSPI200선물이 금융상품이기 때문에 보유비용 중 오직 금융비용인 이자만 존재하므로 이자비용만 고려하여 선물이론가격을 나타낸 것이다. 식(3-2)에서 선물가격은 현재 현물가격에 보유비용이 고려된 가격이 되고, KOSPI200선물을 매수하는 것은 자금을 빌려서 현물인 주식을 매수하는 것과 같다는 것을 보여준다. 주식매수의 경우 빌린 자금에 대한 이자는 비용, 배당은 수입이므로 이자에서 배당을 차감한 순이자 개념으로 보유비용을 보면, 보유비용을 고려한 주식매수와 선물매수는 같게 됨을 알 수 있다.

(2) 보유비용모형: 매도측면에서의 KOSPI200선물 이론가격

〈표 3-3〉에서 전략 C는 현재시점에서 KOSPI200선물을 매도하는 것이다. KOSPI200선물을 팔 때 공짜로 파니까 현재시점의 현금흐름은 0이 된다. 만기시점에서는 KOSPI200선물계약을 이행하여 $F_0 - S_T$만큼의 현금흐름이 발생한다.

전략 D는 현물을 공매하고 돈을 대출하는 것이다. 오늘 주식을 빌려와서 파니까

표 3-3	KOSPI200선물의 보유비용모형(매도측면)		
전 략	**현재시점의 현금흐름**	**만기시점의 현금흐름**
C: KOSPI200선물 매도	0	$F_0 - S_T$
D: KOSPI200 공매	S_0	$-S_T - \sum d_t$
대출	$-\dfrac{F_0 + \sum d_t}{1 + r \times \dfrac{T}{365}}$	$F_0 + \sum d_t$
	$S_0 - \dfrac{F_0 + \sum d_t}{1 + r \times \dfrac{T}{365}}$	$F_0 - S_T$

KOSPI200의 현재가격 S_0이 들어온다. 그리고 $(F_0 + \sum d_t)/[1 + r \times T/365]$를 빌려주면 현재시점에서의 현금흐름은 $-(F_0 + \sum d_t)/[1 + r \times T/365]$이 된다. 만기시점에서는 현재시점에서 공매한 현물을 사서 갚아야 하므로 현금흐름은 $-S_T$가 되며, 현재시점부터 만기시점까지의 배당금도 물어내어야 하므로 $-\sum d_t$가 되어, 공매로 인한 만기시점의 현금흐름은 $-S_T - \sum d_t$가 된다. 그리고 현재시점에서 $(F_0 + \sum d_t)/(1 + r \times T/365)$만큼 빌려준 돈의 원리금 $F_0 + \sum d_t [= (F_0 + \sum d_t)/(1 + r \times T/365) \times (1 + r \times T/365)]$를 받는다. 따라서 만기시점의 총현금흐름은 $F_0 - S_T$가 되어, 전략 C의 현금흐름과 일치한다.

이와 같이 전략 C와 전략 D는 만기시점에서 동일한 가치를 가져 현금흐름이 같으므로 현재시점에서 두 전략의 가치도 같아야만 차익거래이익이 발생하지 않게 된다. 즉, 전략 C의 현재시점의 현금흐름 0과 전략 D의 현재시점의 현금흐름 $S_0 - (F_0 + \sum d_t)/(1 + r \times T/365)$가 동일해야 하므로 선물이론가격은 식(3-3)과 같이 도출된다.

$$0 = S_0 - \frac{F_0 + \sum d_t}{1 + r \times \dfrac{T}{365}} \ \rightarrow \ F_0 = S_0\left(1 + r \times \frac{T}{365}\right) - \sum d_t \tag{3-3}$$

차입이자율과 대출이자율이 서로 같다면 전략 A와 전략 B로부터 도출한 식(3-2)의 선물이론가격과 전략 C와 전략 D로부터 도출한 식(3-3)의 선물이론가격이 서로 같게 된다.

KOSPI200선물의 이론가격 계산 시 차입 및 대출이자율은 한국금융투자협회가 산출하는 만기가 91일인 양도성예금증서의 최근일의 연수익률을 사용하도록 정하고 있다. 선물이론가격은 선물가격의 적정성을 판단하는데 중요한 지표로 사용되고 있는데, 현재 거래소 및 회원사 등은 실시간으로 각 선물의 이론가격을 계산하여 투자자들에게 제공하고 있다.

2. KOSPI200선물 차익거래전략

(1) 완전시장하에서의 차익거래전략

세금을 포함한 거래비용이 없고, 차입이자율과 대출이자율이 같으며, 공매에 대한 제한[4]이 없는 완전시장(perfect market)하에서의 차익거래전략을 살펴보자.

1) KOSPI200선물 매수차익거래전략

KOSPI200선물 실제가격이 과대평가되어 있을 경우에는 〈표 3-4〉에서처럼 과대평가된 KOSPI200선물을 매도하고(전략 C) 현물매수에 필요한 자금을 차입하여 과소평가된 KOSPI200현물을 매수(전략 B)함으로써 선물만기일에 식(3-4)의 차익거래이익을 얻는다.

표 3-4 완전시장하에서의 KOSPI200선물 매수차익거래전략(전략 C + 전략 B)

전략	현재시점의 현금흐름	만기시점의 현금흐름
C: KOSPI200선물 매도	0	$F_0 - S_T$
B: KOSPI200 매수	$-S_0$	$S_T + \sum d_t$
차입	S_0	$-S_0\left(1 + r \times \dfrac{T}{365}\right)$
차익거래이익	0	$F_0 - \left[S_0\left(1 + r \times \dfrac{T}{365}\right) - \sum d_t\right]$

---

4 공매에 대한 제한은 공매도하여 들어 온 현금의 전부가 아니라 일부만이 사용 가능한 경우를 말한다.

매수차익거래이익＝KOSPI200선물 실제가격－KOSPI200선물 이론가격

$$= F_0 - \left[S_0 \left(1 + r \times \frac{T}{365} \right) - \sum d_t \right] \qquad (3\text{-}4)$$

이렇게 비싼 선물을 매도하는 전략 C와 차입한 자금으로 싼 현물을 매수하는 전략 B를 묶은 것을 매수차익거래전략(cash-and-carry arbitrage)이라고 한다. 이때 〈표 3-4〉를 보면 차익거래자는 현재시점에서 아무런 비용을 부담하지 않고(zero investment) 선물만기일에 주가(S_T)가 오르든 내리든 $-S_T$와 $+S_T$가 서로 상쇄되어 주가의 움직임에 상관없이(no uncertainty, risk-free) $F_0 - [S_0(1 + r \times T/365) - \sum d_t]$만큼의 차익거래이익을 얻는다.

2) KOSPI200선물 매도차익거래전략

KOSPI200선물 실제가격이 과소평가되어 있으면 〈표 3-5〉에서처럼 과소평가된 KOSPI200선물을 직접 매수(전략 A)하고 과대평가된 KOSPI200현물을 공매하고 그 자금을 대출(전략 D)함으로써 선물만기일에 식(3-5)의 차익거래이익을 얻는다.

매도차익거래이익＝KOSPI200선물 이론가격－KOSPI200선물 실제가격

$$= \left[S_0 \left(1 + r \times \frac{T}{365} \right) - \sum d_t \right] - F_0 \qquad (3\text{-}5)$$

이렇게 싼 선물을 매수하는 전략 A와 비싼 현물을 공매하고 공매한 자금을 대출하는 전략 D를 묶은 것을 매도차익거래전략(reverse cash-and-carry arbitrage)이라고 한다. KOSPI200선물 매수차익거래와 마찬가지로 차익거래자는 현재시점에서 아무런 비

표 3-5   완전시장하에서의 KOSPI200선물 매도차익거래전략(전략 A＋전략 D)

전략	현재시점의 현금흐름	만기시점의 현금흐름
A: KOSPI200선물 매수	0	$S_T - F_0$
D: KOSPI200 공매	S_0	$-S_T - \sum d_t$
대출	$-S_0$	$S_0 \left(1 + r \times \dfrac{T}{365} \right)$
차익거래이익	0	$\left[S_0 \left(1 + r \times \dfrac{T}{365} \right) - \sum d_t \right] - F_0$

용(zero investment)을 부담하지 않고 선물만기일에 주가움직임에 상관없이(no uncertainty, risk-free) $[S_0(1+r \times T/365) - \sum d_t] - F_0$만큼의 차익거래이익을 얻는다.

예제   KOSPI200선물 차익거래전략   ● ● ●

오늘 KOSPI200현물은 311.88이고, KOSPI200선물의 실제가격은 312.45이다. 선물배당액지수($\sum d_t$)는 0.5, 만기일까지의 잔존기간 일수는 53일이고 이자율은 1.37%이다.

(1) KOSPI200선물의 이론가격을 구하고, 어떠한 차익거래전략을 세울 것이며 차익거래이익은 얼마인지 계산하시오.

(2) 만일 KOSPI200선물의 실제가격이 311.45라면 어떠한 차익거래전략을 세울 것이며 차익거래이익은 얼마인지 계산하시오.

┃답┃

(1) $F_0 = S_0\left(1+r \times \dfrac{T}{365}\right) - \sum d_t = 311.88\left(1 + 0.0137 \times \dfrac{53}{365}\right) - 0.5 = 312$

실제가격 > 이론가격 → 선물매도, 현물매수: 매수차익거래전략

매수차익거래전략	현재시점의 현금흐름	만기시점의 현금흐름
C: KOSPI200선물 매도	0	$312.45 - S_T$
B: KOSPI200 매수	-311.88	$S_T + 0.5$
차입	311.88	$-311.88\left(1 + 0.0137 \times \dfrac{53}{365}\right)$
차익거래이익	0	$0.45(= 312.45 - 312)$

따라서 차익거래이익은 0.45이고, 이를 금액으로 환산하면 1계약당 25만원에 해당하므로 112,500원($=$1계약$\times 0.45 \times 250,000$원)이다.

(2) 실제가격 < 이론가격 → 선물매수, 현물매도: 매도차익거래전략

매도차익거래전략	현재시점의 현금흐름	만기시점의 현금흐름
A: KOSPI200선물 매수	0	$S_T - 311.45$
D: KOSPI200 공매	311.88	$-S_T - 0.5$
대출	-311.88	$311.88\left(1 + 0.0137 \times \dfrac{53}{365}\right)$
차익거래이익	0	$0.55(= 312 - 311.45)$

따라서 차익거래이익은 0.55이고, 이를 금액으로 환산하면 1계약당 25만원에 해당하므로 137,500원(= 1계약 × 0.55 × 250,000원)이다.

(2) 불완전시장하에서의 차익거래전략

현실세계에서는 거래비용이 존재할 뿐 아니라 차입이자율과 대출이자율이 다르고 공매의 제한이 있는 불완전시장(imperfect market)이다. 따라서 실제로 차익거래를 수행할 때 이러한 시장 불완전요소들을 모두 고려하여 차익거래를 수행하여야 한다. 본서에서는 설명의 편의를 위하여 차입이자율과 대출이자율이 같고 공매의 제한이 없으며 실제로 낮은 금액의 거래비용은 0이라고 가정하고 다만, 상대적으로 금액이 큰 시장불안전요소인 주식매도 시의 증권거래세(세금)와 공매비용[5]만을 고려하여 살펴본다.

불완전시장하에서의 차익거래도 완전시장의 경우와 마찬가지로 선물이 과대평가되어 있을 경우 〈표 3-6〉과 같이 과대평가된 KOSPI200선물을 매도하고(전략 C) 현물매수에 필요한 자금을 차입하여 과소평가된 KOSPI200현물을 매수(전략 B)함으로써 선물만기일에 차익거래이익을 추구할 수 있다. 이때 주의할 점은 전략 B의 만기시점에서의 현금흐름은 보유했던 KOSPI200현물을 팔아서 얻게 되는 S_T와 이 기간 동안 받은 배당금을 재투자하여 쌓인 $\sum d_t$의 합 $(S_T + \sum d_t)$에서 KOSPI200현물을 팔 때 내는 세금을 차감한 것이다.

표 3-6 불완전시장하에서의 KOSPI200선물 매수차익거래전략(전략 C + 전략 B)

전 략	현재시점의 현금흐름	만기시점의 현금흐름
C: KOSPI200선물 매도	0	$F_0 - S_T$
B: KOSPI200 매수	$-S_0$	$S_T + \sum d_t -$ 세금
차입	S_0	$-S_0 -$ 이자
차익거래이익	0	$F_0 - [S_0 +$ 이자 $- \sum d_t +$ 세금$]$

---

5 주식을 빌려서 팔 때 빌린 주식의 금액 만큼에 대해 이자를 내야 하며, 이를 공매비용이라고 부른다.

이와 같은 매수차익거래전략의 선물만기일의 총현금흐름 $[F_0 - (S_0 + 이자 - \sum d_t + 세금)]$이 0보다 작다면 차익거래이익이 아니라 차익거래손실이 발생하게 된다. 따라서 차익거래이익이 발생할 수 없는 영역의 상한가(F_H)를 식(3-6)과 같이 도출할 수 있다.

차익거래불가영역의 상한가(F_H): $F_0 - [S_0 + 이자 - \sum d_t + 세금] < 0$

$\rightarrow F_0 < [S_0 + 이자 - \sum d_t + 세금] = F_H$　　　　　　　　　　　　　(3-6)

한편, KOSPI200선물 실제가격이 과소평가되어 있으면 〈표 3-7〉에서처럼 과소평가된 KOSPI200선물을 직접 매수(전략 A)하고 과대평가된 KOSPI200현물을 공매하고 그 자금을 대출(전략 D)함으로써 선물만기일에 차익거래이익을 추구할 수 있다.

전략 D에서 KOSPI200 공매의 경우는 만기시점에서 공매했던 현물을 도로 사서 갚아야 하므로 현금흐름이 $-S_T$가 되고, 공매 시 빌려왔던 현물 금액에 대한 이자인 공매비용을 지불해야 한다. 또한 빌려와서 팔았던 주식들이 배당금을 지불할 경우 주식들을 빌려준 측에 현금으로 보상을 해주어야 하므로 현재시점부터 만기시점까지 지급된 배당금이 재투자되어 쌓인 $\sum d_t$ 만큼을 물어내야 한다. 따라서 만기시점의 현금흐름은 $[-S_T - \sum d_t - 공매비용]$이 된다. 또한 현재시점에서 빌려온 현물을 팔 때 세금을 내야 하므로 현재시점의 현금흐름은 $(S_0 - 세금)$이 되고, 현재시점에서 $(S_0 - 세금)$만큼을 빌려주면, 만기시점에서 빌려준 돈의 원리금인 $[S_0 - 세금 + 이자]$를 받게 된다.

이와 같은 매도차익거래전략의 선물만기일의 총현금흐름 $[(S_0 - 세금 + 이자 - \sum d_t - 공매비용) - F_0]$이 0보다 작다면 차익거래이익이 아니라 차익거래손실이 발생하게 된다. 따라서 차익거래이익이 발생할 수 없는 영역의 하한가(F_L)를 식(3-7)과 같

표 3-7　불완전시장하에서의 KOSPI200선물 매도차익거래전략(전략 A + 전략 D)

전 략	현재시점의 현금흐름	만기시점의 현금흐름
A: KOSPI200선물 매수	0	$S_T - F_0$
D: KOSPI200 공매	$S_0 - 세금$	$-S_T - \sum d_t - 공매비용$
대출	$-(S_0 - 세금)$	$S_0 - 세금 + 이자$
차익거래이익	0	$[S_0 - 세금 + 이자 - \sum d_t - 공매비용] - F_0$

이 도출할 수 있다.

차익거래불가영역의 하한가(F_L): $[S_0 - 세금 + 이자 - \sum d_t - 공매비용] - F_0 < 0$

$\rightarrow F_0 > [S_0 + 이자 - \sum d_t - 공매비용 - 세금] = F_L$ (3-7)

증권거래세(세금)와 공매비용이라는 시장불완전 요소를 고려할 경우 식(3-6)과 식(3-7)로부터 차익거래이익을 얻을 수 없는 차익거래불가영역을 식(3-8)과 같이 도출할 수 있다.

차익거래불가영역: $F_L < F_0 < F_H$

$\rightarrow [S_0 + 이자 - \sum d_t - 공매비용 - 세금] < F_0 < [S_0 + 이자 - \sum d_t + 세금]$ (3-8)

이제, 차익거래와 선물이론가격(fair price) 관계를 〈그림 3-1〉로 정리해 보자. 완전시장의 경우 시장 불완전요소가 없기 때문에 선물이론가격이 하나의 값으로 계산된다. 만약 선물실제가격이 선물이론가격보다 높으면 선물이 비싸므로 선물매도(전략 B) + 현물매수(전략 C)인 매수차익거래전략으로 차익거래이익을 얻을 수 있다. 반대로 선물실제가격이 선물이론가격보다 낮으면 선물이 싸므로 선물매수(전략 A) + 현물매도

그림 3-1   **차익거래와 선물이론가격**

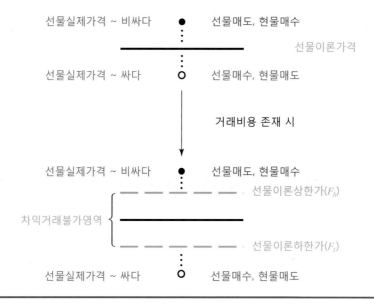

(전략 D)인 매도차익거래전략으로 차익거래이익을 얻을 수 있다.

불완전시장의 경우에는 시장 불완전요소인 세금과 공매비용 등이 존재하기 때문에 선물이론가격이 더 이상 하나가 아니라 두 개, 즉 선물이론상한가와 선물이론하한가로 나타난다. 선물실제가격이 선물이론상한가와 선물이론하한가 사이의 차익거래불가영역에 위치할 경우 차익거래전략을 구사하면 세금과 공매비용 때문에 손실이 발생하게 된다.

선물실제가격이 충분히 높아서 선물이론상한가를 상회하게 되면 이 가격은 비로소 비싼 가격이 되고 비싼 선물을 매도하고 싼 현물을 매수하는 매수차익거래가 가능하게 된다. 이때 선물실제가격과 선물이론상한가의 차이가 차익거래이익으로 실현된다. 마찬가지로 선물실제가격이 충분히 낮아서 선물이론하한가를 하회하게 되면 이 가격은 비로소 싼 가격이 되고 싼 선물을 매수하고 비싼 현물을 매도하는 매도차익거래가 가능하게 된다. 이때 선물이론하한가와 선물실제가격의 차이가 차익거래이익으로 실현된다.

예제 | **불완전시장에서의 차익거래불가영역** ● ● ●

금리(r)는 1.5%, 선물배당액지수의 합계($\sum d_t$)는 0.32, 만기일까지의 잔존기간 일수는 76일이었다. 이 날 KOSPI200선물의 실제가격은 270.50, KOSPI200은 271.80이다. 차익거래불가영역을 구하시오. 단, 현물매도 시 증권거래세는 0.25%, 공매비용은 0.4%라고 가정한다.

┃답┃

(1) 상한가

전 략	현재시점의 현금흐름	만기시점의 현금흐름
C: KOSPI200선물 매도	0	$F_0 - S_T$
B: KOSPI200 매수	-271.80	$S_T + 0.32 - 0.68$
차입	271.80	$-271.80 - 0.85$
차익거래이익	0	$F_0 - 273.01$

세금 $= 271.80 \times 0.0025 = 0.68$ (S_T를 모르기 때문에 S_0을 대용치로 사용함)

$$이자 = 271.80 \times 0.015 \times \frac{76}{365} = 0.85$$

차익거래이익이 발생하지 않으려면 $F_0 - 273.01 < 0 \rightarrow F_0 < 273.01$이어야 한다.

(2) 하한가

전 략	현재시점의 현금흐름	만기시점의 현금흐름
A: KOSPI200선물 매수	0	$S_T - F_0$
D: KOSPI200 공매	$271.80 - 0.68$	$-S_T - 0.32 - 1.09$
대출	$-(271.80 - 0.68)$	$271.80 - 0.68 + 0.85$
차익거래이익	0	$270.56 - F_0$

$$세금 = 271.80 \times 0.0025 = 0.68$$

$$공매비용 = 271.80 \times 0.004 = 1.09$$

$$이자 = (271.80 - 0.68) \times 0.015 \times \frac{76}{365} = 0.85$$

차익거래이익이 발생하지 않으려면 $270.56 - F_0 < 0 \rightarrow F_0 > 270.56$이어야 한다.

따라서 차익거래불가영역은 $270.56 < F_0 < 273.01$이다.

예제 | 불완전시장에서의 차익거래전략 ●●●

위의 예제에서 (1) 만일 실제 선물가격이 274.50이라면 어떠한 차익거래전략을 세울수 있으며, 차익거래이익이 얼마인지 분석하시오. (2) 만일 실제 선물가격이 269.25일경우 어떠한 차익거래전략을 세울 수 있으며, 차익거래이익이 얼마인지 분석하시오.

┃답┃

(1) 실제가격>상한가 → 선물 과대평가 → 선물매도, 현물매수: 매수차익거래전략

전 략	현재시점의 현금흐름	만기시점의 현금흐름
C: KOSPI200선물 매도	0	$274.50 - S_T$
B: KOSPI200 매수	-271.80	$S_T + 0.32 - 0.68$
차입	271.80	$-271.80 - 0.85$
차익거래이익	0	1.49

따라서 차익거래이익은 1.49이다. 실제가격(274.50)과 상한가(273.01)의 차이가 차익거래이익(1.49)으로 실현됨을 알 수 있다. 금액으로 환산하면 1계약당 25만원에 해당하므로 372,500원(=1계약×1.49×250,000원)이다.

(2) 실제가격<하한가 → 선물 과소평가 → 선물매수, 현물매도: 매도차익거래전략

전략	현재시점의 현금흐름	만기시점의 현금흐름
A: KOSPI200선물 매수	0	$S_T - 269.25$
D: KOSPI200 공매	$271.80 - 0.68$	$-S_T - 0.32 - 1.09$
대출	$-(271.80 - 0.68)$	$271.80 - 0.68 + 0.85$
차익거래이익	0	1.31

따라서 차익거래이익은 1.31이다. 하한가(270.56)와 실제가격(269.25)의 차이가 차익거래이익(1.31)으로 실현됨을 알 수 있다. 금액으로 환산하면 1계약당 25만원에 해당하므로 327,500원(=1계약×1.31×250,000원)이다.

Section **4** | # KOSPI200선물 헷지전략

1. KOSPI200선물 헷지전략

선물가격과 현물가격은 〈그림 3-2〉에서 보듯이 같은 방향으로 움직이며, 만기일에는 두 가격이 동일해진다. 왜냐하면, 선물은 미래의 특정시점에 현물을 사거나 파는 계약이며 선물만기일에서는 현물시장이나 선물시장 모두 같은 현물자산을 사거나 팔 수 있는 시장이 되어 양 시장에서 거래되는 대상의 가격이 일치해야 되기 때문이다.[6]

헷지전략은 현물과 선물의 가격이 같은 방향으로 움직인다는 점을 이용하여 선물시장에서 현물시장과 반대되는 포지션을 취하여 현물보유에 따른 가격변동위험을 상

---

6 만기일 하루 전의 선물가격은 하루 지난 후에 거래할 수 있는 현물의 예측가격이 되고, 만기시점 10분 전의 선물가격은 10분 후에 거래할 수 있는 현물의 예측가격이 되고, 만기시점 1초 전의 선물가격은 바로 1초 후에 거래할 수 있는 현물의 예측가격이 되며, 만기시점의 선물가격은 바로 지금 당장 거래할 수 있는 현물의 예측가격, 즉 현물가격이 된다는 개념이다.

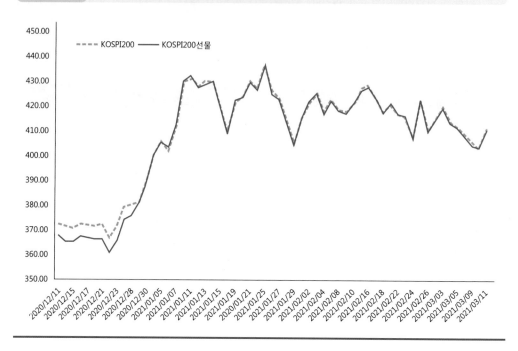

그림 3-2 KOSPI200과 KOSPI200선물가격 추이

쇄시키는 전략이다. 헷지전략의 성과는 선물가격과 현물가격이 얼마나 밀접하게 변동하느냐에 따라 크게 좌우된다.[7]

(1) 최소위험헷지

현재 주식포트폴리오(S)를 보유하고 있으면 S의 가격이 오르고 내리는 가격변동위험이 존재한다. 주가지수선물(F)의 가격이 S의 가격과 비슷하게 움직이므로, F를 매도하면 S의 가격이 내려갈 때 F의 가격도 같이 내려가서 S로부터의 자본손실을 F로부터의 자본이득으로 상쇄시킬 수 있다. 반면, S의 가격이 올라가면 S의 자본이득이 F의 자본손실과 상쇄된다. 따라서 S의 가격변동위험을 헷지하려면 S에 대해 F를 매도하면 된다.

---

7   이재하, 한덕희, 「핵심재무관리」, 박영사(2020), pp. 564-571 참조.

예를 들어, S가 100만큼 움직일 때 F가 50만큼만 움직인다면 S 1개에 대해 F 2개를 매도해야 S의 가격변동을 F의 가격변동으로 상쇄시킬 수 있다. 이때 현물포지션 1개에 대한 선물포지션 2개를 헷지비율(h)(=선물포지션/현물포지션)이라고 한다. S 1개와 F h개로 헷지포트폴리오(P)를 구성할 경우 P의 수익률(R_P)은 다음과 같다.

$$R_P = R_S + hR_F \tag{3-9}$$

여기서, R_S: 주식포트폴리오(S)의 수익률
R_F: 주가지수선물(F)의 수익률

R_P의 분산을 구해보면,

$$\sigma_P^2 = \sigma_S^2 + h^2\sigma_F^2 + 2h\sigma_{SF} \tag{3-10}$$

여기서, σ_{SF}: R_S와 R_F간의 공분산

헷지포트폴리오 수익률(R_P)의 위험, 즉 σ_P^2을 최소화하는 최소위험헷지(risk-minimization hedge)비율 h값을 구하기 위해 σ_P^2를 h에 대해 편미분하면 다음과 같다.

$$\frac{\partial \sigma_P^2}{\partial h} = 2h\sigma_F^2 + 2\sigma_{SF} \tag{3-11}$$

식(3-11)을 0으로 놓고 h에 대해 풀면

$$h = -\frac{\sigma_{SF}}{\sigma_F^2} = -\frac{\rho_{SF}\sigma_S\sigma_F}{\sigma_F^2} \tag{3-12}$$

여기서, ρ_{SF}: R_S와 R_F간의 상관계수

최소위험헷지비율(h)은 다음의 회귀분석을 통해서도 구할 수 있다.

$$R_S = \alpha + \beta_S R_F + \epsilon \tag{3-13}$$

여기서, $\beta_S = \dfrac{\sigma_{SF}}{\sigma_F^2}$

회귀방정식의 기울기에 해당하는 베타계수는 민감도를 나타낸다. 예를 들어, $\beta = 1.2$인 경우, R_F가 10% 변동한다면 R_S는 12% 변동한다는 의미이다. 헷지전략을 수행한 후 헷지전략이 얼마나 잘 수행되었는지 측정하기 위해 헷징효율성을 계산한다. 헷징효율성(hedging effectiveness)은 헷지 안 된 포지션의 분산에 대한 헷지에 의해 감소

되는 분산의 비율로서 식(3-14)로 측정되며, 식(3-13) 회귀식의 결정계수(R^2)와 동일한 값이다.[8]

$$\text{헷징효율성}(R^2) = \frac{\text{Var(헷지 안 된 현물포지션)} - \text{Var(헷지포트폴리오)}}{\text{Var(헷지 안 된 현물포지션)}} \tag{3-14}$$

예를 들어, 헷지 안 된 포지션의 분산이 100이고 헷지된 포지션의 분산이 20이라면 헷징효율성은 0.8(=(100-20)/100)이 되어 현물에 노출된 위험의 80%가 헷지에 의해 감소된다는 뜻이다. 따라서 헷징효율성이 높을수록 헷지가 잘 된 것을 의미한다. 극단적인 경우로 헷지된 포지션의 위험이 0, 즉 Var(헷지포트폴리오)=0이 되면 헷징효율성은 1이고, 전혀 헷지가 안 되면 Var(헷지포트폴리오)가 Var(헷지 안 된 포지션)와 같아지므로 헷징효율성은 0이 된다. 헷징효율성은 최대 1에서 최소 0이 된다.

헷지비율을 산출한 다음에는 주가지수선물에서 취하여야 하는 주가지수선물의 최적계약수(N)를 결정해야 한다. 즉, 매수하거나 매도해야 할 선물을 계약단위수로 환산하는 것이다. 최소위험헷지비율을 달성하는 선물의 최적계약수를 구하기 위해 먼저 현물주식포트폴리오와 주가지수선물로 구성되는 헷지포트폴리오의 수익률을 살펴보자.

$$
\begin{aligned}
R_P &= \frac{\Delta S + D + N\Delta F}{S} \\[2mm]
&= \frac{\Delta S + D}{S} + N\left(\frac{F}{S}\right)\left(\frac{\Delta F}{F}\right) \\[2mm]
&= R_S + N\left(\frac{F}{S}\right)R_F
\end{aligned} \tag{3-15}
$$

여기서, ΔS: 주식포트폴리오의 가치변동분
ΔF: 선물가격변동분
D: 배당금

---

8    $\text{헷지효율성} = \dfrac{\text{Var(헷지 안 된 현물포지션)} - \text{Var(헷지포트폴리오)}}{\text{Var(헷지 안 된 현물포지션)}} = \dfrac{\sigma_S^2 - \sigma_P^2}{\sigma_S^2} = 1 - \dfrac{\sigma_P^2}{\sigma_S^2}$

$= 1 - \dfrac{\sigma_S^2 + h^2\sigma_F^2 + 2h\sigma_{SF}}{\sigma_S^2}$ ($\because$ 식(3-10) $\sigma_P^2 = \sigma_S^2 + h^2\sigma_F^2 + 2h\sigma_{SF}$)

$= 1 - 1 - h^2\dfrac{\sigma_F^2}{\sigma_S^2} - 2h\dfrac{\sigma_{SF}}{\sigma_S^2} = -\left(-\dfrac{\sigma_{SF}}{\sigma_F^2}\right)^2\dfrac{\sigma_F^2}{\sigma_S^2} - 2\left(-\dfrac{\sigma_{SF}}{\sigma_F^2}\right)\dfrac{\sigma_{SF}}{\sigma_S^2}$ ($\because$ 식(3-12) $h = -\dfrac{\sigma_{SF}}{\sigma_F^2}$)

$= -\dfrac{\sigma_{SF}^2}{\sigma_F^2\sigma_S^2} + 2\dfrac{\sigma_{SF}^2}{\sigma_F^2\sigma_S^2} = \dfrac{\sigma_{SF}^2}{\sigma_F^2\sigma_S^2} = \left(\dfrac{\sigma_{SF}}{\sigma_F^2}\right)^2\dfrac{\sigma_F^2}{\sigma_S^2} = \dfrac{\beta_S^2\sigma_F^2}{\sigma_S^2} = \dfrac{\text{설명되는 변동}}{\text{총변동}} = \text{결정계수}(R^2)$

식(3-15)로부터 헷지포트폴리오 위험 β_P는 다음과 같이 현물위험 β_S와 선물위험 β_F로 표현할 수 있다.

$$\beta_P = \beta_S + N\left(\frac{F}{S}\right)\beta_F \qquad\qquad (3\text{-}16)$$

식(3-16)에서 $\beta_F = 1$[9]이므로 식(3-16)은 식(3-17)로 정리된다.

$$N = (\beta_P - \beta_S) \times \frac{S}{F} \qquad\qquad (3\text{-}17)$$

β_P를 0으로 만들어 주식포트폴리오 가치변동분과 주가지수선물 가치변동분을 완벽하게 상쇄시켜 R_F가 아무리 변동해도 R_P가 전혀 영향을 받지 않게 하는 것을 완전헷지(full hedge)라고 한다. 헷지의 목적이 완전헷지라면 식(3-17)에서 β_P에 0을 대입하여 다음과 같이 최적선물계약수(N)를 구할 수 있다.

$$N = -\beta_S \times \frac{S}{F} \qquad\qquad (3\text{-}18)$$

완전헷지 즉, β_P가 0이 되면 주식포트폴리오로부터의 손실이 주가지수선물로부터의 이익으로 완전히 보전된다는 것이다. 하지만, 이 경우 주식포트폴리오에서 이익이 발생하더라도 주가지수선물의 손실 때문에 자본이득이 0이 되는 한계점이 있다. 주식시장이 완전히 폭락하는 상황이 아니라면 β_P를 0으로 만들지 말고 β_P를 적절히 줄여서 주식포트폴리오의 손실을 주가지수선물의 이익을 통해 어느 정도 줄여주는 부분헷지(partial hedge)가 보다 더 현실적인 헷지전략이 될 수 있으며, 실제로 많은 포트폴리오 매니저들이 이러한 이유로 완전헷지보다는 부분헷지를 선호한다.

---

[9] 식(3-13) $R_S = \alpha + \beta_S R_F + \epsilon$에서 현물의 베타값 $\beta_S = \sigma_{SF}/\sigma_F^2$는 선물에 대한 현물의 민감도를 나타낸다. 마찬가지로, $R_F = \alpha + \beta_P R_F + \epsilon$에서 선물의 베타값 $\beta_F = \sigma_{FF}/\sigma_F^2 = \sigma_F^2/\sigma_F^2 = 1$은 선물에 대한 선물의 민감도를 나타낸다.

| 예제 | 최소위험헷지 | ● ● ● |

R_S는 KOSPI200수익률, R_F는 KOSPI200선물수익률일 때, 회귀식 $R_S = \alpha + \beta_S R_F + \varepsilon$을 회귀분석한 결과, $\hat{\alpha} = 0.7581$, $\beta = 0.8610$, $R^2 = 0.84$로 나타났다. 선물가격은 362.50이고 현재 KOSPI200을 100억원어치 보유하고 있어 주가하락을 염려하고 있는 경우 완전헷지에 필요한 KOSPI200선물계약수를 구하시오. KOSPI200선물의 거래승수는 25만원이다.

┃답┃

$$N = -\beta_S \times \frac{S}{F} = -0.8610 \times \frac{10,000,000,000}{362.50 \times 250,000} \approx -95: \ 95계약 \ 매도한다.$$

(2) KOSPI200선물 매도헷지

매도헷지(short hedge)는 KOSPI200현물시장에서 매수포지션을 취하고 있는 투자자가 KOSPI200의 가격이 하락할 것이 우려되어 KOSPI200선물을 매도하는 전략이다. 실제로 KOSPI200현물가격이 하락할 경우 KOSPI200현물로부터의 손실이 KOSPI200선물로부터의 이익에 의해 줄어든다.

| 예제 | KOSPI200선물 매도헷지전략 | ● ● ● |

오늘 베타값이 1.2인 100억원의 주식포트폴리오를 보유하고 있으나, 약세시장이 예상되는 상황이므로 KOSPI200선물로 완전헷지를 하고자 한다. KOSPI200선물이 320일 경우 거래해야 하는 선물계약수를 구하고, 한 달 후에 주식포트폴리오의 가치가 6% 하락하고 선물이 5% 하락한 상황에서 헷지를 해제할 경우 헷지전략의 손익을 분석하시오.

┃답┃

$$N = -\beta_S \times \frac{S}{F} = -1.2 \times \frac{10,000,000,000}{320 \times 250,000} = -150: \ 150계약 \ 매도한다.$$

헷지손익: $-10,000,000,000(0.06) + [320 - 320(1 - 0.05)](250,000)(150) = 0원$

(3) KOSPI200선물 매수헷지

매수헷지(long hedge)는 KOSPI200현물시장에서 미래에 매수포지션을 취하려는 투자자가 KOSPI200의 가격이 상승할 것이 우려되어 KOSPI200선물을 매수하는 전략이다. 실제로 KOSPI200현물가격이 상승할 경우 KOSPI200현물로부터의 손실이 KOSPI200선물로부터의 이익에 의해 줄어든다.

예제   KOSPI200선물 매수헷지전략   ● ● ●

오늘 KOSPI200선물은 320이다. 한 달 후에 주식시장에 투자할 자금이 100억원 생길 예정인데, 그 사이에 주가가 상승할 것이 염려된다. 베타값이 1인 주식포트폴리오를 구성할 계획이며 KOSPI200선물로 완전헷지를 하고자 할 경우 거래해야 하는 선물계약수를 구하시오. 한 달 후 현물과 선물이 각각 5% 상승한 상황에서 헷지를 해제할 경우 헷지전략의 손익을 분석하시오.

┃답┃

가격상승이 우려되므로 선물을 매수해야 한다. 선물을 매수하므로 음(−)의 부호를 양(+)의 부호로 바꾼 공식을 사용한다.

$$N = \beta_S \times \frac{S}{F} = 1 \times \frac{10,000,000,000}{200 \times 250,000} = 125 : 125계약 \ 매수한다.$$

헷지손익: $-10,000,000,000(0.05) + [320(1+0.05) - 320](250,000)(125) = 0원$

주가상승으로 인한 손실 5억원은 주가가 상승하기 전에 투자하지 못해서 발생하는 기회비용에 해당한다.

---

(4) KOSPI200선물 베타조정헷지: 시장타이밍전략

완전헷지의 목적은 헷지포트폴리오의 시장위험을 완전히 제거($\beta_P = 0$)하는 데 있다. 반면, 베타조정헷지 혹은 시장타이밍(market timing)전략은 시장상황에 따라 헷지포트폴리오의 베타 β_P를 조정하는 전략이다. 강세장에서 β_P를 늘려 이익을 증가시키고 약세장에서는 β_P를 줄여 손실을 감소시킨다.

KOSPI200선물 베타조정헷지전략: 매수의 경우 ● ● ●

현재 10종목으로 구성된 주식포트폴리오의 시장가치는 100억원이며 베타값은 1.3이다. 앞으로 강세시장이 예상되어 보유주식포트폴리오의 가치상승에 따른 이익을 증가시키기 위해 베타값을 2로 높이고자 할 경우, 현재 가격이 349.40인 KOSPI200선물을 이용하여 베타조정헷지전략을 구축하시오.

▌답▐

$$N = (\beta_P - \beta_S) \times \frac{S}{F} = (2 - 1.3) \times \frac{10,000,000,000}{349.40 \times 250,000} \approx 80: \ 80계약\ 매수한다.$$

KOSPI200선물 베타조정헷지전략: 매도의 경우 ● ● ●

현재 10종목으로 구성된 주식포트폴리오의 시장가치는 100억원이며 베타값은 1.5이다. 앞으로 약세시장이 예상되어 주가하락에 따른 보유주식포트폴리오의 가치하락위험을 감소시키기 위해 베타값을 0.6으로 낮추고자 한다. 베타값이 높은 종목을 베타값이 낮은 종목으로 교체하려면 거래비용도 많이 들며 유동성이 낮을 경우 어려움이 따른다. 현재 KOSPI200선물가격이 349.40이라고 가정하고, KOSPI200선물을 이용하여 베타조정헷지전략을 구축하시오.

▌답▐

$$N = (\beta_P - \beta_S) \times \frac{S}{F} = (0.6 - 1.5) \times \frac{10,000,000,000}{349.40 \times 250,000} \approx -103: \ 103계약\ 매도한다.$$

2. 포트폴리오보험전략

포트폴리오보험전략이란 주가지수선물을 이용하여 미래시점에서의 주식포트폴리오의 최저가치(floor value)를 보장받는 투자전략을 말한다. 주가가 하락할 때는 포트폴리오의 손실을 최저치 이하로 하락하지 않게 막아주고, 주가가 상승할 때에는 주가상승에 편승하여 포트폴리오의 가치를 증가시켜 이득을 얻고자 하는 전략을 말한다. 이러한 포트폴리오보험전략은 KOSPI200선물과 같은 주가지수선물을 이용하는 방법,

풋옵션을 이용하는 방법, 콜옵션을 이용하는 방법 등이 있다.[10]

KOSPI200선물을 이용한 포트폴리오보험전략은 시간이 지남에 따라 헷지비율을 변화시켜가며 계속적으로 헷지전략을 수행해 나가야 하는 동적헷징(dynamic hedging)을 해야 한다. 현물인 주식포트폴리오를 보유한 상황에서 시장이 강세장이 될 수도 있고 약세장이 될 수도 있기 때문이다. 주가하락 시에는 KOSPI200선물의 매도계약수를 늘리고, 반대로 주가상승 시에는 KOSPI200선물의 매도계약수를 줄임으로써 궁극적으로 주식포트폴리오의 가치가 일정수준(최저가치) 아래로 내려가는 것을 막게 된다.

예를 들어, 〈표 3-8〉에서 보듯이 현재 10종목으로 구성된 주식포트폴리오의 시장가치는 100억원이다. 주식포트폴리오 투자자는 향후 약세시장이 되어도 포트폴리오의 가치를 최소 95억원 이상은 유지하려고 한다. 이를 위해 KOSPI200선물을 매도하는 매도헷지를 통하여 주가하락 시의 손실을 회복하려고 한다. 이 경우 만약 헷지당일(0일)부터 100% 헷지를 한다면 향후 주가가 상승하여도 완전헷지로 인해 자본이득이 0이 되기 때문에 50%만 헷지하기로 한다.

1일에 주가가 하락하여 포트폴리오가 95억원이 되어 5억원의 손실(＝100억－95억)을 보았으나 전날 50%를 매도헷지하였기 때문에 2.5억원(＝5억×50%)은 이익을 보게된다. 따라서 전체 포트폴리오의 가치는 97.5억원(＝100억－5억＋2.5억)이 되어 최저가치 95억원을 지키게 된다. 그리고 이날 주가가 하락한 것을 고려하여 향후 더 많은 주가가 하락할 것에 대비하여 헷지비율을 75%로 상승시켰다.

2일에도 주가가 전날보다 더욱 하락하여 주식포트폴리오의 가치가 10억원 더 떨

표 3-8 포트폴리오보험전략

시점	주식포트폴리오 손익(억)	KOSPI200선물 손익(억)	전체 포트폴리오 가치	헷지비율
0			100	0.5
1	－5	＋2.5	97.5	0.75
2	－10	＋7.5	95	1
3	－3	＋3.0	95	1

---

10 옵션을 이용한 포트폴리오보험전략은 제10장 옵션 헷지전략 참조.

어졌다고 하자. 이 경우 KOSPI200선물의 매도에서 7.5억(=10억×75%)의 이익을 얻게 되어 결국 이날 전체적 포트폴리오의 가치는 95억원(=97.5억−10억+7.5억)이 된다. 이미 포트폴리오의 가치가 최저치인 95억원이 되었으므로 더 이상 손실이 발생하는 것을 막아야 한다. 따라서 향후 주가하락에 대비하여 완전헷지 즉, 헷지비율을 100%로 올려놓는다.

3일에도 주가하락이 지속되어 주식포트폴리오가 3억원 하락하였다고 하자. 이 경우에 100%헷지를 하였기 때문에 KOSPI200선물에서 3억원을 회복하게 됨으로써 전체 포트폴리오의 가치는 95억원(=95억−3억+3억)을 유지하게 된다.

Section 5 | 자산배분전략

자산배분전략(asset allocation strategy)은 주식이나 채권과 같은 여러 자산을 대상으로 어느 자산에 얼마만큼의 투자자금을 배분해야 하는가에 대한 전략이다. KOSPI200선물은 주식이나 채권과 같은 현물에 비해 상대적으로 거래비용이 저렴하기 때문에 효과적으로 자산배분전략을 수행할 수 있다. KOSPI200선물을 이용한 자산배분전략은 KOSPI200선물과 현물간의 관계가 $F_0 = S_0(1 + r \times T/365) - \sum d_t$임을 이용하며, 다음과 같이 두 가지 방법으로 구사할 수 있다.

1. 합성단기채권전략

현재 주식을 보유하고 있는 투자자입장에서 향후 약세장이 될 것으로 예상되면 보유하고 있는 주식들을 모두 팔고 그 매도대금으로 단기채권에 투자하면 좋겠으나, 막대한 거래비용 때문에 현실성이 없다. 이러한 거래비용 문제를 해결하기 위하여 주식을 매도하는 대신에 선물을 매도함으로써 주식을 매도하여 그 대금으로 채권을 매수한 것과 동일한 투자성과를 낼 수 있다.

〈표 3-9〉는 대출(=채권매수)하는 전략 1과 KOSPI200 매수와 KOSPI200선물 매

표 3-9	합성단기채권전략		
전 략		**현재시점의 현금흐름**	**만기시점의 현금흐름**
전략 1	대출	$-S_0$	$S_0\left(1+r\times\dfrac{T}{365}\right)$
전략 2	KOSPI200 매수	$-S_0$	$S_T+\sum d_t$
	KOSPI200선물 매도	0	F_0-S_T
		$-S_0$	$F_0+\sum d_t$

도의 전략 2를 비교하였다. 전략 1에서 현재 S_0만큼 대출하면 만기시점에는 원금 S_0에 이자까지 합하여 $S_0(1+r\times T/365)$의 현금유입이 있게 된다.

전략 2에서는 현재 S_0만큼 KOSPI200을 매수하고 KOSPI200선물을 공짜로 매도하면 현재시점에서의 현금흐름은 $-S_0$이 된다. 만기시점에는 현물보유에 대한 만기가치 S_T와 배당수입 $\sum d_t$가 있게 되고 선물매도의 이행으로 F_0-S_T가 발생되므로 전략 2의 만기시점에서의 현금흐름은 $F_0+\sum d_t$가 된다.

$F_0=S_0(1+r\times T/365)-\sum d_t$가 성립한다면 $S_0(1+r\times T/365)=F_0+\sum d_t$이므로 전략 1과 전략 2의 만기시점의 현금흐름은 같게 되고 현재시점의 현금흐름도 $-S_0$로 서로 같기 때문에 두 전략은 동일한 것이 된다. 이는 주식포트폴리오를 매수하고 KOSPI200선물을 매도함으로써 단기채권(대출)을 합성할 수 있다는 것을 의미한다.

합성단기채권(대출) = 주식포트폴리오(현물매수) − 주가지수선물(선물매도)　　(3-19)

2. 합성주식포트폴리오전략

현재 채권을 보유하고 있는 투자자입장에서 향후 강세장이 될 것으로 예상되면, 보유하고 있는 채권을 모두 팔고 그 매각대금으로 주식에 투자하면 좋겠으나, 막대한 거래비용 때문에 현실성이 없다. 이러한 거래비용 문제를 해결하기 위하여 채권을 매도하는 대신에 선물을 매수함으로써 채권을 매도하여 그 대금으로 주식을 매수한 것과 동일한 투자성과를 낼 수 있다.

〈표 3-10〉은 KOSPI200을 매수하는 전략 1과 대출(=채권매수)하고 KOSPI200선

표 3-10	합성주식포트폴리오전략		
전략		현재시점의 현금흐름	만기시점의 현금흐름
전략 1	KOSPI200 매수	$-S_0$	$S_T + \sum d_t$
전략 2	대출	$-S_0$	$S_0\left(1 + r \times \dfrac{T}{365}\right)$
	KOSPI200선물 매수	0	$S_T - F_0$
		$-S_0$	$S_T + \sum d_t$

물을 매수하는 전략 2를 비교하였다. 전략 1에서 현재 S_0만큼 현물을 매수하면 만기시점에는 현물보유에 대한 만기가치 S_T와 배당수입 $\sum d_t$의 현금흐름이 있게 된다.

전략 2에서는 현재 S_0만큼 대출하고 KOSPI200선물을 공짜로 매수하면 현재시점에서의 현금흐름은 $-S_0$이 되고, 만기시점에는 대출에 대한 원리금 $S_0(1 + r \times T/365)$와 KOSPI200선물 매수의 이행으로 $S_T - F_0$가 발생된다. $F_0 = S_0(1 + r \times T/365) - \sum d_t$가 성립한다면 $S_0(1 + r \times T/365) = F_0 + \sum d_t$이므로 $F_0 + \sum d_t + S_T - F_0 = S_T + \sum d_t$가 되어 전략 2의 만기시점에서의 현금흐름이 전략 1과 같게 된다.

따라서 전략 1과 전략 2는 만기시점의 현금흐름이 같고 현재시점에서의 현금흐름이 $-S_0$로 서로 같기 때문에 두 전략은 동일하다. 이는 단기채권(대출)과 KOSPI200선물을 매수함으로써 주식포트폴리오를 합성할 수 있다는 것을 나타낸다.

합성주식포트폴리오(현물매수) = 단기채권(대출) + 주가지수선물(선물매수) (3-20)

예제 자산배분전략

현재 KOSPI200은 364.00, 선물실제가격은 365.42이다. 이자율은 2.8%, 선물배당액지수의 합계($\sum d_T$)는 0.4, 만기까지의 잔존기간 일수는 65일이고 이때 선물이론가격은 365.42이다. 앞으로 강세시장이 예상될 경우, 현재 인덱스펀드에 10억원을 투자하려는 고객을 위하여 합성인덱스펀드를 KOSPI200선물을 이용하여 구성하고, 인덱스펀드에 직접투자하는 전략과 비교하시오.

│답│
현물 10억원의 규모에 맞춰서 선물을 매수하게 되면 선물계약수는 다음과 같이 구할 수 있다.

우선 KOSPI200 1개가 364.00이고 돈으로 환산하면, 364×250,000＝91,000,000원에 해당하며, KOSPI200 전체 값이 10억원이므로, 1,000,000,000/91,000,000＝11계약이다.

$$\text{선물매수계약수} = \frac{1,000,000,000}{364.00 \times 250,000} \approx 11\text{계약}$$

	전략	현재시점의 현금흐름	만기시점의 현금흐름
전략 1	KOSPI200 매수	−1,000,000,000	$S_T + 1,000,000,000 \times \dfrac{0.4}{364}$ $= S_T + 1,098,901$
전략 2	대출	−1,000,000,000	$1,000,000,000\left(1 + 0.028 \times \dfrac{65}{365}\right)$
	KOSPI200선물 매수	0	$S_T - 11 \times 351.42 \times 250,000$
		−1,000,000,000	$\approx S_T + 1,098,901$

1. 주요 주가지수선물의 거래명세

	KOSPI200선물	미니KOSPI200선물	KOSDAQ150선물	KRX300선물
기초자산	KOSPI200	KOSPI200	KOSDAQ150지수	KRX300지수
거래단위	KOSPI200선물 가격×25만원	미니KOSPI200선물가격×5만원	KOSDAQ150선물 가격×10,000원	KRX300선물가격×50,000원
결제월	3, 6, 9, 12월	매월	3, 6, 9, 12월	3, 6, 9, 12월
상장결제월	3년 이내의 7개 결제월(3, 9월: 각 1개, 6월: 2개, 12월: 3개)	연속6개(분기월 2개, 비분기월 4개)	총 7개 결제월(3, 9월: 2개, 6월: 2개, 12월: 3개)	1년 이내의 4개 결제월(3, 6, 9, 12월)
가격표시방법	KOSPI200선물 수치(포인트)	미니KOSPI200선물 수치(포인트)	KOSDAQ150선물 수치(포인트)	KRX300선물 수치(포인트)
호가가격단위	0.05포인트	0.02포인트	0.1포인트	0.2포인트
최소가격변동 금액	12,500원 (25만원×0.05)	1,000원 (5만원×0.02)	1,000원 (10,000원×0.1)	10,000원 (5만원×0.2)
거래시간	09:00−15:45 (최종거래일: 09:00−15:20)	09:00−15:45 (최종거래일: 09:00−15:20)	09:00−15:45 (최종거래일: 09:00−15:20)	09:00−15:45 (최종거래일: 09:00−15:20)
최종거래일	각 결제월의 두 번째 목요일(공휴일인 경우 순차적으로 앞당김)	각 결제월의 두 번째 목요일(공휴일인 경우 순차적으로 앞당김)	각 결제월의 두 번째 목요일(공휴일인 경우 순차적으로 앞당김)	각 결제월의 두 번째 목요일(공휴일인 경우 순차적으로 앞당김)
최종결제일	최종거래일의 다음 거래일	최종거래일의 다음 거래일	최종거래일의 다음 거래일	최종거래일의 다음 거래일
최종결제방법	현금결제	현금결제	현금결제	현금결제

2. KOSPI200선물의 보유비용모형

- KOSPI200선물 이론가격: $F_0 = S_0 \left(1 + r \times \dfrac{T}{365}\right) - \sum d_t$

3. KOSPI200선물 차익거래전략

- 완전시장하에서의 차익거래전략
  - 매수차익거래이익＝KOSPI200선물 실제가격－KOSPI200선물 이론가격

$$= F_0 - \left[S_0 \left(1 + r \times \frac{T}{365}\right) - \sum d_t \right]$$

$\quad$ − 매도차익거래이익 = KOSPI200선물 이론가격 − KOSPI200선물 실제가격

$$= \left[S_0 \left(1 + r \times \frac{T}{365} \right) - \sum d_t \right] - F_0$$

- 불완전시장하에서의 차익거래전략
  - 차익거래불가영역: $[S_0 + 이자 - \sum d_t - 공매비용 - 세금] < F_0 < [S_0 + 이자 - \sum d_t + 세금]$

4. KOSPI200선물 헷지전략

- 최소위험헷지

  - 최소위험헷지비율: $h = -\dfrac{\sigma_{SF}}{\sigma_F^2} = -\dfrac{\rho_{SF}\,\sigma_S\,\sigma_F}{\sigma_F^2}$

  - 헷징효율성$(R^2) = \dfrac{\text{Var(헷지 안 된 현물포지션)} - \text{Var(헷지포트폴리오)}}{\text{Var(헷지 안 된 현물포지션)}}$

  - 최적계약수: $N = (\beta_P - \beta_S) \times \dfrac{S}{F} \rightarrow$ 완전헷지: $N = -\beta_S \times \dfrac{S}{F}$

- 매도헷지: KOSPI200현물시장에서 매수포지션을 취하고 있는 투자자가 KOSPI200의 가격이 하락할 것이 우려되어 KOSPI200선물을 매도하는 전략

- 매수헷지: KOSPI200현물시장에서 미래에 매수포지션을 취하려는 투자자가 KOSPI200의 가격이 상승할 것이 우려되어 KOSPI200선물을 매수하는 전략

- KOSPI200선물 베타조정헷지(시장타이밍전략): 시장상황에 따라 헷지포트폴리오의 베타 β_P를 조정하는 전략

5. 포트폴리오보험전략

- 주가지수선물을 이용하여 미래시점에서의 주식포트폴리오의 최저가치를 보장받는 투자전략 → 동적헷지

6. 자산배분전략

- 합성단기채권전략
  합성단기채권(대출) = 주식포트폴리오(현물매수) − 주가지수선물(선물매도)

- 합성주식포트폴리오전략
  합성주식포트폴리오(현물매수) = 단기채권(대출) + 주가지수선물(선물매수)

제3장

KOSPI200선물: 연습문제

Q1. (2002 CPA 수정) 펀드매니저 A는 10억원 규모로 KOSPI200선물과 상관계수가 1인 주식 인덱스펀드(index fund)를 2개월간 구성하여 운영하려고 한다. 그러나 인덱스펀드의 관리에 어려움을 경험한 펀드매니저 B는 인덱스펀드 대신 만기까지 2개월 남은 KOSPI200선물 20계약과 연수익률 6%이고 2개월 만기인 채권을 10억원 매수하였다. 두 펀드매니저의 펀드운용결과가 향후 시장의 등락에 관계없이 동일하려면 B는 얼마의 가격에 선물을 매수하여야 하는가? (수수료 및 증거금을 포함한 거래비용은 없으며 채권은 무위험으로 가정함) (   )

> KOSPI200＝100pt 금리＝연6%
> 배당액지수의 합계＝4 선물승수＝25만원/pt

① 97pt   ② 99pt   ③ 101pt
④ 103pt   ⑤ 105pt

Q2. (2003 CPA 수정) 현재 KOSPI200은 75포인트이고, 만기 3개월물 KOSPI200선물은 76포인트에 거래되고 있다. KOSPI200을 구성하는 주식들의 배당액지수의 합계는 0.04이고, 이자율은 8%이다. 이러한 시장상황에서 지수차익거래가 가능한가? 가능하다면 차익거래의 결과 어떠한 변화가 예상되는가? (차익거래와 관련된 모든 거래비용은 무시한다.) (   )

① 차익거래가 불가능하다.
② 차익거래에 의해 KOSPI200과 3개월물 KOSPI200선물가격이 상승한다.
③ 차익거래에 의해 KOSPI200이 상승하고, 3개월물 KOSPI200선물가격이 하락한다.
④ 차익거래에 의해 KOSPI200과 3개월물 KOSPI200선물가격이 하락한다.
⑤ 차익거래에 의해 KOSPI200이 하락하고, 3개월물 KOSPI200선물가격이 상승한다.

Q3. (2008 CPA) ㈜베타의 현재 주가는 10,000원이다. 이 주식을 기초자산으로 하며 만기가 6개월인 선물이 선물시장에서 11,000원에 거래되고 있다. 이 기업은 앞으로 6개월간 배당을 지급하지 않으며 현물 및 선물의 거래에 따른 거래비용은 없다고 가정한다. 무위험이자율인 연 10%로 대출과 차입이 가능할 때 차익거래에 관한 다음의 설명 중 옳은 것은? (   )

① [주식공매＋대출＋선물매수] 전략을 이용해 차익거래이익을 얻을 수 있다.

② [주식공매＋차입＋선물매수] 전략을 이용해 차익거래이익을 얻을 수 있다.

③ [주식매수＋대출＋선물매도] 전략을 이용해 차익거래이익을 얻을 수 있다.

④ [주식매수＋차입＋선물매도] 전략을 이용해 차익거래이익을 얻을 수 있다.

⑤ 차익거래 기회가 없다.

Q4. (2001 CPA) 펀드매니저 K는 1,000억원 규모의 주식포트폴리오에 대해 1년간 관리하는 임무를 부여받았다. 현재 이 주식포트폴리오의 베타는 1.50이다. K는 향후 약세장을 예상하고 주가지수선물을 이용하여 이 주식포트폴리오의 베타를 1.0으로 줄이려고 한다. 1년 만기를 갖는 주가지수선물의 현재 지수가 80.0 포인트(1포인트당 50만원)라고 할 때, 어떻게 해야 하는가? (   )

① 1,250계약 매수   ② 1,250계약 매도   ③ 2,500계약 매수

④ 2,500계약 매도   ⑤ 3,750계약 매수

Q5. (2012 CPA) 현재는 9월 30일이다. 한 달 후 A항공은 항공기 연료로 사용되는 100만 배럴의 제트유가 필요하며, 12월에 만기가 도래하는 난방유 선물을 이용하여 가격변동위험을 헷지하기로 하였다. 분산으로 측정되는 헷지포지션의 위험을 최소화하기 위해 과거 24개월 동안의 역사적 자료를 이용하여 최소분산헷지비율을 구하였다. 최소분산헷지비율을 계산하기 위해 월별 현물가격의 변화를 월별 선물가격의 변화에 대해 회귀분석한 결과의 일부를 다음의 표에 제시하였다. 난방유선물 1계약 단위가 42,000 배럴일 때, A항공이 취해야 할 전략으로 가장 적절한 것은? (   )

	분산	표준편차	공분산	상관계수
선물가격변화율	0.00148	0.03841	0.00105	0.69458
현물가격변화율	0.00155	0.03936		

① 난방유선물 13계약 매수   ② 난방유선물 15계약 매도

③ 난방유선물 17계약 매수   ④ 난방유선물 19계약 매도

⑤ 난방유선물 21계약 매수

Q6. (2012 CPA) 투자자 갑은 다음과 같은 주식 포트폴리오를 보유하고 있다.

주식	주당 주식가격	보유주식수	베타계수
A	20,000원	2,000주	1.5
B	40,000원	1,000주	1.2
C	10,000원	2,000주	0.8

이 포트폴리오를 현재 선물가격이 200포인트인 KOSPI200 주가지수선물을 이용하여 헷지하고자 한다. 단순헷지비율(naive hedge ratio)을 이용해 100% 헷지하기 위한 선물계약수와 최소분산헷지비율(minimum variance hedge ratio)을 이용하여 헷지하기 위한 선물계약수를 계산하였다. 이때, 최소분산헷지비율에 의한 선물계약수는 단순헷지비율에 의한 선물계약수의 몇 배인가? 가장 가까운 것을 선택하라. (단, 단순헷지비율은 현물과 선물을 1:1 비율로 헷지하는 것으로 주식포트폴리오의 시가총액을 주가지수선물 가치로 나눈 것이고, KOSPI200 주가지수선물의 거래승수는 1포인트당 50만원이다.) (   )

① 0.8배   ② 0.9배   ③ 1.0배
④ 1.2배   ⑤ 1.5배

Q7. 오늘 KOSPI200선물의 이론가격 계산 시 사용한 금리는 4.87%, 선물배당액지수의 합계는 0.73, 만기일까지의 잔존기간일수는 59일이었다. 또한 KOSPI200선물의 실제가격이 220.78이고, KOSPI200은 218.75이었다. 선물의 이론가격을 계산하시오. 또한 매수차익거래전략과 매도차익거래전략 중 어떤 전략을 택해야 하는지 정하고, 차익거래이익 1.04가 발생하는 것을 보여 주는 아래의 표를 완성하시오.

매수차익거래전략	현재시점의 현금흐름	만기시점의 현금흐름
KOSPI200선물 _____		
KOSPI200 _____		
_____		
차익거래이익		1.04

Q8. (1998 CPA 2차) 5개의 종목으로 구성된 KOSPI5의 지수현물이 300이며, 무위험이자율은 12%이고 배당은 없으며 이자율은 $\left(1 + R \times \dfrac{80}{365}\right)$으로 계산한다. 다음의 조건을 가정할 때 물음에 답하시오.

(1) 차입이자율은 14%, 대출이자율은 10%이다.

(2) 선물을 매도, 매수할 때 거래비용은 0.3이고 청산할 때도 0.3이다.

(3) 현물을 공매하거나 매수할 때 거래비용은 1.5이고 청산할 때도 1.5이다.

(4) 만기는 80일이며, 1년은 365일로 계산한다.

1. 거래비용이 없는 완전자본시장을 가정할 때, 100일 만기 선물의 이론적인 가격은 얼마인가?

2. 거래비용이 존재할 때, 주어진 차입이자율과 대출이자율을 이용하여 차익거래가 존재하지 않을 선물거래의 최대상한가격을 구하라.

3. 현재 KOSPI5 선물지수가 320에 시장에서 거래된다고 할 때 〈물음 2〉와 관련하여 선물가격상한을 초과한다고 생각하고 차익거래과정을 보이고 차익거래이익을 구하라.

Q9. 오늘 KOSPI200선물가격은 200이다. 한 달 후에 보유하고 있는 채권이 만기가 되어 100억원의 자금이 생길 예정이며, 이 자금을 주식시장에 투자할 계획을 세우고 있다. 하지만 요즈음 지속적으로 주식시장이 강세장을 이루고 있어 한 달 동안 주가가 많이 상승할 것이 우려된다. 한 달 후에 베타값이 1.2인 주식포트폴리오를 구성할 계획이며 KOSPI200선물로 완전헷지를 하고자 할 경우 선물을 매수해야 할지 매도해야 할지를 정하고, 거래계약 수를 구하시오. 만약 100계약을 가지고 헷지를 할 경우 한 달 후에 현물이 7% 상승하고 선물이 6% 상승한 상황에서 헷지를 해제할 경우 헷지전략의 손익을 분석하시오.

Q10. 현재 10종목으로 구성된 주식포트폴리오는 시장가치가 200억원이며 베타값이 1.6이다. 향후 약세시장이 예상되어 주가하락에 따른 보유주식포트폴리오의 가치하락위험을 감소시키기 위해 베타값을 0.9로 낮추고자 한다. 현재 가격이 263인 KOSPI200선물을 이용하여 베타조정헷지전략을 구축하려면 선물을 매수해야 할지 매도해야 할지를 정하고, 거래계약 수를 구하시오.

Q1. ①

┃답┃

전략 A: KOSPI200선물 매수＝전략 B: KOSPI200 매수＋차입(채권매도)

→ KOSPI200선물 매수＋대출(채권매수)＝KOSPI200 매수: 따라서 두 전략이 동일하기 위해서는 선물가격이 선물이론가격과 동일해야만 한다.

$$선물이론가격\ \ F_0 = S_0\left(1 + r \times \frac{T}{365}\right) - \sum d_t = 100\left(1 + 0.06 \times \frac{2}{12}\right) - 4 = 97$$

Q2. ⑤

┃답┃

$$선물이론가격:\ F_0 = S_0\left(1 + r \times \frac{T}{365}\right) - \sum d_t = 75\left(1 + 0.08 \times \frac{3}{12}\right) - 0.04 = 76.46$$

선물이론가격(76.46)＞실제가격(76) → 선물과소평가

→ 선물매수, 현물매도: 매도차익거래 → 선물가격 상승, 현물가격 하락

Q3. ④

┃답┃

$$선물이론가격:\ F_0 = S_0\left(1 + r \times \frac{T}{365}\right) - \sum d_t$$

$$F_0 = 10,000\left(1 + 0.1 \times \frac{6}{12}\right) - 0 = 10,500원\ <\ 선물실제가격\ 11,000원$$

→ 선물과대평가 → 선물매도, 현물매수 및 차입: 매수차익거래

Q4. ②

┃답┃

$$N = (\beta_P - \beta_S) \times \frac{S}{F} = (1 - 1.5) \times \frac{100,000,000,000}{800 \times 500,000} = -1,250:\ 1,250계약\ 매도$$

Q5. ③

향후 난방유(기초자산) 가격상승이 우려되므로 매수헷지를 한다.

$$최소분산헷지비율\ \ h = -\frac{\sigma_{SF}}{\sigma_F^2} = -\frac{\rho_{SF}\sigma_S\sigma_F}{\sigma_F^2} = -\beta_S$$

$$\rightarrow N = \beta_S \times \frac{S}{F} = \frac{0.00105}{0.00148} \times \frac{100만\ 배럴}{4만\ 2천\ 배럴} \approx 17계약\ 매수$$

Q6. ④

┃답┃

$$단순헷지비율 = \frac{20,000원 \times 2,000주 + 40,000원 \times 1,000주 + 10,000원 \times 2,000주}{200포인트 \times 50만원} = 1$$

$$최소분산헷지비율 \quad h = -\frac{\sigma_{SF}}{\sigma_F^2} = -\beta$$

$$\rightarrow \beta = 1.5 \times \frac{20,000원 \times 2,000주}{1억} + 1.2 \times \frac{40,000원 \times 1,000주}{1억} + 0.8 \times \frac{10,000원 \times 2,000주}{1억} = 1.24$$

따라서 $1.24/1 = 약 1.2배$

Q7.

┃답┃

이론가격: $F_0 = S_0\left(1 + r \times \frac{T}{365}\right) - \sum d_t = 218.75\left(1 + 0.0487 \times \frac{59}{365}\right) - 0.73 = 219.74$

실제가격(220.78) > 이론가격(219.74) → 선물매도, 현물매수: 매수차익거래전략

전략	현재시점의 현금흐름	만기시점의 현금흐름
C: KOSPI200선물 매도	0	$220.78 - S_T$
B: KOSPI200 매수	-218.75	$S_T + 0.73$
차입	218.75	$-218.75\left(1 + 0.0487 \times \frac{59}{365}\right)$
차익거래이익	0	1.04

Q8.

┃답┃

(1) $F_0 = S_0\left(1 + r \times \frac{T}{365}\right) - \sum d_t \rightarrow F_0 = 300\left(1 + 0.12 \times \frac{80}{365}\right) - 0 = 307.89$

(2) 상한가

전략	현재시점의 현금흐름	만기시점의 현금흐름
C: KOSPI5선물 매도	$0 - 0.3$	$F_0 - S_T - 0.3$
B: KOSPI5 매수	$-300 - 1.5$	$S_T - 1.5$
차입	$(300 + 1.5 + 0.3)$	$-(300 + 1.5 + 0.3)\left(1 + 0.14 \times \frac{80}{365}\right)$
차익거래이익	0	$F_0 - 0.3 - 1.5$ $-(300 + 1.5 + 0.3)\left(1 + 0.14 \times \frac{80}{365}\right)$

$$F_0 - 0.3 - 1.5 - (300 + 1.5 + 0.3)\left[1 + 0.14 \times \frac{80}{365}\right] < 0 \rightarrow F_0 < 312.92$$

(3) 실제 선물가격 320 > 상한가 312.92 → 선물 과대평가 → 선물매도, 현물매수: 매수차익거래전략

전략	현재시점의 현금흐름	만기시점의 현금흐름
C: KOSPI5선물 매도	$0 - 0.3$	$320 - S_T - 0.3$
B: KOSPI5 매수	$-300 - 1.5$	$S_T - 1.5$
차입	$(300 + 1.5 + 0.3)$	$-(300 + 1.5 + 0.3)\left(1 + 0.14 \times \frac{80}{365}\right)$
차익거래이익	0	7.08

Q9.

┃답┃

$$N = \beta_S \times \frac{S}{F} = 1.2 \times \frac{10{,}000{,}000{,}000}{200 \times 500{,}000} = 120 : 120계약 매수$$

헷지 손익: $(-10{,}000{,}000{,}000)(0.07) + [(200)(1 + 0.06) - 200](500{,}000)(120) = 20{,}000{,}000원$

Q10.

┃답┃

$$N = (\beta_P - \beta_S) \times \frac{S}{F} = (0.9 - 1.6) \times \frac{20{,}000{,}000{,}000}{263 \times 500{,}000} \approx -106 : 106계약 매도$$

04 CHAPTER 채권선물

학습개요	본 장에서는 한국거래소에 상장되어 있는 3년국채선물, 5년국채선물, 10년국채선물에 대해 학습한다. 우선 채권에 대한 이해를 위하여 채권수익률과 가격 간의 관계와 듀레이션에 대해서 간략히 살펴본다. 3년(5년, 10년)국채선물에 대한 표준화된 계약조건을 설명하고 국채선물의 이론가격 유도에 대해서 배운 후, 매수차익거래전략(선물매도/현물매수) 및 매도차익거래전략(선물매수/현물매도), 채권의 가격변동위험을 헷지하기 위한 헷지모형과 헷지전략, 국채선물을 이용하여 이자율변동위험을 벗어날 수 있는 면역전략에 대해서 학습한다.
학습목표	• 채권 기초이론 • 국채선물의 개요 • 국채선물이론가격 • 국채선물 차익거래전략 • 국채선물 헷지모형 • 국채선물 헷지전략 • 국채선물을 이용한 면역전략

Section 1 | 채권 기초이론

1. 채권가격과 수익률

채권을 사면 보유기간 동안 정기적으로 이자를 받고 보유기간 말에 채권의 원금을 받는다. 채권가격은 미래의 정기적인 이자지급액과 만기에서의 원금을 채권수익률로 할인한 현재가치가 된다. 액면이자(표면이자) C, 액면가액 F, 만기 n, 채권수익률 r이라고 할 때 채권가격은 식(4-1)과 같이 구할 수 있다.

표 4-1	채권수익률과 만기에 따른 채권가격		
		채권수익률 및 채권가격	
		8%	10%	12%
만기	2년	10,375원(3.57%)	10,000원	9,662원(−3.38%)
	4년	10,662원(6.62%)	10,000원	9,393원(−6.07%)
	6년	10,925원(9.25%)	10,000원	9,178원(−8.22%)

주: 액면가액 10,000원, 액면이자율 10%인 채권. ( )내는 변동률임.

$$P_0 = \frac{C}{(1+r)^1} + \frac{C}{(1+r)^2} + \cdots\cdots + \frac{C+F}{(1+r)^n} \tag{4-1}$$

채권가격은 채권수익률, 만기, 액면이자율, 이자지급방법 등에 따라 결정된다. 예를 들어, 〈표 4-1〉과 〈표 4-2〉에서 채권수익률과 만기에 따라 채권가격이 어떻게 변동하지를 살펴보기로 하자.[1]

① 식(4-1)에서 채권수익률(r)이 내리면 채권가격(P_0)이 오르고 채권수익률이 오르면 채권가격이 내린다. 예를 들어, 〈표 4-1〉에서 만기 6년인 채권의 경우, 채권수익률이 10%일 때 이 채권의 가격은 10,000원이지만 채권수익률이 2% 하락하여 8%가 되면 채권가격이 10,925원으로 상승하고 반대로 채권수익률이 2% 상승하여 12%가 되면 채권가격이 9,178원으로 하락한다. 이때 똑같이 2%씩 채권수익률이 움직여도 2% 하락할 때의 채권가격 상승폭(925원)이 2% 상승할 때의 채권가격 하락폭(822원)보다 더 크다. 이를 채권가격의 채권수익률에 대한 볼록성(convexity)이라 한다.

② 채권수익률이 낮을수록 채권가격 변동률은 커진다. 예를 들어, 〈표 4-1〉에서 만기 2년의 경우 채권수익률이 8%에서 2% 증가하여 10%가 되면 채권가격이 3.61% 하락하지만, 채권수익률이 10%에서 2% 증가하여 12%가 되면 채권가격이 3.38% 하락한다.

③ 만기가 길수록 일정한 채권수익률 변동에 따른 채권가격 변동률은 커진다. 예를 들어, 〈표 4-1〉에서 채권수익률이 10%에서 2% 상승하여 12%가 될 경우, 2년 만

---

1 이재하, 한덕희, 「핵심투자론」, 제2판, 박영사(2018), pp. 320-321 참조.

표 4-2 액면이자율에 따른 채권수익률 민감도

액면이자율	채권수익률 및 채권가격		
	8%	10%	12%
2%	7,689원(10.61%)	6,951원	6,300원(−9.37%)
6%	9,075원(9.90%)	8,258원	7,533원(−8.78%)

주: 액면가액 10,000원, 만기 6년인 채권. ( )내는 변동률임.

기 채권은 3.38%하락하고 6년 만기 채권은 8.22% 하락한다. 똑같은 2% 채권수익률 변동에 대해 만기가 길수록 채권가격 하락폭이 더 커진다(8.22%>3.38%).

④ 액면이자율이 낮을수록 채권수익률 변동에 따른 채권가격 변동률이 커진다. 예를 들어, 〈표 4-2〉에서 채권수익률이 10%에서 8%로 2% 하락할 경우 액면이자율이 2%인 경우에는 채권가격이 10.61% 상승하지만 액면이자율이 6%일 경우에는 채권가격이 9.90% 상승한다.

위의 채권가격의 속성 중 ①, ③, ④는 Malkiel(1962)[2]의 채권가격정리(Malkiel's bond pricing relationship)라 부르고 ②는 Homer and Liebowitz(1972)[3]가 제시하였다.

투자자는 만기가 길고, 액면이자율이 낮고, 채권수익률이 낮을수록 가격변동이 커진다는 속성을 이용할 수 있다. 앞으로 금리가 하락할 것으로 예상되면 가격이 상승할 것이므로 자본이득을 극대화하기 위해서는 장기, 저액면이자율, 저채권수익률 채권에 투자해야 할 것이다.

2. 듀레이션

채권 투자의 경우 향후 금리 하락(가격 상승)이 예상되면 채권가격변동을 크게 하여 자본이득을 늘리고, 향후 금리 상승(가격 하락)이 예상되면 채권가격변동을 작게 하여 자본손실을 줄여야 한다. 이때 채권가격변동은 만기, 액면이자율, 채권수익률에

---

2 Burton G. Malkiel, "Expectations, Bond Prices, and the Term Structure of Interest Rates," *Quarterly Journal of Economics* 76, May 1962.

3 Sidney Homer and Martin L. Liebowitz, *Inside the Yield Book: New Tools for Bond Market Strategy*, Englewood Cliffs, N. J.: Prentice Hall, 1972.

의해 영향을 받기 때문에 채권 투자자는 이 세 가지 변수를 복합적으로 고려하여야 하는 어려움이 있다.

　채권마다 만기, 액면이자율, 채권수익률이 제각각으로 다른 상황에서 금리 움직임에 대응하여 어떠한 조합의 채권들을 포트폴리오에 포함시킬지 결정하는 것은 쉬운 일이 아니다. 이에 이러한 요인들을 동시에 고려하여 금리 움직임에 대한 채권가격변동을 일괄적으로 측정하는 척도를 Macaulay(1938)[4]가 듀레이션(duration)이라는 개념으로 제시하였다.[5]

$$D = \sum_{t=1}^{T} t \left[\frac{\dfrac{C_t}{(1+r)^t}}{P} \right] = \sum_{t=1}^{T} t \left[\frac{\dfrac{C_t}{(1+r)^t}}{\displaystyle\sum_{t=1}^{T} \dfrac{C_t}{(1+r)^t}} \right] \tag{4-2}$$

　식(4-2)의 듀레이션(D)은 총현재가치 P에서 각 기간에 발생하는 현금흐름의 현재가치 $C_t/(1+r)^t$가 차지하는 비중으로 각 기간을 가중평균한 값으로서, 채권에 투자된 원금이 회수되는 데 소요되는 가중평균시간(weighted average time)을 나타낸다.

　예를 들어, 채권수익률이 12%, 표면이자가 100원, 만기 2년, 액면가액이 1,000원인 채권의 투자원금이 회수되는 기간은 표면상 만기인 2년이지만, 만기까지 기간 동안 원리금을 각 기간에 나눠서 받기 때문에 실제로 투자원금이 회수되는 기간은 2년보다 짧을 것이다. 그러므로 실제로 투자원금이 회수되는 기간은 1년과 2년을 평균하여 계산하면 되는데, 이때 각 기간에 회수되는 현금의 크기가 다르므로 각 기간에 가중치를 주어 구한다.

　각 기간의 가중치는 총 회수되는 금액의 현가 966.2원(=100/1.12+1,100/1.12²)에서 1년도에 회수되는 현금의 현가 89.29원(=100/1.12)이 차지하는 비중과 2년도에 회수되는 현금의 현가 876.91원(=1,100/1.12²)이 차지하는 비중이다. 따라서 투자원금이 회수되는 데 소요되는 평균기간인 듀레이션은 1년×(89.29원/966.2원)+2년×(876.91

4　Frederick Macaulay, *Some Theoretical Problems Suggested by the Movements of Interest Rates, Bond Yields, and Stock Prices in the United States since 1856*, New York: National Bureau of Economic Research, 1938.

5　이재하, 한덕희, 「투자론－Essentials of Investments」, 박영사(2015), p. 162-163 참조.

원/966.2원)＝1.91년으로 계산된다.

식(4-2)의 듀레이션은 1년에 한 번 이자를 지급하는 경우를 가정하고 계산한다. 하지만 실제로 우리나라 국채는 6개월에 한 번씩 이자를 지급하고 회사채의 경우 3개월에 한 번씩 이자를 지급하여 이자지급단위가 1년 이하인 경우가 더 일반적이라고 할 수 있다.

예제 | 듀레이션

액면가액 10,000원, 액면이자율 연 10%, 이자후급, 만기 2년, 채권수익률이 연 12%인 채권이 있다. 6개월마다 이자를 지급할 경우의 6개월 단위 듀레이션과 연 단위 듀레이션을 구하시오.

┃답┃

$$P = \frac{500}{(1+0.06)^1} + \frac{500}{(1+0.06)^2} + \frac{500}{(1+0.06)^3} + \frac{10,500}{(1+0.06)^4} = 9,653.49$$

$$D = \frac{1 \times \dfrac{500}{(1+0.06)^1} + 2 \times \dfrac{500}{(1+0.06)^2} + 3 \times \dfrac{500}{(1+0.06)^3} + 4 \times \dfrac{10,500}{(1+0.06)^4}}{9,653.49}$$

$$= 3.72 \ (6개월 \ 단위 \ 듀레이션)$$

$$D_r = \frac{3.72}{2} = 1.86 \ (연 \ 단위 \ 듀레이션)$$

연간 이자지급횟수가 k회일 경우에 이자지급기간을 1기간으로 하고 1기간 동안의 금리를 r/k로 하여 기간 듀레이션을 구한 다음, 이 기간 듀레이션을 k로 나누어 식(4-3)의 연 단위 듀레이션 D_r로 환산한다.[6]

---

6 $D_r = \dfrac{\displaystyle\sum_{t=1}^{M \cdot k} \dfrac{t}{k} \left(\dfrac{C_t}{(1+r/k)^t} \right)}{P} = \dfrac{\dfrac{t}{k} \displaystyle\sum_{t=1}^{M \cdot k} \left(\dfrac{C_t}{(1+r/k)^t} \right)}{P} = \dfrac{t}{k} \left[\dfrac{\displaystyle\sum_{t=1}^{M \cdot k} \left(\dfrac{C_t}{(1+r/k)^t} \right)}{P} \right] = \dfrac{t \left[\dfrac{\displaystyle\sum_{t=1}^{M \cdot k} \dfrac{C_t}{(1+r/k)^t}}{P} \right]}{k} = \dfrac{D}{k}$

$$D_r = \frac{D}{k} \tag{4-3}$$

한편, 채권시장에서 투자자가 가장 관심을 두는 것은 채권수익률이 변동할 때 채권가격이 얼마나 변동하는가이다. 듀레이션을 채권수익률 변동률에 대한 채권가격 변동률의 비율로 정의하면 식(4-4)와 같이 정리할 수 있다.

$$D = \frac{\text{채권가격 변동률}}{\text{채권수익률 변동률}} = -\frac{\dfrac{dP}{P}}{\dfrac{d(1+r)}{1+r}} \;\;\rightarrow\;\; dP = -D\left[\frac{d(1+r)}{1+r}\right]P \tag{4-4}$$

채권수익률이 하락할 것으로 예상되면, 식(4-4)에서 $d(1+r)$이 음수이므로 dP가 양수가 된다. 따라서 듀레이션이 크면 클수록 dP가 커지게 된다. 앞에서 금리 하락이 예상되면 장기, 저액면이자율, 저채권수익률 채권에 투자하여 자본이득을 극대화한다고 하였다. 이제 이 세 가지 요인들을 고려할 필요 없이 듀레이션 하나만 고려하여 투자할 채권을 고를 수 있다. 즉, 금리 하락의 경우 듀레이션이 짧은 채권들을 팔고 대신 듀레이션이 긴 채권들을 사서 포트폴리오를 구성하면 자본이득을 극대화할 수 있게 된다.

채권수익률이 상승할 것으로 예상되면, 식(4-4)에서 $d(1+r)$이 양수이므로 dP가 음수가 된다. 따라서 듀레이션이 작으면 작을수록 dP가 줄어들게 된다. 따라서, 금리 상승의 경우 듀레이션이 긴 채권들을 팔고 대신 듀레이션이 짧은 채권들을 사서 포트폴리오를 구성하면 자본손실을 극소화할 수 있게 된다.

모든 채권은 각각 듀레이션이라는 고유의 이름표를 달고 있다고 보면 된다. 만기, 액면이자율, 채권수익률을 복합적으로 고려하여 채권을 찾는 어려움이 듀레이션이라는 이름표 덕분에 해소된다. 식(4-4)에서 $D/(1+r)$를 수정듀레이션이라고도 부른다.

채권선물은 채권전체를 포괄하여 말하는 선물이다. 우리나라에서는 정부에서 발행하는 국채를 기초자산으로 삼기 때문에 국채선물이라고 부른다. 일정시점에 상품이나 주가지수를 사거나 파는 것을 약정하는 상품선물이나 주가지수선물과 마찬가지로 국채를 미래시점에 사고파는 것을 약정하는 거래가 국채선물이다.

우리나라의 국채선물은 만기에 따라 3년국채선물, 5년국채선물, 10년국채선물이 있다. 3년(5년, 10년)국채선물은 만기일 기준으로 잔존기간 3년(5년, 10년)의 국고채를 대상으로 거래하는 계약이며, 3년국채선물, 5년국채선물, 10년국채선물은 오직 만기만 다르고 다른 거래조건은 모두 동일하다.

일반적으로 채권은 잔존만기, 액면이자율, 이자지급방법 등 발행조건이 다양하다. 정부가 발행한 국채도 발행회차별로 액면이자율이나 만기 등의 발행조건이 제각기 다르다. 이처럼 다양한 국채를 기초자산으로 하여 선물거래를 할 경우 인수도결제가 대단히 불편하고 시장관리에도 많은 노력과 비용이 요구된다.

따라서 다양한 국채를 하나의 선물가격으로 표현하기 위해 국채선물은 액면금액, 잔존만기, 액면이자율의 조건을 일정하게 만든 표준물(액면 1억원, 액면이자율 5%, 3년(5년, 10년)만기 국채)이라는 현실적으로 존재하지 않는 가공의 채권을 기초자산으로 만들어 이것을 거래대상으로 삼고 있다.

표준물의 액면이자율은 최근 발행되고 있는 국고채의 액면이자율 수준과 시장개설 당시 해당만기의 시장수익률에 가장 가까운 수준을 고려하고 국채선물의 헷지 및 차익거래 등의 원활화를 위해 5%로 정하고 있다. 국채선물 표준물의 거래단위는 국채선물이 기관중심으로 거래가 이루어진다는 점을 고려하여 1억원으로 정하였다.

국채선물의 가격표시방법은 국제적 표준과 거래의 편의를 위해 100.75와 같이 액면 100원당 가격을 백분율방식으로[7] 소숫점 둘째 자리까지 표시하고 있다.[8] 예를 들

---

7 100원의 100.75%가 100.75원이 된다.
8 현행 국채현물시장인 국채전문유통시장에서는 10,075원과 같이 10,000원당 가격으로, 장외시장에서는 4.75%와 같이 수익률로 호가하고 있다.

어, 국채선물가격 100.75의 의미는 액면 100원에 대해 100.75%가 100.75원이 된다는 것이고, 국채선물의 거래단위는 액면 1억원이므로 액면 1억원에 대해 100.75%는 100,000,000원×100.75%=100,750,000원이 국채선물가격을 금액으로 환산한 값이 된다. 편의상 100.75를 백분율로 보지 않고 100원에 해당되는 가격이라고 간주하면 1억원에 해당되는 가격으로 환산하기 위해 100만원을 곱해주면 된다. 즉, 100.75포인트×1,000,000원=100,750,000원이 되며, 이런 의미에서 거래승수를 1,000,000원이라고 볼 수도 있다.

국채선물의 호가가격은 0.01포인트이며, 이를 금액으로 환산하면 0.01%×100,000,000원=10,000원이 된다. 예를 들어 선물가격이 105.84에서 105.85로 0.01포인트 변동이 가능하며, 이 경우 최소가격변동금액은 10,000원이 된다. 현물시장에서

표 4-3	국채선물 거래명세		
	3년국채선물	5년국채선물	10년국채선물
거래대상	액면이자율 5%, 6개월단위 이자지급방식의 3년만기 국고채	액면이자율 5%, 6개월단위 이자지급방식의 5년만기 국고채	액면이자율 5%, 6개월단위 이자지급방식의 10년만기 국고채
거래단위	액면 1억원	액면 1억원	액면 1억원
결제월	3, 6, 9, 12월	3, 6, 9, 12월	3, 6, 9, 12월
상장결제월	6월 이내의 2개 결제월	6월 이내의 2개 결제월	6월 이내의 2개 결제월
가격의 표시	액면 100원당 원화 (백분율방식)	액면 100원당 원화 (백분율방식)	액면 100원당 원화 (백분율방식)
호가가격단위	0.01포인트	0.01포인트	0.01포인트
최소가격변동금액	10,000원 (1억원×0.01×1/100)	10,000원 (1억원×0.01×1/100)	10,000원 (1억원×0.01×1/100)
거래시간	09:00−15:45 (최종거래일: 09:00-11:30)	09:00−15:45 (최종거래일: 09:00-11:30)	09:00−15:45 (최종거래일: 09:00-11:30)
최종거래일	결제월의 세 번째 화요일 (공휴일인 경우 순차적으로 앞당김)	결제월의 세 번째 화요일 (공휴일인 경우 순차적으로 앞당김)	결제월의 세 번째 화요일 (공휴일인 경우 순차적으로 앞당김)
최종결제일	최종거래일의 다음거래일	최종거래일의 다음거래일	최종거래일의 다음거래일
결제방법	현금결제	현금결제	현금결제

자료: 한국거래소(www.krx.co.kr)

도 액면 10,000원당 1원 단위로 호가하므로 액면 1억원에 대해 10,000원이 되므로, 선물시장과 현물시장의 호가가격단위는 서로 동일하다.

국채선물의 결제월은 3월, 6월, 9월 12월이며 이 중 6개월 이내의 2개 결제월만 상장되어 거래된다. 예를 들어, 오늘이 7월 1일이라면 9월물, 12월물이 상장되어 거래된다. 최종거래일은 3월, 6월, 9월, 12월의 세 번째 화요일이며 최종결제일은 최종거래일(T)의 다음 거래일($T+1$)로 정해 놓고 있다. 예를 들어, 9월물은 9월 세 번째 화요일까지 거래가 되며, 그 다음날인 수요일에 인수도가 이루어진다. 국채선물은 실물로 인수도하지 않고 현금결제로 정산하도록 정하고 있다.[9] 즉, 최종결제수량에 대해 최종결제차금을 수수하게 되는데 최종결제가격은 다음의 산식에 의하여 산출한다.

$$3년\ 국채선물\ 최종결제가격 = \sum_{n=1}^{6} \frac{2.5}{(1+\frac{r}{2})^n} + \frac{100}{(1+\frac{r}{2})^6} \tag{4-5}$$

$$5년\ 국채선물\ 최종결제가격 = \sum_{n=1}^{10} \frac{2.5}{(1+\frac{r}{2})^n} + \frac{100}{(1+\frac{r}{2})^{10}} \tag{4-6}$$

$$10년\ 국채선물\ 최종결제가격 = \sum_{n=1}^{20} \frac{2.5}{(1+\frac{r}{2})^n} + \frac{100}{(1+\frac{r}{2})^{20}} \tag{4-7}$$

여기서, r: 최종결제기준채권의 기준수익률

3년(5년, 10년) 국채선물의 최종결제가격은 사실 현실 세계에서 존재하지 않는 가상국채(표준물)의 최종결제시점에서의 채권가격을 말한다. 그렇다면, 이 가상국채의 최종결제가격을 어떻게 구할까? 즉, 가상국채가격을 결정하는 채권수익률을 어떻게 얻을까?

먼저, 한국거래소는 각 결제월물별로 사전에 국채시장에서 실제로 거래되고 있는 복수의 국채를 지정하여 발표한다.[10] 이렇게 지정된 복수의 실제 국채들을 기준바스켓

---

[9] 10년국채선물은 2008년 2월에 실물인수도 방식으로 상장되었으나, 최종결제과정을 단순화하고 투자자의 실물인수도 부담을 없애기 위해 2010년 10월 25일 최종결제방식을 현금결제방식으로 변경하였다.

[10] 한국거래소는 6개월 단위 이자지급방식 국고채권 중에서 각 결제월물별로 복수로 지정하여 해당 결제월물의 거래개시일 직전 영업일에 발표하여 최종결제일까지 공시하고 있다.

이라고 부르며, 국채선물의 기초자산인 가상국채로 간주하는 것이다.

예를 들면, 〈표 4-4〉에서 보듯이 한국거래소는 3년국채선물인 2021년 6월물의 최종결제기준채권으로 국고00875−2312(20−8)(2020. 12. 10 발행, 3년 만기, 액면이자율 0.875%), 국고01000−2306(20−3)(2020. 6. 10 발행, 3년 만기, 액면이자율 1.000%), 국고01125−2509(20−6)(2020. 9. 10 발행, 5년 만기, 액면이자율 1.125%)을 지정하고 있다. 한국거래소에서 지정한 3개의 실제 거래되는 현물국채포트폴리오, 즉 기준바스켓을 보유하면 3년국채선물의 기초자산인 가상국채(액면이자율 5%, 6개월단위 이자지급방식의 3년만기 국고채)를 보유하고 있는 것과 같다.

금융투자협회는 한국거래소에서 거래되는 국채의 금선선물거래와 관련하여 최종결제가격 산출 시에 적용되는 국채의 기준수익률을 정하고 있다. 즉, 금융투자협회는 국고채전문딜러로부터 한국거래소가 국채선물의 최종결제기준채권으로 지정한 채권의 수익률을 보고받는다. 국고채전문딜러는 매 영업일(거래소 휴장일은 제외) 11시 30

표 4-4		국채선물의 최종결제기준채권				
구분		지정일	종목명	발행일	만기일	액면이자율
3년 국채 선물	2021년 6월물	2020.12.15	국고00875−2312(20−8)	2020.12.10	2023.12.10	0.875%
		2020.12.15	국고01000−2306(20−3)	2020.06.10	2023.06.10	1.000%
		2020.12.15	국고01125−2509(20−6)	2020.09.10	2025.09.10	1.125%
	2021년 9월물	2021.03.16	국고00875−2312(20−8)	2020.12.10	2023.12.10	0.875%
		2021.03.16	국고01000−2306(20−3)	2020.06.10	2023.06.10	1.000%
		2021.03.16	국고01250−2603(21−1)	2021.03.10	2026.03.10	1.250%
5년 국채 선물	2019년 6월물	2020.12.15	국고01125−2509(20−6)	2020.09.10	2025.09.10	1.125%
		2020.12.15	국고01500−2503(20−1)	2020.03.10	2025.03.10	1.500%
	2019년 9월물	2021.03.16	국고01250−2603(21−1)	2021.03.10	2026.03.10	1.250%
		2021.03.16	국고01125−2509(20−6)	2020.09.10	2025.09.10	1.125%
10년 국채 선물	2019년 6월물	2020.12.15	국고01500−3012(20−9)	2020.12.10	2030.12.10	1.500%
		2020.12.15	국고01375−3006(20−4)	2020.06.10	2030.06.10	1.375%
	2019년 9월물	2021.03.16	국고01500−3012(20−9)	2020.12.10	2030.12.10	1.500%
		2021.03.16	국고01375−3006(20−4)	2020.06.10	2030.06.10	1.375%

자료: 한국거래소(www.krx.co.kr)

분, 16시 현재의 수익률을 금융투자협회에 보고하고, 국채선물의 최종거래일에는 10시, 10시 30분, 11시 현재의 수익률을 추가로 보고해야 한다.

그리고 금융투자협회는 보고된 국채 수익률 중에서 상하 각 5개의 수익률을 제외한 후 산술평균(소수점 넷째 자리에서 4사 5입)하여 기준수익률을 산정하고, 동 수익률을 전산매체 등을 통하여 각 보고기준시간으로부터 30분 이내에 발표하고 있다.[11]

최종결제기준채권의 기준수익률은 이들 개별채권들의 수익률을 산술평균하여 산출한다. 예를 들어, 금융투자협회가 3년 국채선물의 최종결제기준채권의 각 시점별 수익률을 아래 표와 같이 공시하였다고 하자.

최종결제기준채권	수익률 산출시점			
	10시	10시 30분	11시	11시 30분
A	2.254%	2.334%	2.386%	2.310%
B	2.358%	2.368%	2.370%	2.372%
C	2.854%	2.896%	2.868%	2.842%

최종결제기준채권의 개별채권마다 최종거래일의 장 마감시간 11시 30분 이전인 10시, 10시 30분, 11시에 발표된 수익률 중 중간값과 11시 30분 수익률을 각 개별채권마다 평균을 낸 후, 이 평균값들을 산술평균하여 최종결제기준채권의 기준수익률로 산출한다. 구체적으로, A채권, B채권, C채권의 오전 10시, 10시 30분, 11시 수익률 중에서 중간값은 각각 2.334%, 2.368%, 2.868%이다. 이 중간값과 11시 30분 수익률의 평균수익률은 각각 2.322%(=(2.334%+2.310%)/2), 2.370%(=(2.368%+2.372%)/2), 2.855%(=(2.868%+2.842%)/2)이다. 이 값들의 산술평균인 2.516%(=2.322%+2.370%+2.855)/3)가 최종결제기준채권의 기준수익률이 된다.

---

11 금융투자협회(www.kofia.or.kr): 「금융투자회사의 영업 및 업무에 관한 규정」 제6장 금리선물의 최종결제가격산정 기준수익률 공시

3년국채선물의 최종결제기준채권의 기준수익률이 $r\%$일 경우 최종결제가격을 구하시오.

┃답┃

거래대상은 3년 만기, 액면이자율 연 5%, 6개월마다 이자를 지급하는 국고채권이므로 최종결제가격은 다음과 같이 구한다.

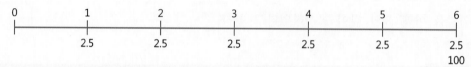

$$\text{3년국채선물 최종결제가격} = \sum_{n=1}^{6} \frac{2.5}{(1+\frac{r}{2})^n} + \frac{100}{(1+\frac{r}{2})^6}$$

$$= 2.5\, PVIFA_{\frac{r}{2},6} + 100\, PVIF_{\frac{r}{2},6}$$

$$= 2.5 \times \frac{1 - \frac{1}{(1+\frac{r}{2})^6}}{\frac{r}{2}} + 100 \times \frac{1}{(1+\frac{r}{2})^6}$$

2월 7일 3년국채선물의 시세가 다음과 같다.

종목	종가	전일대비	시가	고가	저가	거래량	미결제약정수
3년국채 3월물	105.74	0.31	105.45	105.76	105.43	46,378	181,853

(1) 국채3월물을 105.74에 매수하였는데 105.91로 가격이 상승할 경우 발생하는 손익을 구하시오.

(2) 만일 3월물에 대한 기준바스켓의 최종결제기준채권의 기준수익률이 2%일 경우 만기 시 손익을 구하시오.

┃답┃

(1) $105.91 - 105.74 = 0.17$ 즉, $0.17\% \times 1$억원$= 0.17$포인트$\times 100$만원$= 170,000$원의 거래이익 발생

(2) $P = \displaystyle\sum_{n=1}^{6} \frac{2.5}{(1 + \frac{0.02}{2})^n} + \frac{100}{(1 + \frac{0.02}{2})^6} = 2.5 PVIFA_{\frac{0.02}{2},6} + 100 PVIF_{\frac{0.02}{2},6}$

$\qquad = 2.5 \times \dfrac{1 - \dfrac{1}{(1 + \frac{0.02}{2})^6}}{\dfrac{0.02}{2}} + 100 \times \dfrac{1}{(1 + \frac{0.02}{2})^6} = 108.69$

$108.69 - 105.74 = 2.95$ 즉, $2.95\% \times 1$억원$= 2.95$포인트$\times 100$만원$= 2,950,000$원의 거래이익 발생

Section **3** ┃ # 국채선물의 가격결정

1. 국채선물 이론가격

국채선물 이론가격은 최종결제기준채권을 구성하고 있는 개별채권의 선도이자율을 각각 구하여 그 선도이자율의 평균을 표준물 가격공식인 식(4-5), 식(4-6), 식(4-7)에 넣어 산출하도록 하고 있는데, 구체적으로 다음의 세 단계를 거쳐서 계산한다.

① 최종결제기준채권을 구성하고 있는 개별채권의 현재가격(P)을 채권수익률에 근거하여 계산한다.

② 현재시점부터 선물만기일까지의 기간 동안에 받는 이자를 채권가격에서 차감한 무이표채권가격(P_Z)을 계산한다.

③ 현재시점부터 선물만기일까지의 보유비용을 고려하여 선물만기 시의 가격인 선도가격(P_f)을 구한다.

그림 4-1　　국채선물 이론가격 도출과정

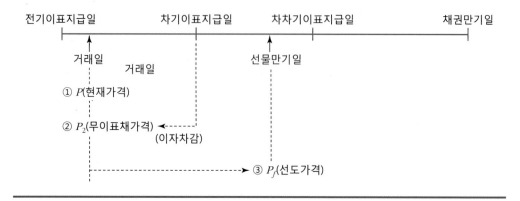

②와 ③은 거래일의 채권가격에서 선물만기일까지의 보유비용을 감안하여 선도 가격(P_f)을 계산하는 단계이다. ②에서 거래일부터 선물만기일 이전까지 지급하게 될 액면이자는 채권보유자에게 수입으로 볼 수 있으므로 보유비용에서 차감해야 한다.

거래일의 채권가격에서 선물만기일 이전까지 지급하게 될 액면이자를 제거하면 이표채권이 무이표채권이 되고 채권가격이 무이표채권가격(P_Z)으로 환산이 된다. 그 다음 이 무이표채권을 선물만기일에 구입할 경우의 가격인 선도가격(P_f)으로 전환해 준다.

이렇게 구한 개별채권의 선도가격을 채권가격 계산 공식에 역산입하여 선도이자 율을 각각 구하여 산술평균하여 최종결제기준채권바스켓의 선도이자율로 사용한다. 이 평균선도이자율을 액면이자율 5%, 3년(5년, 10년) 만기, 6개월 이표인 가상국채의 수익률로 가정하여 국채가격계산공식 식(4-5), 식(4-6), 식(4-7)에 넣어 이론가격을 구한다.

예제　국채선물 이론가격 · · ·

국채선물의 이론가격은 최종결제기준채권을 구성하고 있는 개별채권의 선도이자율의 평균을 표준물(3년 만기 5% 국고채) 가격공식에 넣어 산출할 수 있다. 다음 시장상황에 서 선물 기준바스켓이 채권 3개로 구성되었을 경우 국채선물의 이론가격을 구하시오.

거래일	2019-11-04	차입이율[1]	1.21%
선물만기일	2019-12-12	재투자이율[2]	1.21%
거래기간	38		
구성채권	국고채권 A	국고채권 B	국고채권 C
만기	3년	3년	5년
채권만기일	2022-06-10	2021-12-10	2025-09-10
차기이표지급일	2019-12-10	2019-12-10	2020-03-10
전기이표지급일	2019-06-10	2019-06-10	2019-09-10
이표기간	183	183	182
이표잔존일수[3]	36	36	127
액면이자율	0.875%	1.000%	1.125%
채권수익률	1.112%	1.112%	1.118%
잔존이표횟수	6	5	10

주) 1. 차입이율: 거래일부터 선물만기일까지의 금리
2. 재투자이율: 거래일부터 이표일까지의 금리
3. 이표잔존일수: 현재일부터 차기이표까지의 기간

┃답┃

(1) 국고채권 A

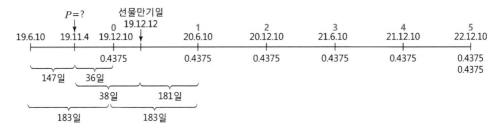

① 거래일인 2019년 11월 4일의 채권가격은 다음과 같이 구한다.

$$P = \frac{[0.4375 + 0.4375 PVIFA_{0.556\%,\,5} + 100 PVIF_{0.556\%,\,5}]}{1 + 0.556\% \times \dfrac{36}{183}} = 99.75$$

② P_Z = 선물만기일 이전까지 지급하게 될 표면이자를 제거한 무이표채권가격

$$P_Z = 99.75 - \frac{0.4375}{1 + 1.21\% \times \dfrac{36}{365}} = 99.31$$

③ P_f＝선도가격＝무이표채권을 선물만기일에 구입할 경우의 가격

$$P_f = 99.31 \times \left(1 + 1.21\% \times \frac{38}{365}\right) = 99.43$$

④ P_f를 선물만기 시점에서의 수익률로 환산

$$99.43 = \frac{\left[0.4375 + 0.4375 \cdot PVIFA_{\frac{f}{2},4} + 100 \cdot PVIF_{\frac{f}{2},4}\right]}{1 + \frac{f}{2} \times \frac{181}{183}}$$

→ 선도이자율 f＝1.109%

선도이자율 f는 엑셀의 데이터→가상분석→'목표값찾기'로 구한다. 목표값찾기에서 수식셀은 위의 ④의 수식을 입력해 놓은 셀(B2)이다. 찾는 값은 ④의 좌변인 99.43을 입력한다. 값을 바꿀 셀은 수식셀의 값이 찾는 값과 동일하도록 만드는 선도이자율 f가 된다. 즉, ④의 우변항에서 선도이자율 f값을 바꾸어서 찾는 값(④의 좌변인 99.43과 동일하게 만들기 위해서, 우선 초기에 임의의 셀(본서에는 C2)에 임의로 선도이자율 f(예를 들어, 3%)를 입력해 놓고 '목표 값찾기'를 수행하면 ④식의 좌변과 우변이 동일하게 되는 선도이자율 f가 1.109%로 찾아진다.

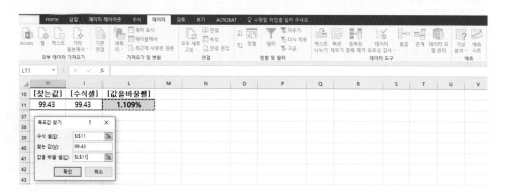

마찬가지 방법으로 분석하면,

(2) 국고채권 B

액면이자율은 1.000% → 6개월 이표는 1.000%/2＝0.5%

채권수익률은 1.112% → 6개월 수익률은 1.112%/2＝0.556%

잔존이표횟수는 5

→ P＝100.17, P_z＝99.67, P_f＝99.80, f＝1.104%

(3) 국고채권 C

액면이자율은 1.125% → 6개월 이표는 1.125%/2＝0.563%

채권수익률은 1.118% → 6개월 수익률은 1.118%/2＝0.559%

잔존이표횟수는 10

$\rightarrow P = 100.20,\ P_Z = 100.20,\ P_f = 100.33,\ f = 1.116\%$

따라서, 평균선도수익률 $= \dfrac{1.109\% + 1.104\% + 1.116\%}{3} = 1.110\%$

$\therefore$ 선물이론가격 $= \displaystyle\sum_{n=1}^{6} \dfrac{2.5}{(1+\frac{r}{2})^n} + \dfrac{100}{(1+\frac{r}{2})^6}$

$= 2.5 PVIFA_{\frac{r}{2},6} + 100 PVIF_{\frac{r}{2},6}$

$= 2.5 \times \dfrac{1 - \dfrac{1}{(1+\frac{r}{2})^6}}{\dfrac{r}{2}} + 100 \times \dfrac{1}{(1+\frac{r}{2})^6}$

$= 2.5 \times \dfrac{1 - \dfrac{1}{(1+\frac{0.0111}{2})^6}}{\dfrac{0.0111}{2}} + 100 \times \dfrac{1}{(1+\frac{0.0111}{2})^6}$

$= 111.45$

2. 국채선물 차익거래전략

(1) 국채선물 매수차익거래전략

국채선물의 차익거래전략은 KOSPI200선물의 차익거래전략과 논리적으로 동일하다. 국채선물이 과대평가되어 있을 경우 〈표 4-5〉에서처럼 과대평가된 국채선물을 매도하고(전략 C) 차입한 자금으로 과소평가된 현물(결제기준채권바스켓)을 매수(전략 B)하여 차익거래이익을 추구할 수 있다.

전략 C는 국채선물시장에서 비싼 국채선물을 공짜로 매도하므로 현재시점의 현금흐름은 0이 된다. 선물만기시점에는 선물매도계약을 이행하여 $F_0 - S_T$만큼 현금흐름이 발생한다.

전략 B는 싼 현물을 지금 사니까 현재시점의 현금흐름은 $-S_0$이 된다. 만기일까지 현물을 보유하면 현물가격이 S_T가 되고, 보유하는 동안 이자수입까지 고려하여 만

표 4-5	국채선물 매수차익거래전략	
전략	현재시점의 현금흐름	만기시점의 현금흐름
C: 국채선물 매도	0	$F_0 - S_T$
B: 국채현물 매수	$-S_0$	$S_T + i$
차입	S_0	$-S_0\left(1 + r \times \dfrac{T}{365}\right)$
차익거래이익	0	$F_0 - \left[S_0\left(1 + r \times \dfrac{T}{365}\right) - i\right]$

기시점에서의 현금흐름은 S_T가 된다. 그리고 현재시점에서 현물을 사기 위해 빌려온 S_0을 만기시점에 갚아야 하므로 $-S_0(1 + r \times T/365)$의 현금흐름이 발생한다.

이처럼 과대평가된 국채선물을 매도하고(전략 C) 차입한 자금으로 과소평가된 현물을 매수(전략 B)하면 차익거래자는 현재시점에서 아무런 비용을 부담하지 않고(zero investment) 선물만기일에 주가(S_T)의 움직임에 상관없이(no uncertainty) $F_0 - [S_0(1 + r \times T/365) - i]$만큼의 차익거래이익을 얻는다.

$$매수차익거래이익 = 국채선물\ 실제가격 - 국채선물\ 이론가격$$

$$= F_0 - \left[S_0\left(1 + r \times \frac{T}{365}\right) - i\right] \tag{4-8}$$

(2) 국채선물 매도차익거래전략

국채선물이 과소평가되어 있으면 〈표 4-6〉에서처럼 싼 국채선물을 매수하고(전략 A) 비싼 현물(결제기준채권바스켓)을 공매하고 그 자금을 대출함으로써(전략 D) 차익거래이익을 추구할 수 있다. 매수차익거래와 마찬가지로 차익거래자는 현재시점에서 아무런 비용을 부담하지 않고 선물만기시점에 $[S_0(1 + r \times T/365) - i] - F_0$만큼의 차익거래이익을 얻는다.

전략 A는 국채선물시장에서 싼 국채선물을 공짜로 매수하므로 현재시점의 현금흐름은 0이 된다. 선물만기시점에는 선물매수계약을 이행하여 $S_T - F_0$만큼의 현금흐름이 발생한다.

표 4-6 국채선물 매도차익거래전략

전 략	현재시점의 현금흐름	만기시점의 현금흐름
A: 국채선물 매수	0	$S_T - F_0$
D: 국채현물 공매	S_0	$-S_T - i$
대출	$-S_0$	$S_0\left(1 + r \times \dfrac{T}{365}\right)$
차익거래이익	0	$\left[S_0\left(1 + r \times \dfrac{T}{365}\right) - i\right] - F_0$

전략 D는 현물인 채권을 빌려와서 지금 당장 파니까 현재시점의 현금흐름은 S_0이 되고, 만기시점에서 도로 사서 갚아야 하므로 $-S_T$가 되며 그 사이에 발행한 이자도 모두 물어내야 하므로 만기시점에서의 현금흐름은 $-S_T - i$가 된다. 또한, 현재시점에서 현물공매대금 S_0을 대출하므로 현재시점의 현금흐름은 $-S_0$이 되고 만기시점에서 원리금을 돌려받기 때문에 만기현금흐름은 $S_0(1 + r \times T/365)$가 된다.

$$\text{매도차익거래이익} = \text{국채선물 이론가격} - \text{국채선물 실제가격}$$

$$= \left[S_0\left(1 + r \times \frac{T}{365}\right) - i\right] - F_0 \tag{4-9}$$

예제 국채선물 차익거래전략 ● ● ●

오늘은 11월 1일이다. A채권, B채권, C채권으로 구성된 12월물 3년국채선물의 이론가격은 107.78이다. 이론가격 계산 시 사용한 이자율은 2.23%이다. 만기까지 잔존일수는 50일이며, 그 사이에 현물채권의 이자수입은 없다고 가정한다. 오늘 3년국채선물의 실제가격이 109.56이고, 국채현물의 가격은 107.44라고 가정하자. 어떠한 차익거래전략을 세울 것이며 차익거래이익은 얼마인가?

┃답┃

실제가격(109.56) > 이론가격(107.78) → 선물매도, 현물매수: 매수차익거래전략

매수차익거래전략	현재시점의 현금흐름	만기시점의 현금흐름
C: 국채선물 매도	0	$109.56 - S_T$
B: 국채현물 매수	-107.44	S_T
차입	107.44	$-107.44\left(1 + 0.023 \times \dfrac{50}{365}\right)$
차익거래이익	0	1.78

따라서 차익거래이익은 1.78이 된다. 금액으로 환산하면 1,780,000원(=1계약×1.78%× 100,000,000원=1계약×1.78포인트×1,000,000원)이다.

Section 4 | 국채선물 헷지모형

1. 가격민감도모형

국채선물의 경우 선물가격이나 현물가격이 금리변동에 민감하게 움직이는 특성 때문에 듀레이션을 이용한 가격민감도모형(price sensitivity model)이 개발되어 실무에 서 이용되고 있다. 가격민감도모형은 채권선물만을 위해 고안된 것으로 금리변동에 따른 부의 변화를 0(zero)으로 하는 데 목적이 있다. 즉, 금리가 변동할 때 국채현물가 격과 국채선물가격의 변화의 합을 0으로 만들어 완전헷지가 이루어지게 하려는 것이 다. 이를 식(4-10)과 같이 나타낼 수 있다.

$$dP_s + (HR)dP_f = 0 \tag{4-10}$$

식(4-10)에서 dP_s와 dP_f는 각각 채권현물과 채권선물의 가격변동량을 나타내고 HR은 헷지비율로서 현물 1단위를 헷지하는데 필요한 선물계약수를 나타낸다. 듀레이션 과 채권가격의 관계를 나타내는 식(4-4)를 채권현물과 채권선물에 적용하면 식(4-11) 과 같이 나타난다.

$$dP_s = -D_s \left[\frac{d(1+r_s)}{(1+r_s)} \right] P_s$$

$$dP_f = -D_f \left[\frac{d(1+r_f)}{(1+r_f)} \right] P_f \qquad (4\text{-}11)$$

식(4-11)을 식(4-10)에 대입하여 HR에 대해 정리하면 식(4-12)와 같다.

$$HR = -\frac{dP_s}{dP_f} = -\frac{-D_s \left[\dfrac{d(1+r_s)}{(1+r_s)} \right] P_s}{-D_f \left[\dfrac{d(1+r_f)}{(1+r_f)} \right] P_f}$$

$$= -\frac{D_s(1+r_f)P_s}{D_f(1+r_s)P_f} \times \frac{d(1+r_s)}{d(1+r_f)} \qquad (4\text{-}12)$$

여기서, P_s: 현물가격
P_f: 선물가격
D_s: 현물(국채)의 듀레이션
D_f: 선물(국채선물)의 듀레이션

식(4-12)에서 편의상 현물이자율의 변동량 $d(1+r_s)$와 선물이자율의 변동량 $d(1+r_f)$가 서로 같다[12]고 가정하면 식(4-13)이 된다.

$$HR = -\frac{D_s(1+r_f)P_s}{D_f(1+r_s)P_f} \qquad (4\text{-}13)$$

또한 식(4-12)에서 현물이자율의 변동률 $d(1+r_s)/(1+r_s)$과 선물이자율의 변동률 $d(1+r_f)/(1+r_f)$가 서로 같다고 가정할 경우에는 식(4-14)가 된다.

$$HR = -\frac{D_s P_s}{D_f P_f} \qquad (4\text{-}14)$$

12 실제로 현물이자율의 변동량과 선물이자율의 변동량은 대체로 일치한다.

2. 베이시스포인트가치모형

베이시스포인트가치(BPV: basis point value)란 채권수익률 1bp(=0.01%) 변동에 따른 채권가격변동량을 말한다. 즉, 식(4-11)에서 채권수익률 변동량 $d(1+r)$이 1bp일 경우의 dP가 BPV가 된다.

$$dP_s = -D_s \left[\frac{d(1+r_s)}{(1+r_s)} \right] P_s = -D_s \left[\frac{0.0001}{(1+r_s)} \right] P_s = BPV_s$$

$$dP_f = -D_f \left[\frac{d(1+r_f)}{(1+r_f)} \right] P_f = -D_f \left[\frac{0.0001}{(1+r_f)} \right] P_f = BPV_f \qquad (4\text{-}15)$$

식(4-15)를 식(4-10)에 대입하면 식(4-16)과 같이 헷지비율을 구할 수 있다.

$$HR = -\frac{dP_s}{dP_f} = -\frac{BPV_s}{BPV_f} = -\frac{-D_s \left[\frac{0.0001}{(1+r_s)} \right] P_s}{-D_f \left[\frac{0.0001}{(1+r_f)} \right] P_f} = -\frac{D_s(1+r_f)P_s}{D_f(1+r_s)P_f} \qquad (4\text{-}16)$$

식(4-16)은 식(4-13)과 일치하며, 이는 베이시스포인트가치모형이 가격민감도모형과 본질적으로 동일하며, 가격민감도모형에서 현물이자율 변동량과 선물이자율 변동량이 1bp(=0.01%)로서 서로 같다고 가정하는 특수한 경우에 해당함을 알 수 있다.

예제   가격민감도모형

현물채권가격(P_s)은 4,700,000,000원, 현물채권의 듀레이션(D_s)은 2.38년, 현물채권수익률(r_s)은 8.71%이다. 국채선물가격은 95,250,000원일 경우, 국채선물의 듀레이션(D_f)과 국채선물수익률(r_f)을 구하고 현물이자율의 변동량과 선물이자율의 변동량이 같다고 가정할 경우, 국채선물의 헷지비율(HR)을 계산하시오.

┃답┃

국채선물가격=95,250,000원/100,000,000원 → 95.25포인트

$$95.25 = \sum_{n=1}^{6} \frac{2.5}{(1+\frac{r}{2})^n} + \frac{100}{(1+\frac{r}{2})^6} = 2.5 PVIFA_{\frac{r}{2},6} + 100 PVIF_{\frac{r}{2},6}$$

$$= 2.5 \times \frac{1 - \dfrac{1}{(1+\dfrac{r}{2})^6}}{\dfrac{r}{2}} + 100 \times \frac{1}{(1+\dfrac{r}{2})^6}$$

$$\rightarrow \ r_f = 6.78\%$$

국채선물수익률(r_f) 6.78%는 아래와 같이 엑셀의 데이터→가상분석→'목표값찾기'로 구한다.

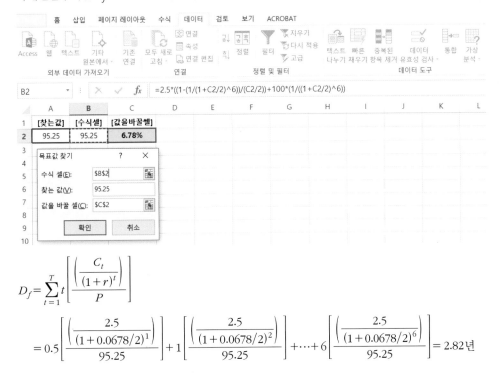

$$D_f = \sum_{t=1}^{T} t \left[\frac{\left(\dfrac{C_t}{(1+r)^t} \right)}{P} \right]$$

$$= 0.5 \left[\frac{\left(\dfrac{2.5}{(1+0.0678/2)^1} \right)}{95.25} \right] + 1 \left[\frac{\left(\dfrac{2.5}{(1+0.0678/2)^2} \right)}{95.25} \right] + \cdots + 6 \left[\frac{\left(\dfrac{2.5}{(1+0.0678/2)^6} \right)}{95.25} \right] = 2.82년$$

현물이자율의 변동량과 선물이자율의 변동량이 같다고 가정할 경우, 국채선물 헷지비율(HR)

$$= -\frac{D_s(1+r_f)P_s}{D_f(1+r_s)P_f} = -\frac{(2.38)(1.0678)(4,700,000,000)}{(2.82)(1.0871)(95,250,000)} = -40.91$$

$\rightarrow$ 41계약 매도

3. 액면가치등가모형

액면가치등가모형(FVN: face value naive model)은 채권현물의 액면가치와 채권선물의 액면가치를 단순히 일치시킴으로써 헷지하는 것을 말한다. 예를 들어, 액면가치가 100억원인 회사채를 헷지하기 위해 국채선물 100계약(100억원)을 사용한다.

　이 모형의 약점은 동일한 액면의 채권현물과 채권선물의 시장가격이 서로 다를 수 있다는 점과 채권현물과 채권선물의 듀레이션이 서로 다를 수 있다는 점을 간과하는 것이다.

$$HR = \frac{\text{채권현물의 액면가액}}{\text{채권선물의 액면가액}} \quad\quad\quad (4\text{-}17)$$

4. 시장가치등가모형

　시장가치등가모형(MVN: market value naive model)은 액면가치등가모형과 유사하지만 채권현물과 채권선물의 액면가액이 아닌 현재 시장가치의 비율로 헷지비율을 나타낸다는 점이 다르다. 예를 들어, 액면가치 100억원인 회사채의 현재 시장가치가 100억원이고 국내선물가격이 105라면 시장가치등가모형은 95.24계약(=10,000,000,000/105,000,000)을 헷지비율로 사용한다.

$$HR = \frac{\text{채권현물의 시장가격}}{\text{채권선물의 시장가격}} \quad\quad\quad (4\text{-}18)$$

5. 회귀분석모형

　회귀분석모형은 앞장에서 살펴본 바와 같이 현물과 선물로 구성된 포지션의 분산을 최소화하는 최적헷지비율을 도출하는 것으로 식(4-19)의 회귀분석을 통해서 헷지비율(h)을 구할 수 있다.

$$R_S = \alpha + \beta_S R_F + \epsilon \quad\quad\quad (4\text{-}19)$$

$$\text{여기서, } \beta_S = \frac{\sigma_{SF}}{\sigma_F^2}$$

　회귀분석모형은 크게 두 가지 약점이 있다. 첫째, 헷지에 사용할 채권선물의 상장기간이 짧거나 현물자료가 없을 경우 통계자료 수집에 어려움이 있다는 것이다. 둘째, 금리변동에 따른 채권가격변동의 민감도를 고려하지 않고 있으므로 만기구조가 전혀 다른 채권현물과 채권선물간의 회귀분석모형 적용 시 심각한 헷징오차가 발생한다는 것이다.

Section 5	국채선물 헷지전략

1. 국채선물 매도헷지

매도헷지(short hedge)는 채권을 보유하고 있는 경우 앞으로 금리가 상승하여 채권가격 하락에 따른 손실이 예상될 때 국채선물을 매도함으로써 금리상승(채권가격하락)으로 인한 손실을 헷지하고자 하는 것이다.

> **예제** | 국채선물 매도헷지 ● ● ●
>
> 현재 49억원어치의 채권을 보유하고 있으며, 이 채권의 수익률은 3.14%이고 듀레이션은 4.52년이다. 국채선물가격이 109.24(수익률 1.82%), 선물듀레이션이 2.83년이다. 향후 금리상승에 따른 채권가격 하락에 의한 손실을 헷지하기 위해 매도해야 할 선물계약수를 구하시오. 단, 현물이자율의 변동량과 선물이자율의 변동량이 같다고 가정한다.
>
> **┃답┃**
>
> $$\text{국채선물 헷지비율} = -\frac{D_s(1+r_f)P_s}{D_f(1+r_s)P_f} = -\frac{4.52(1.0182)(4,900,000,000)}{2.83(1.0314)(109,240,000)}$$
>
> $$= -70.72 \rightarrow 71\text{계약 매도}$$

2. 국채선물 매수헷지

매수헷지(long hedge)는 앞으로 금리하락으로 인한 채권가격의 상승이 예상될 때 이에 대한 손실을 회피하기 위하여 국채선물을 매수하는 것이다. 예를 들어, 채권을 가까운 장래에 매수할 계획이지만 그 사이에 금리하락(채권가격상승)이 우려될 경우 현재 금리수준, 즉 현재 채권가격수준으로 금리를 미리 확정 지으려면 국채선물을 매수하면 된다.

Section **6** | # 국채선물을 이용한 면역전략

이자율이 상승하면 채권가격은 하락하지만, 높은 이자율로 이자를 재투자할 수 있어 재투자수익은 상승한다. 반대로, 이자율이 하락하면 채권가격은 상승하지만, 재투자수익률은 하락한다. 〈그림 4-2〉와 같이 이자율변동에 따른 채권가격변동을 가격위험(price risk), 재투자수익률 변동을 재투자위험(reinvestment risk)이라 하며, 가격위험과 재투자위험을 합쳐 이자율위험이라 한다. 면역전략(immunization strategy)은 가격위험과 재투자위험을 상쇄시킴으로써 투자기간 동안 이자율변동에 면역되어 채권매입 당시의 채권수익률을 실현시키는 전략이다.[13]

그림 4-2 **이자율위험**

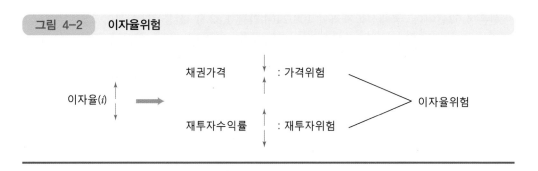

1. 목표기간 면역전략

보험회사, 연기금과 같은 기관투자자는 고객으로부터 받은 자금을 운용하여 일정

---

13 이재하, 한덕희, 「핵심투자론」, 제2판, 박영사(2018), pp. 358-361 참조.

한 기간이 지난 후에 되돌려 줘야 하기 때문에 투자자금이 운용기간 동안 이자율변동에 대해 영향을 받지 않는 목표기간 면역전략(target date immunization strategy)을 추구한다. 자금을 채권으로 구성되는 자산포트폴리오에 투자할 때 듀레이션을 목표투자기간(보유기간)과 일치시키면 재투자수익의 증가(감소)와 자산가격의 감소(증가)가 정확히 상쇄되어 면역이 이루어진다.

예제   목표기간면역전략   ● ● ●

액면가액 10,000원, 액면이자율 연 7%, 만기 3년, 채권수익률 9%인 채권이 있다. 이 채권의 듀레이션을 계산하고, 채권수익률이 9%로 그대로 유지될 경우와 8% 및 10%로 변화할 경우에 채권보유기간인 2.80년 후의 이자 재투자수익 증감분과 채권잔존가치의 증감분을 계산하시오. 단, 채권보유기간 동안 이자의 재투자수익률은 만기수익률과 같다고 가정한다.

┃답┃

채권수익률이 9%일 경우의 듀레이션은 다음과 같이 2.80년으로 계산된다.

$$P = \frac{700}{(1.09)^1} + \frac{700}{(1.09)^2} + \frac{10,700}{(1.09)^3} = 9,493.74$$

$$D = \frac{1\left(\frac{700}{(1+0.09)^1}\right) + 2\left(\frac{700}{(1+0.09)^2}\right) + 3\left(\frac{10,700}{(1+0.09)^3}\right)}{9,493.74} = 2.80$$

① 채권수익률 9%일 경우 2.80년 후의 투자자의 부는 이자 재투자수익 1,567.42원과 채권잔존가치 10,517.16원의 합인 12,085원이 된다.

$$700(1.09)^{1.80} + 700(1.09)^{0.80} = 1,567.42$$

$$10,700/(1.09)^{3-2.80} = 10,517.16$$

② 채권수익률 8%로 내릴 경우 2.80년 후의 투자자의 부는 이자 재투자수익 1,548.46원과 채권잔존가치 10,536.56원의 합인 12,085원이 된다.

$$700(1.08)^{1.80} + 700(1.08)^{0.80} = 1,548.46 \ \text{(19원 감소)}$$

$$10,700/(1.08)^{3-2.80} = 10,536.56 \ \text{(19원 증가)}$$

③ 채권수익률 10%로 오를 경우 2.80년 후의 투자자의 부는 이자 재투자수익 1,586.47원과 채권잔존가치 10,497.97원의 합인 12,085원이 된다.

$$700(1.10)^{1.80} + 700(1.10)^{0.80} = 1,586.47 \ \text{(19원 증가)}$$

$10,700/(1.10)^{3-2.80} = 10,497.97$ (19원 감소)

→ 듀레이션(2.80년)을 보유기간(2.80년)과 일치시키면 이자율변동에 대해 가격위험과 재투자위험이 상쇄되어 자산가치(12,085원)가 영향을 받지 않게 된다.

2. 순자산 면역전략

이자율위험은 보험회사나 연기금뿐만 아니라 은행 등의 저축기관에게도 공통 관심사이다. 왜냐하면 기업의 순자산(=자산-부채)가치나 미래 지급의무를 감당할 능력은 이자율에 따라 변동하기 때문이다. 특히 은행 등의 저축기관은 자산과 부채의 만기구조 불일치로 이자율이 변동함에 따라 순자산이 변동하는 구조를 갖고 있기 때문에 이러한 이자율변동위험을 통제하는 순자산 면역전략(net worth immunization strategy)이 필요하다.

일반적으로 은행과 같은 저축기관의 자산은 기업이나 소비자 대출 또는 부동산대출 등으로 구성되는 장기자산(장기채권)이므로 긴 듀레이션을 갖는 반면, 부채는 단기부채이므로 짧은 듀레이션을 갖는다. 이자율이 상승할 경우 자산과 부채의 가치는 모두 하락한다. 이때 자산듀레이션이 부채듀레이션보다 길기 때문에 자산의 가치가 부채의 가치보다 더 많이 하락하므로 순자산가치는 크게 하락할 수 있다. 이 경우 순자산가치의 변동이 없으려면 자산듀레이션과 부채듀레이션을 같게 하면 된다.

이자율변동에 대해 순자산가치가 면역된다는 것은 자산가치변동량과 부채가치변동량이 같아지는 것을 의미한다. 식(4-4)에서 채권가격변동량은 듀레이션과 채권가격을 곱한 값에 의해 좌우되므로, 순자산가치변동량이 0이 되려면, 자산과 부채의 규모를 고려하여 자산듀레이션 $D_{자산}$과 자산시가 $MV_{자산}$을 곱한 값에서 부채듀레이션 $D_{부채}$와 부채시가 $MV_{부채}$를 곱한 값을 차감한 값이 0이 되어야 한다. 만일 자산시가와 부채시가가 같다면, 순자산면역전략은 $D_{자산}$과 $D_{부채}$를 일치시키는 전략이 된다.

$$D_{자산} \times MV_{자산} - D_{부채} \times MV_{부채} = 0 \qquad (4\text{-}20)$$

국채선물을 이용한 순자산 면역전략 ● ● ●

채권 A의 듀레이션은 10년, 채권 B의 듀레이션은 5년, 채권 C의 듀레이션은 3년이다. 국채선물의 듀레이션은 2.5년이다. 부채는 100억원의 채권 B로 구성되어 있다.

(1) 채권 A와 채권 C로 자산포트폴리오를 구성할 경우, 채권 A와 채권 C를 가지고 면역전략을 세우시오.

(2) 채권 A와 가격이 97.83인 국채선물로 자산포트폴리오를 구성할 경우, 채권 A와 국채선물을 가지고 면역전략을 세우시오.

(3) 채권 C와 가격이 97.83인 국채선물로 자산포트폴리오를 구성할 경우, 채권 C와 국채선물을 가지고 면역전략을 세우시오.

┃답┃

자산가치를 부채가치와 일치되는 100억원으로 갖고 갈 경우, 자산포트폴리오의 듀레이션과 부채포트폴리오의 듀레이션을 같게 하면 순자산가치의 변동이 없게 된다.

(1) 자산포트폴리오(채권 A+채권 C)의 듀레이션＝부채포트폴리오(채권 B)의 듀레이션

$$w_A D_A + w_C D_C = w_A(10) + (1 - w_A)(3) = 5$$

$$\rightarrow w_A = 0.2857: \text{채권 A을 } 28.57억원 \text{ 매수}$$

$$w_C = 0.7143: \text{채권 C을 } 71.43억원 \text{ 매수}$$

(2) 자산포트폴리오(채권 A+국채선물)의 듀레이션＝부채포트폴리오(채권 B)의 듀레이션

$$w_A D_A + w_{국채선물} D_{국채선물} = 1(10) + w_{국채선물}(2.5) = 5$$

여기서, 국채선물을 공짜로 사고팔기 때문에 자산가치를 100억원으로 갖고 가려면 채권A를 100억원 어치 매수해야 한다. 따라서 $w_A = 1$.

$\rightarrow w_{국채선물} = -2$: 국채선물가격이 97.83이므로 국채선물을 204.44(＝200억원/0.9783억원) 계약 매도, 채권 A를 100억원 매수

(3) 자산포트폴리오(채권 C+국채선물)의 듀레이션＝부채포트폴리오(채권 B)의 듀레이션

$$w_C D_C + w_{국채선물} D_{국채선물} = 1(3) + w_{국채선물}(2.5) = 5$$

여기서, 국채선물을 공짜로 사고팔기 때문에 자산가치를 100억원으로 갖고 가려면 채권A를 100억원 어치 매수해야 한다. 따라서 $w_C = 1$.

$\rightarrow w_{국채선물} = 0.8$: 국채선물가격이 97.83이므로 국채선물을 81.77(＝80억원/0.9783억원)계약 매수, 채권 C를 100억원 매수

핵심정리

1. 채권수익률과 채권가격

- 채권가격과 채권수익률은 역의 관계

- 채권수익률 하락으로 인한 채권가격 상승폭은 동일한 크기의 채권수익률 상승으로 인한 채권가격 하락폭보다 큼. → 채권가격의 채권수익률에 대한 볼록성

- 채권수익률이 낮을수록 채권가격민감도는 높아짐

- 만기가 길수록 일정한 채권수익률 변동에 대해 가격변동률은 커짐

- 액면이자율이 낮을수록 채권수익률 변동에 따른 채권가격변동률이 커짐

2. 듀레이션

- 가중평균만기 혹은 유효만기

$$D = \sum_{t=1}^{T} t \left[\frac{\left(\dfrac{C_t}{(1+r)^t} \right)}{P} \right] = \sum_{t=1}^{T} t \left[\frac{\left(\dfrac{C_t}{(1+r)^t} \right)}{\displaystyle\sum_{t=1}^{T} \dfrac{C_t}{(1+r)^t}} \right] \rightarrow D_r = \frac{D}{k}$$

- $D = \dfrac{\text{채권가격 변동률}}{\text{채권수익률 변동률}} = - \dfrac{\dfrac{dP}{P}}{\dfrac{d(1+r)}{1+r}} \rightarrow dP = -D \left[\dfrac{d(1+r)}{1+r} \right] P$

→ 채권수익률 하락이 예상되면 D를 극대화하여 자본이득을 극대화

→ 채권수익률 상승이 예상되면 D를 극소화하여 자본손실을 극소화

3. 국채선물의 거래명세

	3년국채선물	5년국채선물	10년국채선물
거래대상	액면이자율 5%, 6개월 단위 이자지급방식의 3년만기 국고채	액면이자율 5%, 6개월 단위 이자지급방식의 5년만기 국고채	액면이자율 5%, 6개월단위 이자지급방식의 10년만기 국고채
거래단위	액면 1억원	액면 1억원	액면 1억원
결제월	3, 6, 9, 12월	3, 6, 9, 12월	3, 6, 9, 12월

	3년국채선물	5년국채선물	10년국채선물
상장결제월	6월 이내의 2개 결제월	6월 이내의 2개 결제월	6월 이내의 2개 결제월
가격의 표시	액면 100원당 원화 (백분율방식)	액면 100원당 원화 (백분율방식)	액면 100원당 원화 (백분율방식)
호가가격단위	0.01포인트	0.01포인트	0.01포인트
최소가격변동 금액	10,000원 (1억원×0.01×1/100)	10,000원 (1억원×0.01×1/100)	10,000원 (1억원×0.01×1/100)
거래시간	09:00~15:45 (최종거래일: 09:00~11:30)	09:00~15:45 (최종거래일: 09:00~11:30)	09:00~15:45 (최종거래일: 09:00~11:30)
최종거래일	결제월의 세 번째 화요일(공휴일인 경우 순차적으로 앞당김)	결제월의 세 번째 화요일(공휴일인 경우 순차적으로 앞당김)	결제월의 세 번째 화요일(공휴일인 경우 순차적으로 앞당김)
최종결제일	최종거래일의 다음거래일	최종거래일의 다음거래일	최종거래일의 다음거래일
결제방법	현금결제	현금결제	현금결제

$$3년\ 국채선물\ 최종결제가격 = \sum_{n=1}^{6} \frac{2.5}{(1+\frac{r}{2})^n} + \frac{100}{(1+\frac{r}{2})^6}$$

$$5년\ 국채선물\ 최종결제가격 = \sum_{n=1}^{10} \frac{2.5}{(1+\frac{r}{2})^n} + \frac{100}{(1+\frac{r}{2})^{10}}$$

$$10년\ 국채선물\ 최종결제가격 = \sum_{n=1}^{20} \frac{2.5}{(1+\frac{r}{2})^n} + \frac{100}{(1+\frac{r}{2})^{20}}$$

4. 국채선물의 이론가격

- 최종결제기준채권을 구성하고 있는 개별채권의 현재가격(P)을 채권수익률에 근거하여 계산

- 현재시점부터 선물만기일까지의 기간 동안에 받는 이자를 채권가격에서 차감한 무이표채권가격(P_Z)을 계산

- 현재시점부터 선물만기일까지의 보유비용을 고려하여 선물만기 시의 가격인 선도가격(P_f)을 구함

5. 국채선물 차익거래전략

- 매수차익거래이익 = 국채선물 실제가격 − 국채선물 이론가격

$$= F_0 - \left[S_0 \left(1 + r \times \frac{T}{365} \right) - i \right]$$

- 매도차익거래이익 = 국채선물 이론가격 − 국채선물 실제가격

$$= \left[S_0 \left(1 + r \times \frac{T}{365} \right) - i \right] - F_0$$

6. 국채선물 헷지모형

- 가격민감도모형

$$HR = -\frac{dP_s}{dP_f} = -\frac{-D_s \left[\dfrac{d(1+r_s)}{(1+r_s)} \right] P_s}{-D_f \left[\dfrac{d(1+r_f)}{(1+r_f)} \right] P_f} = -\frac{D_s (1+r_f) P_s}{D_f (1+r_s) P_f} \times \frac{d(1+r_s)}{d(1+r_f)}$$

$\rightarrow\ d(1+r_s) = d(1+r_f)$인 경우: $HR = -\dfrac{D_s(1+r_f)P_s}{D_f(1+r_s)P_f}$

$\rightarrow\ \dfrac{d(1+r_s)}{(1+r_s)} = \dfrac{d(1+r_f)}{(1+r_f)}$인 경우: $HR = -\dfrac{D_s P_s}{D_f P_f}$

- 베이시스포인트가치모형

$$HR = -\frac{BPV_s}{BPV_f} = -\frac{D_s(1+r_f)P_s}{D_f(1+r_s)P_f}$$

$\rightarrow$ 가격민감도모형에서 $d(1+r_s) = d(1+r_f)$인 경우와 동일

- 액면가치등가모형

$$HR = \frac{채권현물의\ 액면가액}{채권선물의\ 액면가액}$$

- 시장가치등가모형

$$HR = \frac{채권현물의\ 시장가격}{채권선물의\ 시장가격}$$

- 회귀분석모형

$$R_S = \alpha + \beta_S R_F + \epsilon \rightarrow \beta_S = \frac{\sigma_{SF}}{\sigma_F^2}$$

7. 국채선물 헷지전략

- 매도헷지: 채권을 보유하고 있는 경우 앞으로 금리가 상승하여 채권가격 하락에 따른 손실이 예상될 때 국채선물을 매도하는 전략

- 매수헷지: 앞으로 금리하락으로 인한 채권가격의 상승이 예상될 때 이에 대한 손실을 회피하기 위하여 국채선물을 매수하는 전략

8. 국채선물을 이용한 면역전략

- 목표기간 면역전략 → 듀레이션을 목표투자기간(보유기간)과 일치시킴

- 순자산 면역전략 → $D_{자산} \times MV_{자산} - D_{부채} \times MV_{부채} = 0$

Q1. 다음 국채선물에 관한 설명으로 맞는 것은? (　　)

① 3년국채선물과 5년국채선물은 현금결제를 하지만 10년국채선물은 인수도결제를 한다.

② 국채선물의 기초자산은 실제로 존재하는 단일국채이다.

③ 3년국채선물을 매도할 경우 만기이전에 금리가 상승하는 상황에서는 양(+)의 현금흐름이 발생한다.

④ 채권가격 하락이 우려될 경우 현재 수익률 수준으로 미리 수익률을 확정지으려 면 국채선물을 매수한다.

⑤ 베이시스포인트가치모형과 가격민감도모형은 서로 별개의 헷지모형이다.

Q2. 이자율이 상승할 가능성이 높다고 보는 투자자가 3년국채선물 3월물을 105.85에 5계 약 매도하고, 투자기간은 당일 매매를 통해 포지션을 청산하기로 하였으며 목표이익은 수익률 기준으로 0.05%정도의 상승이라면 성공적이라고 판단하고 있다. 포지션을 청 산해야 할 선물가격의 수준을 구하고 실제로 선물가격이 105.60일 때 청산해야 할 경 우 거래이익을 구하시오.

Q3. A, B, C채권으로 구성되는 3년국채선물바스켓이 있다. A채권의 선도이자율은 3%, B 채권의 선도이자율은 3.5%, C채권의 선도이자율은 2.5%이다. 한편, 3년국채선물의 만 기는 40일이며, 차입이자율은 6%, 대출이자율은 5%라고 하자. 다음 물음에 답하시오.

(1) 3년국채선물의 이론가격을 계산하시오.

(2) 거래비용과 이자가 없다고 가정할 때, 현재 국채현물가격을 구하시오.

(3) 현재 3년국채선물이 107.20으로 거래된다고 할 때 차익거래과정을 보이고 차익거 래이익을 구하시오.

Q1. ③

Q2.

┃답┃

$$105.85 = 2PVIFA_{\frac{r}{2},6} + 100PVIF_{\frac{r}{2},6}$$

$$= 2 \times \frac{1 - \dfrac{1}{(1+\frac{r}{2})^6}}{\dfrac{r}{2}} + 100 \times \frac{1}{(1+\frac{r}{2})^6} \;\rightarrow\; r = 2.95\%$$

목표수익률 $= 2.95\% + 0.5\% = 3.00\%$

목표선물가격 $P = 2PVIFA_{\frac{3.00\%}{2},6} + 100PVIF_{\frac{3.00\%}{2},6} = 105.70$

선물가격 105.60에서 매도포지션 청산 시 거래이익은 $105.85 - 105.60 = 0.25$포인트

5계약 청산 시 거래이익을 금액으로 환산하면,

$0.25\% \times 100,000,000원 \times 5계약 = 0.25포인트 \times 1,000,000원 \times 5계약 = 1,250,000원$

Q3.

┃답┃

(1) 3년국채선물바스켓의 평균선도이자율 $= (3\% + 3.5\% + 2.5\%)/3 = 3\%$

$$선물이론가격 = \sum_{n=1}^{6} \frac{2.5}{(1+\frac{r}{2})^n} + \frac{100}{(1+\frac{r}{2})^6}$$

$$= 2.5 \times \frac{1 - \dfrac{1}{(1+\frac{0.03}{2})^6}}{\dfrac{0.03}{2}} + 100 \times \frac{1}{(1+\frac{0.03}{2})^6} = 105.70$$

(2) $F_0 = S_0\left(1 + r \times \dfrac{T}{365}\right) \;\rightarrow\; 105.70 = S_0\left(1 + 0.06 \times \dfrac{40}{365}\right) \;\rightarrow\; S_0 = 105.01$

(3) 이론가격(105.70) $<$ 실제가격(107.20) $\rightarrow$ 국채선물 과대평가 $\rightarrow$ 선물매도, 현물매수 $\rightarrow$ 매수차익거래전략

전략	현재시점의 현금흐름	만기시점의 현금흐름
C: 국채선물 매도	0	$107.20 - S_T$
B: 국채현물(바스켓) 매수	-105.01	S_T
차입	105.01	$-105.01\left(1 + 0.06 \times \dfrac{40}{365}\right)$
차익거래이익	0	1.50

통화선물

학습개요

본 장에서는 환율의 기초개념으로 환율과 외환시장에 대해 설명하고, 환율, 물가, 이자율 간의 관계를 이해하기 위하여 구매력평가이론, 피셔효과, 국제피셔효과, 이자율평가이론에 대해서 살펴본 후, 한국거래소에 상장되어 있는 통화선물 중에서 가장 널리 알려진 미국달러선물을 중심으로 다룬다. 통화선물에 대한 전반적인 이해를 바탕으로 거래명세와 정밀한 헷지를 위한 기초자산조기인도부거래(EFP) 및 FLEX거래를 살펴보고 보유비용모형에 의한 통화선물 이론가격을 유도한 후, 매수차익거래전략(선물매도/현물매수)과 매도차익거래전략(선물매수/현물매도)에 대해서 배운다. 또한 통화선물을 이용한 매수헷지전략과 매도헷지전략 그리고 선물환과 단기금융시장을 이용한 헷지전략도 학습한다.

학습목표

- 환율과 외환시장
- 통화선물의 개요
- 통화선물 차익거래전략
- 선물환 및 단기금융시장을 이용한 헷지전략
- 환율, 물가, 이자율간의 평형관계
- 통화선물의 보유비용모형
- 통화선물 헷지전략

Section 1 | **환율**

1. 환율과 외환시장

환율(exchange rate)은 두 나라 돈의 교환비율인 동시에 두 나라 통화의 상대적 가치를 나타낸다. 예를 들어, 미국달러에 대한 원화 환율이 1달러당 1,100원이라고 하자. 이는 미국 1달러의 가치가 원화로 1,100원이라는 의미이며 $1 = ₩1,100(₩1,100/$1)으로 표시한다. 이처럼 외국통화 기준으로 외국통화 1단위가 자국통화 몇 단위와 교환할 수 있는지 나타내는 것을 자국통화표시법이라고 한다.[1] 우리나라는 자국통화표시법으로 환율을 나타낸다. 자국통화표시법의 경우 달러당 원화금액이 커지면 환율이 상승하고 원화가치가 하락하였다고 말한다. 예를 들어, $1 = ₩1,100에서 $1 = ₩1,200이 되면 환율상승이며 미국달러화에 대해 원화의 가치가 하락(원화절하)되었음을 의미한다.

그렇다면 환율은 어떻게 결정되는가? 환율은 외환[2]이 거래되는 외환시장에서 외환의 수요와 외환의 공급에 의해 결정된다. 외환시장은 거래대상에 따라 도매시장 성격의 은행간시장과 소매시장 성격의 대고객시장으로 구분된다.

은행간시장에서는 은행간의 외환거래가 이루어지고, 대고객시장에서는 고객(개인, 기업 등)과 은행간의 외환거래가 이루어진다. 대고객거래의 결과 은행들의 외환포지션에 변동이 발생하기 때문에 은행들은 은행간시장을 통해 이를 다시 조정한다.

예를 들어, S기업이 수출대금으로 10억 달러를 수취하였다고 하자. 이 기업은 10억 달러를 대고객시장에서 은행에 매각하게 되면 은행은 외환포지션이 10억 달러 늘어나 외환이 초과상태가 된다. 이 경우 환율이 하락하게 되면 은행은 환차손을 보기 때문에 이를 해소하기 위해 은행간시장에서 외화를 매각하여 환위험을 조정한다.

일반적으로 외환시장이라하면 은행간시장을 의미하며, 은행간시장의 거래는 주식이나 채권이 거래되는 한국거래소와 같은 특정 장소에서 이루어지는 것이 아니라 대부분 은행이나 외환중개업자의 거래실(dealing room)에서 이루어진다. 거래참가자들은 각자의 거래실에서 전화나 컴퓨터를 통해 거래하고자 하는 외국 돈의 가격을 제시하고 가격이 일치하는 거래상대와 거래를 하게 된다. 이와 같이 거래가 이루어질 때마다 환율은 변동한다. 우리나라 원화는 아직 국제적으로 통용되지 않고 있기 때문에 미국달러, 일본엔, 유로와 같이 국제외환시장에서 환율이 결정되지 않고 우리나라의 외환시장에서 결정된다.

한편, 외환시장은 거래기간에 따라 현물환(spot)시장과 선물환(forward)시장으로 나뉜다.[3] 현물환거래(spot exchange transaction)는 외환거래 계약일(거래당사자간 거래금

---

1   자국통화표시법과 반대로 1원의 가치가 1/1,100달러라는 뜻으로 ₩1 = $0.00091($1/₩1,100)과 같이 국내통화 1단위가 외국통화 몇 단위와 교환되는가로도 나타낼 수 있다. 이 방법을 외국통화표시법이라고 한다.

2   외국화폐나 외국화폐를 청구할 수 있는 외화표시예금, 수표 등을 외환이라고 한다.

3   이재하, 한덕희, 「핵심투자론」, 제2판, 박영사(2018), pp. 394-396 참조.

액, 만기, 계약통화 등 거래조건이 결정되는 날)부터 2영업일 이내에 외환의 인수도와 결제(결제일)가 이루어지는 거래를 말한다. 당일물은 매매계약 당일에 인도되는 것을 말하고, 익일물은 매매계약체결 이후 첫 영업일에 인도되는 것을 말하며, 익익일물은 매매계약체결 이후 둘째 영업일에 인도되는 것을 말한다. 이처럼 2영업일 이내에 외환의 인수도와 결제가 이루어지는 것까지 현물환거래로 보는 것은 세계적으로 지역 간에 시차가 존재하여 계약이행을 위한 시간이 필요하기 때문이다.

예를 들어, 10월 2일(월)에 A은행이 B은행으로부터 1억 달러를 현물환율 \$1＝₩1,100에 거래발생일로부터 2영업일 결제기준으로 매입하기로 하였다고 하자. 그러면 B은행은 2영업일 후인 10월 4일(수)에 A은행에 1억 달러 이체하고 A은행으로부터 1,100억원(＝\$1억×1,100)을 받으면 현물환거래가 종결된다.

선물환거래는 계약일로부터 통상 2영업일 경과 후 미래의 특정일에 외환의 인수도와 결제가 이루어지는 거래이다. 선물환거래는 현재시점에서 미래의 특정일에 이행할 환율을 미리 약정하고 미래시점에 결제가 이루어지므로 약정된 미래 결제일까지 결제가 이연되는 점이 현물환거래와 다른 점이다. 선물환거래는 만기시점에 실물의 인수도가 일어나는 일반선물환거래와 만기시점에 실물의 인수도 없이 차액만 정산하는 차액결제선물환(NDF: non-deliverable forward)거래로 나뉜다.

일반선물환거래는 주로 수출입기업체가 환위험을 헷지하기 위하여 사용한다. 예를 들어, 3개월 후에 수출대금 100만 달러를 받을 예정인 수출회사 A는 3개월 후에 수출대금을 받아서 원화로 전환할 때 현재 환율 1,100원/\$보다 환율이 하락하여 환손실을 입는 것이 우려된다고 하자. A는 환손실에 대비하여 현재시점에서 B은행과 3개월 후에 100만 달러를 1,100원/\$의 환율로 매도하는 선물환계약을 체결해 놓는다.

3개월 후에 환율이 1,000원/\$으로 하락하게 된다면 A는 B은행과 맺어둔 선물환계약을 이행하여 11억원(＝\$100만×1,100)을 받게 된다. 만약 이러한 선물환 매도계약을 해놓지 않을 경우 3개월 후에 받는 10억원(＝\$100만×1,000)에 비해 1억원의 환손실을 피할 수 있게 되는 것이다. 하지만 선물환 매도계약을 한 후 3개월 후에 환율이 1,200원/\$으로 상승한다고 해도 A는 계약한 환율인 1,100원/\$으로 환전하여 11억원을 받게 되므로 이 경우에는 오히려 1억원의 환차손을 보게 된다.

따라서 선물환거래는 현재시점에서 미래 결제일에 적용할 환율을 확정함으로써 유리한 환율변동으로 얻을 수 있는 기회이익을 포기하는 대신 불리한 환율변동으로 얻게 되는 환위험을 회피하게 된다.

차액결제선물환거래란 만기일에 예를 들어, $1＝₩1,100과 같이 당초 계약한 약정환율(선물환율)로 달러를 주고받기로 계약을 했지만 실제로는 'Non-Delivery'라는 말대로 만기일에 원화와 달러를 서로 배달하지 않고(주고받지 않고) 약정환율과 만기일의 현물환율인 지정환율(fixing rate)의 차액만을 지정통화로 정산하는 거래로서 역외선물환시장이라고도 한다. '역외'라는 말대로 이 시장은 우리나라가 아닌 외국에 개설된 외환시장으로 각종 세금 및 규제를 피할 수 있다. 또한 차액만 결제하기 때문에 일반선물환거래에 비해 결제위험이 작다. 차액결제선물환거래의 만기는 3영업일 이상 가능하지만 주로 1개월물에서 3년물 사이의 정형화된 기간물로 거래가 이루어지며, 건별 거래금액은 제한이 없지만 일반적으로 1백만 달러 단위로 거래한다.

예를 들어, A가 B에게 3개월 후에 1달러에 1,100원/$의 약정환율로 3백만 달러를 매도하는 차액결제선물환거래를 체결하였다고 하자. A는 만약 3개월 후에 지정환율이 1,100원/$보다 낮아지면 이득을 보고, 높아지면 손해를 본다. 3개월 후에 지정환율이 1,000원/$이 되었다면 A는 $300,000(=(1,100-1,000)×$3,000,000÷1,000) 즉, 300,000달러를 B로부터 수취한다. 반대로 지정환율이 1,200원/$이 되었다면 A는 -$250,000(=(1,100-1,200)×$3,000,000÷1,200) 즉, 250,000달러를 B에게 지급해야 한다.

우리나라의 은행간시장에서는 외은지점과 국내은행간 자금조달 등을 위한 통화스왑거래가 활발하게 이루어지는 반면 일반선물환거래의 규모가 크지 않다. 대고객시장에서는 기업과 국내외국환은행 간 일반선물환거래와 통화스왑거래, 비거주자와 국내외국환은행 간 NDF거래가 활발하게 이루어지고 있다.

2. 환율, 물가, 이자율 사이의 평형관계

환율은 많은 거시경제변수 중 물가 및 이자율의 변화와 높은 상관관계를 나타내고 있어, 환율, 물가, 이자율 간의 관계는 국제금융시장을 분석하는 데 매우 중요하다. 이 세 변수들 간의 평형관계는 국제간의 차익거래에 근거한 시장의 균형관계이다. 환율과 물가와의 관계는 구매력평가이론에 의해서, 물가와 이자율과의 관계는 피셔효과에 의해서, 이자율과 현물환율의 관계는 국제피셔효과에 의해서, 이자율과 선물환율의 관계는 이자율평가이론에 의해서 설명된다.

환율, 물가, 이자율 간의 평형관계가 성립하기 위해서는 첫째, 상품시장이 완전하여 국가 간 상품이동이 자유로울 뿐만 아니라 운반비나 관세 등의 비용부담이 없고, 둘째, 금융시장이 완전하여 자금과 외환의 국제적 이전에 대한 규제 및 거래비용과 세금이 없으며, 셋째, 미래의 불확실성이 없다는 가정이 전제된다.

(1) 구매력평가이론

1) 절대적 구매력평가이론

일물일가의 법칙을 하나의 상품가격뿐만 아니라 전체적인 물가수준에 적용시킨 것으로 환율로 조정한 물가수준은 세계 어디서나 동일한 구매력을 갖는다는 의미이다. 일물일가의 법칙이란 동일한 물건이 동일한 시기에 다른 장소에서 팔릴 수 없다는 의미로 동일한 상품은 어떤 시장에서도 그 가격이 같아야 한다는 것이다.

예를 들어, 서울에서 쌀 한 가마니를 사는 값이 부산에서 동일한 쌀 한 가마니를 사는 것보다 싸다면 서울에서 쌀 한 가마니를 사서 부산에서 팔면 이득이 된다. 이러한 차익기회를 이용하게 되면 서울의 쌀 수요는 증가하여 서울의 쌀 가격이 상승하게 되고 부산의 쌀 공급은 증가하여 부산의 쌀 가격이 하락하게 되어 결국 서울과 부산의 쌀 가격은 동일하게 된다는 것이 일물일가의 법칙이다. 다시 말하면, 동일한 물건이 동일한 시기에 다른 장소에서 팔릴 수 없다는 의미로 동일한 상품은 어떤 시장에서도 그 가격이 같아야 한다는 것이 일물일가의 법칙이다.[4]

이러한 일물일가의 법칙을 하나의 상품가격뿐만 아니라 전체적인 물가수준에 적용시킨 것으로 환율로 조정한 물가수준은 세계 어디서나 동일한 구매력을 갖는다는 이론이 절대적 구매력평가이론(purchasing power parity theorem)이다. 예를 들어, 현재시점에서 국내물가는 100,000원, 해외물가는 100달러라고 하면 환율은 국내물가와 해

---

4 이재하, 한덕희, 「핵심재무관리」, 박영사(2020), pp. 694-700 참조.

외물가의 비율인 100,000원/100달러, 즉 $1 = ₩1,000으로 결정된다.

　이제, 이 과정을 일반화 해보자. 현재시점에서 국내물가는 P_0, 해외물가는 P_0^*, 환율은 S_0(예를 들어, ₩1,000/$)이라고 할 때 식(5-1)과 같이 국내물가는 해외물가를 환율로 조정한 것과 동일하므로 식(5-1)이 성립한다고 본다. 따라서 절대적 구매력 평가이론에서 환율은 국내물가와 해외물가의 비율로 계산된다.

$$P_0 = P_0^* \times S_0 \;\rightarrow\; S_0 = \frac{P_0}{P_0^*} \qquad\qquad (5\text{-}1)$$

　두 나라 사이의 환율은 두 나라 사이의 물가수준의 비율로 나타낼 수 있다. 만약 구매력평가이론이 유지된다면 환율인상이나 환율인하로 인한 환위험손익은 실질적으로 없을 것이다. 예를 들어, 미국에서 빅맥 1개가 1달러이고 한국에서 1,000원이라면 환율은 $1 = ₩1,000이 된다. 그런데 한국의 경쟁력 약화로 10%의 환율상승(평가절하)이 발생할 경우에는 환율이 $1 = ₩1,100이 되므로 이때 빅맥 가격이 10% 올라가서 1,100원이 된다면 구매력에는 아무런 변화가 없어 환위험이 없게 된다.

2) 상대적 구매력평가이론

　절대적 구매력평가이론은 국내물가와 해외물가 간의 비율로 환율이 결정되지만, 상대적 구매력평가이론은 환율은 두 나라의 물가수준의 변화로 결정된다고 본다. 국내물가상승률을 π라고 하고 해외물가상승률을 π^*라고 할 때 미래시점(T)에서의 국내물가는 $P_T = P_0(1 + \pi)$가 되고 해외물가는 $P_T^* = P_0^*(1 + \pi^*)$가 된다. 이러한 물가수준의 변화를 절대적 구매력평가이론에 적용하면 식(5-2)와 같이 환율의 변화율은 양국의 물가상승률의 차이와 같게 된다. 국내 물가상승률이 해외 물가상승률보다 높으면, 환율이 올라가서 그만큼 국내통화의 가치가 떨어지게 된다.

$$S_T = \frac{P_T}{P_T^*} = \frac{P_0(1 + \pi)}{P_0^*(1 + \pi^*)} = \frac{P_0}{P_0^*} \times \frac{(1 + \pi)}{(1 + \pi^*)} = S_0 \times \frac{1 + \pi}{1 + \pi^*}$$

$$\rightarrow \;\; \frac{S_T}{S_0} = \frac{1 + \pi}{1 + \pi^*}$$

$$\rightarrow \frac{S_T}{S_0} - 1 = \frac{1+\pi}{1+\pi^*} - 1$$

$$\rightarrow \frac{S_T - S_0}{S_0} = \frac{\pi - \pi^*}{1+\pi^*} \approx \pi - \pi^*$$

$$\rightarrow \frac{E(S_T) - S_0}{S_0} \approx \pi - \pi^* \tag{5-2}$$

예제 | **상대적 구매력평가이론**   ● ● ●

앞으로 1년 동안 한국의 물가상승률이 5%, 미국의 물가상승률이 2%가 될 것으로 예상한다. 현재 원화와 미국달러 사이의 환율이 1,100원/$이라고 할 때 1년 후의 환율은 어떻게 될 것으로 예상할 수 있는가?

┃답┃

$$\frac{S_T}{S_0} = \frac{1+\pi}{1+\pi^*} \rightarrow \frac{S_T}{1,100} = \frac{1+0.05}{1+0.02} \rightarrow S_T = 1,132원/\$$$

혹은 $\dfrac{E(S_T) - S_0}{S_0} \approx \pi - \pi^* \rightarrow 5\% - 2\% = 3\%$ 즉, 예상 환율변환율이 3%이므로

$$E(S_T) = 1,100 \times (1+0.03) = 1,133원/\$$$

(2) 이자율과 환율

1) 피셔효과

명목이자율은 화폐단위로 표시한 이자율을 말하며, 실질이자율은 재화단위로 표시한 이자율을 말한다. 따라서 명목이자율을 i라고 할 경우 P_0을 차입했다면 1년 후에 $P_0(1+i)$를 상환해야 한다. 하지만 일반적으로 투자자의 관심은 실질적인 구매력에 관심이 있다.

예를 들어, 현재 컴퓨터의 가격이 P_0일 경우 컴퓨터를 사기 위해 P_0을 차입할 경우 1년 후에 $P_0(1+i)$의 금액을 상환해야 하는데, 이를 1년 후에 상환해야 하는 재화의 개수로 바꾸려면 1년 후의 컴퓨터 가격인 P_T로 나눠주면 된다. 즉, 1년 후에 상환

해야 하는 재화의 개수는 $P_0(1+i)/P_T$가 된다.

따라서 재화단위로 표시한 이자율인 실질이자율이 r이라고 하면 $1+r = P_0(1+i)/P_T$가 성립한다. 한편, 물가상승률 $\pi = (P_T - P_0)/P_0$이므로 $P_T/P_0 = 1+\pi$로 표시할 수 있다. 이 식을 $1+r = P_0(1+i)/P_T$에 대입하여 정리하면, 식(5-3)과 같이 도출된다.

$$1+r = \frac{P_0(1+i)}{P_T} = \frac{P_0}{P_T}(1+i) = \frac{1}{1+\pi}(1+i)$$

$$\rightarrow \ 1+i = (1+r)(1+\pi)$$

$$\rightarrow \ i \approx r + \pi \tag{5-3}$$

식(5-3)을 보면 명목이자율은 실질이자율과 물가상승률을 합한 것이 된다. 만일 물가상승률이 명목이자율보다 높으면 실질이자율이 음($-$)이 되어 사실상 원금손실을 보는 셈이다. Irving Fisher(1930)[5]는 명목이자율은 실질이자율과 향후 예상되는 물가상승률의 합과 같다고 주장하였으며, 이를 피셔효과라고 한다.

한편, 식(5-3)에서 국내 명목이자율 $i = r + \pi$가 되고 해외 명목이자율 $i^* = r^* + \pi^*$가 되며 장기적으로는 국내 실질이자율(r)와 해외 실질이자율(r^*)이 서로 같아지는 경향이 있으므로 식(5-4)를 도출할 수 있다.

$$i - i^* = (r - r^*) + (\pi - \pi^*) \ \rightarrow \ i - i^* = \pi - \pi^* \tag{5-4}$$

식(5-4)는 국내와 해외의 명목이자율의 차이는 국내와 해외의 물가상승률의 차이와 같게 됨을 의미한다.

2) 국제피셔효과

예상되는 환율변화율은 두 나라 간의 이자율 차이와 같다는 것이 국제피셔효과이다. 표시통화만 다르고 위험과 만기가 동일한 금융상품 간의 이자율 차이는 두 나라 통화 간

---

5 Irving Fisher, *The Theory of Interest: As Determined by Impatience to Spend Income and Opportunity to Invest It*, Augustus M. Kelley, Publishers, New York, 1965; originally published in 1930.

의 예상 환율변화율과 같다는 것으로, 상대적 구매력평가이론으로부터 $[E(S_T) - S_0]/$ $S_0 \approx \pi - \pi^*$가 성립하고 피셔효과로부터 $i - i^* = \pi - \pi^*$가 성립하므로 두 식에서 식(5-5)를 도출할 수 있다.

$$\frac{E(S_T) - S_0}{S_0} = i - i^* \tag{5-5}$$

국제적으로 이자율이 높은 국가도 있고 반대로 이자율이 낮은 국가도 있는데 자본의 국제이동에 대한 통제가 없다면 위험중립형 투자자는 기대수익이 높은 곳에 자금을 운용하게 된다.

예를 들어, 어느 일정 시점에서 한국의 이자율이 미국의 이자율보다 3% 높아질 경우 한국 원화표시 채권에 투자한 미국투자자는 투자만기 시에 원리금을 미국달러로 전환하여 받게 된다. 이때 미국투자자는 원화의 원리금을 미국달러로 전환할 때 예상되는 환손실 즉, 통화가치의 하락 폭만큼을 한국의 이자율로 상쇄하여 환손실을 부담하지 않으려고 한다. 환손실을 입지 않기 위해서는 한국 원화가 미국달러에 대해 3% 만큼 그 가치가 하락해야 한다.

이처럼 이자율 측면에서 원화가 미국달러에 비해 3% 높아서 유리한 경우 환율 측면에서는 원화가 미국달러에 비해 같은 크기로 불리할 것이 예상되어야 시장이 균형을 이룰 수 있다는 것이 국제피셔효과이다. 국제피셔효과는 이자율효과와 환율효과가 서로 상쇄되지 않으면 시장불균형이 일어나 자본이 이동할 것이라는 것을 의미하고 있다.

예제 　　**국제피셔효과** 　　　　　　　　　　　　　　　　　　　　● ● ●

1년 만기 채권수익률이 한국과 미국에서 각각 4% 및 2%이다. 현재 미국달러와 원화 간의 환율은 1,100원/\$이다. 1년 후의 환율은 어떻게 될 것으로 예상하는가?

┃답┃

$$\frac{E(S_T) - S_0}{S_0} = i - i^* \;\rightarrow\; \frac{E(S_T) - 1,100}{1,100} = 0.04 - 0.02 \;\rightarrow\; E(S_T) = 1,122원/\$$$

(3) 이자율평가이론

구매력평가이론은 상품시장에서의 일물일가법칙의 성립을 전제한 반면 이자율평가이론에서는 금융시장에서의 일물일가법칙의 성립을 전제한다. 금융시장에서의 일물일가법칙이 성립한다는 것은 동일한 위험을 가진 금융상품은 국제적으로 동일한 가격(수익률)이어야 한다는 것이다.

다시 말하면, 시장균형상태에서는 같은 위험을 가진 금융상품에 대해서 같은 크기의 투자자금을 가지고 국내에 투자한 결과와 해외에 투자한 결과는 같아야 한다는 것이다. 만약, 동일한 금융상품에 대해 국가 간에 가격이 다르다면 차익거래가 발생하여 결과적으로 금융상품의 가격과 환율이 변화하여 차익거래가 발생하지 않는 균형이 이루어진다.

따라서 국내통화로 국내의 무위험자산(국내국채)에 투자하여 얻는 무위험수익률은 국내통화를 외국통화로 바꾼 뒤 외국의 무위험자산(외국국채)에 투자하여 얻는 수익을 국내통화로 전환하여 얻는 무위험수익률과 같아야 한다.

예를 들어, 다음 두 가지 투자대안을 생각해보자. 현재 환율(₩/$)이 S_0이고 한국의 투자자가 1원을 투자하고자 할 때, ① 국내금융시장에 투자할 경우 1년 후의 원화수입은 한국이자율이 i라면 ₩$1(1+i)$가 된다.

한편, ② 미국시장에 투자할 경우에는 먼저 현물환 시장에서 ₩1을 ₩$1(1/S_0)$만큼의 달러화로 전환한 다음, 달러로 미국시장에 투자하고 1년 후의 수입도 달러화로 받게 된다. 1년 후의 달러수입은 달러이자율이 i^*라면 ₩$1(1/S_0)(1+i^*)$가 된다.

이때, 투자자는 1년 후의 달러수입을 확실한 현금흐름으로 고정하기 위하여 현재시점에서 선물환 계약을 체결하여 미래시점($T=1$)의 환율을 현재의 선물환율로 고정시킨다. 즉, 1년 후의 달러화수입을 원화로 환전할 때 적용하는 환율은 미래시점($T=1$)의 현물환율이 아니라 현재시점($T=0$)의 선물환율 F_0이다. 그러므로 투자기말의 원화수입액은 $F_0($₩$1)(1/S_0)(1+i^*)$가 된다.

위험이 없는 두 자산에 동일한 투자금액을 투자하여 얻은 만기시의 수익이 같아야 하므로 이자율평가이론으로 알려진 식(5-6)이 성립하며, 식(5-6)을 다시 정리하면 식(5-7)과 같이 두 나라의 명목이자율 차이는 양국 통화간의 선물환할증(할인)과 같다는 선물환할증율(할인율)에 대한 균형조건을 얻을 수 있다.

예를 들어, 한국의 이자율이 4%이고, 미국의 이자율이 2%여서 한국의 이자율이 미국의 이자율보다 높게 형성되어 있다면 미국달러선물환율은 현물보다 높게 나타나서 선물환할증 상태가 된다는 의미이다.

$$\text{₩}1(1+i) = F_0(\text{₩}1)\left(\frac{1}{S_0}\right)(1+i^*)$$

$$\rightarrow \frac{F_0}{S_0} = \frac{1+i}{1+i^*} \tag{5-6}$$

$$\rightarrow \frac{F_0}{S_0} - 1 = \frac{1+i}{1+i^*} - 1$$

$$\rightarrow \frac{F_0 - S_0}{S_0} = \frac{i-i^*}{1+i^*}$$

$$\rightarrow \frac{F_0 - S_0}{S_0} \approx i - i^* \tag{5-7}$$

예제   이자율평가이론   ● ● ●

현물환율 1,100원/$이다. 한국에서의 1년간 무위험이자율이 3%이고 미국에서의 무위험이자율이 1%라면, 선물환율이 얼마가 되는가?

‖답‖

$$\frac{F_0}{S_0} = \frac{1+i}{1+i^*} \rightarrow \frac{F_0}{1,100} = \frac{1+0.03}{1+0.01} \rightarrow F_0 = 1,122원/\$$$

〈그림 5-1〉에 환율, 물가, 이자율 간의 평형관계를 요약하여 나타내었다. 절대적 구매력평가이론에 의하면 현물환율(S_0)은 국내물가와 해외물가의 비율(P_0/P_0^*)과 같을 때 균형을 이룬다. 상대적 구매력평가이론에 의하면 환율의 변화율(($E(S_T) - S_0)/S_0$)은 양국의 물가상승률의 차이($\pi - \pi^*$)와 같을 때 균형을 이룬다.

피셔효과에 의하면 명목이자율(i)이 실질이자율(r)과 향후 예상되는 물가상승률 π을 합한 값과 같을 때 균형을 이룬다. 또한, 장기적으로는 국내와 해외의 명목이자

그림 5-1　환율, 이자율, 물가 사이의 평형관계

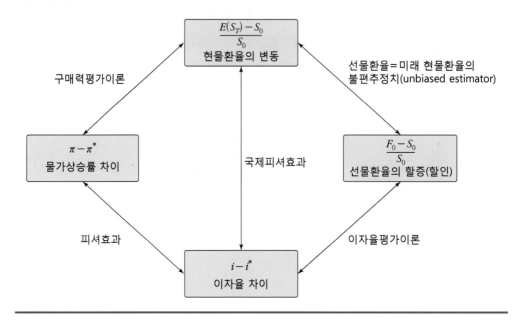

율의 차이$(i-i^*)$는 국내와 해외의 물가상승률의 차이$(\pi-\pi^*)$와 같을 때 균형을 이룬다.

국제피셔효과에 의하면 예상되는 환율변화율$((E(S_T)-S_0)/S_0)$이 두 나라간의 이자율 차이$(i-i^*)$와 같을 때 균형을 이룬다. 이자율평가이론에 의하면 두 나라의 명목이자율 차이$(i-i^*)$는 두 나라 통화간의 선물환할증(할인)$((F_0-S_0)/S_0)$과 같을 때 균형을 이룬다.

Section 2 │ 통화선물의 개요

1. 통화선물의 개요

선물환거래는 장외에서 거래되는 선도계약(forward contract)이다. 일반적으로 선물환거래는 은행을 통하여 계약을 체결하게 되며 거래당사자 간에 서로의 필요에 의하여 계약조건이나 계약의 만기시점 등 거래조건을 임의로 자유롭게 정할 수 있다는 장점이 있는 반면, 계약당 거래수수료가 비싸고 거래상대방의 계약불이행위험이 존재한다는 단점이 있어 개인이나 중소기업은 이용하기 어려운 한계가 있다.

선물환거래의 한계를 극복하기 위해 등장한 통화선물은 1972년 5월 시카고상업거래소(CME)의 부설시장으로 개설된 국제통화시장(IMM: International Monetary Market)에서의 세계 주요 7개국 통화에 대한 선물거래가 시초이다.

우리나라의 통화선물은 1999년 4월 23일 한국거래소(당시 한국선물거래소(KOFEX: Korea Futures Exchange))에 미국달러선물을 최초로 상장하면서 거래가 시작되었다. 이후 수출입 및 외국인 투자 확대에 따른 엔화와 유로화의 거래 증가에 따른 환율변동성 증가로 인한 환위험헷지의 필요성으로 2006년 5월 26일에 엔선물, 유로선물을 추가로 상장하였다. 또한 2015년 10월에 위안선물도 상장되면서 중요 국제통화에 대한 환율변동위험을 직접 관리할 수 있게 되었다.

통화선물은 외국통화(기초자산)를 미래의 일정시점에 미리 정해놓은 가격(선물가격)으로 매수 혹은 매도하기로 하는 거래로 정의된다. 선물환거래와 달리 통화선물은 조직화된 거래소에서 표준화된 계약조건으로 거래되고 청산소가 거래계약의 이행을 보증하며 증거금과 일일정산제도가 있다는 점에서 수수료가 저렴하고 계약불이행위험이 없으며 누구나 쉽게 거래할 수 있다. 또한 일반선물환거래는 만기일에 실물인수도가 이루어지지만 통화선물거래는 만기일(최종결제일) 이전에 대부분 반대거래를 통해 포지션을 용이하게 종결하여 차액을 정산한다.

통화선물 중 대표적인 미국달러선물은 미국달러를 거래대상으로 하는 선물계약이다. 미국달러선물 1계약에 미국달러를 어느 정도 거래할 것인가를 정해놓은 거래단위는 $10,000이다. 따라서, 미국달러선물 1계약을 매수하거나 매도하는 것은 $10,000를 매수하거나 매도할 것을 약속하는 것이다.

미국달러선물의 가격은 1달러당 원화로 표시하고 있다. 예를 들어, 미국달러선물을 1,100원/$에 1계약을 매수한다면 거래단위인 $10,000에 대해 1달러당 1,100원에 사는 계약을 체결하는 것이다. 그리고 선물의 가격을 최소 얼마만큼 조정하여 움직일 것인가를 나타내는 최소가격변동폭을 0.10원으로 정하고 있다. 예를 들어, 1달러당

1,100원하는 선물가격이 올라 갈 경우 1,100.10, 1100.20, 1,100.30 등으로 조정된다.

　　미국달러선물의 결제월은 분기월 중 12개와 그 밖의 월 중 8개이며 상장결제월은 총 20개(1년 이내 매월, 1년 초과 매분기월 상장)가 된다. 예를 들어, 오늘이 11월 1일이라면 금년 11월물, 12월물, 내년 1월물, 2월물, 3월물, 4월물, 5월물, 6월물, 7월물, 8월물, 9월물, 10월물, 12월물, 후년 3월물, 6월물, 9월물, 12월물, 내후년 3월물, 6월물, 9월물이 상장되어 거래된다.

표 5-1　통화선물의 거래명세

구분	미국달러선물	엔선물	유로선물	위안선물
기초자산	미국달러(USD)	일본엔(JPY)	유로(EUR)	중국위안화(CNH)
거래단위	US $10,000	JP ¥1,000,000	EU €10,000	CNH ¥100,000
결제월	분기월 중 12개와 그 밖의 월 중 8개	분기월 중 4개와 그 밖의 월 중 4개	분기월 중 4개와 그 밖의 월 중 4개	분기월 중 4개와 그 밖의 월 중 4개
상장결제월	총20개(1년 이내 매월, 1년 초과 매분기월 상장)	1년 이내의 8개 결제월	1년 이내의 8개 결제월	1년 이내의 8개 결제월 [6개 연속 결제월(1개월~6개월), 2개 분기월(9개월, 12개월)]
가격표시방법	US $1당 원화	JP ¥100당 원화	EU €1당 원화	CNH ¥1당 원화
호가가격단위	0.10원	0.10원	0.10원	0.01원
최소가격 변동금액	1,000원(= US $10,000×0.10원)	1,000원(= JP ¥1,000,000/100× 0.10원)	1,000원(= EU €10,000×0.10원)	1,000원(= CNH ¥100,000×0.01원)
거래시간	09:00 − 15:45 (최종거래일 9:00 − 11:30)	09:00 − 15:45 (최종거래일 09:00 − 11:30)	09:00 − 15:45 (최종거래일 09:00 − 11:30)	09:00 − 15:45 (최종거래일 09:00 − 11:30)
최종거래일	결제월의 세 번째 월요일(공휴일인 경우 순차적으로 앞당김)	결제월의 세 번째 월요일(공휴일인 경우 순차적으로 앞당김)	결제월의 세 번째 월요일(공휴일인 경우 순차적으로 앞당김)	결제월의 세 번째 월요일(공휴일인 경우 순차적으로 앞당김)
최종결제일	최종거래일로부터 기산하여 3일째 거래일	최종거래일로부터 기산하여 3일째 거래일	최종거래일로부터 기산하여 3일째 거래일	최종거래일로부터 기산하여 3일째 거래일
최종결제방법	인수도결제	인수도결제	인수도결제	인수도결제

자료: 한국거래소(www.krx.co.kr)

미국달러선물의 최종결제방법은 미국달러에 대한 수요 등을 감안하여 실물인수도를 택하고 있다. 최종거래일은 결제월의 세 번째 월요일이며 최종결제일은 실물인수도를 위한 시간을 고려하여 최종거래일로부터 기산하여 3일째 거래일($T+2$)로 정해 놓고 있다. 예를 들어, 금년 11월물은 금년 11월 세 번째 월요일까지 거래가 되며, 3일째 날인 수요일에 최종결제가 이루어진다. 만약 최종거래일이 공휴일인 경우에는 순차적으로 앞당기게 된다.

2. EFP, FLEX거래[6]

미국달러선물은 기본적으로 거래소 내에서 거래되는 표준화된 거래이므로 거래금액 및 만기가 규격화되어 있어 실제로 일단위의 정밀한 헷지에는 적합하지 않은 한계가 있다. 이에 한국거래소에서는 2009년 8월 31일부터 기초자산조기인도부거래(EFP: exchange of futures for physicals) 및 FLEX(flexible exchange)거래를 도입하여 미국달러에 대한 보다 정밀한 환위험관리수단을 제공하고 있다.

(1) 기초자산조기인도부거래(EFP)

미국달러선물을 거래할 경우 만기 이전에는 실물인수도를 통하여 거래를 종료할 수 없고 오직 만기 시에만 실물인수도로 거래를 종료할 수 있다. 예를 들어, 미국달러선물을 매도한 수출업자는 수출해서 받은 미국달러현물을 만기시점에 미리 정해진 가격에 인도하면 된다. 만약 미국달러선물을 매도한 수출업자가 필요에 의하여 만기이전에 거래를 종료하려면 어떻게 해야 하는가?

거래를 종료하고 싶은 날에 수출해서 받은 미국달러현물을 현물외환시장에서 매도하는 한편 선물시장에서 반대매매, 즉 선물매수포지션을 취하여 선물거래를 종료해야 한다. 이 경우 현물시장과 선물시장에서 이중으로 거래 업무를 처리해야 하고 거래비용도 추가적으로 발생하게 된다. 이러한 불편을 해소하기 위하여 도입된 EFP는 선물포지션과 이에 상응하는 현물포지션을 동시에 맞교환하는 거래제도로서 만기 이

---

6 한국거래소, 「만화로 보는 통화선물이야기」, pp. 43-50 참조.

전에도 실물인수도를 가능하게 해준다.

예를 들어, 5월 10일 현재 환율이 1,000원/$이라고 하자. 수출업자 A는 3개월 후인 8월에 수출대금 100만 달러를 수취할 예정이므로 환율하락에 대비하여 1,100원/$, 8월물 100계약을 매도하는 매도헷지를 수행하였고, 수입업자 B는 수입대금 100만 달러를 지불할 예정이어서 환율상승에 대비하여 1,100원/$, 8월물 100계약을 매수하는 매수헷지를 수행하였다. 그런데 6월 15일 A가 수출대금을 빨리 받게 되었고 B는 수입대금을 빨리 입금하면 할인해주겠다는 연락을 받았다. 이 경우 A와 B는 서로 포지션을 정리하기 위해 어떻게 거래해야 할까?

6월 15일 현물환율이 1,150원/$이라고 할 때, 선물환율 1,200원/$으로 A와 B는 기초자산조기인도부거래(EFP)를 하기로 하고 이를 한국거래소 회원(증권회사)에 통보하여 거래소가 청산 및 결제하면 된다.

구체적인 기초자산조기인도부거래(EFP) 결과를 보면, A의 경우 6월 15일에 수출대금으로 조기에 받은 100만 달러를 현물시장에 내다 파는 대신에 B에게 넘긴다(현물매도). 동시에 B로부터 선물 100계약을 받는다(선물매수). 이렇게 되면 A는 현물을 넘긴(현물매도, 1,150원/$) 대가로 선물을 받았으므로(선물매수, 1,200원/$) 결국, 5월 10일의 선물매도(1,100원/$)와 6월 15일의 선물매수(1,200원/$)가 정산된다. 따라서 현물을 1,050원/$(=1,150원/$+(1,100원/$-1,200원/$))에 매도한 것과 같은 결과가 된다.

B의 경우, 6월 15일에 A로부터 100만 달러의 현물을 받는(현물매수, 1,150원/$) 대가로 선물을 주었으므로(선물매도, 1,200원/$) 결국, 5월 10일의 선물매수(1,100원/$)와 6월 15일의 선물매도(1,200원/$)가 정산된다. 따라서 현물을 1,050원/$(=-1,150원/$+(1,200원/$-1,100원/$))에 매수한 것과 같은 결과가 된다.

이와 같은 기초자산조기인도부거래(EFP)의 거래절차는 우선 거래를 원하는 종목, 수량 등을 회원에게 제시하여 탐색시스템을 통해 거래상대방을 탐색하여 거래상대방과 거래조건을 협의하고 승낙여부를 결정하여 회원(증권회사)에게 통보한다. 회원(증권회사)은 실물예탁 및 선물거래 협의내용을 확인한 후, 한국거래소 거래시스템을 통해 기초자산조기인도부거래(EFP)를 신청하게 되면 한국거래소는 매매체결 및 체결내역을 공시하고 선물 미결제포지션에 대하여 청산 및 결제를 진행하는 절차로 이루어진다.

(2) FLEX 거래

FLEX는 flexible의 약자로서 투자자가 유연하게 거래할 수 있다는 의미이다. 즉, 중소기업 등이 은행과 거래하고 있는 선물환거래와 유사한 거래를 장내 통화선물시장에서 낮은 거래비용으로 보다 안전하고 편리하게 이용할 수 있도록 도입한 거래방식이다.

기존 장내 통화선물시장의 선물거래는 만기가 특정일(세 번째 월요일)로 정해져 있고 최종결제방식도 실물인수도만 가능하도록 정해져 있는 데 반해, 미국달러선물의 FLEX거래는 거래자가 최종거래일(만기)과 최종결제방식을 자유롭게 선택하여 거래할 수 있는 방식이다. 즉, 만기는 표준물 만기(세 번째 월요일)의 2거래일 전까지의 특정일을 투자자가 임의로 선택할 수 있고 최종결제방식도 실물인수도와 현금차액 중 선택할 수 있다.

예를 들어, 오늘이 9월 30일이라고 하자. 중소기업 A는 11월 28일에 수출대금 100만 달러를 받을 예정이다. A는 이 기간 동안의 환율하락으로 인한 환손실을 헷지하고자 한다. FLEX 거래가 도입되기 전에는 9월 30일부터 11월 28일까지의 기간 동안의 환위험을 헷지할 수 있는 통화선물이 없기 때문에 높은 수수료를 지불하고 장외시장에서 11월 28일이 만기가 되는 선물환거래를 체결하여야 한다. 하지만 FLEX 거래가 도입됨으로써 장내시장에서 11월 28일 만기의 FLEX 거래를 체결함으로써 저렴한 비용으로 편하게 정밀한 헷지를 할 수 있게 된다.

| Section 3 | **통화선물의 가격결정** |

---

1. 통화선물의 보유비용모형

(1) 보유비용모형: 매수측면에서의 통화선물 이론가격

통화선물의 이론가격을 도출하기 위한 보유비용모형은 상품선물이나 주가지수선물의 보유비용모형과 논리가 동일하다. 매수측면에서 통화선물의 이론가격을 도출하기 위하여 선물을 직접 사는 전략(A)과 돈을 빌려서 현물을 사는 전략(B)을 〈표 5-2〉와 같이 미국달러로 예를 들어 살펴보기로 하자.

전략 A는 현재시점에서 통화선물을 매수하는 전략이다. 현재시점에서 통화선물을 공짜로 사니까 현재시점의 현금흐름은 0이 된다. 만기시점의 현금흐름은 통화선물계약을 이행하여 $S_T - F_0$이 된다.

전략 B는 차입과 통화현물을 매수하는 전략이다. i는 만기시점까지의 국내통화이자율, i^*는 만기시점까지의 외국통화이자율이라고 하자. 현재시점에서 통화현물인 $\$1/(1+i^*)$를 매수하여 보유(대출)하는데, 현재 환율이 S_0원/\$이므로 $-\$1/(1+i^*)$를 원화로 나타내면 $-S_0/(1+i^*)$이다. 그리고 $F_0/(1+i)$만큼의 원화를 차입한다.

만기시점에서는 현재시점에서 매수한 통화현물 보유(대출)로 인해 1달러($= (1/(1+i^*)) \times (1+i^*))$가 발생하고 이를 원화로 나타내면 만기시점의 환율이 S_T원/\$이므로 1달러가 S_T원($=\$1 \times S-T$)이 된다. 그리고 차입에 대한 원리금인 원화 $F_0 (= (F_0/(1+i)) \times (1+i))$를 갚아야 한다. 따라서 만기시점의 총현금흐름은 $S_T - F_0$이다.

이와 같이, 전략 A와 전략 B의 만기시점의 현금흐름이 같으므로 차익거래이익이 발생하지 않으려면 전략 A와 전략 B의 현재시점의 현금흐름도 같아야만 한다. 전략 A의 현금흐름과 전략 B의 현금흐름을 같게 놓으면 식(5-8)의 통화선물이론가격이 도출되며, 이는 앞에서 다룬 식(5-6)의 이자율평가이론과 일치된다.

표 5-2   **통화선물의 보유비용모형(매수측면)**

전략	현재시점의 현금흐름	만기시점의 현금흐름
A: 통화선물 매수	0	$S_T - F_0$
B: $\dfrac{1}{1+i^*}$ 외국통화를 매수하여 i^*에 대출	$-\dfrac{S_0}{1+i^*}$	S_T
차입	$\dfrac{F_0}{1+i}$	$-F_0$
	$-\dfrac{S_0}{1+i^*} + \dfrac{F_0}{1+i}$	$S_T - F_0$

$$0 = -\frac{S_0}{1+i^*} + \frac{F_0}{1+i} \;\rightarrow\; F_0 = S_0\left(\frac{1+i}{1+i^*}\right) \tag{5-8}$$

(2) 보유비용모형: 매도측면에서의 통화선물 이론가격

매도측면에서 통화선물의 이론가격을 도출하기 위하여 선물을 직접 파는 전략(C)과 현물을 팔아서 들어오는 돈을 대출하는 전략(D)을 〈표 5-3〉과 같이 미국달러로 예를 들어 살펴보자.

전략 C는 현재시점에서 통화선물을 매도하는 전략이다. 현재시점에서 통화선물을 공짜로 파니까 현재시점의 현금흐름은 0이 된다. 만기시점의 현금흐름은 통화선물계약을 이행하여 $F_0 - S_T$가 된다.

전략 D는 통화현물을 매도하고 대출하는 전략이다. 현재시점에서 통화현물 $\$1/(1+i^*)$를 빌려와서 파는데, 현재 환율이 S_0원/\$이므로 $\$1/(1+i^*)$를 원화로 나타내면 $S_0/(1+i^*)$이다. 그리고 $F_0/(1+i)$만큼의 원화를 대출하여 총 $S_0/(1+i^*) - F_0/(1+i)$의 현금흐름이 발생한다.

만기시점에서는 공매한 통화현물을 갚아야 하므로 $\$1(=\$1/(1+i^*)\times(1+i^*))$가 나가고 이를 원화로 나타내면 $S_T(=\$1\times S_T)$가 된다. 그리고 대출에 대한 원리금 $F_0(=(F_0/(1+i))\times(1+i))$을 받는다. 따라서 만기시점의 총현금흐름은 $F_0 - S_T$가 된다.

이와 같이, 전략 C와 전략 D의 만기시점의 현금흐름이 같으므로 차익거래이익이 발

표 5-3　통화선물의 보유비용모형(매도측면)

전략	현재시점의 현금흐름	만기시점의 현금흐름
C: 통화선물 매도	0	$F_0 - S_T$
D: $\dfrac{1}{1+i^*}$ 외국통화를 i^*에 차입하여 매도	$\dfrac{S_0}{1+i^*}$	$-S_T$
대출	$-\dfrac{F_0}{1+i}$	F_0
	$\dfrac{S_0}{1+i^*} - \dfrac{F_0}{1+i}$	$F_0 - S_T$

생하지 않으려면 전략 C와 전략 D의 현재시점의 현금흐름도 같아야만 하므로 식(5-9)와 같은 선물이론가격이 도출된다.

$$0 = \frac{S_0}{1+i^*} - \frac{F_0}{1+i} \rightarrow F_0 = S_0 \left(\frac{1+i}{1+i^*} \right) \tag{5-9}$$

2. 통화선물 차익거래전략

(1) 통화선물 매수차익거래전략

통화선물이 과대평가되어 있을 경우 〈표 5-4〉에서처럼 과대평가된 통화선물을 매도하고(전략 C) 차입한 자금으로 과소평가된 통화현물을 매수(전략 B)하여 차익거래이익을 추구할 수 있다. 이 전략을 통화선물 매수차익거래전략(cash-and-carry arbitrage)이라 부른다.

이때 차익거래자는 현재시점에서 아무런 비용을 부담하지 않고(zero investment) 선물만기일에 통화현물가격(S_T)의 움직임에 상관없이(no uncertainty) $F_0 - [S_0/(1+i^*)](1+i)$만큼의 차익거래이익을 얻는다.

매수차익거래이익＝통화선물 실제가격－통화선물 이론가격

$$= F_0 - \left[\left(\frac{S_0}{1+i^*} \right) (1+i) \right] \tag{5-10}$$

표 5-4　통화선물의 매수차익거래전략

전략	현재시점의 현금흐름	만기시점의 현금흐름
C: 통화선물 매도	0	$F_0 - S_T$
B: $\frac{1}{1+i^*}$ 외국통화를 매수하여 i^*에 대출	$-\frac{S_0}{1+i^*}$	S_T
차입	$\frac{S_0}{1+i^*}$	$-\left(\frac{S_0}{1+i^*} \right)(1+i)$
차익거래이익	0	$F_0 - \left[\left(\frac{S_0}{1+i^*} \right)(1+i) \right]$

(2) 통화선물 매도차익거래전략

통화선물이 과소평가되어 있으면 〈표 5-5〉에서처럼 과소평가된 통화선물을 직접 매수하고(전략 A) 과대평가된 통화현물을 공매하고 그 자금을 대출함으로써(전략 D) 차익거래이익을 추구할 수 있다. 이 전략을 통화선물 매도차익거래전략(reverse cash-and-carry arbitrage)이라고 한다.

통화선물 매수차익거래와 마찬가지로 차익거래자는 현재시점에서 아무런 비용을 부담하지 않고(zero investment) 선물만기일에 통화현물가격(S_T)의 움직임에 상관없이 (no uncertainty) $[S_0/(1+i^*)](1+i)-F_0$만큼의 차익거래이익을 얻는다.

$$\text{매도차익거래이익} = \text{통화선물 이론가격} - \text{통화선물 실제가격}$$
$$= \left[\left(\frac{S_0}{1+i^*}\right)(1+i)\right] - F_0 \tag{5-11}$$

표 5-5 **통화선물의 매도차익거래전략**

전 략	현재시점의 현금흐름	만기시점의 현금흐름
A: 통화선물매수	0	$S_T - F_0$
D: $\dfrac{1}{1+i^*}$ 외국통화를 i^*에 차입하여 매도	$\dfrac{S_0}{1+i^*}$	$-S_T$
대출	$-\dfrac{S_0}{1+i^*}$	$\left(\dfrac{S_0}{1+i^*}\right)(1+i)$
차익거래이익	0	$\left[\left(\dfrac{S_0}{1+i^*}\right)(1+i)\right] - F_0$

예제 **통화선물 차익거래전략** ● ● ●

현물환율은 1,135.10원/\$이고, 6개월 후에 만기가 되는 미국달러선물은 1,146.60원/\$이며, 원화 6개월이자율은 4%이다.

(1) 미국달러의 6개월이자율은 얼마가 되어야 하는가?
(2) 만일 미국달러의 6개월이자율이 3.5%라면 어떠한 차익거래전략을 세울 수 있는가?

┃답┃

(1) $F_0 = S_0 \left(\dfrac{1+i}{1+i^*} \right)$ → $1{,}146.60 = 1{,}135.10 \times \dfrac{1+0.04}{1+i^*}$ → $i^* = 2.9569\%$

(2) $F_0 = 1{,}135.10 \left(\dfrac{1+0.04}{1+0.035} \right)$ → $F_0 = 1{,}140.60$원/\$

실제 선물가격: 1,146.60원/\$ > 1,140.60원/\$: 선물이론가격

→ 선물 과대평가 → 선물매도, 현물매수: 매수차익거래전략

전략	현재시점의 현금흐름	만기시점의 현금흐름
C: 미국달러선물 1계약 매도	0	$1{,}146.60 - S_T$
B: $\dfrac{1}{1+i^*}$달러를 매수하여 i^*에 대출	$-\dfrac{1{,}135.10}{1.035}$	S_T
차입	$\dfrac{1{,}135.10}{1.035}$	$\dfrac{1{,}135.10}{1.035} \times 1.04$
차익거래이익	0	6원/\$ ($= 1{,}146.60 - 1{,}140.60$)

| Section **4** | **통화선물 헷지전략** |

1. 통화선물 매도헷지

기초자산가격이 상승할 경우 선물매수 시에 이익이 나고 반대로 기초자산하락이 하락할 경우에는 선물매도 시에 이익이 난다. 통화선물을 다룰 때 현물통화의 환율을 현물통화의 가격이라고 생각하면 분석이 많이 수월해진다. 매도헷지는 향후 현물통화의 환율(현물통화가격)이 내려갈 경우에 대비하여 통화선물 매도를 통하여 손실을 회복하는 전략이다.[7]

예를 들어, 수출업자 A가 수출대금으로 1개월 후에 100만 달러를 수취하기로 하

---

[7] 이재하, 한덕희, 「핵심재무관리」, 박영사(2020), pp. 701-705 참조.

였다고 하자. A는 100만 달러 수취시점에 현재 환율(미국달러가격) 1,100원/$이 하락하여 환손실을 보는 것이 우려되는 상황이다. 이러한 위험을 헷지하기 위해 A는 통화선물시장에서 1,105원/$으로 미국달러선물을 매도하면 된다.

예상대로 1개월 후 결제시점에 현물환율이 하락하여 1,000원/$이 되고 미국달러선물도 1,010원/$이 될 경우, A는 선물계약을 이행하여 95원/$($=1,105/\$-1,010$원$/\$$)의 이익을 얻게 되어 현물의 환손실 100원/$($=1,100$원$/\$-1,000$원$/\$$)에서 95원/$만큼 회복하게 된다.

예상과 다르게 현물환율이 1개월 후에 1,200원/$으로 상승하고 선물도 1,205원/$으로 올라가는 경우를 생각해보자. 현물에서는 100원/$($=1,200$원$/\$-1,100$원$/\$$)의 환이익이 발생하지만 선물에서는 100원/$($=1,105$원$/\$-1,205$원$/\$$)의 손실이 발생하게 되어 결국 순손익은 0원/$($=100$원$/\$-100$원$/\$$)이 된다.

이와 같이 헷지의 경우 예상대로 현물가격이 움직이거나 혹은 예상과 다르게 움직일 때 궁극적으로 변동폭을 최소한으로 줄여주게 됨으로써 위험[8]이 헷지된다. 위의 예에서 헷지를 하지 않을 경우 환손실 100원에서 환이익 100원까지 발생할 수 있는 반면, 헷지를 할 경우 환손실은 5원으로 급격히 줄어들었고 환이익도 0원이 되는 것을 볼 수 있다. 즉, −100원~+100원의 변동폭이 −5원~+0원이 된다는 것이다.

2. 통화선물 매수헷지

매수헷지는 현물통화의 환율(현물통화가격)이 올라갈 경우에 통화선물 매수를 통하여 손실을 회복하는 전략이다.

예를 들어, 수입업자 B가 물품수입대금으로 1개월 후에 100만 달러를 지급하기로 하였다고 하자. 현재 환율은 1,100원/$이고 미국달러선물가격이 1,105원/$이다. B는 1개월 후에 100만 달러를 사서 지급해야 하는데 이때 환율이 올라가서 환율구입에 더 비싼 가격을 지급하여 손실이 발생하는 것이 우려되기 때문에 미국달러선물을 매수하여 헷지를 하고자 한다.

---

8 재무금융이론에서는 위험을 미래의 불확실성으로 인한 이익 또는 순현금흐름의 변동성(volatility)으로 정의한다.

예상대로 1개월 후에 환율이 만약 1,150원/$으로 상승하고 선물가격이 1,155원/$이 되었을 경우, 현물에서 50원/$(=1,150원/$-1,100원/$)의 손실을 입지만 미국달러선물에서 50원/$(=1,155원/$-1,105원/$) 이익이 발생하여 위험을 헷지할 수 있다.

예제 | **통화선물 헷지전략** ● ● ●

오늘 1월 13일에 우리나라 회사가 미국으로부터 $1,000,000어치의 상품을 수입하였고 수입대금은 7개월 후인 8월 10일에 미국달러로 지급하게 된다. 현재 미국달러선물가격과 현물환율은 다음과 같다.

현물환율	1,135.10원/$
미국달러선물 1월물	1,135.80
미국달러선물 2월물	1,134.80
미국달러선물 3월물	1,136.00
미국달러선물 4월물	1,136.00
미국달러선물 5월물	1,136.00
미국달러선물 6월물	1,136.00
미국달러선물 7월물	1,146.60
미국달러선물 8월물	1,153.00

달러선물가격으로부터 향후 8월경에 미달러화의 가치상승이 예상되므로 미국달러선물 8월물 100계약(=1,000,000/10,000)매수하는 헷지전략이 필요하다. 8월 10일에 8월물 미국달러선물가격이 1,164.20이고 현물환율이 1,147.40원/$이라고 가정하고 헷지전략을 분석하시오.

┃답┃

1/13	8/10
8월물 100계약을 1,153.00원/$에 매수	8월물 100계약을 1,164.20원/$에 매도 현물 $1,000,000을 1,147.40원/$에 매수

선물로 헷지 안 한 경우: $1,000,000×(1,135.10-1,147.40) = -12,300,000원

선물로 헷지한 경우: $(1,135.10-1,147.40)+(1,164.20-1,153.00)) = -1.10원/$

→ -1.10×$1,000,000 = -1,100,000원: 환차손이 11,200,000원만큼 감소.

1. 선물환시장을 이용한 헷지

앞에서 다루었던 선물환거래는 수출입기업체가 많이 활용하는 환위험 헷지방법이다. 수입업자의 경우 수입대금 결제 시의 환율이 수입계약 시점의 환율보다 높아지면 원화지급액이 증가하게 되어 환차손이 발생하므로 선물환 계약을 매수해 두면 된다.

예를 들어, 3개월 후에 수입대금 $100을 지불하기로 되어 있는 수입업자가 현재 시점에서 만기가 3개월인 선물환을 선물환율 1,200원/$에 매수하였다고 하자. 3개월 후에 현물환율이 1,300원/$이라면 수입업자는 $100(1,300 - 1,200) = 10,000원의 이익이 발생한다. 하지만 3개월 후에 현물환율이 1,100원/$이라면 $100(1,100 - 1,200) = -10,000원 즉, 10,000원의 손실이 발생한다.

반면, 수출업자의 경우 수출대금 결제 시의 환율이 수출계약 시점의 환율보다 낮아지면 원화수취액이 감소하게 되어 환차손이 발생하므로 선물환 계약을 매도해 두면 된다.

예를 들어, 3개월 후에 수출대금 $100를 받기로 되어 있는 수출업자가 현재시점에서 만기가 3개월인 선물환을 선물환율 900원/$에 매도하였다고 하자. 3개월 후에 현물환율이 800원/$이라면 수출업자는 $100(900 - 800) = 10,000원의 이익을 얻는다. 하지만 3개월 후에 현물환율이 1,000원/$이라면 $100(900 - 1,000) = -10,000원 즉, 10,000원의 손실이 발생한다.

2. 단기금융시장을 이용한 헷지

단기금융시장(money market)을 이용한 헷지는 현실적으로 모든 시장이 효율적일 수 없기 때문에 이자율평가이론이 반드시 적용된다고 볼 수 없다는 점에 근거를 두고 있다.

수출업자의 경우 수출대금결제 시의 환율이 수출계약시점의 환율보다 낮아지면 원화수취액이 감소하게 되어 환차손이 발생하므로 선물환계약을 매도하면 되는데, 이 때 선물환거래를 이용하는 대신에 단기금융시장에서 수출대금액 만큼의 외화를 미리 차입하여 현물환시장에서 매각하고 자국통화로 전환한 후 이를 국내예치나 채권투자 등으로 운용하다가 만기 시에 수취하는 수출대금으로 차입자금을 상환함으로써 환차 손위험을 회피하는 전략이다.

예를 들어, 현물환율은 1,000원/$, 미국달러의 연이자율은 20%, 원화의 연이자율 은 10%일 경우 6개월 선물환율은 이자율평가이론을 적용하여 $F_0/S_0 = (1+i)/(1+i^*)$ → $F_0/1,000 = [1+0.1(6/12)]/[1+0.2(6/12)]$ → $F_0 = 954.55$원/$이 된다. 6개월 후에 수출대금 100달러를 받을 경우 환율이 예상외로 크게 하락하면 환차손이 발생한다.

이러한 위험에 대한 헷지방법으로 선물환거래를 이용할 수 있고 단기금융시장을 이용할 수 있는데, 만약 수출업자가 선물환거래를 이용하여 헷지한다고 할 경우에는 현재 100달러에 대해 선물환계약을 매도해 놓으면, 6개월 후에 수출대금 100달러를 95,455원/$(= \$100×954.55)으로 고정시킬 수 있다.

이와 같은 선물환거래를 이용하여 헷지하는 대신 단기금융시장을 이용하여 헷지 할 수도 있는데, 단기금융시장을 이용하여 헷지하는 방법은 다음과 같다. 미국달러의 6개월이자율이 10%(= 20%/2)이므로 현재시점에서 6개월 후에 받는 100달러의 수출대 금으로 갚을 수 있도록 $\$100/1.1(=90.91)$를 차입해온다.

차입해온 금액은 원화로 환전($90.91×1,000)하여 6개월 동안 국내 단기금융시장 에서 5%(= 10%/2)로 대여(채권매수)한다. 6개월 후에는 수출대금 100달러를 받아서 차 입금의 원리금 100달러를 갚으면 되고, 원화로 환전하여 대여한 금액에 대해서는 원

그림 5-2   단기금융시장을 이용한 헷지전략

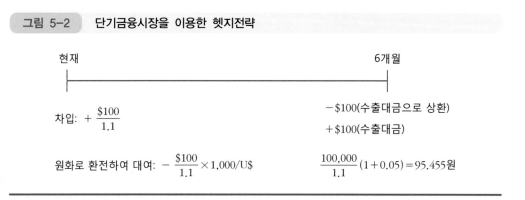

리금 95,455원/$이 들어오게 된다.

이처럼, 선물환율이 이자율평가이론을 만족시키는 경우(선물환율이 이론치와 같은 경우) 선물환에 의한 헷지와 단기금융시장을 이용한 헷지 결과는 같아지게 된다. 하지만 현실적으로 선물환율이 이자율평가이론을 만족시키지 못하는 경우 혹은 선물환거래를 통한 헷지가 힘든 경우 단기금융시장을 이용한 헷지전략을 구사할 수 있다.

1. 환율과 외환시장

- 환율: 두 나라 돈의 교환비율
  → 자국통화표시법(직접표시법): 국내통화/외국통화로 표시

- 현물환시장: 외환거래 계약일부터 2영업일 이내에 외환의 인수도와 결제(결제일)가
  이루어지는 거래

- 선물환시장: 계약일로부터 통상 2영업일 경과 후 미래의 특정일에 외환의 인수도와
  결제가 이루어지는 거래
  - 일반선물환거래
  - 차액결제선물환(NDF)거래

2. 환율, 물가, 이자율 간의 평형관계

- 절대적 구매력평가이론: $S_t = \dfrac{P_t}{P_t^*}$

  → 양국 간 환율은 국내물가와 해외물가 간의 비율과 동일

- 상대적 구매력평가이론: $\dfrac{E(S_T) - S_0}{S_0} \approx \pi - \pi^*$

  → 환율의 변화율은 양국의 물가상승률의 차이와 동일

- 피셔효과: $1 + i = (1+r)(1+\pi) \rightarrow i \approx r + \pi$
  → 명목이자율은 실질이자율과 물가상승률의 합과 동일

- 국제피셔효과: $\dfrac{E(S_T) - S_0}{S_0} = i - i^*$

  → 두 나라의 이자율 차이는 두 나라 통화간의 예상 환율변화율과 동일

- 이자율평가이론: $\dfrac{F_0 - S_0}{S_0} = \dfrac{i - i^*}{1 + i^*} \rightarrow \dfrac{F_0 - S_0}{S_0} \approx i - i^*$

  → 두 나라의 명목이자율 차이는 양국 통화간의 선물환할증(할인)과 동일

3. 통화선물의 거래명세

구분	미국달러선물	엔선물	유로선물	위안선물
기초자산	미국달러(USD)	일본엔(JPY)	유로(EUR)	중국위안화(CNH)
거래단위	US $10,000	JP ¥1,000,000	EU €10,000	CNH ¥100,000
결제월	분기월 중 12개와 그 밖의 월 중 8개	분기월 중 4개와 그 밖의 월 중 4개	분기월 중 4개와 그 밖의 월 중 4개	분기월 중 4개와 그 밖의 월 중 4개
상장결제월	총20개(1년 이내 매월, 1년 초과 매 분기월 상장)	1년 이내의 8개 결제월	1년 이내의 8개 결제월	1년 이내의 8개 결제월[6개 연속 결제월(1개월~ 6개월), 2개 분기 월(9개월, 12개월)]
가격표시방법	US $1당 원화	JP ¥100당 원화	EU €1당 원화	CNH ¥1당 원화
호가가격단위	0.10원	0.10원	0.10원	0.01원
최소가격 변동금액	1,000원(=US $10,000×0.10원)	1,000원(=JP ¥1,000,000/100 ×0.10원)	1,000원(=EU €10,000×0.10원)	1,000원(=CNH ¥100,000×0.01원)
거래시간	09:00-15:45 (최종거래일 9:00-11:30)	09:00-15:45 (최종거래일 09:00-11:30)	09:00-15:45 (최종거래일 09:00-11:30)	09:00-15:45 (최종거래일 09:00-11:30)
최종거래일	결제월의 세 번째 월요일(공휴일인 경우 순차적으로 앞당김)	결제월의 세 번째 월요일(공휴일인 경우 순차적으로 앞당김)	결제월의 세 번째 월요일(공휴일인 경우 순차적으로 앞당김)	결제월의 세 번째 월요일(공휴일인 경우 순차적으로 앞당김)
최종결제일	최종거래일로부터 기산하여 3일째 거래일	최종거래일로부터 기산하여 3일째 거래일	최종거래일로부터 기산하여 3일째 거래일	최종거래일로부터 기산하여 3일째 거래일
최종결제방법	인수도결제	인수도결제	인수도결제	인수도결제

4. EFP, FLEX거래

- 기초자산조기인도부거래(EFP): 선물포지션과 이에 상응하는 현물포지션을 동시에 맞교환하는 거래

- FLEX거래: 거래자가 최종거래일(만기)과 최종결제방식을 자유롭게 선택하여 거래

5. 통화선물의 보유비용모형

- 통화선물 이론가격: $F_0 = S_0 \left(\dfrac{1+i}{1+i^*} \right)$

6. 통화선물 차익거래전략

- 매수차익거래이익 = 통화선물 실제가격 − 통화선물 이론가격

$$= F_0 - \left[\left(\frac{S_0}{1+i^*} \right) (1+i) \right]$$

- 매도차익거래이익 = 통화선물 이론가격 − 통화선물 실제가격

$$= \left[\left(\frac{S_0}{1+i^*} \right) (1+i) \right] - F_0$$

7. 통화선물 헷지전략

- 매도헷지: 향후 현물통화의 환율(현물통화가격)이 내려갈 경우에 대비하여 통화선물을 매도하는 전략

- 매수헷지: 현물통화의 환율(현물통화가격)이 올라갈 경우에 통화선물을 매수하는 전략

8. 선물환 및 단기금융시장을 이용한 헷지전략

- 선물환시장을 이용한 헷지
  - 수입업자: 미국달러 선물환계약을 매수
  - 수출업자: 미국달러 선물환계약을 매도

- 단기금융시장을 이용한 헷지
- 수출대금만큼 외화 차입하여 자국통화로 전환하여 운용
- 만기 시에 수취하는 수출대금으로 차입자금을 상환

Q1. (1998 CPA) 외환시장과 금리시장에서 거래가 자유롭다고 가정하자. 원화표시와 달러화표시의 1년 만기 무위험할인채권의 가격이 각각 액면의 80%, 90%라 하자. 시장에서 현재 달러당 원화의 환율이 1,500원이라면 달러화에 대한 원화의 만기 1년의 선물환율은 얼마인가? (   )

① 1,333원   ② 1,433원   ③ 1,583원
④ 1,633원   ⑤ 1,688원

Q2. (1999 CPA) 현재 미국 달러화에 대한 원화의 환율이 1달러에 1,240원이고, 미국과 한국의 명목이자율은 각각 연6%와 연8%이다. 차익거래기회가 존재하지 않기 위해서는 1년간 균형선물환율이 얼마로 정해져야 하는가? (소수점 이하는 반올림할 것) (   )

① 1,217원   ② 1,240원   ③ 1,263원
④ 1,314원   ⑤ 1,339원

Q3. (2000 CPA) 환율결정이론에 관한 다음 설명 중 가장 타당하지 않은 것은? (   )

① 피셔효과가 성립하면, 양국 간 명목이자율의 차이는 기대인플레이션율의 차이와 같게 된다.
② 구매력평가이론(PPP)에 따르면, 양국 통화 간 현물환율의 기대변동률은 양국 간 기대인플레이션율의 차이와 같게 된다.
③ 양국 통화 간 현물환율의 기대변동률이 양국 간 명목이자율의 차이와 같게 되는 현상을 국제피셔효과라고 한다.
④ 이자율평가이론(IRP)에 따르면, 양국 간 실질이자율의 차이는 선도환율의 할증률(혹은 할인율)과 같게 된다.
⑤ 이자율평가이론과 국제피셔효과가 성립하면, 선도환율은 미래 현물환율의 불편추정치가 된다.

Q4. (2001 CPA) 미국 달러와 원화 환율에 대한 90일 만기 선도환율이 현재 국내외환시장과 뉴욕외환시장에서 각각 1,250원/$과 0.00077$/원에 형성되었다고 하자. 두 시장에서 동시에 거래할 수 있는 국내은행의 외환딜러라면 어떤 차익거래(arbitrage transaction)를 해야 하는가? (   )

① 한국시장에서 달러매도, 뉴욕시장에서 원화매도 선물환 체결

② 한국시장에서 달러매수, 뉴욕시장에서 원화매도 선물환 체결

③ 한국시장에서 달러매도, 뉴욕시장에서 원화매수 선물환 체결

④ 한국시장에서 달러매수, 뉴욕시장에서 원화매수 선물환 체결

⑤ 차익거래의 기회가 없다.

Q5. (2017 CPA) 현재 미국의 $1에 대해서 현물환율은 1,000원이고 1년 만기 선물환율은 1,020원이다. 무위험이자율은 한국에서 연 5%이고 미국에서는 연 2%이다. 무위험이자율로 차입과 대출이 가능하고 거래비용이 없을 때, 차익거래의 방법으로 가장 적절한 것은? (   )

① 선물 매수, 달러 차입, 원화로 환전, 원화 대출

② 선물 매수, 원화 차입, 달러로 환전, 달러 대출

③ 선물 매도, 달러 차입, 원화로 환전, 원화 대출

④ 선물 매도, 원화 차입, 달러로 환전, 달러 대출

⑤ 선물 매도, 원화 차입, 달러로 환전, 원화 대출

Q6. (2007 CPA) 한국의 90일 만기 국채의 만기수익률은 연 5%이며 180일 만기 국채의 만기수익률은 연 6%이다. 미국의 90일 만기 국채의 만기수익률은 연 5%이며 180일 만기 국채의 만기수익률은 연 5.5%이다. 이자율평가설(interest rate parity theory)이 성립한다고 가정하면 다음 중 가장 옳은 것은? (   )

① 현물환율과 90일 선물환율이 동일하다.

② 현물환율과 180일 선물환율이 동일하다.

③ 90일 선물환율과 180일 선물환율이 동일하다.

④ 주어진 정보로는 현물환율과 선물환율의 크기를 비교할 수 없다.

⑤ 한국 국채의 수익률곡선은 우하향 모양을 띠게 된다.

Q7. (2011 CPA) ㈜대한은 3,300만원의 투자자금을 보유하고 있다. 현재 현물환율은 KRW1,100/US$1이다. 미국의 금리는 연 10%이고 국내의 금리는 연 5%이다. 외환시장에서 선물환율(forward exchange rate)이 이자율평가이론에 의하여 결정된다고 하자. 현시점에서 1년 만기 선물환계약과 함께 미국의 단기금융시장에 총 3,300만원을 투자할 경우 1년 만기 선물환율과 투자회수총액의 조합으로 가장 적절한 것은? (   )

	1년 만기 선물환율(KRW/US$1)	투자회수총액(만원)
①	1,025	3,275
②	1,050	3,465
③	1,075	3,585
④	1,100	3,660
⑤	1,125	3,685

Q8. (2000 CPA) 선물을 이용한 다음의 헷지거래 중 가장 잘못된 것은? (   )

① 1개월 후에 자금을 차입하려고 하는 기업이 금리선물을 매수한다.

② 인덱스펀드를 보유한 투자자가 주가지수선물을 매도한다.

③ 2개월 후에 상대국통화로 수출대금을 수취하게 되는 수출업자가 상대국 통화선물을 매도하였다.

④ 3개월 후에 채권을 매수하려고 하는 투자자가 금리선물을 매수하였다.

⑤ 보유현물과 동일하지 않으나 정(+)의 상관계수가 큰 선물을 매도하였다.

Q9. (2002 CPA 2차) 지금까지 국내수요에만 의존하던 엑손통신은 올해 처음으로 미국에 통신장비를 수출하고 수출대금 $10,000,000를 3개월 후에 달러화로 수취하기로 하였다. 환율이 하락하여 3개월 후에 받을 수출대금의 원화가치가 하락하는 위험을 방지하기 위해서 엑손통신은 위의 달러 수취 포지션 전체에 대해서 헷징을 하기로 하였다. 가격 변수들은 다음과 같이 주어졌다. (아래에서 매수환율이란 엑손통신이 달러화를 매수할 때 적용되는 환율이란 의미이다.)

· 달러화 현물(spot) 매수환율: 1,245원/$

· 달러화 현물(spot) 매도환율: 1,235원/$

· 달러화 3개월 선물환(forward) 매수환율: 1,242원/$

· 달러화 3개월 선물환(forward) 매도환율: 1,230원/$

· 원화 예금이자율: 연 5.6%

· 원화 차입이자율: 연 6.4%

· 달러화 예금이자율: 연 7.6%

· 달러화 차입이자율: 연 8.4%

이자 계산에 있어서, 이자율이 예를 들어 연5.6%라고 하면 현재시점에서 100의 3개월 후의 미래가치는 $100 \times (1 + 0.056 \div 4) = 101.4$와 같은 방식으로 계산하시오.

(1) 달러 선물환 매도를 통한 헷지와 단기 금융시장(money market)을 이용한 헷지 중

어떤 것이 엑손통신에게 더 유리한지 3개월 후에 확보되는 원화 금액을 비교하시오. 단기 금융시장을 이용한다는 것은 단기간에 걸쳐 달러화와 원화로 대출이나 예금을 실행하는 것을 의미한다. 기술함에 있어서 3개월 후에 확보하게 되는 원화표시금액을 포함하여, 관련된 금액들도 모두 명확히 표시하시오. 계산은 반올림하여 달러화는 1의 자리까지, 원화는 1,000의 자리까지 나타내시오.

(2) 위의 〈물음1〉에서 어느 한 쪽이 유리하다면 차익거래(arbitrage)의 가능성을 생각해 볼 수도 있을 것이다. 앞에서의 헷지와 별도로, 엑손통신의 외환시장과 단기금융시장의 불균형을 이용한 차익거래를 만들어 낼 수 있는지 여부를 구체적으로 계산을 통해서 답하시오. (구체적인 계산없이 단순히 어떤 것이 저평가, 고평가 되었다는 일반적인 논리만을 기술할 경우에는 점수를 부여하지 않을 것임)

Q10. (2006 CPA 2차) 한국의 무위험이자율이 8%이고 미국의 무위험이자율이 4%이며, 1 US달러당 원화의 현물환율이 950원이라고 하자. 1년 만기 선도환율이 950원이라면 어떤 차익거래가 있는지를 아래의 a, b, c 순서대로 답하시오.

단, 미국에서는 10,000달러만, 한국에서는 950만원만을 무위험이자율로 차입할 수 있으며, 세금이나 거래비용이 없으며 거래관련 신용위험도 없다고 가정한다. 차익은 만기 시점에서만 발생하도록 포지션을 구성해야 한다. 이론선도환율(₩/$)은 소수점 셋째자리에서 반올림하시오.

> a. 이자율평가이론을 이용하여 미국달러화에 대한 1년 만기 이론선도환율 도출
> b. 구성해야 할 포지션
> c. 만기에서의 원화기준 차익

Q11. (2008 CPA 2차) 한국의 ㈜산일은 2008년 6월 1일 현재 미국의 ㈜포토맥으로부터 목재를 수입하고, 1년 후에 3,000만 달러의 수입대금을 지급하기로 하였다. 2008년 6월 1일 현재 현물환율(spot exchange rate), 선물환율(forward exchange rate), 한국과 미국의 단기금융시장에서의 이자율은 다음과 같다. 예대금리차는 없는 것으로 가정한다. 단기금융시장에서의 차입 및 투자에 세금, 거래비용, 신용위험은 없다고 가정한다.

> - 현물환율: ₩1,000/US$
> - 1년물 선물환율: ₩1,100/US$
> - 한국 단기금융시장의 연이자율: 6%
> - 미국 단기금융시장의 연이자율: 4%

㈜산일은 미래 환율변동에 따른 위험을 헷지하기 위하여 1년 만기 달러선물환을 이용하거나 한국과 미국의 단기금융시장을 이용하는 두 가지 헷지방법을 고려하고 있다. (모든 계산은 반올림하여 소수점 넷째 자리까지 표시한다.)

(1) 두 가지 헷지방법 각각에 대해 1년 후인 2009년 6월 1일의 원화표시 수입대금 지급액을 계산하고 두 가지 헷지방법 중 최적헷지방법을 선택하시오.

(2) 한국과 미국의 금융시장이 균형 하에 있다고 가정한다. 위의 두 가지 헷지방법이 무차별한 1년만기 균형선물환율을 계산하시오.

Q1. ⑤

┃답┃

$$0.8 = \frac{1}{1+i} \;\rightarrow\; i = 0.25, \;\; 0.9 = \frac{1}{1+i^*} \;\rightarrow\; i^* = 0.111$$

$$\frac{F_0}{S_0} = \frac{1+i}{1+i^*} \;\rightarrow\; F_0 = S_0\left(\frac{1+i}{1+i^*}\right) = 1,500\left(\frac{1+0.25}{1+0.111}\right) = 1,687.5$$

Q2. ③

┃답┃

$$\frac{F_0}{S_0} = \frac{1+i}{1+i^*} \;\rightarrow\; F_0 = S_0\left(\frac{1+i}{1+i^*}\right) = 1,240\left(\frac{1+0.08}{1+0.06}\right) = 1,263$$

Q3. ④

Q4. ④

┃답┃

국내시장 1,250원/$ < 뉴욕시장 1,298.7원/$이므로 국내에서 1,250원을 주고 1달러를 매수하는 선물환을 체결하고, 뉴욕에서 1달러를 주고 1,298.7원을 매수하는 선물환을 체결하면 48.7원의 차익거래이익을 얻는다.

Q5. ①

┃답┃

이자율평가이론: $\dfrac{F_0}{S_0} = \dfrac{1+i}{1+i^*}$ $\rightarrow$ $F_0 = S_0\left(\dfrac{1+i}{1+i^*}\right) = 1,000\left(\dfrac{1+0.05}{1+0.02}\right) = 1,029.41$원 > 시장의 실제

선물환율(1,020원) $\therefore$ 과소평가 $\rightarrow$ 선물매수, 현물매도[외환차입하여 원화로 환전, 원화대출]

Q6. ①

┃답┃

① 양국의 90일 만기수익률을 이자율평가이론식에 대입하면, $\dfrac{F_0}{S_0} = \dfrac{1+i}{1+i^*}$ $\rightarrow$ $\dfrac{F_0 - S_0}{S_0} = i - i^*$

$\rightarrow$ $\dfrac{F_0 - S_0}{S_0} = 5\% - 5\% = 0$. 따라서 현물환율과 90일 선물환율은 동일하다.

② 양국의 180일 만기수익률을 이자율평가이론식에 대입하면,

$\dfrac{F_0 - S_0}{S_0} = 6\% - 5.5\% = 0.5\%$이므로 현물환율과 180일 선물환율은 동일하지 않다.

Q7. ②

┃ 답 ┃

$$\frac{F_0}{S_0} = \frac{1+i}{1+i^*} \;\rightarrow\; F_0 = S_0\left(\frac{1+i}{1+i^*}\right) \;\rightarrow\; 1{,}100\left(\frac{1+0.05}{1+0.1}\right) = 1{,}050$$

투자회수총액 $= \dfrac{3{,}300\text{만원}}{1{,}100\text{원}}(1+0.1)(1{,}050\text{원}) = 3{,}465\text{만원}$

Q8. ①

┃ 답 ┃

① 이자율상승 우려 → 채권가격하락 우려 → 금리선물매도

③ 상대국 통화가격하락 우려 → 통화선물매도

④ 채권가격상승 우려 → 금리선물매수

Q9.

┃ 답 ┃

1. ① 선물환 매도를 통한 헷지: $10,000,000×1,230원 = 12,300,000,000원

　② 단기금융시장을 이용한 헷지

현재	3개월 후
차입: $+\dfrac{\$10{,}000{,}000}{\left(1+\dfrac{0.084}{4}\right)} = \$9{,}794{,}319$	수출대금으로 차입금 상환
원화로 환전하여 대여: $-\dfrac{\$10{,}000{,}000}{\left(1+\dfrac{0.084}{4}\right)}\times 1{,}235\text{원}$	$\left[\dfrac{\$10{,}000{,}000}{\left(1+\dfrac{0.084}{4}\right)}\times 1{,}235\text{원}\right]\left(1+\dfrac{0.056}{4}\right)$ $= 12{,}265{,}328{,}000\text{원}$

→ 단기금융시장을 이용하여 헷지할 경우에는 12,265,328,000원을 확보하게 되므로 선물환시장을 이용하여 헷지하는 것이 더 유리하다.

2. ① 선물이론가격 $F_0 = S_0\left(\dfrac{1+i}{1+i^*}\right) <$ 선물실제가격 → 선물과대평가 → 매수차익거래전략

전략	현재시점의 현금흐름	만기시점의 현금흐름
C: 미국달러선물매도	0	$1{,}230 - S_T$
B: $\dfrac{1}{1+i^*}$ 달러를 매수하여 i^*에 대출	$-\dfrac{1{,}245}{1+\dfrac{0.076}{4}}$	S_T
차입	$\dfrac{1{,}245}{1+\dfrac{0.076}{4}}$	$-\left(\dfrac{1{,}245}{1+\dfrac{0.076}{4}}\right)\left(1+\dfrac{0.064}{4}\right)$
차익거래이익	0	-11.33

② 선물이론가격 $F_0 = S_0\left(\dfrac{1+i}{1+i^*}\right) >$ 선물실제가격 → 선물과소평가 → 매도차익거래전략

전략	현재시점의 현금흐름	만기시점의 현금흐름
A: 미국달러선물매수	0	$S_T - 1{,}242$
D: $\dfrac{1}{1+i^*}$ 달러를 i^*에 차입하여 매도	$\dfrac{1{,}235}{1+\dfrac{0.084}{4}}$	$-S_T$
대출	$-\dfrac{1{,}235}{1+\dfrac{0.084}{4}}$	$\left(\dfrac{1{,}235}{1+\dfrac{0.084}{4}}\right)\left(1+\dfrac{0.056}{4}\right)$
차익거래이익	0	-15.47

따라서, 차익거래이익이 발생하지 않으므로 차익거래를 만들어 낼 수 없다.

Q10.

┃답┃

a. $F_0 = S_0\left(\dfrac{1+i}{1+i^*}\right)$ → $F_0 = 950\left(\dfrac{1+0.08}{1+0.04}\right)$ → $F_0 = 986.54$원

b. 선물이론가격 986.54원 > 선물실제가격 950원 → 선물과소평가 → 선물매수(선물환 950원 매수), 현물매도10,000달러를 4%이자로 차입하여 전환(매도)하여 국내은행에 투자(대출): 매도차익거래전략

c.

전략	현재시점의 현금흐름	만기시점의 현금흐름
A: 미국달러선물매수	0	$S_T - 950$
D: $\dfrac{1}{1+i^*}$ 달러를 i^*에 차입하여 매도	$\dfrac{950}{1+0.04}$	$-S_T$
대출	$-\dfrac{950}{1+0.04}$	$\left(\dfrac{950}{1+0.04}\right)(1+0.08)$
차익거래이익	0	36.54원

$\dfrac{\$1}{1+0.04}$를 차입할 경우 36.54원의 차익거래이익이 발생

$\$10,000$를 차입할 경우 발생하는 차익거래이익은 다음과 같다.

$$\left[\$10,000 / \left(\frac{\$1}{1+0.04}\right)\right] \times 36.54 \approx 380,000원$$

Q11.

┃답┃

1. ① 선물환시장을 이용한 헷지: 1년물 선물환 매수 $\$30,000,000 \times 1,100원 = 33,000,000,000$원 지출

② 단기금융시장을 이용한 헷지:

현재	1년 후
대출: $-\dfrac{\$30,000,000}{(1+0.04)} = \$28,846,153.8461$	원리금상환액(3,000만 달러)으로 수입대금 지불
국내은행에서 차입: $\$28,846,153.8461$	원리금 지급: $-(\$28,846,153.8461)(1+0.06)$ $= \$30,576,923.0768$

단기금융시장을 이용하여 헷지할 경우에는 30,576,923.0768원이 지출되어 선물환시장을 이용할 경우보다 더 적은 비용이 나가므로 단기금융시장을 이용하여 헷지하는 것이 더 유리하다.

2. $F_0 = S_0 \left(\dfrac{1+i}{1+i^*}\right) \ \rightarrow \ F_0 = 1,000\left(\dfrac{1+0.06}{1+0.04}\right) \ \rightarrow \ F_0 = ₩1,019.23/US\$$

옵션

06 CHAPTER 옵션투자전략

학습개요
본 장에서는 선물에 이어 파생상품의 또 다른 큰 축을 이루는 옵션이 과연 어떠한 것인지에 대해 배운다. 먼저, 옵션의 기본개념과 함께 KOSPI200옵션에 대해 알아본 후, 옵션투자전략을 다룬다. 콜옵션이나 풋옵션만을 거래하는 단순거래전략, 동일한 기초자산을 가진 옵션 중에서 행사가격이나 만기일이 서로 다른 콜(풋)옵션을 각각 매수 또는 매도하는 스프레드거래전략, 동일한 기초자산을 가진 콜옵션과 풋옵션을 동시에 매수하거나 매도하는 컴비네이션거래전략, 옵션을 이용한 헷지거래전략과 콜옵션과 풋옵션가격 간의 균형관계인 풋-콜등가정리를 유도하고 어떻게 활용하는지 살펴보기로 한다.

학습목표
- 옵션의 개념
- 단순거래전략
- 컴비네이션거래전략
- 풋-콜등가정리
- KOSPI200옵션의 개요
- 스프레드거래전략
- 헷지거래전략

Section 1 | 옵션의 개요

1. 옵션의 개념

현대적 의미의 옵션거래는 1630년대 네덜란드에서의 튤립을 대상으로 한 옵션거래로 본다. 작황에 따라 튤립가격의 변동으로 튤립생산자와 튤립을 사는 중개업자가 안정적인 가격으로 거래할 방법으로 옵션을 이용하였다. 당시 중개업자들은 콜(call)을 매수하여 일정기간 후에 사전에 정해진 가격으로 튤립을 살 수 있게 되었고, 튤립재배자는 풋(put)을 매수하여 일정기간 후에 사전에 정해진 가격으로 팔 수 있게 되었다. 이후 1690년대 런던에서 최초로 주식을 대상으로 옵션거래를 시작하였고 19세기 말부터 뉴욕의 월가에서 장외거래 형태로 거래되면서 현대적인 옵션거래로 발전하였다.

이와 같이 기초자산의 가격변동위험을 제거하여 안정적인 거래를 가능하게 하는 옵션(option)은 무엇인가? 옵션은 계약당사자 간에 미리 정해진 특정일 또는 그 이전에, 미리 정한 가격으로 기초자산을 사거나 팔 수 있는 권리를 말한다. 여기서 특정일은 보통 최종거래일 또는 만기일(maturity date)이라 하고 미리 정한 가격은 행사가격(exercise price, strike price)이라고 한다. 살 수 있는 권리가 부여된 옵션을 콜옵션(call option)이라 하고 팔 수 있는 권리가 부여된 옵션을 풋옵션(put option)이라 한다.

이러한 옵션의 개념을 이해하기 위해 〈그림 6-1〉을 살펴보자. 예를 들어, 현재 5만원(현재 현물가격: S_0)인 주식의 가격이 오를 것으로 예상하는 A가 만기일에 6만원(행사가격: X)에 살 수 있는 권리(콜옵션)를 B로부터 5천원(옵션가격＝프리미엄)에 매수하였다고 하자.

콜옵션 거래 후 시간이 흘러 만기일에 주식이 실제로 9만원(미래 현물가격: S_T)이 되었다면 A는 권리를 행사하여 시가 9만원짜리 주식을 6만원에 살 수 있으며, 자본이득은 3만원($=S_T-X$)이 되고 비용 5천원을 고려하면 순이익은 2만 5천원이 된다. 만

그림 6-1 옵션의 개념

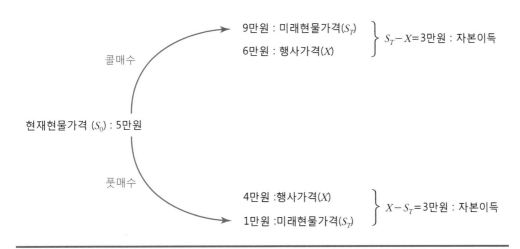

약 주식이 5만 3천원이 된다면 시가보다 비싼 6만원에 매수하여야 하므로 권리를 포기하고 옵션가격 5천원만큼의 손실을 입게 된다. A와 B는 제로섬 게임(zero-sum game)을 벌이며, A가 권리를 행사해서 이익을 내면 B는 그만큼 손실을 입는다.

한편, A가 B로부터 현재 5만원인 주식 1주를 만기일에 4만원(행사가격: X)에 팔 수 있는 권리(풋옵션)를 5천원에 매수하였다고 하자. 만기일에 주식이 실제로 1만원이 되었다면 A는 권리를 행사하여 시가 1만원짜리 주식을 4만원에 매도할 수 있으며, 자본이득은 3만원($=X-S_T$)이 되고, 비용 5천원을 고려하면 2만 5천원의 순이익을 얻는다. 만약 주식이 5만원이 된다면 시가보다 싼 4만원에 매도하여야 하므로 권리를 포기하고 옵션가격 5천원만큼의 손실을 입게 된다. 제로섬 게임에서 A가 이익을 내는 만큼 B는 손실을 입게 된다.

정리를 해보면, 가격이 오를 것으로 예상될 경우 콜옵션을 매수하고, 가격이 내릴 것으로 예상될 경우 풋옵션을 매수한다. 또한, 옵션은 현재시점에서 옵션가격(옵션프리미엄)을 주고 사고팔고, 이익을 볼 수 있을 때에는 옵션을 행사하지만 손실을 보는 경우에는 옵션을 포기하는 '권리'이며, 매수자와 매도자는 항상 서로 '제로섬 게임'을 벌이게 된다.

2. 옵션의 분류

옵션을 권리유형에 따라 콜옵션과 풋옵션으로 분류하는 것 외에도 권리행사 시기에 따라 유럽형 옵션(European option)과 미국형 옵션(American option)으로 구분할 수 있다. 유럽형 옵션은 만기일에만 권리를 행사할 수 있는 옵션이고, 미국형 옵션은 만기일 이전 어느 시점에서도 권리행사가 가능한 옵션이다. 현재 한국거래소에 상장되어 있는 KOSPI200옵션, 미니KOSPI200옵션, KOSDAQ150옵션, 개별주식옵션, 미국달러옵션은 모두 유럽형 옵션에 해당된다.

또한 옵션은 행사가치 유무에 따라서 내가격(ITM: in-the-money) 옵션, 외가격(OTM: out-of-the-money) 옵션, 등가격(ATM: at-the-money) 옵션으로 구분할 수 있다. 내가격 옵션은 현재 현물가격이 행사가격에 비해 콜옵션의 경우 높고 풋옵션의 경우 낮은 옵션 즉, 당장 행사한다면 이익을 낼 수 있는 상태에 있는 옵션을 말한다. 외가격 옵션은 현재 현물가격이 행사가격에 비해 콜옵션의 경우 낮고 풋옵션의 경우 높은 옵션 즉, 당장 행사한다면 이익을 낼 수 없는 상태에 있는 옵션을 말한다. 등가격 옵션은 현물가격이 행사가격과 같은 옵션을 말한다.

이외에도 옵션은 기초자산의 종류에 따라서 크게 상품옵션(commodity option)과 금융옵션(financial option)으로 나눌 수 있다. 상품옵션은 기초자산이 농산물, 광산물, 에너지 등의 실물이고, 금융옵션은 기초자산이 금융상품이다. 한국거래소에는 상품옵션이 상장되어 있지 않으며, 금융옵션으로 KOSPI200옵션, 미니KOSPI200옵션,

표 6-1 옵션의 분류

분류기준	구분	내용
권리유형	콜옵션	기초자산을 살 수 있는 권리
	풋옵션	기초자산을 팔 수 있는 권리
권리행사 시기	미국형 옵션	만기일 이전 어느 시점에서도 권리행사가 가능한 옵션
	유럽형 옵션	만기일에만 권리를 행사할 수 있는 옵션
행사가치 유무	내가격 옵션	행사가격 < 기초자산가격(콜옵션의 경우)
		행사가격 > 기초자산가격(풋옵션의 경우)
	등가격 옵션	행사가격 = 기초자산가격(콜옵션의 경우)
		행사가격 = 기초자산가격(풋옵션의 경우)
	외가격 옵션	행사가격 > 기초자산가격(콜옵션의 경우)
		행사가격 < 기초자산가격(풋옵션의 경우)
기초자산	상품옵션	농산물(치즈, 밀, 옥수수, 귀리, 대두, 대두박, 돈육, 생우, 목재 등)
		광산물(금, 은, 동, 알루미늄 등)
		에너지(에탄올, 난방유, 천연가스, 저유황 경질유, 휘발유, 브렌트유 등)
	금융옵션	주식(개별주식옵션* 등)
		주가지수(KOSPI200옵션*, 미니KOSPI200옵션*, KOSDAQ150옵션*, S&P100지수옵션, S&P500지수옵션 등)
		금리(T-bond옵션, T-note옵션, 유로달러옵션 등)
		통화(미국달러옵션*, 영국파운드옵션, 일본엔옵션 등)
		선물(10년T-Note선물옵션 등)

*한국거래소에 상장되어 있는 옵션임.

KOSDAQ150옵션, 개별주식옵션, 미국달러옵션이 상장되어 있다.

3. KOSPI200옵션의 개요

1997년 7월에 상장된 KOSPI200옵션은 짧은 기간에 세계적인 파생상품으로 성장하였다. KOSPI200옵션은 실체가 없는 KOSPI200이 기초자산이므로 권리를 행사하면 현금으로 정산한다. KOSPI200옵션 도입당시에는 KOSPI200옵션가격(포인트)에 옵션 1계약당 10만원(거래승수)을 곱하여 현금으로 환산하였다. 하지만 금융위원회에서 옵션시장 투기성 감소 및 개인투자자 비중 축소 등을 위한 '장내옵션시장 건전화방안'에 따라 2012년 3월 9일부터 거래단위승수를 10만원에서 50만원으로 인상하였다.

거래단위승수의 상향조정으로 KOSPI200옵션시장이 침체됨에 따라 국내옵션시장 활성화를 위해 2015년 7월 20일에 KOSPI200을 기초자산으로 하고 1계약금액을 KOSPI200옵션의 1/5(거래승수 50만→10만)로 축소한 미니KOSPI200옵션을 상장하였다. 하지만, 침체된 시장이 활성화되지 못함에 따라 2017년 3월 27일에 KOSPI200옵션과 미니KOSPI200옵션의 거래승수를 각각 25만원, 5만원으로 인하하였다. 그리고, 2018년 3월 26일에는 코스닥시장의 활성화 정책의 일환으로 코스닥시장에서의 위험관리를 위하여 KOSDAQ150옵션(거래승수 10,000원)도 상장하였다. 〈표 6-2〉에는 한국거래소에 상장되어 있는 주요 주가지수옵션의 거래명세를 나타내었다.

KOSPI200옵션이 상장되는 결제월은 비분기월 4개 및 분기월 7개(3, 9월 각 1개, 6월 2개, 12월 3개)로 정하고 있다. 예를 들어, 오늘이 10월 25일이라면 금년 11월물, 12월물, 내년 1월물, 2월물, 3월물, 4월물, 6월물, 9월물, 12월물, 후년 6월물, 12월물이 상장되어 거래된다.

KOSPI200옵션을 최종적으로 거래할 수 있는 날인 최종거래일은 각 결제월의 두 번째 목요일(휴일일 경우는 순차적으로 앞당김)이다. 최종결제일은 최종거래일(T)의 다음 거래일($T+1$)로 정하여 놓고 있으며, 결제방법은 현금결제로 정하고 있다.

투자자들이 KOSPI200옵션가격을 조정하여 거래를 체결하고자 할 때 KOSPI200 옵션가격이 최소한으로 움직일 수 있는 수준을 정해 놓아야 한다. 다시 말하면 투자자가 주문을 제출할 때 표준화된 호가단위(tick), 즉 최소가격변동단위를 따라야 한다.

표 6-2 **한국거래소 주요 주가지수옵션 거래명세**

	KOSPI200옵션	미니KOSPI200옵션	KOSDAQ150옵션
기초자산	KOSPI200	KOSPI200	KOSDAQ150지수
거래단위	KOSPI200옵션가격 ×25만(거래승수)	미니KOSPI200옵션가격 ×5만(거래승수)	KOSDAQ150옵션가격 ×1만(거래승수)
결제월	매월	매월	매월
상장결제월	비분기월 4개 및 분기월 7개(3, 9월 각1개, 6월 2개, 12월 3개)	연속 6개월(분기월 2개, 비분기월 4개)	비분기월물 2개 및 분기월 4개(3, 6, 9, 12월)
가격 표시	프리미엄(포인트)	프리미엄(포인트)	프리미엄(포인트)
호가가격 단위	• 프리미엄 10포인트 미만: 0.01포인트 • 프리미엄 10포인트 이상: 0.05포인트	• 프리미엄 3포인트 미만: 0.01 포인트 • 프리미엄 3포인트 이상~ 10포인트 미만: 0.02 포인트 • 프리미엄 10포인트 이상: 0.05 포인트	• 프리미엄 50포인트 미만: 0.1포인트 • 프리미엄 50포인트 이상: 0.5포인트
최소가격 변동금액	• 프리미엄 10포인트 미만: 2,500원(25만×0.01포인트) • 프리미엄 10포인트 이상: 12,500원(25만×0.05포인트)	• 프리미엄 3포인트 미만: 500원(5만×0.01포인트) • 프리미엄 3포인트 이상~ 10포인트 미만: 1,000원 (5만×0.02포인트) • 프리미엄 10포인트 이상: 2,500원(5만×0.05포인트)	• 프리미엄 50포인트 미만: 1,000원(1만×0.1포인트) • 프리미엄 50포인트 이상: 5,000원(1만×0.5포인트)
거래시간	09:00-15:45 (최종거래일 09:00-15:20)	09:00-15:45 (최종거래일 09:00-15:20)	09:00-15:45 (최종거래일 09:00-15:20)
최종거래일	각 결제월의 두 번째 목요일(공휴일인 경우 순차적으로 앞당김)	각 결제월의 두 번째 목요일(공휴일인 경우 순차적으로 앞당김)	각 결제월의 두 번째 목요일(공휴일인 경우 순차적으로 앞당김)
최종결제일	최종거래일의 다음 거래일	최종거래일의 다음 거래일	최종거래일의 다음 거래일
권리행사	최종거래일에만 가능 (유럽형)	최종거래일에만 가능 (유럽형)	최종거래일에만 가능 (유럽형)
결제방법	현금결제	현금결제	현금결제

자료: 한국거래소(www.krx.co.kr)

KOSPI200옵션의 호가단위는 KOSPI200옵션가격이 10포인트 이상인 경우에는 0.05포인트 단위이고, KOSPI200옵션가격이 10포인트 미만인 경우에는 0.01포인트 단위로 제시된다.

따라서 KOSPI200옵션가격이 10포인트 이상일 경우 KOSPI200옵션가격이 0.05포인트 움직일 때마다 1계약당 12,500원(=0.05×25만원)의 손익이 발생하게 되고, KOSPI200옵션가격이 10포인트 미만일 경우에는 KOSPI200옵션가격이 0.01포인트 움직일 때마다 1계약당 2,500원(=0.01×25만원)의 손익이 발생하게 된다.

〈표 6-3〉은 20XX년 5월 4일 현재 KOSPI200옵션시세표를 나타내고 있다. KOSPI200옵션시세에서 행사가격이 커지면 콜옵션의 가격은 하락하고 풋옵션의 가격은 상승하는 것을 볼 수 있다. 예를 들어, 콜옵션 5월물에서 행사가격 422.5인 콜옵션 가격은 4.22인데 행사가격이 437.5로 커지면 콜옵션 가격은 0.33으로 하락하고 있고, 풋옵션가격은 14.90으로 커지고 있다. 이와 같이 콜옵션의 경우 행사가격이 커질수록 이익이 작아지고 반대로 풋옵션의 경우는 행사가격이 커질수록 이익이 커진다.

이러한 현상을 〈그림 6-1〉에서 살펴보면, 콜옵션의 경우 미래현물가격(S_T)이 9만원이고 행사가격(X)이 6만원이면 자본이득($S_T - X$)이 3만원이 된다. 만일 X가 커져서 7만원이 되면 자본이득은 2만원으로 줄어드는 것을 알 수 있다. 풋옵션의 경우 X가 4만원이고 S_T가 1만원이면 자본이득($X - S_T$)이 3만원이 된다. 만일 X가 커져서 5만원이 되면 자본이득은 4만원으로 늘어나는 것을 알 수 있다.

한편, 콜옵션과 풋옵션 모두 만기가 길수록 옵션가격이 커짐을 볼 수 있다. 예를 들어, 행사가격이 422.5인 5월물 콜옵션의 가격은 4.22인데, 6월물 콜옵션의 가격은 8.00으로 올라갔고, 행사가격이 422.5인 5월물 풋옵션의 가격은 3.55인데, 6월물 풋옵션의 가격은 7.77로 올라갔다. 이것은 만기가 길수록 미래 불확실성이 커지기 때문이다. 예를 들어, 만기까지 남은 시간이 2개월일 경우와 1개월일 경우를 비교해보면, 시간이 많이 남아 있을수록 더 많은 사건들(events)이 일어날 수 있으며, 사건들이 일어날 때 현물가격이 오르거나 내리게 된다. 즉, 현물가격에 대한 불확실성이 커지게 된다.

〈그림 6-1〉에서 콜옵션의 경우 행사가격이 6만원인데 현물가격이 8만원으로 오르거나 3만원으로 내려가는 경우와 현물가격이 7만원으로 오르거나 4만원으로 내려가는 경우를 비교해보면, 8만원으로 오르면 자본이득이 2만원(=8만원-6만원)이고,

KOSPI200	423.57						
	콜옵션				풋옵션		
	거래량	전일대비	현재가	행사가격	현재가	전일대비	거래량
5월물	57,970	▼ 0.03	0.33	437.50	14.90	▼ 3.30	51
	85,394	▼ 0.01	0.54	435.00	12.50	▼ 3.10	229
	81,890	▲ 0.04	0.85	432.50	10.35	▼ 3.10	336
	99,223	▲ 0.17	1.33	430.00	8.31	▼ 2.99	965
	92,761	▲ 0.35	2.03	427.50	6.38	▼ 2.92	3,853
	75,717	▲ 0.54	2.94	425.00	4.81	▼ 2.72	7,153
	33,006	▲ 0.88	4.22	422.50	3.55	▼ 2.41	6,481
	19,060	▲ 1.24	5.78	420.00	2.63	▼ 2.03	25,453
	6,172	▲ 1.58	7.55	417.50	1.89	▼ 1.71	28,046
	1,871	▲ 1.85	9.50	415.00	1.33	▼ 1.43	58,488
	401	▲ 1.95	11.55	412.50	0.96	▼ 1.17	66,521
	217	▲ 2.30	13.70	410.00	0.70	▼ 0.91	92,445
	27	▲ 2.40	16.10	407.50	0.50	▼ 0.72	51,838
6월물	786	▲ 0.43	2.68	437.50	20.05	0.00	0
	1,483	▲ 0.43	3.25	435.00	15.80	▼ 2.40	2
	261	▲ 0.60	4.04	432.50	16.35	0.00	0
	774	▲ 0.73	4.84	430.00	13.15	▼ 0.35	1,005
	98	▲ 0.96	5.91	427.50	10.60	▼ 2.30	5
	332	▲ 0.99	7.02	425.00	8.95	▼ 2.35	59
	180	▲ 0.86	8.00	422.50	7.77	▼ 2.33	15
	934	▲ 1.36	9.70	420.00	6.59	▼ 1.97	2,761
	2	▲ 0.19	9.95	417.50	5.79	▼ 1.73	144
	51	▲ 1.50	13.00	415.00	4.94	▼ 1.62	207
	0	0.00	13.20	412.50	4.25	▼ 1.42	156
	10	▲ 1.60	16.50	410.00	3.63	▼ 1.24	1,428
	0	0.00	17.05	407.50	3.10	▼ 1.24	508

7만원으로 오르면 자본이득이 1만원(=7만원−6만원)이 된다. 현물가격이 3만원으로 내려가거나 4만원으로 내려가면 둘 다 행사가격 6만원보다 낮으므로 콜옵션을 행사하지 않아 자본이득이 0이 된다. 따라서 만기가 길수록 불확실성이 커지고 자본이득이 늘어나므로 콜옵션 가격이 상승하게 된다.

〈그림 6-1〉에서 풋옵션의 경우 행사가격이 4만원인데 현물가격이 7만원으로 오르거나 2만원으로 내려가는 경우와 현물가격이 6만원으로 오르거나 3만원으로 내려가는 경우를 비교해보면, 2만원으로 내리면 자본이득이 2만원(=4만원−2만원)이고, 3만원으로 내리면 자본이득이 1만원(=4만원−3만원)이 된다. 현물가격이 7만원으로 오르거나 6만원으로 오르면 둘 다 행사가격 4만원보다 높으므로 풋옵션을 행사하지 않아 자본이득이 0이 된다. 따라서 만기가 길수록 불확실성이 커지고 자본이득이 늘어나므로 풋옵션 가격이 상승하게 된다.

이를 〈표 6-3〉에서 생각해보면, 콜옵션의 경우 6월물이 5월물에 비해 미래 불확실성이 더 커져서 KOSPI200이 행사가격 422.5에 대비하여 훨씬 더 높거나 훨씬 더 낮아질 수 있다. KOSPI200이 422.5보다 낮은 경우 5월물이나 6월물 모두 행사를 하지 못한다. 하지만 KOSPI200이 422.5보다 높은 경우 행사를 하여 수익이 발생하게 되는데 6월물이 5월물에 비해 훨씬 더 높을 수 있으므로 수익이 더 크게 발생할 수 있게 된다. 따라서 콜옵션 6월물의 가격이 5월물의 가격보다 더 커지게 된다. 풋옵션의 경우도 KOSPI200이 422.5보다 높은 경우 5월물이나 6월물 모두 행사를 못하지만, KOSPI200이 422.5보다 낮은 경우 6월물이 5월물보다 훨씬 더 낮을 수 있으므로 수익이 더 크게 발생할 수 있게 된다. 따라서 풋옵션 6월물의 가격이 5월물의 가격보다 더 커지게 된다.

예제 | KOSPI200옵션 ● ● ●

향후 주가상승이 예상되어 행사가격 430인 콜옵션 5월물을 〈표 6-3〉에서 보듯이 계약당 1.33포인트에 30계약 매수하여 만기인 5월 두 번째 목요일까지 보유하는 경우 예상이 적중하여 (1) 만기시점의 KOSPI200이 434.54일 경우의 손익을 계산하시오. (2) 만일 예상이 빗나가 만기시점의 KOSPI200이 423.27이 되었을 경우의 손익을 계산하시오.

┃답┃

(1) [(434.54−430)−1.33]×25만원×30계약＝24,075,000원 이익

(2) [0−1.33]×25만원×30계약＝−9,975,000원: 9,975,000원 손실

예제   KOSPI200옵션   ● ● ●

현재 시가총액 100억원어치의 KOSPI200 주식포트폴리오를 보유하고 있는 펀드매니저가 갑작스런 주식시장의 하락을 우려하여 행사가격이 420인 풋옵션 5월물을 〈표 6-3〉에서 보듯이 2.63포인트에 133계약 매수하였다. 만일 만기시점의 KOSPI200이 예상대로 크게 하락하여 402.39가 되었을 경우 순손익을 계산하시오. 〈표 6-3〉에 보면 오늘 KOSPI200은 423.57이다.

┃답┃

주식포트폴리오: $100억 \times \dfrac{402.39}{423.57} - 100억 = -500,035,413원$: 500,035,413원 손실

풋옵션: (420−402.39−2.63)×25만원×133계약＝498,085,000원: 498,085,000원 이익

→ −500,035,413원＋498,085,000원＝−1,950,413원: 1,950,413원 순손실

┌───┐
│ Section 2 │ **옵션거래전략**   │
└───┘

본서의 모든 옵션거래전략은 다음과 같은 수익표로 분석된다. 〈그림 6-2〉의 콜옵션 수익표의 구성을 명확히 이해한 후 단계적으로 분석해 나간다면 다소 복잡한 거래전략이라도 쉽게 이해할 수 있다.

① 포지션: 옵션거래전략에 사용될 포지션을 나타낸다.

② 비용: 비용개념이기 때문에 옵션 매수 시에는 옵션가격의 현금유출을 (＋)로, 옵션 매도 시에는 옵션가격의 현금유입을 (−)로 나타낸다.

③ 미래 현물가격이 행사가격보다 클 경우와 작을 경우에 따라 권리행사를 할지

그림 6-2　콜옵션거래전략 수익표

① 포지션	② 비용	수익		③
		$S_T < X$	$S_T > X$	
콜 매수	+	0	$S_T - X$	④
콜 매도	−	−0	$-(S_T - X)$	
		0	0	

말지에 대한 의사결정이 달라지기 때문에 행사가격 전후의 범위로 구분하여 만기수익을 분석한다.

④ 포지션에 따른 만기수익을 나타낸다. 매도는 매수의 정반대 즉, 옵션매수자의 손익은 옵션매도자의 손익과 정확히 반대이므로 만기수익을 분석할 때 매도포지션이든 매수포지션이든 모두 일단 매수포지션으로 생각하여 의사결정을 한 후에 매도포지션일 경우에는 마이너스(−)부호를 마지막에 붙여서 매수포지션의 반대임을 나타내면 분석이 쉬워진다.

〈그림 6-3〉의 풋옵션 수익표는 만기수익이 콜옵션 수익표와 차이가 있다. 즉, 풋매수의 경우 S_T가 X보다 작을 때 만기수익 $X - S_T$가 발생하고 S_T가 X보다 클 때 만기수익이 0이 된다. 풋매도의 경우 풋매수라고 생각하고 분석한 다음 마지막에 마이너스(−)부호를 붙여 매수의 반대임을 나타내면 분석이 쉬워진다.

그림 6-3　풋옵션거래전략 수익표

① 포지션	② 비용	수익		③
		$S_T < X$	$S_T > X$	
풋 매수	+	$X - S_T$	0	④
풋 매도	−	$-(X - S_T)$	−0	
		0	0	

1. 단순거래전략

다른 포지션과 결합되지 않은 채 콜옵션 혹은 풋옵션만을 매수 또는 매도하는 전략을 말한다. 현물가격의 추세를 예상하여 그에 따라 포지션을 취하는 일종의 투기적 거래전략이다.

(1) 콜옵션 매수

콜옵션 매수는 현물가격의 상승이 예상되는 강세시장에 유리한 전략이다. 시장상승이 예상될 경우 현물이나 선물을 사면 시장 상승 시 이익을 볼 수 있지만 하락 시 큰 손실을 볼 수도 있다. 이 경우 콜옵션을 대신 매수하게 되면 시장 상승 시 이익이 무제한적이고 하락 시에는 손실이 프리미엄에 한정된다.

예를 들어, 행사가격(X)이 100인 KOSPI200콜옵션을 20을 주고 매수하였는데 만기 시에 현물가격(S_T)이 90이 되었다고 가정하자. 이처럼 행사가격(X) 100보다 작을 경우에는 콜옵션매수자는 권리행사를 하지 않을 것이다. 왜냐하면 권리행사를 하면 가격이 90인 KOSPI200을 100의 가격을 주고 사게 되어 손실이 나기 때문이다.

하지만 만약 만기 시에 현물가격(S_T)이 110으로 행사가격 100보다 클 경우에는 콜옵션매수자는 권리를 행사하여 수익을 얻는다. 왜냐하면 권리를 행사할 경우 가격이 110인 KOSPI200을 100을 주고 살 수 있기 때문이다.

따라서 $S_T < X$인 경우에는 권리행사를 하지 않으므로 수익이 0이 되고, $S_T > X$인 경우에는 권리행사를 하여 $10(=110-100=S_T-X)$만큼의 수익을 얻게 된다. 이를 정리한 것이 〈표 6-4〉의 콜옵션 매수의 수익표이다.

〈그림 6-4〉는 콜옵션 매수의 손익구조를 나타낸 것이다. 수익선은 만기 현물가격

표 6-4   **콜옵션 매수의 수익**

포지션	비용	수익	
		$S_T < X$	$S_T > X$
콜 매수($X=100$)	$C(=20)$	0	$S_T - X$

이익＝수익－C

그림 6-4 콜옵션 매수의 손익구조

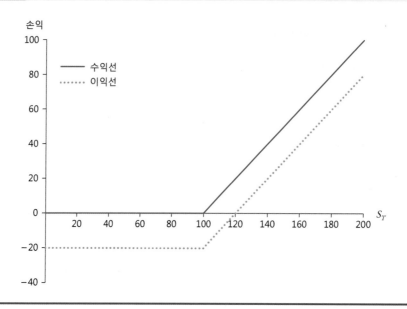

(S_T)이 행사가격(X) 100 보다 작을 경우에 권리행사를 하지 않기 때문에 수익이 0이 되므로 X축과 동일한 수평선으로 그려진다. 만기 현물가격(S_T)이 행사가격(X) 100 보다 클 경우에는 권리행사를 하여 $S_T - X$만큼의 수익을 얻게 된다.

$S_T > X$인 경우에는 S_T가 클수록 수익도 점점 커진다. 예를 들어, S_T가 110일 때 수익은 10, S_T가 120일 때 수익은 20, S_T가 130일 때 수익은 30이 된다. 이렇게 구해진 손익을 Y축으로, 현물가격을 X축으로 하여 콜옵션 매수의 손익구조를 그림으로 나타내면 〈그림 6-4〉와 같이 우상향하는 수익선으로 나타난다. 이익(profit)은 수익(payoff)에서 비용(cost)을 차감한 것이므로 이익선은 수익선에서 비용인 20을 차감하여 그려준다.

결국 콜옵션 매수의 손익구조를 보면, 현물의 가격이 아무리 떨어져도 손실은 옵션가격 20으로 한정되는 반면, 이익은 현물가격이 올라가면 갈수록 무한대로 상승한다. 이때 행사가격에 옵션가격을 더한 120이 손익분기점이 된다.

(2) 콜옵션 매도

투자자가 현물을 보유하지 않은 상태에서 콜옵션을 매도하는 것을 무방비콜(naked call, uncovered call)이라고 하며 현물가격의 하락이 예상되는 약세시장에서 프리미엄만큼의 한정된 이익을 목표로 하는 전략이다. 옵션매수자와 옵션매도자는 제로섬 게임(zero-sum game)을 벌인다고 볼 수 있으므로, 옵션매도자의 손익은 옵션매수자의 입장에서 권리행사 유무를 판단하여 수익을 계산한 후 마이너스($-$)부호만 붙여주면 옵션매도자의 손익이 된다.

예를 들어, 행사가격(X)이 100인 KOSPI200콜옵션을 20을 받고 매수하였다면, 콜옵션매수자는 $S_T < X$인 경우에는 권리행사를 하지 않으므로 수익이 0이 된다. 본서에서는 콜옵션매수자의 수익과 구분하기 위하여 이 경우에도 마이너스($-$)부호를 붙여주어 콜옵션매도자의 수익은 -0이라고 표시하기로 한다.

한편, $S_T > X$인 경우에는 콜옵션매수자는 권리행사를 하여 $S_T - X$만큼 수익을 얻게 되므로, 콜옵션매도자의 수익은 $-(S_T - X)$가 된다. 이러한 분석을 〈표 6-5〉의 콜옵션 매도의 수익표에 나타내었다.

〈그림 6-5〉에는 콜옵션 매도의 손익구조를 나타낸 것이다. $S_T < X$일 경우 수익이 -0이므로 수익선은 X축과 동일한 수평선이고, $S_T > X$일 경우에는 $-(S_T - X)$만큼의 수익을 얻게 된다. 예를 들어, S_T가 110일 때 수익은 $-10[=-(110-100)]$, S_T가 120일 때 수익은 $-20[=-(120-100)]$, S_T가 130일 때 수익은 $-30[=-(130-100)]$이 되어 우하향하는 수익선으로 나타난다. 이익선은 수익선에서 비용인 -20을 차감하여 그려주면 된다.[1]

표 6-5 **콜옵션 매수의 수익**

포지션	비용	수익	
		$S_T < X$	$S_T > X$
콜 매도($X = 100$)	$-C(=-20)$	-0	$-(S_T - X)$

이익 = 수익 + C

---

[1] 옵션을 매도했으므로 비용은 옵션가격만큼의 현금유입이 비용이 된다. 따라서 이익 = 수익 − 비용 = 수익 − (-20) = 수익 + 20이 된다.

그림 6-5　　콜옵션 매도의 손익구조

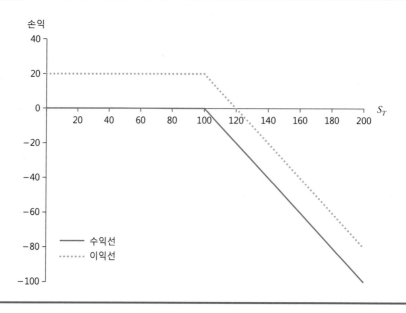

결국, 콜옵션 매도의 손익구조를 보면 현물의 가격이 행사가격 이하로 하락하게 되면 옵션가격 20의 고정된 이익을 얻게 되는 반면 행사가격 이상으로 현물가격이 올라가게 되면 무한대의 손실까지 볼 수 있게 된다. 이때 120이 손익분기점이 되며, 〈그림 6-5〉를 〈그림 6-4〉에 비교하면 제로섬 게임 결과 X축을 기준으로 정확히 서로 대칭이 됨을 알 수 있다.

(3) 풋옵션 매수

풋옵션 매수는 현물가격의 하락이 예상되는 약세시장에 유리한 전략이다. 시장하락이 예상될 경우 현물을 공매하거나 혹은 선물을 매도하면 시장 하락 시 이익을 볼 수 있지만 예상과 달리 시장이 상승하면 큰 손실을 볼 수도 있다. 이 경우 풋옵션을 매수하면 시장 하락 시 이익이 발생하며 상승 시 손실은 프리미엄에 한정된다.

예를 들어, 행사가격(X)이 100인 풋옵션을 20을 주고 매수하였는데 만기 시에 현물가격(S_T)이 80, 즉 $S_T < X$인 경우 권리행사를 하면 수익이 $X - S_T = 100 - 80 = 20$이 된다. 하지만 만기 시에 S_T가 120, 즉 $S_T > X$이면 120짜리를 100에 팔 이유가 없으므

표 6-6 **풋옵션 매수의 수익**

포지션	비용	수익	
		$S_T < X$	$S_T > X$
풋 매수($X = 100$)	$P(=20)$	$X - S_T$	0

이익=수익$-P$

로 권리를 행사하지 않아 수익은 0이 된다.

〈그림 6-6〉은 풋옵션 매수의 손익구조를 나타낸 것이다. $S_T < X$인 경우 예를 들어, S_T가 90일 때 수익은 10(=100−90), S_T가 80일 때 수익은 20(=100−80), S_T가 0일 때 수익은 최대로 100(=100−0)이 된다. 반대로 $S_T > X$이면 수익은 0이 되어 X축과 동일하게 수평인 수익선이 그려진다.

이익선은 수익선에서 풋옵션을 매수한 금액 20을 차감하여 그려주면 된다. 결국, 풋옵션 매수의 손익구조를 보면, 현물의 가격이 하락할수록 이익은 커지게 되는 반면, 현물가격이 올라가면 손실은 옵션가격인 20으로 한정된다. 이때 손익분기점은 행사가격에서 옵션가격을 차감한 80이다.

그림 6-6 **풋옵션 매수의 손익구조**

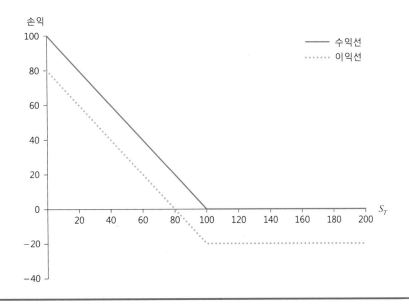

(4) 풋옵션 매도

풋옵션 매도는 현물가격의 상승이 예상되는 강세시장에서 프리미엄만큼의 한정된 이익을 목표로 하는 전략이다. 풋옵션매도자는 매수자의 요청에 의해 행사가격에 현물을 매수할 의무가 있으므로 시장이 하락할 경우에 큰 손실을 보게 될 위험이 따른다.

풋옵션매도자는 풋옵션매수자와 제로섬 게임(zero-sum game)을 벌이게 되므로, 풋옵션매도자의 손익은 풋옵션매수자와 정반대가 된다. 따라서 풋옵션매수자의 입장에서 권리행사 유무를 판단하여 수익을 계산한 후 마이너스($-$)부호만 붙여주면 된다. 〈표 6-7〉은 풋옵션 매도의 수익표이다.

표 6-7　풋옵션 매도의 수익

포지션	비용	수익	
		$S_T < X$	$S_T > X$
풋 매도($X = 100$)	$-P(= -20)$	$-(X - S_T)$	-0

이익 = 수익 + P

그림 6-7　풋옵션 매도의 손익구조

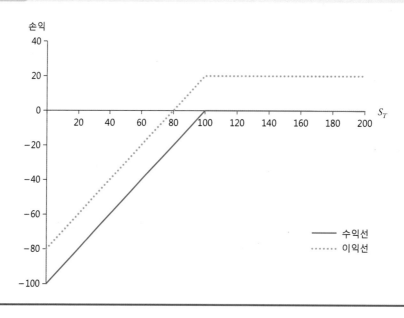

〈그림 6-7〉은 풋옵션 매도의 손익구조를 보여준다. $S_T < X$일 경우 수익은 $-(X - S_T)$가 되고, 예를 들어, S_T가 90일 때 $-10[=-(100-90)]$, S_T가 80일 때 $-20[= -(100-80)]$, S_T가 0일 때 수익은 $-100[=-(100-0)]$이 된다. $S_T > X$일 경우 수익은 0이 되어 X축과 동일한 수평선으로 수익선이 그려진다.

이익선은 마찬가지로 수익선에서 비용인 -20을 차감하여 그려주면 된다. 현물가격이 행사가격 이하로 하락할수록 손실폭이 커지며 행사가격 이상으로 상승하면 옵션가격 20의 고정된 이익을 얻게 된다. 손익분기점은 행사가격에서 옵션가격을 차감한 80이 된다.

2. 스프레드거래전략

스프레드거래전략은 동일한 기초자산을 가진 옵션 중에서 행사가격 또는 만기일이 서로 다른 콜(혹은 풋)옵션들을 매수하고 동시에 매도하는 전략으로서 두 개 옵션의 가격차이를 스프레드라고 한다. 이 전략은 현물가격이 예상대로 변할 때 이익을 얻고, 가격변화 예상이 빗나갈 경우 손실을 줄이려는 전략이다.

(1) 수직스프레드

특정한 행사가격을 가진 옵션을 매수하고 행사가격이 다른 옵션을 매도하는 전략으로 가격스프레드(price spread) 혹은 머니스프레드(money spread)라고도 한다.[2] 콜옵션이나 풋옵션을 이용하여 기초자산의 가격이 상승하는 강세시장에서 이익을 올리고자 하는 강세스프레드와 반대로 기초자산의 가격이 하락하는 약세시장에서 이익을 올리고자 하는 약세스프레드가 있다.

1) 콜강세수직스프레드

강세시장에서 이익을 올리기 위해 행사가격이 낮은(X_1) 콜옵션을 매수하고 행사

---

[2] 옵션시세표에서 행사가격은 수직선상에 표시되기 때문에 행사가격의 차이를 이용하는 스프레드는 수직스프레드(vertical spread), 가격스프레드 혹은 머니스프레드로 부른다.

가격이 높은(X_2) 콜옵션을 매도하는 전략이다.[3] 이 전략은 행사가격이 두 개이기 때문에 수익을 분석할 때 구간을 행사가격 전후로 세 구간으로 나누어 분석한다.

〈표 6-8〉에 콜강세수직스프레드의 수익표를 나타내었다. 예를 들어, 행사가격인 낮은$(X_1 = 100)$ 콜옵션을 25를 주고 매수하고 행사가격이 높은$(X_2 = 130)$ 콜옵션을 5를 받고 매도하였다고 하자.

먼저 행사가격이 낮은(X_1) 콜옵션 매수의 경우 $S_T < X_1$이면 행사가격(X_1)을 주고 현물을 취득하지 않는다. 따라서 권리행사를 하지 않게 되므로 수익은 0이 된다. $X_1 < S_T < X_2$이면 S_T가 X_1보다 크니까 행사하여 수익이 $S_T - X_1$이 된다. $S_T > X_2$이면 S_T가 여전히 X_1보다 크니까 행사하여 수익이 $S_T - X_1$이 된다.

행사가격이 높은$(X_2 = 130)$ 콜옵션을 매도하였을 경우는 매수의 경우로 분석하여 마이너스$(-)$부호만 붙이면 된다. $S_T < X_1$이면 S_T가 X_1보다 작으니까 당연히 X_2보다 작고 따라서 콜매수의 경우 행사를 안 하여 수익이 0이 된다. $X_1 < S_T < X_2$이면 S_T가 X_2보다 작으니까 콜매수 수익은 0이 된다. $S_T > X_2$이면 콜매수 수익은 $S_T - X_2$가 된다. 콜매수가 아니라 콜매도이므로, 각 구간별로 수익이 -0, -0, $-(S_T - X_2)$가 된다.

〈그림 6-8〉에서 이익은 수익에서 비용을 차감한 것이 되는데, 여기서 순비용은 콜옵션 매수(X_1)할 때 지급한 옵션가격과 콜옵션 매도(X_2)할 때 받은 옵션가격의 합

표 6-8   콜강세수직스프레드의 수익

포지션	비용	수익		
		$S_T < X_1$	$X_1 < S_T < X_2$	$S_T > X_2$
콜 매수$(X_1 = 100)$	$C_1 (= 25)$	0	$S_T - X_1$	$S_T - X_1$
콜 매도$(X_2 = 130)$	$-C_2 (= -5)$	-0	-0	$-(S_T - X_2)$
	20	0	$S_T - X_1$	$X_2 - X_1$

이익 = 수익 $- (C_1 - C_2)$

---

3   행사가격이 낮은 콜옵션과 행사가격이 높은 콜옵션 중 하나를 골라 사라고 하면, 강세시장을 예상하므로 행사가격이 낮은 콜옵션을 사게 된다. 이때 예상이 빗나가면 손실이 발생할 수 있고, 이 손실을 줄이기 위해 행사가격이 높은 콜옵션은 팔게 된다. 콜옵션 하나를 사고 다른 하나를 팔기 때문에 이를 스프레드 거래라고 부른다.

그림 6-8 　콜강세수직스프레드의 손익구조

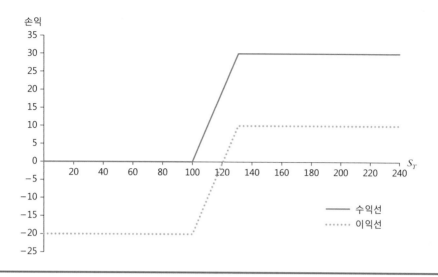

이 된다. 이익선은 수익선에서 순비용인 20을 차감하여 그리면 된다.

콜강세수직스프레드의 손익구조를 보면 손익분기점은 120,[4] 최대이익은 10, 최대손실은 −20으로 약세장에서는 손실이 한정되고 현물가격이 상승하는 상승장에서 보다 큰 이익을 내게 된다.[5]

2) 풋약세수직스프레드

풋약세수직스프레드는 약세시장에서 이익을 올리기 위해 행사가격이 높은(X_2) 풋옵션을 매수하고 행사가격이 낮은(X_1) 풋옵션을 매도하는 전략이다.[6] 행사가격인 높은($X_2 = 130$) 풋옵션을 26을 주고 매수하고 행사가격이 낮은($X_1 = 100$) 풋옵션을 6을 받

4　$S_T - X_1 - 20 = 0$인 S_T가 손익분기점이므로, $S_T - 100 - 20 = 0$에서 $S_T = 120$
5　약세시장에서 이익을 올리기 위해 행사가격이 낮은(X_1) 콜옵션을 매도하고 행사가격이 높은(X_2) 콜옵션을 매수하는 전략인 콜약세수직스프레드의 수익선과 이익선은 콜강세수직스프레드의 손익구조와 정확히 X축을 대칭으로 반대로 나타난다.
6　행사가격이 낮은 풋옵션과 행사가격이 높은 풋옵션 중 하나를 골라 사라고 하면, 약세시장을 예상하므로 행사가격이 높은 풋옵션을 사게 된다. 이때 예상이 빗나가면 손실이 발생할 수 있고, 이 손실을 줄이기 위해 행사가격이 낮은 풋옵션은 팔게 된다. 풋옵션 하나를 사고 다른 하나를 팔기 때문에 이를 스프레드 거래라고 부른다.

표 6-9   풋약세수직스프레드의 수익

포지션	비용	수익		
		$S_T < X_1$	$X_1 < S_T < X_2$	$S_T > X_2$
풋 매수($X_2 = 130$)	$P_2(=26)$	$X_2 - S_T$	$X_2 - S_T$	0
풋 매도($X_1 = 100$)	$-P_1(=-6)$	$-(X_1 - S_T)$	-0	-0
	20	$X_2 - X_1$	$X_2 - S_T$	0

이익=수익$-(P_2 - P_1)$

고 매도하였다고 할 때, 먼저 행사가격이 높은(X_2) 풋옵션 매수의 수익을 분석해보자.

$S_T < X_1$이면 S_T가 X_2보다도 작으니까 행사를 하여 수익이 $X_2 - S_T$가 된다. $X_1 < S_T < X_2$이면 S_T가 X_2보다 여전히 작으니까 행사를 하여 수익이 $X_2 - S_T$가 된다. $S_T > X_2$이면 S_T가 X_2보다 크니까 행사를 안 하며 수익은 0이 된다.

이제, 행사가격이 낮은($X_1 = 100$) 풋옵션을 매도하였을 경우를 분석해보자. $S_T < X_1$이면 S_T가 X_1보다 작으니까 행사를 하여 수익이 $-(X_1 - S_T)$가 된다. $X_1 < S_T < X_2$이면 S_T가 X_1보다 크니까 행사를 안 하며 수익은 -0이 된다. $S_T > X_2$이면 S_T가 여전히 X_1보다 크니까 행사를 하지 않으며 수익은 -0이 된다.

〈그림 6-9〉는 풋약세수직스프레드의 손익구조를 나타낸 것이다. $S_T < X_1$일 경우 $X_2 - X_1$이므로 30($=130-100$)이다. 현물가격이 아무리 하락하여도 수익이 30으로 고정되어 수익선은 수평선으로 그려진다. $X_1 < S_T < X_2$일 경우 총수익은 $X_2 - S_T$이다. 만약 S_T가 100이면 수익이 30($=130-100$)이 되고 점차 현물가격이 상승하여 S_T가 130이 되면 수익은 0($=130-130$)이 된다. 따라서 이 구간에서는 현물가격이 상승함에 따라 수익이 30부터 0까지 점차 하락하는 우하향선이 된다. $S_T > X_2$이면 행사를 안 하니까 수익은 0이다. 아무리 현물가격이 높아지더라도 이 구간에서는 수익이 발생하지 않는다.

이익선은 수익선에서 순비용 20을 차감하여 그린다. 풋약세수직스프레드의 손익구조의 경우 손익분기점은 110,[7] 최대이익은 10, 최대손실은 -20으로 약세장에서는

---

7 $X_2 - S_T - 20 = 0$인 S_T가 손익분기점이므로, $130 - S_T - 20 = 0$에서 $S_T = 110$

그림 6-9   풋약세수직스프레드의 손익구조

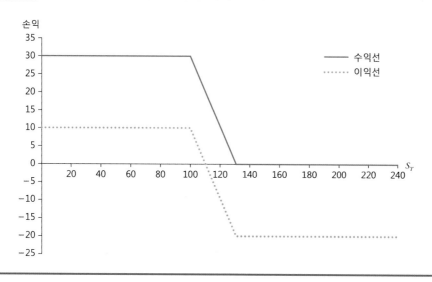

이익이 발생하고 현물가격이 상승하는 강세장에서는 손실이 한정된다.[8]

(2) 수평스프레드

수평스프레드(horizontal spread)는 시간스프레드(time spread) 혹은 캘린더스프레드(calendar spread)라고도 하며 특정한 만기를 가진 옵션을 매수하고 만기가 다른 옵션을 매도하는 전략을 말한다. 수평스프레드에 사용되는 두 옵션은 만기가 다르지만 행사가격이 같으므로 어느 시점에서나 행사가치는 서로 일치하게 된다. 즉, 수평스프레드거래의 이익은 두 옵션의 시간가치의 차이가 어떻게 변하느냐에 따라 결정된다.[9] 수평스프레드는 시간가치가 만기일이 가까워질수록 상대적으로 급격히 감소하게 되

---

8   강세시장에서 이익을 올리기 위해 행사가격이 높은(X_2) 풋옵션을 매도하고 행사가격이 낮은(X_1) 풋옵션을 매수하는 전략인 풋강세수직스프레드의 수익선과 이익선은 풋약세수직스프레드의 손익구조와 정확히 X축을 대칭으로 반대로 나타난다.

9   예를 들어, 행사가격이 50이고 현물가격이 60인 콜옵션의 가격이 14라고 하자. 이 경우 지금 바로 콜옵션을 행사하면 얻어지는 수익은 10이며, 이를 콜옵션의 내재가치라고 한다. 콜옵션이 만기까지 시간이 남아 있으며, 만기 전에 많은 사건들(events)이 있을 수 있고 이로 인한 불확실성으로 콜옵션의 실제가격은 내재가치보다 더 높게 형성된다. 이와 같이 실제가격 중 내재가치를 초과하는 부분을 시간가치라고 한다. 즉, 콜옵션 실제가격 14는 내재가치 10과 시간가치 4의 합이 된다.

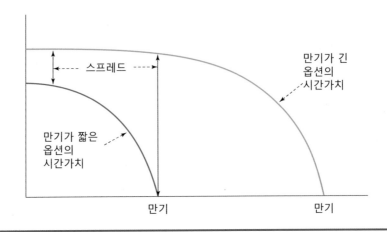

그림 6-10 만기가 긴 옵션과 짧은 옵션의 시간가치

스프레드

만기가 긴 옵션의 시간가치

만기가 짧은 옵션의 시간가치

만기

만기

는 특성을 이용하여 시간가치가 급격히 하락하는 만기가 짧은 옵션을 매도하고 시간가치가 서서히 하락하는 만기가 긴 옵션을 매수하는 전략이다.

〈그림 6-10〉을 보면 만기가 긴 옵션의 시간가치는 서서히 하락하지만 만기가 짧은 옵션의 시간가치는 급격히 하락하여 스프레드가 증가함을 알 수 있다. 이때 만기가 짧은 옵션은 매도하였는데 가격이 많이 하락하여 자본이득이 크게 발생하고 만기가 긴 옵션은 매수하였는데 가격이 조금 하락하여 자본손실이 약간 발생하므로 결국 이익이 발생하게 된다는 것이다. 수평스프레드전략은 시간가치의 비중이 상대적으로 가장 큰 등가격 옵션을 이용하며 가격변동이 심하지 않은 경우에 유용한 전략이다.

1) 매수수평스프레드전략[10]

매수수평스프레드전략은 만기가 짧은 등가격 콜옵션을 매도하고 만기가 긴 등가격 콜옵션 매수하는 전략으로서 현물가격의 변동이 작을 경우에 이익이 발생할 가능성이 높은 전략이다.

매수수평스프레드전략을 수행한 후에 현물가격의 변동이 커질 경우, 즉 현물가격

---

10 만기가 길수록 옵션의 가격은 높아지므로 만기가 긴 옵션을 매수하고 만기가 짧은 옵션을 매도할 경우 현재시점에서 현금의 유출, 즉 비용이 발생하게 된다. 보통 비용이 발생하는 거래를 매수(long)라 하므로 매수수평스프레드라고 칭한다.

이 크게 상승하면 두 옵션이 모두 심내가격(deep in-the-money) 옵션이 되고 두 옵션 모두 상대적으로 시간가치가 감소하게 되어 시간가치의 차이에 해당되는 스프레드가 예상과 달리 증가하지 않게 되어 손실이 발생할 수 있다.

반대로 현물가격이 크게 하락하면 두 옵션이 모두 심외가격(deep out-of-the-money) 옵션이 되고 두 옵션의 모두 가치가 크게 하락하므로 상대적으로 각 옵션의 시간가치 또한 크게 감소하게 되어 시간가치의 차이에 해당되는 스프레드가 예상과 달리 증가하지 않게 되어 손실이 발생할 수 있는 위험이 존재한다.

2) 매도수평스프레드전략

매도수평스프레드전략은 매수수평스프레드 전략과 반대의 포지션을 취하는 전략이다. 즉, 만기가 짧은 등가격 콜옵션을 매수하고 만기가 긴 등가격 콜옵션을 매도하는 전략으로서 현물가격의 변동이 클 경우에 이익이 발생할 가능성이 높은 전략이다.

만기가 길수록 옵션의 가격은 높아지며, 만기가 긴 옵션을 매도하고 만기가 짧은 옵션을 매도하면 현재시점에서 현금의 유입이 발생하게 된다. 이 경우에는 매수수평스프레드와는 반대로 스프레드가 감소할 경우 이익이 발생하게 된다. 앞에서 설명한 것처럼 현물가격의 변동이 클 경우 스프레드가 증가하지 않게 되어 현재시점의 현금유입이 이익으로 실현될 수 있고, 스프레드가 감소하면 추가로 이익이 실현된다.

(3) 비율스프레드

비율스프레드는 특정한 비율에 따라 2개 이상의 행사가격이 다른 옵션을 거래하는 스프레드거래전략을 말한다.

1) 2:1 콜비율스프레드

콜강세수직스프레드에 비해 비용은 더 많이 들지만 현물가격이 상승할 경우 더 높은 이익을 얻기 위해 행사가격이 낮은(X_1) 콜옵션을 2개 매수하고 행사가격이 높은(X_2) 콜옵션을 1개 매도하는 전략이다. 만약 행사가격이 낮은(X_1) 콜옵션을 5개 매수하고 행사가격이 높은(X_2) 콜옵션을 1개 매도한다면 5:1 콜비율스프레드라고 한다.

표 6-10　2:1 콜비율스프레드의 수익

포지션	비용	수익		
		$S_T < X_1$	$X_1 < S_T < X_2$	$S_T > X_2$
2개의 콜 매수($X_1 = 100$)	$2C_1 (=30)$	0	$2(S_T - X_1)$	$2(S_T - X_1)$
콜 매도($X_2 = 130$)	$-C_2 (=-5)$	-0	-0	$-(S_T - X_2)$
	25	0	$2(S_T - X_1)$	$S_T + X_2 - 2X_1$

이익 = 수익 $-(2C_1 - C_2)$

비율스프레드는 상황에 맞게 얼마든지 옵션의 매수 및 매도 수량을 조정할 수 있다.

〈표 6-10〉에 2:1 콜비율스프레드의 수익표에 나타내었다. 예를 들어, 행사가격이 낮은($X_1 = 100$) 2개의 콜옵션을 30을 주고 매수하고 행사가격이 높은($X_2 = 120$) 1개의 콜옵션을 5를 받고 매도하였다고 하자. 먼저 행사가격이 낮은(X_1) 콜옵션 매수의 경우 $S_T < X_1$, 예를 들어 S_T가 90이면 X_1보다 작아서 행사를 하지 않게 되므로 수익은 0이 된다. $X_1 < S_T < X_2$이면 S_T가 X_1보다 크니까 행사하여 수익이 $S_T - X_1$이 되는데, 콜옵션을 2개 매수하였으므로 수익은 2배가 되어 $2(S_T - X_1)$이 된다. $S_T > X_2$이면 S_T가 여전히 X_1보다 크니까 행사하여 수익이 $2(S_T - X_1)$이 된다.

행사가격이 높은($X_2 = 130$) 콜옵션을 매도하였을 경우를 살펴보자. $S_T < X_1$이면 S_T가 X_1보다 작으니까 당연히 X_2보다 작고 따라서 콜매수의 경우 행사를 안 하여 수익이 0이 된다. $X_1 < S_T < X_2$이면 S_T가 X_2보다 작으니까 콜매수 수익은 0이 된다. $S_T > X_2$이면 콜매수 수익은 $S_T - X_2$가 된다. 콜매수가 아니라 콜매도이므로, 각 구간별로 수익이 -0, -0, $-(S_T - X_2)$가 된다.

〈그림 6-11〉은 2:1 콜비율스프레드의 손익구조를 나타낸 것이다. $S_T < X_1$일 경우 현물가격이 아무리 하락하여도 수익이 0으로 고정되어 수익선은 수평선으로 그려진다. $X_1 < S_T < X_2$일 경우 총수익은 $2(S_T - X_1)$이므로 만약 S_T가 100이면 수익이 0($= 2(100 - 100)$)이 되고 점차 현물가격이 상승하여 S_T가 130이 되면 수익은 60($= 2(130 - 100)$)이 된다. 따라서 이 구간에서는 현물가격이 상승함에 따라 수익이 0부터 60까지 점차 상향하는 우상향선이 된다.

그림 6-11　2:1 콜비율스프레드의 손익구조

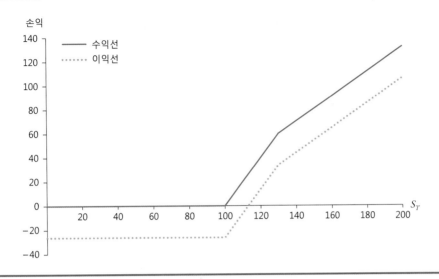

$S_T > X_2$구간에서의 수익은 $S_T + X_2 - 2X_1$이므로 만약 S_T가 130이면 수익이 60(= $130 + 130 - 2 \times 100$), 140이면 수익이 70(= $140 + 130 - 2 \times 100$)이 되어 현물가격이 상승할수록 $X_1 < S_T < X_2$구간에서의 수익상승보다는 완만하게 상승한다.

이익선은 수익선에서 순비용 25를 차감하여 그린다. 2:1콜비율스프레드의 손익구조의 경우 손익분기점은 112.5,[11] 최대이익은 무한대, 최대손실은 −25로 현물가격이 상승할 경우 더 높은 이익을 얻을 수 있다.

2) 2:1 풋비율스프레드

2:1 풋비율스프레드는 풋약세수직스프레드에 비해 비용은 더 많이 들지만 현물가격이 하락할 경우 더 높은 이익을 얻기 위해 행사가격이 높은(X_2) 풋옵션을 2개 매수하고 행사가격이 낮은(X_1) 풋옵션을 1개 매도하는 전략이다. 〈표 6-11〉과 〈그림 6-12〉에 2:1 풋비율스프레드의 수익과 손익구조를 나타내었다. 2:1 풋비율스프레드의 손익분기점은 114, 최대이익은 128, 최대손실은 −32이다.

11　$2(S_T - X_1) - 25 = 0$인 S_T가 손익분기점이므로, $2 \times (S_T - 100) - 25 = 0$에서 $S_T = 112.5$이다.

표 6-11   2:1 풋비율스프레드의 수익

포지션	비용	수익		
		$S_T < X_1$	$X_1 < S_T < X_2$	$S_T > X_2$
2개의 풋 매수$(X_2 = 130)$	$2P_2(=40)$	$2(X_2 - S_T)$	$2(X_2 - S_T)$	0
풋 매도$(X_1 = 100)$	$-P_1(=-8)$	$-(X_1 - S_T)$	-0	-0
	32	$2X_2 - X_1 - S_T$	$2(X_2 - S_T)$	0

이익＝수익－$(2P_2 - P_1)$

그림 6-12   2:1 풋비율스프레드의 손익구조

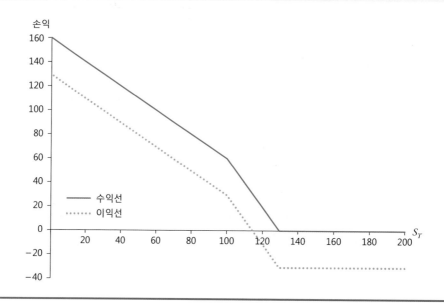

(4) 나비형스프레드

나비형스프레드(butterfly spread)는 시장의 변동성 전망에 기초한 투자전략으로서 예상이 빗나갈 경우 손실의 위험이 한정적인 특징을 갖는다.

1) 콜매수나비형스프레드

콜매수나비형스프레드(long butterfly)는 가장 낮은 행사가격(X_1)과 가장 높은 행사가격(X_3)을 가진 콜옵션을 매수하고 중간의 행사가격(X_2)을 갖는 콜옵션 2개를 매도하여 변동성이 작을 경우 이익을 얻으려는 전략이다. 3개의 행사가격을 이용하기 때문에 수익구간은 4개의 구간으로 나누어 분석한다.

예를 들어, $X_1 = 100$, $X_2 = 120$, $X_3 = 140$이라고 하자. 가장 낮은 행사가격(X_1)을 갖는 콜옵션은 15의 가격을 주고 매수하였고 가장 높은 행사가격(X_3)을 갖는 옵션은 3의 가격을 주고 매수하였으며 중간의 행사가격(X_2)은 4로 2개를 매도하므로 총 8을 받았다고 하자.

〈표 6-12〉의 수익표를 보면, 가장 낮은 행사가격(X_1)의 콜옵션 매수는 4개의 구간 중 $S_T > X_1$인 구간에서는 행사되어 $S_T - X_1$이 된다. 가장 높은 행사가격(X_3)의 콜옵션 매수는 $S_T > X_3$인 구간에서만 행사되어 $S_T - X_3$가 된다. 중간 행사가격(X_2) 콜옵션 2개 매도는 콜매수자가 $S_T > X_2$인 구간에서만 행사하여 $2(S_T - X_2)$의 수익을 얻으므로 콜매도자는 그만큼 손실을 보아 $-2(S_T - X_2)$가 된다.

〈그림 6-13〉은 콜매수나비형스프레드의 손익구조를 나타낸 것이다. $S_T < X_1$이면 0이므로 수익선은 X축과 동일한 수평선으로 그려진다. $X_1 < S_T < X_2$일 경우 총수익은 $S_T - X_1$이다. 이 구간에서 만약 S_T가 100일 경우에는 수익이 0($= 100 - 100$)이 되고 점차 현물가격이 상승하여 S_T가 120이 되었을 경우 수익은 20($= 120 - 100$)이 된다. 이 구간에서는 현물가격이 상승함에 따라 수익이 0부터 20까지 상승하는 우상향선이 된다.

$X_2 < S_T < X_3$일 경우 총수익은 $-S_T + 2X_2 - X_1$이 된다. 만약 S_T가 120일 경우에는

표 6-12 콜매수나비형스프레드의 수익

포지션	비용	수익			
		$S_T < X_1$	$X_1 < S_T < X_2$	$X_2 < S_T < X_3$	$S_T > X_3$
콜 매수($X_1 = 100$)	$C_1 (= 15)$	0	$S_T - X_1$	$S_T - X_1$	$S_T - X_1$
콜 매수($X_3 = 140$)	$C_3 (= 3)$	0	0	0	$S_T - X_3$
2개의 콜 매도 ($X_2 = 120$)	$-2C_2 (= -8)$	-0	-0	$-2(S_T - X_2)$	$-2(S_T - X_2)$
	10	0	$S_T - X_1$	$-S_T + 2X_2 - X_1$	$2X_2 - X_1 - X_3$

이익＝수익－$(C_1 + C_3 - 2C_2)$

그림 6-13   콜매수나비형스프레드의 손익구조

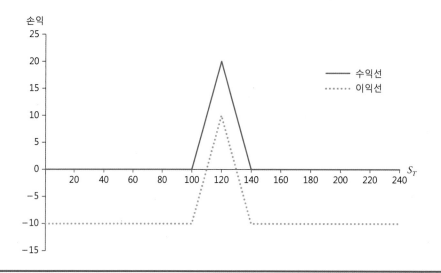

수익이 20(= −120+2×120−100)이 되고 점차 현물가격이 상승하여 S_T가 140이 되면 수익은 0(= −140+2×120−100)이 된다. 따라서 이 구간에서는 현물가격이 상승함에 따라 수익이 20부터 0까지 하락하는 우하향선이 된다. $S_T > X_3$일 경우에 총수익은 $2X_2 - X_1 - X_3$이 되어 현물가격의 변동과 관계없이 고정금액 0(= 2×120−100−140)이 된다.

이익선은 수익선에서 순비용 10을 차감하여 그린다. 콜매수나비형스프레드의 손익구조의 경우 손익분기점은 110, 130,[12] 최대이익은 10, 최대손실은 −10으로 주가가 100과 140이라는 좁은 구간에서 움직일 때 즉, 변동성이 작을 때 이익을 얻고자 하는 전략이다.[13]

---

12 콜매수나비형스프레드의 수익구조를 보면 X축과 만나는 손익분기점이 두 개가 있다. 따라서 $S_T -$ $X_1 - 10 = S_T - 100 - 10 = 0$일 때 $S_T = 110$이 손익분기점이고, 또 $-S_T + 2X_2 - X_1 - 10 = -S_T + 240 -$ $100 - 10 = 0$일 때 $S_T = 130$이 손익분기점이 된다.

13 콜매도나비형스프레드의 수익선과 이익선은 콜매수나비형스프레드의 손익구조와 정확히 X축 대칭 이다.

2) 풋매수나비형스프레드

풋옵션을 이용해서도 콜매수나비형스프레드와 동일한 나비형스프레드를 만들 수
있다. 가장 낮은 행사가격(X_1)과 가장 높은 행사가격(X_3)을 가진 풋옵션을 매수하고
중간의 행사가격을 가진 풋옵션 2개를 매도하는 풋매수나비형스프레드의 손익구조는
콜매수나비형스프레드의 손익구조와 동일하다. 이 전략 역시 변동성이 작을 경우 이
익을 얻으려는 전략이다.

표 6-13 풋매수나비형스프레드의 수익

포지션	비용	수익			
		$S_T < X_1$	$X_1 < S_T < X_2$	$X_2 < S_T < X_3$	$S_T > X_3$
풋 매수($X_1 = 100$)	$P_1 (=6)$	$X_1 - S_T$	0	0	0
풋 매수($X_3 = 140$)	$P_3 (=22)$	$X_3 - S_T$	$X_3 - S_T$	$X_3 - S_T$	0
2개의 풋 매도 ($X_2 = 120$)	$-2P_2 (=-18)$	$-2(X_2 - S_T)$	$-2(X_2 - S_T)$	-0	-0
	10	$X_1 + X_3 - 2X_2$	$X_3 - 2X_2 + S_T$	$X_3 - S_T$	0

이익 = 수익 − ($P_1 + P_3 - 2P_2$)

그림 6-14 풋매수나비형스프레드의 손익구조

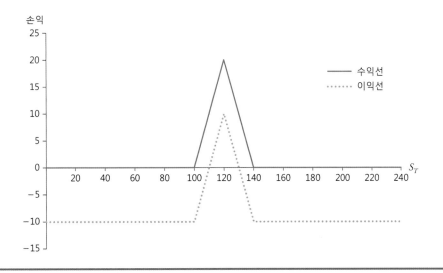

(5) 콘도르스프레드

콘도르스프레드(condor spread)는 시장의 변동성이 크지 않고 일정구간 사이에 있을 것이라는 전망에 기초한 투자전략이다.

1) 콜매수콘도르스프레드

콜매수콘도르스프레드(long condor spread)는 가장 낮은 행사가격(X_1)과 가장 높은 행사가격(X_4)을 가진 콜옵션을 매수하고 중간의 행사가격(X_2, X_3)을 가진 콜옵션 2개를 매도하여 변동성이 작을 경우 이익을 얻으려는 전략이다.

콜매수콘도르스프레드의 수익구조는 사다리꼴모양으로 나타나는데 만기시점의 주가가 이 사다리꼴 모양이 나타나는 범위 즉, 100과 140 사이에서 움직일 것이라고 보아 이 범위에서 수익을 얻고자 하는 전략이다. 이 경우 손익분기점은 $S_T - X_1 - 6 = 0 (\rightarrow S_T - 100 - 6 = 0)$에서 $S_T = 106$, $-S_T + X_2 + X_3 - X_1 - 6 = 0 (\rightarrow -S_T + 110 + 130 - 100 - 6 = 0)$에서 $S_T = 134$가 되고, 최대이익은 4, 최대손실은 -6이 된다.

표 6-14 **콜매수콘도르스프레드의 수익**

포지션	비용	수익				
		$S_T < X_1$	$X_1 < S_T < X_2$	$X_2 < S_T < X_3$	$X_3 < S_T < X_4$	$S_T > X_4$
콜 매수 ($X_1 = 100$)	$C_1 (= 16)$	0	$S_T - X_1$	$S_T - X_1$	$S_T - X_1$	$S_T - X_1$
콜 매수 ($X_4 = 140$)	$C_4 (= 2)$	0	0	0	0	$S_T - X_4$
콜 매도 ($X_2 = 110$)	$-C_2 (= -7)$	-0	-0	$-(S_T - X_2)$	$-(S_T - X_2)$	$-(S_T - X_2)$
콜 매도 ($X_3 = 130$)	$-C_3 (= -5)$	-0	-0	-0	$-(S_T - X_3)$	$-(S_T - X_3)$
	6	0	$S_T - X_1$	$X_2 - X_1$	$-S_T + X_2 + X_3 - X$	$X_2 + X_3 - X_1 - X_4$

이익 = 수익 $- (C_1 + C_4 - C_2 - C_3)$

그림 6-15 콜매수콘도르스프레드의 손익구조

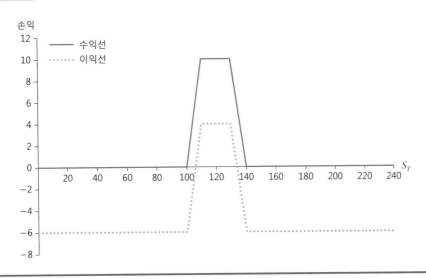

2) 풋매수콘도르스프레드

풋매수콘도르스프레드는 가장 낮은 행사가격(X_1)과 가장 높은 행사가격(X_4)을 가진 풋옵션을 매수하고 중간의 행사가격(X_2, X_3)을 가진 풋옵션 2개를 매도하여 변

표 6-15   풋매수콘도르스프레드의 수익

포지션	비용	수익				
		$S_T < X_1$	$X_1 < S_T < X_2$	$X_2 < S_T < X_3$	$X_3 < S_T < X_4$	$S_T > X_4$
풋 매수 ($X_1 = 100$)	$P_1 (= 2)$	$X_1 - S_T$	0	0	0	0
풋 매수 ($X_4 = 140$)	$P_4 (= 16)$	$X_4 - S_T$	$X_4 - S_T$	$X_4 - S_T$	$X_4 - S_T$	0
풋 매도 ($X_2 = 110$)	$-P_2 (= -5)$	$-(X_2 - S_T)$	$-(X_2 - S_T)$	-0	-0	-0
풋 매도 ($X_3 = 130$)	$-P_3 (= -7)$	$-(X_3 - S_T)$	$-(X_3 - S_T)$	$-(X_3 - S_T)$	-0	-0
	6	$X_1 + X_4 - X_2 - X_3$	$S_T + X_4 - X_2 - X_3$	$X_4 - X_3$	$X_4 - S_T$	0

이익 = 수익 − ($P_1 + P_4 - P_2 - P_3$)

그림 6-16   풋매수콘도르스프레드의 손익구조

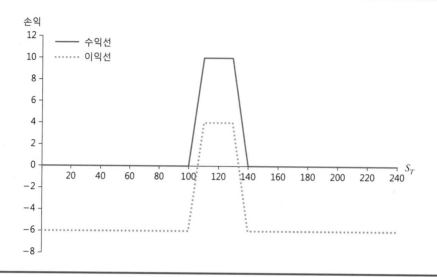

동성이 작을 경우 이익을 얻으려는 전략이다.

콜매수콘도르스프레드의 수익구조와 마찬가지로 풋매수콘도르스프레드의 수익구조도 사다리꼴모양으로 나타난다. 손익분기점은 $S_T + X_4 - X_2 - X_3 - 6 = 0(\rightarrow S_T + 140 - 110 - 130 - 6 = 0)$에서 $S_T = 106$, $X_4 - S_T - 6 = 0(\rightarrow 140 - S_T - 6 = 0)$에서 $S_T = 134$가 된다. 최대이익은 4, 최대손실은 -6이 된다.

(6) 박스스프레드

박스스프레드(box spread)는 미래의 현물가격에 상관없이 일정한 이익을 올리기 위한 전략이다. 이 전략은 합성선물매수와 합성선물매도의 혼합전략[14]으로 볼 수도 있고, 콜강세수익스프레드와 풋약세수직스프레드의 혼합전략[15]으로 볼 수도 있다.

---

14 행사가격이 같은(X_1) 콜옵션을 매수하고 풋옵션을 매도하는 합성선물매수와 행사가격이 같은(X_2) 콜옵션을 매도하고 풋옵션을 매수하는 합성선물매도를 동시에 취함으로써 미래에 일정한 이익을 얻을 수 있다.

15 행사가격이 낮은(X_1) 콜옵션을 매수하고 행사가격이 높은(X_2) 콜옵션을 매도하는 콜강세수직스프레드와 행사가격이 높은(X_2) 풋옵션을 매수하고 행사가격이 낮은(X_1) 풋옵션을 매도하는 풋약세수직스프레드를 혼합한 전략이다.

〈표 6-16〉에서 박스스프레드의 수익은 $X_2 - X_1$으로서 미래 현물가격(S_T)의 값이 얼마가 되는지 상관없이 항상 일정하다. 따라서 박스스프레드는 무위험투자전략이라고 볼 수 있으며, 박스스프레드의 이론가격은 $X_2 - X_1$을 무위험이자율로 할인한 현재가치가 된다.

$$C_1 - C_2 + P_2 - P_1 = \frac{X_2 - X_1}{(1+r)^T} \tag{6-1}$$

표 6-16 박스스프레드의 수익

포지션		비용	수익		
			$S_T < X_1$	$X_1 < S_T < X_2$	$S_T > X_2$
합성선물 매수	콜 매수$(X_1 = 100)$	$C_1\,(=4)$	0	$S_T - X_1$	$S_T - X_1$
	풋 매도$(X_1 = 100)$	$-P_1\,(=-5)$	$-(X_1 - S_T)$	-0	-0
합성선물 매도	콜 매도$(X_2 = 110)$	$-C_2\,(=-3)$	-0	-0	$-(S_T - X_2)$
	풋 매수$(X_2 = 110)$	$P_2\,(=6)$	$X_2 - S_T$	$X_2 - S_T$	0
		2	$X_2 - X_1$	$X_2 - X_1$	$X_2 - X_1$

이익 = 수익 $- (C_1 - P_1 - C_2 + P_2)$

그림 6-17 박스스프레드의 손익구조

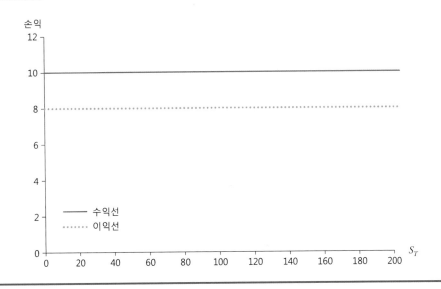

CHAPTER 06 옵션투자전략 **193**

3. 컴비네이션거래전략

컴비네이션거래전략은 동일한 기초자산을 가진 콜옵션과 풋옵션을 동시에 매수하거나 매도하는 전략으로서 가격의 상승이나 하락에 관계없이 가격변동폭에 대한 전망에 기초하여 이익을 얻으려는 전략이다.

(1) 스트래들

매수스트래들(long straddle)은 동일한 행사가격과 동일한 만기일을 가지는 콜옵션과 풋옵션을 동시에 매수하는 전략으로 현물가격이 크게 변동할 것이 예상되지만 변동의 방향은 불확실한 경우 사용한다. 예를 들어, 행사가격이 100으로 동일한 콜옵션과 풋옵션을 각각 10을 주고 매수하였을 경우의 수익은 〈표 6-17〉 매수스트래들의 수익표에 나타나 있고 손익구조는 〈그림 6-18〉에 나타나 있다.[16]

매수스트래들의 손익구조는 행사가격을 중심으로 V자 모양으로 나타나기 때문에 가격이 큰 폭으로 하락하거나 큰 폭으로 상승할 경우 수익이 크게 발생하게 된다. 매수스트래들이 가격변동성이 클 경우 수익이 큰 이유는 행사가격이 동일한 콜옵션과 풋옵션을 동시에 매수하였기 때문이다. 만약 가격이 크게 오르면 풋옵션은 포기하고 콜옵션에서 큰 이익을 얻게 되고 가격이 크게 하락하면 콜옵션은 포기하고 풋옵션에

표 6-17 　매수스트래들의 수익

포지션	비용	수익	
		$S_T < X$	$S_T > X$
콜 매수($X=100$)	$C(=10)$	0	$S_T - X$
풋 매수($X=100$)	$P(=10)$	$X - S_T$	0
	20	$X - S_T$	$S_T - X$

이익 = 수익 $-(C+P)$

---

16 매도스트래들(short straddle)은 동일한 행사가격과 동일한 만기일을 가지는 콜옵션과 풋옵션을 동시에 매도하는 전략으로 매수스트래들과 X축을 대칭으로 정반대의 손익을 나타낸다. 따라서 시장 상황에 대한 예상도 정반대일 때 즉, 현물가격이 안정되어 변동이 별로 없을 경우 사용한다.

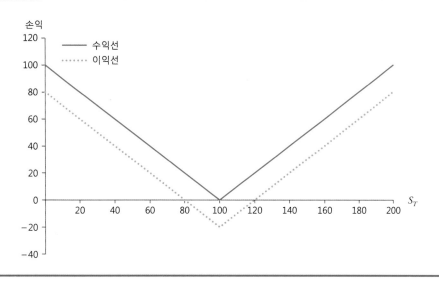

그림 6-18　매수스트래들의 손익구조

서 큰 이익을 얻는다.

(2) 스트랩 및 스트립

　　콜옵션 1개와 풋옵션 1개를 매수하는 매수스트래들의 경우 큰 폭의 현물가격 상
승이나 하락으로 똑같은 양의 이익이 발생하지만, 만일 현물가격이 상승할 가능성이
하락할 가능성보다 더 크면 콜옵션을 더 많이 매수하고 반대로 하락가능성이 상승가
능성보다 더 크면 풋옵션을 더 많이 매수하는 것이 유리하다.

1) 매수스트랩

　　매수스트랩(long strap)은 현물가격이 크게 변동할 것이 예상되며 가격상승가능성
이 하락가능성보다 더 클 것으로 예상될 경우 콜옵션 2개, 풋옵션 1개를 매수하는 전
략이다. 예를 들어, 행사가격이 100인 콜옵션을 15를 주고 2개 매수하고 동일한 행사
가격을 갖는 풋옵션을 5를 주고 1개 매수하였을 경우의 수익은 〈표 6-18〉 매수스트
랩의 수익표에 나타나 있고 손익구조는 〈그림 6-19〉에 나타나 있다.

표 6-18 　매수스트랩의 수익

포지션	비용	수익	
		$S_T < X$	$S_T > X$
2개의 콜 매수$(X = 100)$	$2C(=15)$	0	$2(S_T - X)$
풋 매수$(X = 100)$	$P(=5)$	$X - S_T$	0
	20	$X - S_T$	$2(S_T - X)$

이익 = 수익 - (2C + P)

그림 6-19 　매수스트랩의 손익구조

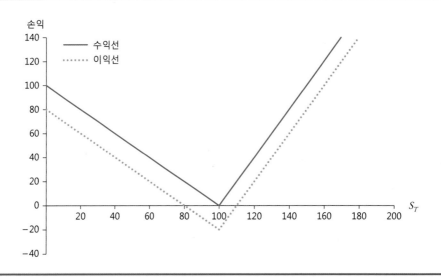

매수스트랩의 손익구조는 행사가격을 중심으로 V자 모양으로 나타나기는 하지만 행사가격의 오른쪽 수익선의 기울기가 더 급경사를 가지기 때문에 현물가격이 상승할 때의 수익이 현물가격이 하락할 때의 수익보다 더 크게 나타나는 구조를 갖고 있다. 따라서 현물가격의 상승가능성이 하락가능성보다 더 클 것으로 예상될 경우 매수스트 래들보다 더 큰 이익을 얻을 수 있다.

2) 매수스트립

매수스트립(long strip)은 현물가격이 크게 변동할 것이 예상되며 가격하락가능성이 상승가능성보다 더 클 것으로 예상될 경우 콜옵션 1개, 풋옵션 2개를 매수하는 전략이다. 예를 들어, 행사가격이 100인 콜옵션을 5를 주고 1개 매수하고 동일한 행사가격을 갖는 풋옵션을 15를 주고 2개 매수하였을 경우의 수익은 〈표 6-19〉 매수스트립의 수익표에 나타나 있고 손익구조는 〈그림 6-20〉에 나타나 있다.

매수스트립의 손익구조는 행사가격을 중심으로 V자 모양으로 나타나기는 하지만 행사가격의 왼쪽 수익선의 기울기가 더 급경사를 가지기 때문에 현물가격이 하락할

표 6-19   매수스트립의 수익

포지션	비용	수익	
		$S_T < X$	$S_T > X$
콜 매수($X=100$)	$C(=5)$	0	$S_T - X$
2개의 풋 매수($X=100$)	$2P(=15)$	$2(X - S_T)$	0
	20	$2(X - S_T)$	$S_T - X$

이익 = 수익 − ($C + 2P$)

그림 6-20   매수스트립의 손익구조

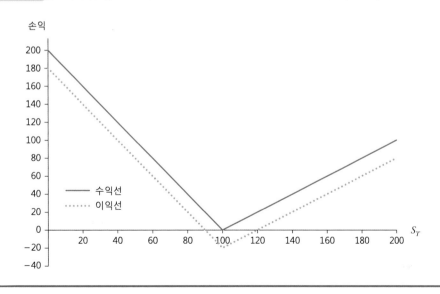

때의 수익이 현물가격이 상승할 때의 수익보다 더 크게 나타나는 구조를 갖고 있다. 따라서 현물가격의 하락가능성이 상승가능성보다 더 클 것으로 예상될 경우 매수스트 래들보다 더 큰 이익을 얻을 수 있다.

(3) 스트랭글

매수스트래들은 행사가격이 같은 등가격옵션을 이용하지만 매수스트랭글(long strangle)은 행사가격이 높은 콜과 행사가격이 낮은 풋, 즉 외가격옵션을 이용하는 전략이다. 외가격 콜옵션과 외가격 풋옵션을 매수하기 때문에 매수스트래들에 비해 옵

표 6-20   매수스트랭글의 수익

포지션	비용	수익		
		$S_T < X_1$	$X_1 < S_T < X_2$	$S_T > X_2$
콜 매수($X_2 = 130$)	$C(=4)$	0	0	$S_T - X_2$
풋 매수($X_1 = 70$)	$P(=6)$	$X_1 - S_T$	0	0
	10	$X_1 - S_T$	0	$S_T - X_2$

이익 = 수익 − $(C+P)$

그림 6-21   매수스트랭글의 손익구조

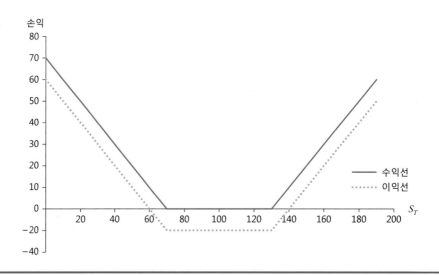

션 매수비용은 감소하지만 이익의 가능성도 감소하게 되어 스트래들보다 더 보수적인 전략이 된다.

예를 들어, 행사가격이 매우 높은($X_2 = 130$) 콜옵션을 4의 가격을 주고 1개 매수하고 행사가격이 매우 낮은($X_1 = 70$) 풋옵션을 6의 가격을 주고 1개 매수하였을 경우의 수익과 손익구조는 각각 〈표 6-20〉과 〈그림 6-21〉에 나타나 있다. 매수스트랭글의 손익분기점은 $60(70 - S_T - 10 = 0 \rightarrow S_T = 60)$, $140(S_T - 130 - 10 = 0 \rightarrow S_T = 140)$이고 최대이익은 무한대, 최대손실은 -10이다.

(4) 거트

등가격옵션을 이용하는 매수스트래들과 외가격옵션을 이용하는 매수스트랭글에 비해 매수거트(long gut)는 행사가격이 낮은 콜옵션과 행사가격이 높은 콜옵션 즉, 내가격옵션을 이용하는 전략이다. 이 전략은 일반적으로 최대손실이 매수스트랭글에 비해 작고 손익분기점의 범위가 좁다. 따라서 거트의 구성비용이 스트랭글의 구성비용보다 큰데도 불구하고 이용되는 전략이다.

매수거트의 수익표는 〈표 6-21〉에 손익구조는 〈그림 6-22〉에 나타나 있다. 매수거트의 손익분기점은 $86(110 - S_T - 24 = 0 \rightarrow S_T = 86)$, $114(S_T - 90 - 24 = 0 \rightarrow S_T = 114)$로 매수스트랭글에 비해 손익분기점의 범위가 좁다. 하지만 최대이익은 무한대, 최대손실은 -4로 매수스트랭글에 비해 작게 나타난다.

표 6-21 매수거트의 수익

포지션	비용	수익		
		$S_T < X_1$	$X_1 < S_T < X_2$	$S_T > X_2$
콜 매수($X_1 = 90$)	$C(= 12)$	0	$S_T - X_1$	$S_T - X_1$
풋 매수($X_2 = 110$)	$P(= 12)$	$X_2 - S_T$	$X_2 - S_T$	0
	24	$X_2 - S_T$	$X_2 - X_1$	$S_T - X_1$

이익 = 수익 $- (C + P)$

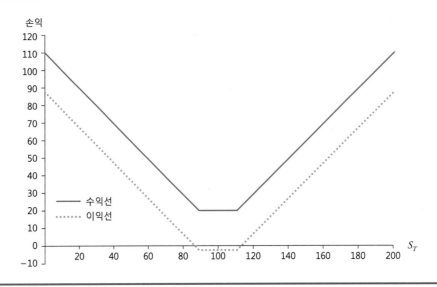

그림 6-22 | 매수거트의 손익구조

4. 헷지거래전략

(1) 커버드콜

커버드콜(covered call)은 주식(혹은 주식포트폴리오)을 보유하고 있는 투자자가 향후에 시장이 횡보국면을 유지하거나 하락할 가능성이 있는 경우에 콜옵션을 매도하여 프리미엄을 획득함으로써 자산운용수익률의 향상을 도모하는 전략이다. 이 전략은 강세시장에서 현물매수포지션의 가격상승에 따른 이익의 기회를 일정수준으로 한정하고 대신에 가격하락에 따른 손실의 일정부분을 헷지하게 된다. 즉, 주가상승에서 얻는 무한한 이익가능성을 포기하고 그 대가로 위험을 줄이는 전략으로서 장래가격에 대한 비관적인 투자전망 시 프리미엄 수입을 추구하는 소극적인 전략이다.

실제로 많은 기관투자자들은 주식을 상당량 보유하고 있는 경우가 많은데, 이때 보유주식을 근거로 하여 콜옵션을 매도함으로써 커버드콜을 실행하고 있다. 이 전략은 기본적으로 콜옵션의 가격이 과대평가 되었을 때 이를 매도함으로써 차익을 획득할 수 있게 된다. 예를 들어, 〈표 6-22〉 커버드콜의 수익표에서 주식포트폴리오를

100을 주고 매수하고 행사가격(X)이 100인 콜옵션을 20을 받고 매도하였다고 하자. 권리행사시의 주식포트폴리오의 가격은 행사가격(X)과 관계없이 권리행사 시점인 옵션만기시점의 주식포트폴리오 가격 S_T가 된다. 그리고 콜옵션의 매도의 경우 $S_T < X$인 경우에는 콜매수자가 권리행사를 안하므로 콜매도자의 수익이 -0이고, $S_T > X$인

표 6-22 커버드콜의 수익

포지션	비용	수익	
		$S_T < X$	$S_T > X$
주식포트폴리오 매수	$S(=100)$	S_T	S_T
콜 매도($X=100$)	$-C(=-20)$	-0	$-(S_T - X)$
	80	S_T	X

이익 = 수익 $-(S-C)$

그림 6-23 커버드콜의 손익구조

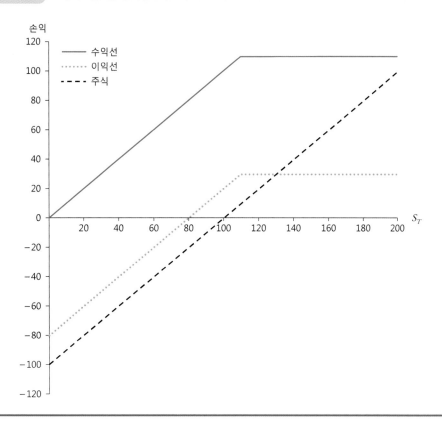

경우에는 콜매수자가 권리행사를 하므로 콜매도자의 수익은 $-(S_T - X)$이다.

커버드콜의 손익구조는 〈그림 6-23〉에 나타내었다. 커버드콜의 수익선을 보면, $S_T < X$인 경우는 총수익이 S_T이므로 우상향의 45°선이 되고 $S_T > X$인 경우에는 X이므로 현물가격이 아무리 올라도 수익은 항상 행사가격인 100으로 고정되어 있다. 이익선은 주식포트폴리오를 매수할 때 지불된 100에서 콜옵션을 매수할 때 받은 20을 차감한 순비용 80을 수익에서 차감하여 도출한다.

커버드콜의 이익선과 현물인 주식포트폴리오의 이익선을 〈그림 6-23〉을 통해 비교해 보자. 주식포트폴리오의 이익선은 주식포트폴리오의 매수가격인 100보다 주가가 하락하면 손실을 보며 주식포트폴리오의 매수가격인 100이 최대손실이 된다. 만약 주가가 100보다 상승한다면 상승한 만큼의 이익이 발생하게 된다. 따라서 주식포트폴리오의 이익선은 우상향하는 선이 된다. 〈그림 6-23〉에서 보듯이 커버드콜은 주식포트폴리오만 보유할 경우 발생할 수 있는 주가상승에 따른 무한한 이익을 포기하는 대신 주가하락 시에 손실을 프리미엄만큼 보전하게 된다.

예제 ｜ 커버드콜

11월 22일 현재 KOSPI200은 384.24이고 KOSPI200과 연동하는 인덱스펀드를 보유하고 있는 투자자가 단기적으로 약세시장의 조정을 보일 것으로 예상되어 시장하락의 위험을 헷지하고자 12월물 콜 380.0을 15.90에 매도하는 커버드콜 전략을 사용하였다. 12월 6일에 KOSPI200이 380.60이고 콜 380.0이 13.55일 때 환매할 경우 손익을 계산하시오. 옵션거래 수수료는 약정금액의 0.7%라고 가정한다.

❙답❙
헷지 안 한 경우: $380.60 - 384.24 = -3.64$
커버드콜: $(380.60 - 384.24) + (15.90 - 13.55) - (15.90 + 13.55) \times 0.7\% = -1.50$

(2) 방어적 풋

방어적 풋(protective put)은 주식(혹은 주식포트폴리오)를 보유하고 있는 투자자가 향후에 시장이 대폭 하락할 위험이 있는 경우에 풋옵션을 매수함으로써 시장하락 시 발생하는 손실을 줄이려는 방어적 전략이다. 만약 주가지수가 상승한다면 주식포트폴리오로부터 자본이득을 보고 풋옵션으로부터는 프리미엄만큼의 손실을 보게 된다.

하지만 주가지수가 하락한다면 주식포트폴리오로부터 자본손실을 보고 풋옵션으로부터는 자본이득을 보게 된다. 따라서 방어적 풋은 상승장보다는 약세장에 초점을

표 6-23 방어적 풋의 수익

포지션	비용	수익	
		$S_T < X$	$S_T > X$
주식포트폴리오 매수	$S(=100)$	S_T	S_T
풋 매수($X=100$)	$P(=20)$	$X-S_T$	0
	120	X	S_T

이익 = 수익 - $(S+P)$

그림 6-24 방어적 풋의 손익구조

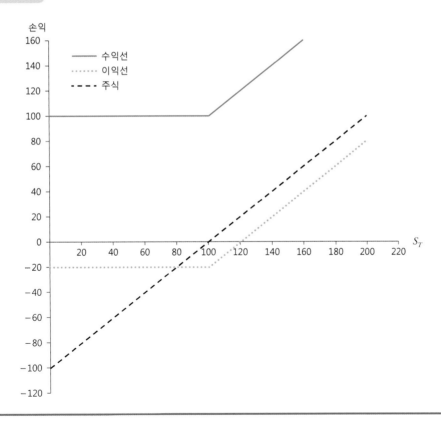

두고 주식투자의 손실을 풋옵션에서 만회하여 손실을 줄이려는 전략이다.

예를 들어, 〈표 6-23〉 방어적 풋의 수익표에서 주식포트폴리오와 행사가격(X)이 100인 풋옵션을 각각 100과 20을 주고 매수하였다고 하자. 권리행사시의 주식포트폴리오의 가격은 권리행사 시점인 옵션만기시점의 주식포트폴리오 가격인 S_T가 된다. 풋옵션 매수의 경우 $S_T < X$일 때에는 $X - S_T$의 수익을 얻게 되고 $S_T > X$일 때에는 권리행사를 하지 않는다. 따라서 방어적 풋의 수익선을 보면, $S_T < X$인 경우는 총수익이 X로 고정된 수익을 얻고 $S_T > X$인 경우에는 총수익이 S_T이므로 우상향의 45°선이 된다. 이익선은 수익선에서 주식포트폴리오와 풋옵션을 매수한 순비용인 120을 차감하면 된다.

〈그림 6-24〉에 방어적풋의 손익구조를 나타내었다. 방어적 풋은 주식포트폴리오만 보유할 경우의 주가하락에 따른 커다란 손실을 풋옵션을 매수함으로써 프리미엄의 손실로 방어할 수 있는 대신 주가상승 시에는 주식포트폴리오만 보유한 경우보다 프리미엄만큼 더 낮은 이익을 추구하게 된다.

예제 **방어적 풋** ● ● ●

11월 22일 현재 KOSPI200은 384.24이고 KOSPI200과 연동하는 인덱스펀드를 보유하고 있는 투자자가 단기적으로 약세시장의 조정을 보일 것으로 예상되어 시장하락의 위험을 헷지하고자 12월물 풋 380.0을 10.78에 매수하는 방어적 풋 전략을 사용하였다. 12월 6일에 KOSPI200이 380.60이고 풋 380.0이 13.34일 때 전매할 경우의 손익을 계산하시오. 옵션거래수수료는 약정금액의 0.7%라고 가정한다.

┃답┃
헷지 안한 경우: $380.60 - 384.24 = -3.64$
방어적 풋: $(380.60 - 384.24) + (13.34 - 10.78) - (13.34 + 10.78) \times 0.7\% \approx -1.25$

(3) 칼라

방어적 풋은 기본적으로 포트폴리오보험전략[17]으로 사용되는데 이러한 전략을 사

---

17 제10장 옵션 헷지전략 참조

용할 때 풋옵션 매수에 드는 비용문제가 발생한다. 이 비용을 줄이는 방안 중 하나가 칼라(collar)[18]이다. 만기는 동일하지만 행사가격이 낮은(X_1) 풋옵션을 매수하고 행사가격이 높은(X_2) 콜옵션을 매도하는 칼라의 경우 풋매수에 드는 비용을 콜매도 수입으로 상쇄시켜 결국 풋매수 비용을 줄일 수 있다. 하지만 이 전략은 기초자산의 가격이 상승하여 콜옵션의 행사가격보다 커지게 되면 콜옵션이 행사되어 손실을 볼 수 있는 한계가 있다.

표 6-24 칼라의 수익

포지션	비용	수익		
		$S_T < X_1$	$X_1 < S_T < X_2$	$S_T > X_2$
콜 매도($X_2 = 130$)	$-C_2 (=-5)$	0	-0	$-(S_T - X_2)$
풋 매수($X_1 = 100$)	$P_1 (=30)$	$X_1 - S_T$	0	0
	25	$X_1 - S_T$	0	$X_2 - S_T$

이익 = 수익 − ($P_1 - C_2$)

그림 6-25 칼라의 손익구조

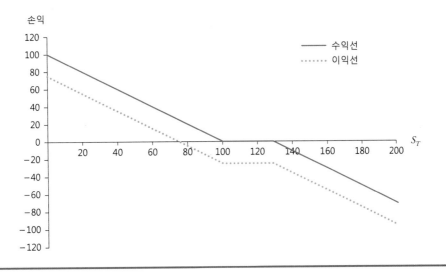

18 칼라는 환위험을 헷지하기 위해 기초자산이 통화인 통화옵션에서 많이 사용하는 전략으로 범위선도계약(range forward contract) 매도라고도 부른다. 단순히 풋옵션만 매수할 경우 발생하는 비용을 콜옵션을 매도하여 줄여주는 전략이다. APPENDIX 1 참조.

5. 풋-콜등가정리

    동일한 기초자산, 동일한 행사가격, 동일한 만기일을 갖는 풋옵션과 콜옵션 가격 사이에는 일정한 관계식이 성립한다. 이러한 관계식을 풋-콜등가정리(put-call parity theorem)라고 한다. 풋-콜등가정리를 도출하기 위하여 〈표 6-25〉와 같이 전략 1과 전략 2를 생각해 보자. 전략 1은 풋옵션 하나를 매수함과 동시에 현물을 매수하는 것이고, 전략 2는 콜옵션 하나를 매수함과 동시에 행사가격의 현재가치만큼 대출하는 전략이다.

    전략 1의 경우, 만기시점의 현물가격(S_T)이 행사가격(X)보다 작을 때는 만시시점에서의 수익은 X이고 만기시점의 현물가격(S_T)이 행사가격(X)보다 클 때는 만시시점에서의 수익은 S_T가 된다. 마찬가지로 전략 2의 경우도 만기시점에서의 수익이 전략 1과 동일하다.

    두 전략 모두 동일한 수익을 발생시키므로 차익거래가 일어나지 않으려면 투입되는 비용도 동일해야 한다. 즉, 전략 1의 비용인 풋옵션 매수 가격과 현물매수 가격의 합($P+S$)과 전략 2의 비용인 콜옵션 매수 가격과 대출의 합($C+X/(1+r)^T$)이 같아야만 한다. 따라서 다음의 풋옵션과 콜옵션 간의 일정한 관계식인 풋-콜등가정리가 성립한다.

표 6-25　풋-콜등가정리

전략	비용	수익 $S_T < X$	수익 $S_T > X$
전략 1: 풋 매수	P	$X - S_T$	0
현물 매수	S	S_T	S_T
	$P+S$	X	S_T
전략 2: 콜 매수	C	0	$S_T - X$
대출	$\dfrac{X}{(1+r)^T}$	X	X
	$C + \dfrac{X}{(1+r)^T}$	X	S_T

$$P + S = C + \frac{X}{(1+r)^T} \tag{6-2}$$

식(6-2)의 좌변은 풋옵션 1계약 매수하고 주식포트폴리오 1단위 매수를 의미하고, 우변은 콜옵션 1계약 매수하고 $X/(1+r)^T$만큼 대출하는 것을 의미한다. 식(6-2)를 이용하여 풋옵션 1계약 매도하고 콜옵션 1계약 매수하고 $X/(1+r)^T$만큼 대출하여 주식포트폴리오를 합성해 낼 수 있다.

$$\text{합성주식포트폴리오} \quad S = -P + C + \frac{X}{(1+r)^T} \tag{6-3}$$

풋옵션을 합성하기 위해서는 주식포트폴리오 1단위 공매하고 콜옵션 1계약 매수하고 $X/(1+r)^T$만큼 대출하면 된다.

$$\text{합성풋} \quad P = -S + C + \frac{X}{(1+r)^T} \tag{6-4}$$

콜옵션을 합성하기 위해서는 풋옵션 1계약 매수하고 주식포트폴리오 1단위 매수하고 $X/(1+r)^T$만큼 차입하면 된다.

$$\text{합성콜} \quad C = P + S - \frac{X}{(1+r)^T} \tag{6-5}$$

무위험채권을 합성하기 위해서는 풋옵션 1계약 매수하고 주식포트폴리오 1단위 매수하고 콜옵션 1계약 매도하면 된다. 이 경우 만기시점(T)에서의 주가변동과 관계없이 투자자의 부는 항상 X로 일정하다는 것을 보여주므로 투자자는 무위험헷지포트폴리오를 구성한 것이 된다.

$$\text{합성무위험채권} \quad \frac{X}{(1+r)^T} = P + S - C \tag{6-6}$$

현물가격이 380이고 무위험이자율이 2.6%이며 1년 후에 만기가 되는 콜옵션과 풋옵션의 행사가격은 375이다. 만일 풋옵션 가격이 20이라면 콜옵션 이론가격은 얼마인가? 만일 콜옵션의 실제가격이 40이라면 어떠한 차익거래전략이 이익을 낼 수 있겠는가? 만일 콜옵션의 실제가격이 28이라면 어떠한 차익거래전략으로 이익을 낼 수 있겠는가?

┃답┃

(1) 풋-콜등가정리를 이용하여 콜옵션의 이론가격을 다음과 같이 구할 수 있다.

$$P+S = C + \frac{X}{(1+r)^T} \rightarrow C = P + S - \frac{X}{(1+r)^T} = 20 + 380 - \frac{375}{1+0.026} \approx 34.50$$

콜옵션의 실제가격(40) > 이론가격(34.50) → 콜옵션 과대평가 → 콜옵션 매도, 합성 콜옵션 매수

전략		현금흐름	수익	
			$S_T < X$	$S_T > X$
콜 매도		40	−0	−$(S_T - 375)$
합성콜 매수	현물 매수	−380	S_T	S_T
	풋 매수	−20	$375 - S_T$	0
	차입	360	$−360(1+0.026)$	$−360(1+0.026)$
		0	5.64	5.64

환위험을 헷지하는 방법 중 하나로 선물환계약이 있는데, 선물환계약을 대신하여 환위험을 헷지할 수 있는 방법이 범위선도계약(range forward contract)이다. 예를 들어, 3개월 후에 1백만 달러를 받기로 한 수출업체 A기업이 있다고 하자. 3개월 만기 선물환율이 1,000/U\$라고 하면 A기업은 3개월 후에 1백만 달러를 1,000/U\$를 적용하여 원화로 전환할 수 있는 선물환매도를 하여 미래에 발생할 수 있는 환손실 위험을 헷지하게 된다.

이러한 선물환을 이용한 환위험 헷지방법의 대안으로 통화옵션을 이용하는 범위선도계약이 있다. 만기는 동일하지만 행사가격이 낮은(X_1) 풋옵션을 매수하고 행사가격이 높은(X_2) 콜옵션을 매도하는 칼라, 즉 범위선도계약매도의 수익구조는 앞에서 다루었던 〈그림 6-25〉와 같다.

기초자산이 1백만 달러라고 할 때 만약 3개월 후의 환율이 X_1보다 낮으면 풋옵션을 행사하여 A기업은 1백만 달러를 X_1의 환율로 환전할 수 있다. 이 경우 환율이 낮아질수록 A기업의 이익은 커진다.

만약 3개월 후의 환율이 X_1과 X_2 사이에 있게 되면 옵션이 행사되지 않으므로 A기업은 1백만 달러를 X_1과 X_2 사이에 있는 환율로 환전할 수 있고 만약 3개월 후의 환율이 X_2보다 클 경우에는 콜옵션이 행사되어 A기업은 X_2로 환전하게 된다. 물론 3개월 후의 환율이 X_2보다 커질수록 A기업의 환손실은 커진다.

반대의 예로 3개월 후에 1백만 달러를 지급해야 하는 수입업체 B기업의 경우 〈표 A6-1〉처럼 만기는 동일하지만 행사가격이 낮은(X_1) 풋옵션을 매도하고 행사가격이 높은(X_2) 콜옵션을 매수하는 범위선도계약매수를 하여 환위험을 헷지할 수 있다.

〈그림 A6-1〉에 나와 있는 범위선도계약매수의 손익구조를 보면 만약 3개월 후의 환율이 X_1보다 낮으면 풋옵션이 행사되므로 B기업은 1백만 달러를 X_1의 환율로 환전해 주어야 한다. 이 경우 환율이 낮아질수록 B기업의 환손실은 커진다.

만약 3개월 후의 환율이 X_1과 X_2 사이에 있게 되면 옵션이 행사되지 않으므로

표 A6-1 범위선도계약 매수의 수익

포지션	비용	수익		
		$S_T < X_1$	$X_1 < S_T < X_2$	$S_T > X_2$
콜 매수($X_2 = 130$)	$C_2 (=5)$	0	0	$S_T - X_2$
풋 매도($X_1 = 100$)	$-P_1 (=-30)$	$-(X_1 - S_T)$	-0	-0
	-25	$-(X_1 - S_T)$	0	$S_T - X_2$

이익 = 수익 $- (C_2 - P_1)$

그림 A6-1 범위선도계약 매수의 손익구조

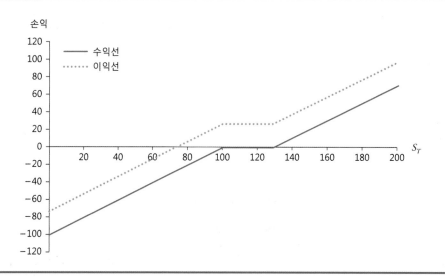

A기업은 1백만 달러를 X_1과 X_2사이에 있는 환율로 환전할 수 있고 만약 3개월 후의 환율이 X_2보다 클 경우에는 콜옵션이 행사되어 A기업은 X_2로 환전하게 된다. 물론 3개월 후의 환율이 X_2보다 커질수록 B기업의 이익은 커진다.

궁극적으로 범위선도계약 매도와 범위선도계약 매수에서 적용되는 환율은 X_1과 X_2 사이의 범위에서 결정되게 된다. 일반적으로 선물환계약이 초기비용이 없는 점을 고려하여 실제로 범위선도계약을 설정할 때에도 동일한 가격의 풋옵션과 콜옵션을 가지고 전략을 수행함으로써 초기비용이 발생하지 않도록 만든다.

APPENDIX 2 | 통화옵션과 선물옵션의 풋-콜등가정리

1. 통화옵션의 풋-콜등가정리

외국통화소유자는 보유하고 있는 외국통화로 그 나라의 무위험채권(국채)에 투자할 수 있기 때문에 외국통화의 수익률은 그 나라에서 적용되는 무위험이자율(r_f^*)을 수익률로 간주해도 무방하다. 따라서 외국통화는 무위험이자율 수준의 배당수익률을 지급하는 주식과 유사하다.

통화옵션은 기초자산이 통화인 옵션이다. 우리나라의 통화옵션으로는 미국달러옵션이 유일하게 거래되고 있다. 통화옵션의 풋-콜등가정리를 도출하기 위하여 〈표 A6-2〉와 같은 전략 1과 전략 2를 생각해 보자. 전략 1은 풋옵션 하나를 매수함과 동시에 현물(통화)를 $S/(1+r_f^*)^T$만큼 매수하는 것이고, 전략 2는 콜옵션 하나를 매수함과 동시에 행사가격의 현재가치($X/(1+r)^T$)만큼 대출하는 전략이다. 두 전략 모두 동일한 수익을 발생시키므로 차익거래가 일어나지 않으려면 투입되는 비용도 동일해

표 A6-2 통화옵션의 풋-콜등가정리

전략	비용	수익	
		$S_T < X$	$S_T > X$
전략 1: 풋 매수	P	$X - S_T$	0
현물(통화) 매수	$\dfrac{S}{(1+r_f^*)^T}$	S_T	S_T
	$P + \dfrac{S}{(1+r_f^*)^T}$	X	S_T
전략 2: 콜 매수	C	0	$S_T - X$
대출	$\dfrac{X}{(1+r)^T}$	X	X
	$C + \dfrac{X}{(1+r)^T}$	X	S_T

야 하므로 다음의 풋-콜등가정리가 성립한다.

$$P + \frac{S}{(1+r_f^*)^T} = C + \frac{X}{(1+r)^T} \qquad\qquad (A6\text{-}1)$$

2. 선물옵션의 풋-콜등가정리

선물옵션은 기초자산이 선물인 옵션이므로 기초자산이 만기시점의 선물이 된다. 선물옵션의 풋-콜등가정리를 도출하기 위하여 〈표 A6-3〉과 같은 전략 1과 전략 2를 생각해 보자. 전략 1은 풋선물옵션 하나를 매수하고 선물을 매수하는 동시에 선물가격의 현재가치($F_0/(1+r)^T$)만큼 대출하는 것이고, 전략 2는 콜선물옵션을 매수함과 동시에 행사가격의 현재가치($X/(1+r)^T$)만큼 대출하는 전략이다. 두 전략 모두 동일한 수익을 발생시키므로 차익거래가 일어나지 않으려면 투입되는 비용도 동일해야 하므로 다음의 풋-콜등가정리가 성립한다.

$$P + \frac{F_0}{(1+r)^T} = C + \frac{X}{(1+r)^T} \qquad\qquad (A6\text{-}2)$$

표 A6-3 선물옵션의 풋-콜등가정리

전략	비용	수익	
		$F_T < X$	$F_T > X$
전략 1: 풋선물옵션 매수	P	$X - F_T$	0
선물 매수	0	$F_T - F_0$	$F_T - F_0$
대출	$\dfrac{F_0}{(1+r)^T}$	F_0	F_0
	$P + \dfrac{F_0}{(1+r)^T}$	X	F_T
전략 2: 콜선물옵션 매수	C	0	$F_T - X$
대출	$\dfrac{X}{(1+r)^T}$	X	X
	$C + \dfrac{X}{(1+r)^T}$	X	F_T

위험은 미래의 불확실성을 의미한다. 주식에 투자하면 주가하락위험, 채권에 투자하면 금리상승으로 인한 가격하락위험에 노출된다. 또한 해외자산에 투자하여 투자수익을 원화로 환전하거나 혹은 수출업체가 외화로 수출대금을 받아 원화로 환전할 경우 환율이 얼마가 될지 불확실하며 혹시 환율이 크게 하락하면 수익이 급감하는 위험이 항상 있다.

위험관리는 헷지(hedge)라고도 표현하며, 파생상품 중에서도 옵션이 헷지에 요긴하게 사용된다. 그런데 키코(KIKO)[20]라는 환헷지 상품을 통해 490여 개의 우리나라 수출중소기업들이 2008년 11월 말까지 4조 5,000억 원대의 손실을 기록했다. 위험관리를 시도했는데 오히려 외환손실이 눈덩이처럼 불어났다. 어떻게 된 일일까? 환율이 1달러당 950원이고 월 수출액이 50만 달러인 A기업이 있다고 가정해보자.

첫째, A기업은 환차손을 방지하기 위해 행사가격 950원인 달러 풋옵션을 10원에 매수하기로 한다. 50만 달러에 대해 500만원(=10원×50만 달러)의 풋옵션을 매수하면, 달러가 폭락하여 만약 850원까지 떨어져도 950원에 팔 수 있으므로 수출대금 환차손 100원을 고스란히 복구하여 헷지에 성공하기 때문이다. 다만 1달러당 10원, 즉 총 500만 원의 헷지비용을 감수해야 한다.

둘째, A기업은 헷지비용을 줄이기 위해 달러가 950원에서 900원까지 떨어질 때만 효력이 있고 한번이라도 900원보다 더 내려가면 효력이 소멸되는 낙아웃(Knock-

---

19 2009년 5월 9일 머니투데이, MBA지상특강: 환율과 키코손실의 교훈

20 금융기관이 고객의 필요에 부응하기 위하여 다양한 형태의 옵션들을 개발하여 장외시장에서 거래되는 옵션을 이색옵션(exotic option)이라 하는데, 이색옵션 중 배리어옵션(=장애옵션; barrier option)을 적용한 이색옵션을 키코(KIKO)라 한다. 배리어옵션은 기초자산 가격이 만기 이전에 배리어 가격(미리 설정해 놓은 기준가격)을 건드리면 옵션의 효력이 발생하는 녹인(knock-in: KI)옵션과 옵션의 효력이 소멸되는 녹아웃(knock-out: KO) 옵션이 있다. 구체적으로, 가격상승 시 배리어 가격을 건드리면 효력이 발생하는 콜, 가격상승 시 배리어 가격을 건드리면 효력이 소멸하는 콜, 가격하락 시 배리어 가격을 건드리면 효력이 발생하는 콜, 가격하락 시 배리어 가격을 건드리면 효력이 소멸하는 콜, 가격상승 시 배리어 가격을 건드리면 효력이 발생하는 풋, 가격상승 시 배리어 가격을 건드리면 효력이 소멸하는 풋, 가격하락 시 배리어 가격을 건드리면 효력이 발생하는 풋, 가격하락 시 배리어 가격을 건드리면 효력이 소멸하는 풋이 가능하다.

Out: KO) 풋옵션을 B은행으로부터 5원에 매수한다. 낙아웃 풋옵션은 혜택이 작은 만큼 가격도 저렴해 비용이 반감되지만 그만큼 위험도 따른다. 달러가 900원 이하로 떨어지면 풋옵션은 효력이 소멸해 수출대금 환차손이 모두 실현되는 위험을 감수해야 하기 때문이다. 즉, A기업은 환율이 내려가더라고 부디 900원까지만 내려가길 바라야만 한다. 다행히 환율이 900원까지 떨어진다면, 1달러당 5원, 총 250만 원의 헷지비용으로 환차손을 복구할 수 있다.

셋째, 헷지비용을 0으로 만들기 위해 A기업은 B은행과 1:2 키코 계약을 체결한다. 즉, 낙아웃 풋옵션 1개를 5원에 매수한 비용을 줄이기 위해, 달러가 1,000원까지 오를 때는 효력이 없다가 한 번이라도 1,000원 이상으로 오르면 효력이 발생하는 낙인(Knock-In: KI) 콜옵션 2개를 5원에 B은행에 매도하는 것이다. 이에 따라 헷지순비용은 0(=5원-2.5원×2개)이 된다.

월 수출액 50만 달러에 대해 낙아웃 풋옵션은 250만원(=5원×50만 달러)어치 매수, 낙인 콜옵션은 250만원(=2.5원×50만 달러×2개)어치 매도함으로써 헷지비용을 0으로 만든 것이다. 그러나 A기업은 이 키코(KIKO)계약을 체결하는 순간 〈표 A-1〉과 〈그림 A-1〉에서 보듯이 환율상승위험에 크게 노출된다. 위에 언급한 첫째와 둘째의 경우 모두 환율하락위험에 대한 헷지가 이루어진 것인 데 반해 여기서처럼 셋째 단계까지 나아가면 A기업은 키코계약 때문에 환율이 1,000원 위로 절대 올라가지 않기를 바라야만 한다.

제로비용을 만든 키코의 함정은 레버리지(Leverage)다. 위 키코계약의 경우, 풋옵션 1개에 대해 콜옵션 2개, 즉 2배의 레버리지가 있다. 만일 환율이 급상승해서 1,100원이 되면, B은행은 1,100원짜리 1달러를 950원에 살 수 있는 콜옵션을 2개 행사하게 되므로 A기업은 1달러당 300원((=1,100원-950원)×2)의 손실을 보게 되며, 환율이 상승할수록 A기업의 손실은 커지게 된다. 즉, 환율이 상승하게 되면 A기업 입장에서는 옵션거래에서 가장 위험한 포지션인 무방비콜(naked call)을 취한 셈이 된다.

애초에 환율하락에 대비해 위험관리를 시도했던 A기업은 어느새 환율이 1,000원 위로 올라가지 않는 것에 베팅하는 매우 위험한 투기를 하게 된 셈이다. 실제로 1:3 계약, 심지어는 1:5 계약까지도 체결했던 중소기업도 있었으며 2007년 하반기 이후 체결된 키코로부터 수많은 중소기업들은 급등한 환율 때문에 수백억에서 수천억 원에 이르는 손실을 입었고, 영업이익이 흑자인 기업들이 키코 손실로 자본잠식 상태에 빠지기도 했다. 이와 같은 키코사태는 위험관리가 잘 쓰면 약이지만 잘못 쓰면 독이 될 수 있다는 것을 보여준다.

표 A6-4 KIKO의 손익구조

포지션	비용	수익			
		$S_T < 900$	$900 < S_T < 950$	$950 < S_T < 1000$	$S_T > 1000$
풋 매수($X = 950$)	$P(=10)$	0	$950 - S_T$	0	0
2개의 콜 매도($X = 950$)	$-2C(=-10)$	-0	-0	-0	$-2(S_T - 950)$
		0	$950 - S_T$	0	$-2(S_T - 950)$

그림 A6-2 KIKO의 수익선

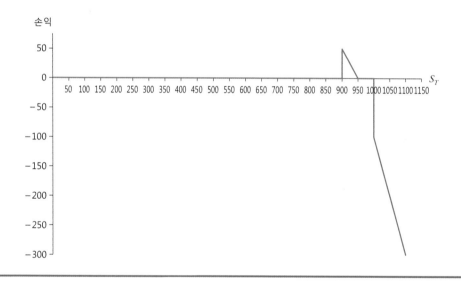

1. 옵션의 개요

- 옵션: 계약당사자 간에 미리 정해진 특정일 또는 그 이전에, 미리 정한 가격으로 기초자산을 사거나 팔 수 있는 권리 → 권리, 제로섬 게임
  - 콜옵션: 기초자산을 살 수 있는 권리
  - 풋옵션: 기초자산을 팔 수 있는 권리
  - 유럽형 옵션: 만기일에만 권리를 행사할 수 있는 옵션
  - 미국형 옵션: 만기일 이전 어느 시점에서도 권리행사가 가능한 옵션
  - 내가격 옵션: 콜옵션(행사가격<기초자산가격), 풋옵션(행사가격>기초자산가격)
  - 등가격 옵션: 콜옵션(행사가격=기초자산가격), 풋옵션(행사가격=기초자산가격)
  - 외가격 옵션: 콜옵션(행사가격>기초자산가격), 풋옵션(행사가격<기초자산가격)

2. 주요 주가지수옵션

	KOSPI200옵션	미니KOSPI200옵션	KOSDAQ150옵션
기초자산	KOSPI200	KOSPI200	KOSDAQ150지수
거래단위	KOSPI200옵션가격 ×25만(거래승수)	미니KOSPI200옵션가격 ×5만(거래승수)	KOSDAQ150옵션가격 ×1만(거래승수)
결제월	매월	매월	매월
상장결제월	비분기월 4개 및 분기월 7개(3, 9월 각1개, 6월 2개, 12월 3개)	연속 6개월(분기월 2개, 비분기월 4개)	비분기월물 2개 및 분기월 4개(3, 6, 9, 12월)
가격 표시	프리미엄(포인트)	프리미엄(포인트)	프리미엄(포인트)
호가가격 단위	• 프리미엄 10포인트 미만: 0.01포인트 • 프리미엄 10포인트 이상: 0.05포인트	• 프리미엄 3포인트 미만: 0.01 포인트 • 프리미엄 3포인트 이상~10포인트 미만: 0.02 포인트 • 프리미엄 10포인트 이상: 0.05 포인트	• 프리미엄 50포인트 미만: 0.1포인트 • 프리미엄 50포인트 이상: 0.5포인트
최소가격 변동금액	• 프리미엄 10포인트 미만: 2,500원(25만×0.01포인트) • 프리미엄 10포인트 이상: 12,500원(25만×0.05포인트)	• 프리미엄 3포인트 미만: 500원(5만×0.01포인트) • 프리미엄 3포인트 이상~10포인트 미만: 1,000원(5만×0.02포인트) • 프리미엄 10포인트 이상: 2,500원(5만×0.05포인트)	• 프리미엄 50포인트 미만: 1,000원(1만×0.1포인트) • 프리미엄 50포인트 이상: 5,000원(1만×0.5포인트)

	KOSPI200옵션	미니KOSPI200옵션	KOSDAQ150옵션
거래시간	09:00-15:45 (최종거래일 09:00-15:20)	09:00-15:45 (최종거래일 09:00-15:20)	09:00-15:45 (최종거래일 09:00-15:20)
최종거래일	각 결제월의 두 번째 목요일 (공휴일인 경우 순차적으로 앞당김)	각 결제월의 두 번째 목요 일(공휴일인 경우 순차적으 로 앞당김)	각 결제월의 두 번째 목요 일(공휴일인 경우 순차적으 로 앞당김)
최종결제일	최종거래일의 다음 거래일	최종거래일의 다음 거래일	최종거래일의 다음 거래일
권리행사	최종거래일에만 가능(유럽형)	최종거래일에만 가능(유럽형)	최종거래일에만 가능(유럽형)
결제방법	현금결제	현금결제	현금결제

3. 옵션거래전략

① 단순거래전략

• 콜옵션 혹은 풋옵션만을 매수 또는 매도하는 전략

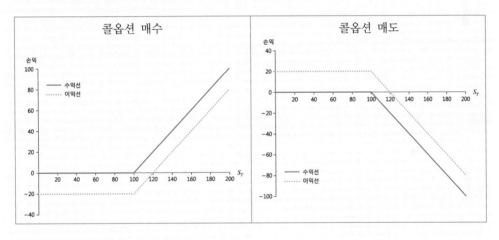

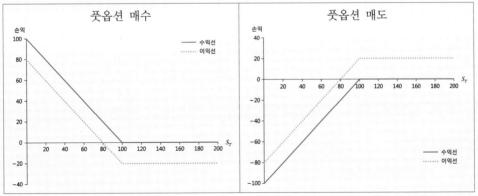

② 스프레드거래전략

- 동일한 기초자산을 가진 옵션 중에서 행사가격 또는 만기일이 서로 다른 콜(혹은 풋)옵션을 각각 매수 또는 매도하는 전략

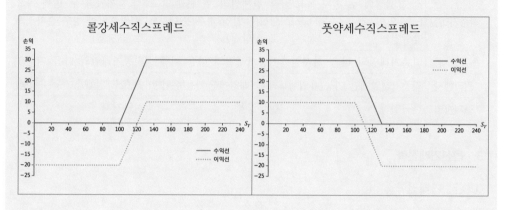

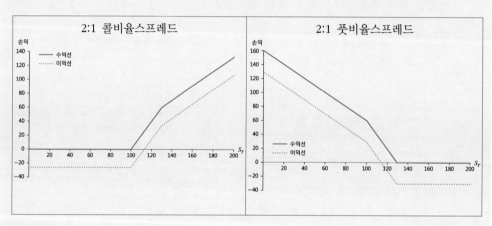

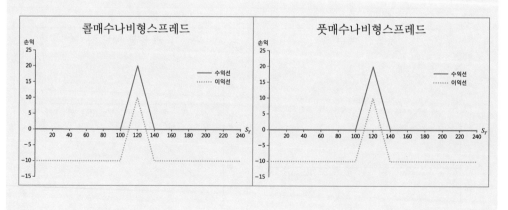

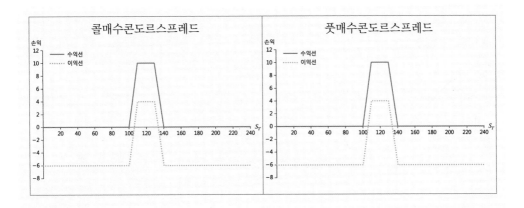

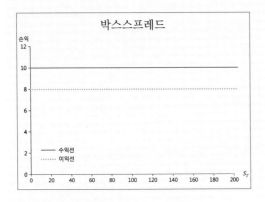

③ 컴비네이션거래전략

• 동일한 기초자산을 가진 콜옵션과 풋옵션을 동시에 매수하거나 매도하는 전략

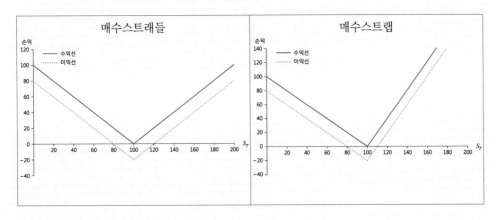

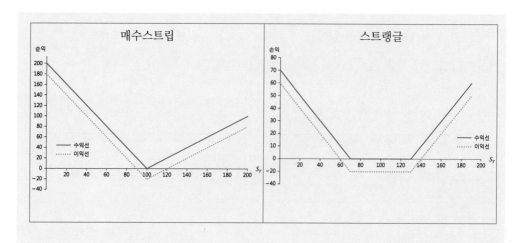

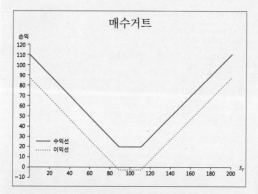

④ 헷지거래전략

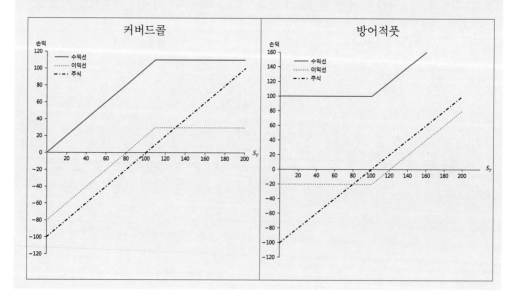

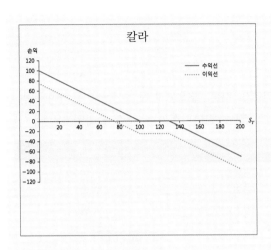

⑤ 풋-콜등가정리: $P + S = C + \dfrac{X}{(1+r)^T}$

- 합성주식포트폴리오: $S = -P + C + \dfrac{X}{(1+r)^T}$

- 합성풋: $P = -S + C + \dfrac{X}{(1+r)^T}$

- 합성콜: $C = P + S - \dfrac{X}{(1+r)^T}$

- 합성무위험채권: $\dfrac{X}{(1+r)^T} = P + S - C$

옵션투자전략 : 연습문제

Q1. (CFA 수정) 다음의 만기가 같고 행사가격이 다른 콜옵션과 풋옵션을 이용하여 구성한 매수스트래들전략의 최대손실, 최대이익 및 손익분기주가는 각각 얼마인가? (   )

	콜옵션	풋옵션
가격	5원	4원
행사가격	60원	55원
만기까지의 기간	90일	90일

	최대손실	최대이익	손익분기주가
①	5원	4원	9원
②	4원	무제한	55원, 51원
③	9원	무제한	46원, 69원
④	9원	9원	0원

Q2. (CFA 수정) 행사가격이 25원인 콜옵션의 가격은 4원이다. 또한 행사가격 40원인 콜옵션의 가격은 2.5원이다. 이 옵션들을 이용하여 강세스프레드전략을 구성하고자 한다. 만약 주가가 만기에 50원까지 상승하고 옵션이 만기일에 행사된다면 만기 시의 주당 순이익은 얼마인가? (단, 거래비용은 무시한다.) (   )

① 8.5원   ② 13.5원   ③ 16.5원   ④ 23.5원

Q3. (CFA 수정) 행사가격 40원인 풋옵션이 2원에 거래되고 있는 반면, 행사가격이 40원인 콜옵션은 3.5원에 거래되고 있다. 풋옵션 발행자가 부담하게 되는 주당 최대손실과 콜옵션 발행자가 가지게 되는 주당 최대이익은 각각 얼마인가? (   )

① 38원, 3.5원   ② 38원, 36.5원   ③ 40원, 3.5원   ④ 40원 40원

Q4. (2005 CPA) 어느 투자자가 행사가격이 25,000원인 콜옵션을 개당 4,000원에 2개 매수하였고, 행사가격이 40,000원인 콜옵션을 2,500원에 1개 발행하였다. 옵션만기일에 기초주식가격이 50,000원이라고 할 때, 이러한 투자전략의 만기가치와 투자자의 만기손익을 각각 구하라. (단, 옵션의 기초주식과 만기는 동일하며 거래비용은 무시하라) (   )

	투자전략의 만기가치	투자자의 만기손익
①	15,000원	13,500원

②	25,000원	23,500원
③	30,000원	27,000원
④	35,000원	30,000원
⑤	40,000원	34,500원

Q5. (2002 CPA)투자주식회사의 옵션운용부에서 근무하는 A부터 E까지 5명의 매니저가 다음과 같은 옵션 거래전략을 구성하였다. 옵션을 발행한 기초자산의 주식가격이 향후 대폭 상승할 경우에 가장 불리한 투자결과를 낳을 것으로 예상되는 매니저는 누구인가? (옵션의 행사가격들은 현재의 주가에 근접하고 있으며 동일한 주식을 기초자산으로 하고 있다고 가정함) (   )

> A: 주식을 매수하고 매수한 주식에 대한 콜옵션을 동시에 발행
> B: 행사가격이 동일한 콜을 매수하고 동시에 풋을 발행
> C: 행사가격이 다른 콜과 풋을 동시에 매수
> D: 행사가격이 다른 두 개의 콜 중에서 높은 행사가격을 가진 콜을 매수하고 낮은 행사가격을 가진 콜을 발행
> E: 주식을 매수하고 매수한 주식에 대한 풋옵션을 동시에 매수

① A매니저   ② B매니저   ③ C매니저
④ D매니저   ⑤ E매니저

Q6. (2009 CPA) 투자자 갑은 3개월 만기 콜옵션 1계약과 3개월 만기 풋옵션 1계약을 이용하여 주가지수옵션에 대한 매도스트랭글(short strangle) 투자전략을 구사하려 한다. 현재 형성된 옵션시세는 다음과 같다. 만기 주가지수가 1,120포인트일 때, 투자자의 만기 손익과 최대손익을 구하시오. (   )

> a. 3개월 만기 주가지수 콜옵션(행사가격＝1,100포인트, 콜옵션 프리미엄＝35원)
> b. 3개월 만기 주가지수 풋옵션(행사가격＝1,100포인트, 풋옵션 프리미엄＝21원)
> c. 3개월 만기 주가지수 콜옵션(행사가격＝1,200포인트, 콜옵션 프리미엄＝32원)
> d. 3개월 만기 주가지수 풋옵션(행사가격＝1,200포인트, 풋옵션 프리미엄＝27원)

만기손익	최대손익
①　53	53
②　56	56
③　59	59

④	-60	60
⑤	-62	-62

Q7. (2010 CPA) 기초자산의 가격변화에 따른 옵션의 투자전략에 대한 설명 중 옳은 항목만으로 구성된 것은? (   )

> a. 기초자산 가격의 변동에 따른 이익 및 손실의 범위를 한정하기 위해서는 칼라(collar)를 이용하면 된다.
> b. 기초자산 가격이 큰 폭으로 변동할 것으로 예상되지만 방향을 알지 못하는 경우 스트랭글(strangle)을 매수하면 된다.
> c. 기초자산 가격이 변화하지 않을 것으로 예상되는 경우 스트래들(straddle)을 매도하면 된다.
> d. 기초자산 가격 변동에 따른 손익을 곡선의 형태로 실현하기 위해서는 수직스프레드(vertical spread)를 이용하면 된다.
> e. 기초자산 가격이 큰 폭으로 변동하고 특히 하락보다는 상승이 예상되는 경우 스트립(strip)을 매수하면 된다.

① a, b, c   ② a, c, d   ③ a, d, e
④ b, c, e   ⑤ b, d, e

Q8. (2010 CPA) 다음 표는 어느 특정일의 KOSPI200옵션 시세표 중 일부이다. 다음의 설명 중 가장 적절하지 않은 것은? (단, 만기 전 배당, 거래비용, 세금은 없다고 가정한다. 1포인트는 10만원이다.) (   )

(단위: 포인트, 계약)

종목	종가	전일대비	고가	저가	거래량	미결제약정수량
KOSPI200	213.44	3.71	213.56	212.09	−	−
콜옵션 3월물 217.5	1.99	0.78	2.17	1.43	597,323	73,427
콜옵션 3월물 215.0	3.05	1.15	3.25	2.31	265,900	63,076
콜옵션 3월물 212.5	4.55	1.70	4.55	3.40	57,825	44,939
콜옵션 3월물 210.5	5.85	1.85	6.15	4.80	34,650	30,597
풋옵션 3월물 215.0	4.55	−2.95	6.10	4.35	24,324	26,032
풋옵션 3월물 212.5	3.30	−2.55	4.85	3.20	39,636	21,824
풋옵션 3월물 210.5	2.40	−2.15	3.50	2.34	253,298	49,416
풋옵션 3월물 207.5	1.73	−1.67	2.60	1.69	329,762	33,767

① 등가격(ATM)에 가장 가까운 종목 중 행사가격이 동일한 콜과 풋옵션의 경우 콜옵션 가격이 풋옵션 가격보다 비싸다.

② 행사가격이 210.5인 풋옵션 10계약을 장 중 최저가에 매수한 후 최고가에 매도하였다면 116만원의 매매차익을 얻었을 것이다.

③ 외가격(OTM)이 심한 종목일수록 거래량이 많았다.

④ 콜옵션의 경우 내가격(ITM)이 심한 종목일수록 청산되지 않고 남아있는 수량이 적었다.

⑤ 풋-콜패리티(put-call parity)를 통한 계산결과, 행사가격이 212.5인 풋옵션은 과소평가되어 있다. 단, $(1 + 무위험수익률)^{잔존기간}$은 1.002이다.

Q9. (1998 CPA) A회사는 만기가 1년이고, 행사가격이 10,000원인 유럽형콜옵션과 풋옵션을 발행하였다. A회사의 현재주가는 10,000원이며, 액면이 1,000원인 1년만기 무위험채권의 가격은 900원이다. 현재 콜옵션의 가격이 2,000원이라면 풋옵션의 가격은? (　　)

① 1,000원　　　　　② 1,500원　　　　　③ 2,000원
④ 2,500원　　　　　⑤ 3,000원

Q10. (1999 CPA) 배당을 지급하지 않는 K회사 주식에 대해 투자자는 다음과 같은 정보를 가지고 있다. (거래비용은 없다고 가정한다.)

현재주가＝11,000원
유럽형콜옵션 가격(행사가격: 10,500원, 만기까지 남은 기간: 1년)＝1,700원
유럽형풋옵션 가격(행사가격: 10,500원, 만기까지 남은 기간: 1년)＝500원
무위험이자율＝5%

현재 상황에서 차익(arbitrage profit)을 얻기 위해 투자자가 취할 수 있는 거래전략으로 바르게 설명한 것은? (　　)

① 현물주식 1주를 매수하고, 그 주식에 대한 콜옵션을 1개 매도하며, 풋옵션을 1개 매수하고, 동시에 10,000원을 차입한다.

② 현물주식 1주를 공매하고, 그 주식에 대한 콜옵션을 1개 매수하며, 풋옵션을 1개 매도하고, 동시에 10,000원을 예금한다.

③ 현물주식 1주를 매수하고, 그 주식에 대한 콜옵션을 1개 매수하며, 풋옵션을 1개 매도하고, 동시에 10,000원을 차입한다.

④ 현물주식 1주를 공매하고, 그 주식에 대한 콜옵션을 1개 매도하며, 풋옵션을 1개

매수하고, 동시에 10,000원을 예금한다.

⑤ 이 경우 차익거래기회가 존재하지 않는다.

Q11. (2010 CPA) 차익거래(arbitrage)에 관한 다음의 설명 중 가장 적절하지 않은 것은? (단, 매도포지션을 취하는 데 제약이 없으며 거래비용은 없다고 가정한다.) (　　)

① 현물환 시장에서, 1달러는 1,200원, 100엔은 1,140원, 100엔은 0.95달러의 환율이 형성되어 있다면 차익거래는 가능하지 않다.

② 1년 만기 무이표채의 가격이 원금의 92%이고 2년 만기 무이표채의 가격이 원금의 87%인 경우 액면이자율이 8%이고 원금이 10,000원이며 만기가 2년인 이표채(연1회 이자지급)의 무차익 가격은 10,132원이다.

③ 주식의 가격이 10,000원이고 6개월 후에 400원의 배당이 지급될 예정이다. 만기가 1년인 주식선물의 가격이 10,100원이면 선물계약이 과대평가되었으므로 차익거래가 가능하다. 단, 무위험이자율은 연 5%이다.

④ 행사가격이 K_1, K_2, K_3이고 $K_3 - K_2 = K_2 - K_1$이 성립하는 경우, 풋옵션의 가격이 각각 800원, 1,300원, 1,700원이면, 차익거래전략은 행사가격이 K_1인 풋옵션 1개 매수, 행사가격이 K_3인 풋옵션 1개 매수, 그리고 행사가격이 K_2인 풋옵션 2개를 매도하는 것이다. 여기서 풋옵션은 기초자산과 만기가 동일한 유럽형이다.

⑤ 1년과 2년 만기 현물이자율이 각각 6%와 7%이다. 만일 1년 후부터 시작하는 1년 동안 7.5%의 이자율로 차입할 수 있다면 차익거래자는 1년 만기 무이표채를 매수하고 2년 만기 무이표채를 공매도하여 무위험이익을 얻을 수 있다.

Q12. (2004 CPA) 미국에 물품을 수출하고 6개월 후에 대금 1백만 달러를 받기로 한 무역업자가 있다. 이 무역업자가 사용하기에 가장 적절한 환위험 헷지 방법은? (　　)

① 6개월 만기의 달러 콜옵션을 매수한다.

② 6개월 만기의 달러 풋옵션을 매도한다.

③ 6개월 만기의 선물환 계약에서 달러 매수포지션을 취한다.

④ 동일한 행사가격의 만기 6개월짜리 달러 콜옵션과 달러 풋옵션을 동시에 매수한다.

⑤ 6개월 만기 달러 대출을 받아 달러를 외환시장에서 매각한다.

Q13. (2005 CPA) ㈜한국의 외화자금 수급에 대한 예측에 의하면 1년 후인 2006년 3월에 5억엔 상당의 엔화 수입자금에 대한 결제와 500만 달러 상당의 달러화 수출자금에 대한 결제가 동시에 이루어진다. 다음과 같은 정보가 주어져 있을 때 ㈜한국이 환위험

을 헷지(hedge)하기 위하여 택할 수 있는 방법으로 가장 적절한 것은? (단, 수수료는 무시하라) (   )

달러화 이자율 :	연 3%
엔화 이자율 :	연 1%
엔/달러 현물환율 :	￥101.98/$
1년 엔/달러 선물환율 :	￥100/$
1년 만기 행사가격 ￥100/$의 달러화 풋옵션 :	￥9.86
1년 만기 행사가격 ￥100/$의 달러화 콜옵션 :	￥9.84

① 엔/달러 선물시장에서 500만 달러 상당의 달러 선물환을 매수한다.

② 달러 자금 시장에서 1년 후 500만 달러를 상환하기로 하고 달러를 차입하여 엔/달러 현물 시장에서 엔화로 교환한 후 엔화 자금 시장에 1년간 예치한다.

③ 엔/달러 현물시장에서 500만 달러 상당의 달러 현물환을 매수한다.

④ 달러화 풋옵션과 달러화 콜옵션을 동시에 매수한다.

⑤ 달러화 풋옵션을 매도한다.

Q14. (2004 CPA 수정) 배당을 지급하지 않는 A기업의 주가는 현재 10,000원이다. 투자자는 1년 동안 10,000원을 예금하는 경우 만기에 11,000원을 확정적으로 받게 되며, 예금금리와 동일한 금리로 자금을 차입할 수 있다. 여기서 콜옵션과 풋옵션은 A기업 주식에 대한 만기 1년의 유럽형(European)옵션을 의미하며, 행사가격은 11,000원으로 동일하다. 콜옵션가격이 3,000원이라면 다음 중 옳은 것은? (   )

① 풋옵션 가격이 2,000원이라면, 콜옵션 하나를 매수하고 풋옵션 하나를 매도함으로써 1년 후 1,100원의 무위험차익을 얻을 수 있다.

② 콜옵션 2개를 매수하고 A기업 주식 1주를 공매도(short selling)함과 동시에 10,000원을 예금하는 경우, 만기에 주가가 2,500원으로 하락하거나 12,500원으로 상승하면 이익이 발생한다.

③ 풋옵션 가격이 2,500원이라면 무위험차익거래(arbitrage) 기회는 존재하지 않는다.

④ 무위험차익거래 기회가 존재하지 않는 경우, 풋옵션 1개를 매수함과 동시에 10,000원을 차입하여 A기업 주식 한 주를 매수함으로써 A기업 주식에 대한 만기 1년의 유럽형(European) 콜옵션을 매수하는 것과 같은 효과를 얻을 수 있다.

⑤ 콜옵션과 풋옵션에 대한 행사가격이 A기업 주식에 대한 1년 만기 선도계약의 선도가격과 같다면, 무위험차익거래 기회가 존재하지 않기 위해서는 콜 가격은 풋 가격보다 높아야 한다.

Q15. (2014 CPA) 옵션 투자전략에 관한 설명으로 가장 적절하지 않은 것은? (   )

① 순수포지션(naked position)전략은 한 가지 상품에만 투자한 경우로 헷지가 되어 있지 않은 전략이다.

② 방어적풋(protective put)전략은 기초자산을 보유한 투자자가 향후 자산가격이 하락할 경우를 대비하여 풋옵션을 매수하는 전략이다.

③ 방비콜(covered call) 전략은 기초자산을 보유한 투자자가 향후 자산가격이 하락하거나 상승하지 않을 경우를 대비하여 콜옵션을 매수하는 전략이다.

④ 기초자산을 1개 매수하고 풋옵션을 1개 매수하며 콜옵션을 1개 매도하는 풋-콜 패리티(put-call parity)전략을 이용하면, 만기시점의 기초자산 가격과 관계없이 항상 행사가격만큼 얻게 되어 가격변동위험을 완전히 없앨 수 있다.

⑤ 강세스프레드(bull spread)전략은 행사가격이 낮은 옵션을 매수하고 행사가격이 높은 옵션을 매도하는 전략으로 기초자산의 가격이 상승할 때 이득을 얻는 전략이다.

Q16. (2015 CPA) 현재 옵션시장에서는 ㈜마바 주식을 기초자산으로 하고 만기가 동일하게 1년씩 남은 콜옵션과 풋옵션이 각각 거래되고 있다. 행사가격이 200,000원인 콜옵션의 가격은 20,000원이고 행사가격이 180,000원인 풋옵션의 가격은 10,000원이며 무위험이자율은 연 10%이다. 무위험이자율로 차입하여, 위의 콜옵션과 풋옵션을 각각 1개씩 매수한 투자자가 만기에 손실을 볼 수 있는 ㈜마바 주식가격(P)의 범위로 가장 적절한 것은? (   )

① $P < 147,000$원

② $P < 169,000$원

③ $P > 233,000$원

④ $11,000$원 $< P < 33,000$원

⑤ $147,000$원 $< P < 233,000$원

Q17. (2016 CPA) 옵션 투자전략에 관한 설명으로 가장 적절하지 않은 것은? (   )

① 방어적풋(protective put) 전략과 커버드콜(covered call) 전략은 일종의 헷지(hedge)전략이다.

② 약세스프레드(bear spread) 전략은 행사가격이 낮은 옵션을 매도하고 행사가격이 높은 옵션을 매수하는 전략이다.

③ 박스스프레드(box spread) 전략은 콜옵션을 이용한 강세스프레드와 풋옵션을 이

용한 약세스프레드를 결합한 전략이다.

④ 스트래들(straddle) 매수전략은 만기와 행사가격이 동일한 콜옵션과 풋옵션을 동시에 매수하는 전략이다.

⑤ 스트립(strip) 전략은 만기와 행사가격이 동일한 콜옵션을 2개 매수하고 풋옵션을 1개 매수하는 전략이다.

Q18. (2018 CPA) 다음 표는 잔존만기와 기초자산이 동일한 유럽형 콜옵션의 시장가격을 정리한 것이다. 잔존만기와 무위험이자율이 양수라고 가정할 때, 다음 중 차익거래가 나타날 수 있는 포지션은? (단, 괄호 안은 행사가격을 나타낸다.) (   )

행사가격	콜가격	풋가격
100	9.0	3.0
105	5.2	6.0
110	2.0	11.5

① 콜(100) 1개 매수, 콜(105) 1개 매도
② 풋(105) 1개 매수, 풋(110) 1개 매도
③ 콜(100) 1개 매수, 콜(105) 2개 매도, 콜(110) 1개 매수
④ 풋(100) 1개 매수, 풋(105) 2개 매도, 풋(110) 1개 매수
⑤ 콜(100) 1개 매수, 풋(100) 1개 매수

Q19. (2019 CPA) 배당을 지급하지 않는 주식 E를 기초자산으로 하는 유럽형 옵션을 가정한다. 주식 E의 1주당 시장가격은 현재 10,000원이다. 잔존만기 1년, 행사가격 11,000원인 유럽형 콜옵션과 풋옵션의 1계약당 프리미엄은 현재 각각 1,500원과 500원으로 차익거래 기회가 존재한다. 차익거래 포지션의 만기일의 현금흐름을 0으로 할 때, 현재의 차익거래 이익에 가장 가까운 것은? 단, 무위험수익률은 연 10%이며 무위험수익률로 차입과 예금이 가능하다. 옵션 1계약당 거래단위(승수)는 1주이며, 차익거래 포지션은 주식 E의 1주를 기준으로 구성한다. (   )

① 800원   ② 900원   ③ 1,000원
④ 1,100원   ⑤ 1,200원

Q20. (1998 CPA 2차) 동일한 만기에 상이한 행사가격을 갖는 세 가지 주가지수옵션의 가격이 각각 다음과 같이 형성되어 있다고 할 때, 다음 물음에 답하라.

옵션	행사가격	가격
콜	35	1.4
풋	32.5	0.5
풋	35	0.6
풋	37.5	1.8

1. 행사가격이 35인 콜옵션과 풋옵션을 각각 1단위씩 매도할 때, 손익그래프를 나타내고 이익이 발생하는 범위와 최대가능이익 및 최대가능손실을 구하라(그래프는 가로축을 S_T로 세로축을 손익으로 할 것).

2. 〈물음1〉의 전략은 위험이 너무 크므로 이를 피하기 위하여 행사가격이 35인 풋옵션을 2개 매수하고 행사가격이 32.5인 풋옵션과 행사가격이 37.5인 풋옵션을 각각 1개씩 매도할 때, 손익의 그래프를 나타내고 이익이 발생하는 범위와 최대가능이익 및 최대가능손실을 구하라.

Q21. (1999 CPA 2차 수정) KOSPI200이 100이고 선물은 단위포인트당 50만원, 옵션은 단위포인트당 10만원에 각각 거래되고 있다. 6월 만기 선물의 가격은 101.5이고, 5월 1일 현재부터 만기까지의 기간은 40일이다. 6월만기 옵션의 행사가격별 가격은 다음과 같다. 무위험이자율은 8%이고, 배당액지수의 합계($\sum d_t$)는 5라고 할 때 다음 물음에 답하라.

옵션	행사가격	가격
콜	97.5	3.0
콜	100.0	2.5
풋	100.0	2.5
풋	102.5	3.0

1. 만기 6월인 선물의 균형가격을 구하라(단, 소수점 이하 셋째 자리에서 반올림).
2. 만기 6월인 선물의 매수와 같은 손익효과를 나타내는 옵션전략을 구하라.
3. 만기 6월인 선물의 한 단위 매도로 인한 차익거래이익을 구하라.

Q22. (2008 CPA 2차) 헷지펀드 웰빙투자의 신중해 팀장은 현재 9,000원대 중반에서 움직이는 ㈜사하라정유의 주식을 10만주 보유하고 있는데, 최근 원유가의 움직임이 심상치 않자 동 주식의 변동성이 커질 것으로 예상하여 이를 헷징하기 위한 방안을 모색하고 있다. 이때 ㈜스마트머니증권으로부터 다음과 같은 두 가지 종류의 장외파생상품의 거래를 제안 받았는데 이들 두 상품의 적정 프리미엄을 평가해보고자 한다. 한편 거래소에 상장되어 있는 1년 만기 ㈜사하라정유의 유럽형 주식옵션의 가격과 선물가격 및 연

간 무위험이자율은 다음과 같다. 단, 시장은 완전하며 차익거래의 기회가 존재하지 않는다고 가정하시오.

> 콜가격(행사가격 10,000원) = 652원
> 풋가격(행사가격 9,200원) = 781원
> 1년 만기 주식선물가격 = 9,400원
> 무위험이자율 = 연 6%

> 계약 Ⅰ: 향후 1년 후의 시점에서 헷지펀드가 10만주 전량의 주식을 주당 9,500원에 증권회사에 매도한다.
>
> 계약 Ⅱ: 향후 1년 후의 시점에서 주가가 9,200원 이하로 하락하면 헷지펀드는 주당 9,200원에 10만주를 증권회사에 매도할 수 있고, 반면에 주가가 10,000원 이상으로 상승하면 헷지펀드는 주당 10,000원에 보유 주식의 두 배인 20만주를 증권회사에 매도해야 한다.

1. 계약 Ⅰ의 경우 헷지펀드는 증권회사에 계약시점에서 얼마의 프리미엄을 주는 것 (혹은 받는 것)이 적정한가?
2. 계약 Ⅱ의 경우 헷지펀드는 증권회사에 계약시점에서 얼마의 프리미엄을 주는 것 (혹은 받는 것)이 적정한가?

Q23. (2010 CPA 2차) 한국과 미국의 무위험이자율은 각각 연간 6%와 4%이다. 한국의 금융시장에서 달러화의 현물환율은 1달러당 1,250원이다. 잔존만기가 1년이고 행사가격이 1,000원인 유럽형 콜옵션이 300원에 거래되고 있다. 국내 및 미국의 금융시장에는 어떠한 차익거래의 기회도 존재하지 않는다고 가정하시오. 소수점 첫째 자리에서 반올림하여 답하시오.

1. 미화 1달러에 대한 1년 만기 선물의 적정가격을 구하시오.
2. 한국의 대미 수출기업인 ㈜한텍은 환리스크를 헷지하고자 한국의 금융시장에서 달러화를 기초자산으로 하고 행사가격이 1,000원이며, 만기가 1년인 유럽형 풋옵션을 매수하고자 한다. 이 풋옵션의 적정 프리미엄은 얼마인가?
3. 미국에 본사를 둔 Detroit Hardware Inc.는 한국에 공구를 수출하는 기업이다. 이 기업은 수출대금으로 수취할 원화 100만원을 시카고옵션시장에서 1,000달러에 처분할 수 있는 풋옵션을 매수하고자 한다. 100만원에 대한 1년 만기 유럽형 풋옵션의 적정 프리미엄은 달러화로 얼마인가? 단, 미국의 금융시장에서 원화에 대한 현물환율은 1/1,250(USD/원) = 0.0008(USD/원)이다.

Q24. (2015 CPA 2차) AAA기업의 주식을 기초자산으로 하고 잔존만기가 1년으로 동일한 다음의 6가지 유럽형 옵션이 현재 시장에서 거래되고 있다. 단, 무위험이자율은 연 10%이다.

옵션종류	행사가격	옵션프리미엄
콜옵션	1,000원	100원
	1,150원	40원
	1,300원	5원
풋옵션	1,000원	20원
	1,150원	60원
	1,300원	105원

1. 1년 후 옵션의 만기 시에 AAA기업의 주가의 변화에 따라 아래와 같은 만기 손익을 동일하게 복제하는 옵션 포트폴리오를 만들고자 한다. 위에서 제시된 옵션들을 조합하여 만들 수 있는 거래전략을 두 가지 방법으로 나누어 제시하라. 단, 손익계산 시 옵션프리미엄은 고려하지 않는다. S_T는 만기 시 AAA기업의 주가이다.

주가	만기손익
$S_T < 1,000$	0
$1,000 < S_T < 1,150$	$S_T - 1,000$
$1,150 < S_T < 1,300$	$1,300 - S_T$
$1,300 < S_T$	0

2. 〈물음 1〉의 두 가지 거래 전략에 소요되는 현재 시점에서의 총 비용을 각각 원단위로 계산하라.

3. 앞의 6가지 유럽형 옵션들 사이에는 차익거래 기회가 존재한다. 6가지 옵션 모두를 이용하여 현재 시점에서는 비용이 소요되지 않는 차익거래전략을 제시하고 만기일에서의 차익거래이익을 원단위로 계산하라.

4. 옵션의 만기 시 AAA기업의 주가에 관계없이 150원이라는 확실한 현금흐름을 제공하는 옵션 포트폴리오를 만들고자 한다. 위에서 제시된 옵션들을 조합한 두 가지 거래전략을 제시하고 각 거래전략의 수익률을 계산하라. 계산결과는 %단위로 표시하되 반올림하여 소수점 첫째 자리까지 표시하라.

Q25. (2016 CPA 2차 수정) ㈜가나의 주식을 기초자산으로 하고 잔존만기가 1년인 다음의 4가지 유럽형 옵션이 현재 시장에서 거래되고 있으며 무위험이자율은 연 10%이다.

구 분	행사가격(원)	옵션프리미엄(원)
콜옵션	2,000	200
	2,300	20
풋옵션	2,000	40
	2,300	120

1. 옵션 만기일에 ㈜가나의 주가와 무관하게 항상 300원의 현금흐름을 가져오는 옵션 포트폴리오를 구성하려 한다. 위에서 제시한 4가지 유럽형 옵션을 모두 이용한 거래전략을 제시하시오.

2. 〈물음 2〉의 거래전략에 소요되는 총비용을 현재시점을 기준으로 반올림하여 원단위로 계산하시오.

3. 현재 거래되는 4가지 유럽형 옵션들 사이에는 이익을 낼 수 있는 거래기회가 존재한다. 현재시점에서 거래전략을 제시하고 차익거래이익을 만기시점을 기준으로 반올림하여 원단위로 계산하시오.

4. 현재 시장에는 ㈜가나의 주식을 기초자산으로 하고 행사가격이 2,600원, 옵션프리미엄이 10원, 잔존만기가 1년인 콜옵션도 거래되고 있다. 콜옵션을 이용한 나비스프레드(butterfly spread) 전략을 제시하고, 옵션 만기일에 ㈜가나의 주가가 2,400원인 경우의 수익률을 계산하시오. 계산결과는 %단위로 표시하되 반올림하여 소수점 첫째 자리까지 표시하시오.

Q1. ③

‖답‖

매수스트래들의 최대손실 = 5원 + 4원 = 9원

매수스트래들의 최대이익 = 무제한

손익분기주가 = $X_1 - S_T - 9 = 0 \rightarrow 55 - S_T - 9 = 0 \rightarrow S_T = 46$

$S_T - X_2 - 9 = 0 \rightarrow S_T - 60 - 9 = 0 \rightarrow S_T = 69$

Q2. ②

‖답‖ 40원 − 25원 + 2.5원 − 4원 = 13.5원

Q3. ①

Q4. ⑤

‖답‖

옵션만기일의 기초자산의 가격이 50,000원이므로 옵션은 모두 행사한다. 즉, 매수한 옵션의 만기가치는 $(50,000 - 25,000) \times 2 = 50,000$원이고, 매도한 옵션의 만기가치는 $(40,000 - 50,000) \times 1 = -10,000$원이므로 투자전략의 만기가치는 40,000원이다. 투자자는 옵션매수에 $-4,000 \times 2 = -8,000$원을 사용하였고, 옵션매도로 2,500원을 벌어 총 만기손익은 34,500원이 된다.

Q5. ④

‖답‖

A: 커버드콜 C: 매수스트랭글 D: 콜약세수직스프레드 E: 방어적풋

Q6. ①

‖답‖

매도스트랭글: 행사가격이 매우 높은 콜옵션 매도하고 행사가격이 매우 낮은 풋옵션 매도

포지션	비용	수익		
		$S_T < X_1$	$X_1 < S_T < X_2$	$S_T > X_2$
콜 매도($X_2 = 1,200$)	$-C(= -32)$	-0	-0	$-(S_T - X_2)$
풋 매도($X_1 = 1,100$)	$-P(= -21)$	$-(X_1 - S_T)$	-0	-0
	-53	$S_T - X_1$	0	$X_2 - S_T$

만기의 주가지수가 1,120이므로 X_1과 X_2사이에 있다. 따라서 만기수익은 0이며, 이익은 옵션
매도가격인 53원이 된다. 최대손익도 53원이다.

Q7.
┃답┃ ①

a. 방어적풋+칼라의 수익과 손익구조는 다음과 같으며, 기초자산의 손익범위를 한정할 수 있다.

포지션	비용	수익		
		$S_T < X_1$	$X_1 < S_T < X_2$	$S_T > X_2$
주식포트폴리오 매수	$S(=100)$	S_T	S_T	S_T
콜 매도($X_2 = 130$)	$-C_2(=-5)$	-0	-0	$-(S_T - X_2)$
풋 매수($X_1 = 100$)	$P_1(=30)$	$X_1 - S_T$	0	0
	125	X_1	S_T	X_2

이익 = 수익 $-(C_1] - C_2)$

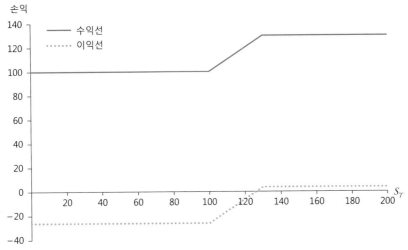

d. 기초자산 가격 변동에 따른 손익을 곡선의 형태로 실현하기 위해서는 수평스프레드를 이
   용하면 된다.
e. 기초자산 가격이 큰 폭으로 변동하고 특히 하락보다는 상승이 예상되는 경우 스트랩
   (strap)을 매수하면 된다.

Q8. ⑤
┃답┃
① KOSPI200의 종가 213.44와 비슷한 행사가격은 212.5이며, 이 경우의 콜옵션가겨이 풋옵
   션가격보다 더 비싸게 나타났다.

② $(3.50-2.34)\times10$계약$\times100,000$원$=1,160,000$원

(2012년 3월 9일부터 옵션거래승수를 100,000원에서 500,000원으로 상승 조정하였다.)

③ 외가격옵션은 현재 현물가격이 행사가격에 비해 콜옵션의 경우 낮고 풋옵션의 경우 높은 옵션을 말한다. 즉, 당장 행사한다면 이익을 낼 수 없는 상태에 있는 옵션을 일컫는다. 콜옵션의 경우 $S<X$, 풋옵션의 경우 $S>X$인 상태를 의미한다. $KOSPI200$의 종가 213.44를 기준으로 하여 콜의 경우인 $X=215$ 혹은 217.5인 경우, 풋의 경우 $X=210.5$ 혹은 207.5인 경우 거래량이 월등히 많은 것을 확인해 볼 수 있다.

④ 내가격옵션은 현재 현물가격이 행사가격에 비해 콜옵션의 경우 높고 풋옵션의 경우 낮은 옵션을 말한다. 다시 말해 당장 행사한다면 이익을 낼 수 있는 상태에 있는 옵션을 일컫는다. 콜옵션의 경우 $S>X$, 풋옵션의 경우 $S<X$인 상태를 의미한다. 자료에서 콜옵션은 $X=212.5$ 혹은 210.5인 경우로서 미결제약정수량이 적음을 알 수 있다.

⑤ $P+S=C+\dfrac{X}{(1+r)^T} \rightarrow P+213.44=4.55+\dfrac{212.5}{1.002} \rightarrow P=3.1858$이 된다. 따라서 행사가격 212.5인 풋옵션의 실제가격 3.30이 이론가격인 3.1858보다 크므로 풋옵션은 과대평가되어 있다.

Q9. ①

┃답┃

$$P= -S+C+\dfrac{X}{(1+r)^T} = -10,000+2,000+\dfrac{1,000}{1+r}$$

여기서, 무위험채권의 현재가격 $\dfrac{1,000}{1+r}=900$ 이므로

$\rightarrow P=-10,000+2,000+900=1,000$

Q10. ①

┃답┃

$$P+S = C+\dfrac{X}{(1+r)^T} \rightarrow 500+11,000 < 1,700+\dfrac{10,500}{1+0.05}$$

$\rightarrow$ 풋매수, 현물매수, 콜매도, 차입

Q11. ⑤

┃답┃

① 1,140원/0.95달러$=1,200/U\$$

② $92=\dfrac{100}{1+r_{0,1}} \rightarrow r_{0,1}=0.0870$ $87=\dfrac{100}{(1+r_{0,2})^2} \rightarrow r_{0,2}=0.0721$

$P_0=\dfrac{800}{1+0.0870}+\dfrac{10,800}{(1+0.0721)^2}=10,132.19$원

③ $F_0 = S_0\left(1 + r \times \dfrac{T}{365}\right) - \sum d_t \rightarrow F_0 = 10,000\left(1 + 0.05 \times \dfrac{6}{12}\right) - 400 = 9,850$원

선물이론가격(9,850) < 선물실제가격(10,100)

→ 선물과대평가 → 선물매도, 현물매수 → 매수차익거래전략

④ 풋매수나비형스프레드이면서 비용이 발생하지 않고 바로 이익 100원(=1,300원×2-800 원-1,700원) 발생하며, 주가가 상승하든 혹은 하락하든 달리 손실 발생하지 않는다.

⑤ $(1 + r_{0,2})^2 = (1 + r_{0,1})(1 + r_{1,2})$

→ $(1 + 0.07)^2 = 1.1449 > (1 + 0.06)(1 + 0.075) = 1.1395$

→ 2년 만기 무이표채 매수하면 (즉, 2년 돈을 빌려주면) 2년 후 수익이 1.1449 발생, 동시에 1년 만기 무이표채 공매도하고 (즉, 1년 돈을 빌려오고) 1년 끝나는 시점에서 롤오버하여 1년 더 차입하면 2년 후 1.1395를 갚으면 된다.

→ 차익거래이익 0.0054(=1.1449-1.1395) 실현

Q12. ⑤

┃답┃

6개월 후 1백만 달러를 받기로 하였으므로 환손실위험이 우려된다. 따라서 기초자산이 통화인 달러콜옵션매도하거나 달러풋옵션을 매수하거나, 6개월 만기 선물환 매도 및 단기금융시장을 이용하여 환위험을 헷지할 수 있다.

Q13. ②

┃답┃ 엔화는 환율상승(엔화가격상승)으로 환손실위험 우려, 달러화는 환율하락(달러화가격하락)으로 환손실 우려.

① 달러선물환 매도

③ 현물환매수로 환헷지 불가

④ 달러화 풋옵션매수, 달러화 콜옵션 매도

⑤ 달러화 풋옵션매수

Q14. ④

┃답┃

① $10,000 = \dfrac{11,000}{(1 + r)^1} \rightarrow r = 0.1$

$P + S = C + \dfrac{X}{(1 + r)^T} \rightarrow C = 2,000 + 10,000 - \dfrac{11,000}{(1 + 0.1)^1} = 2,000$

→ 콜옵션 실제가격(3,000) > 이론가격(2,000) 콜옵션 과대평가 → 콜옵션 매도, 합성 콜옵션 매수(풋옵션 매수, 현물매수, 차입)

②

전략	현금흐름	수익	
		$S_T < 11,000$	$S_T > 11,000$
2개의 콜 매수	$-6,000$	-0	$2(S_T - 11,000)$
주식 1주 매도(공매)	$10,000$	$-S_T$	$-S_T$
예금(대출)	$-10,000$	$10,000 \times 1.1$	$10,000 \times 1.1$
	$-6,000$	$-S_T + 11,000$	$S_T - 11,000$

$S_T = 2,500$원일 경우: 이익 $= -S_T + 11,000 - 6,000 = 2,500$원 이익

$S_T = 12,500$원일 경우: 이익 $= S_T - 11,000 - 6,000 = -4,500$원 손실

③ $P + S = C + \dfrac{X}{(1+r)^T}$

$\rightarrow P = -S + C + \dfrac{X}{(1+r)^T} = -10,000 + 3,000 + \dfrac{11,000}{(1+0.1)^1} = 3,000$

$\rightarrow$ 풋옵션 이론가격(3,000) > 풋옵션 실제가격(2,500) $\rightarrow$ 풋옵션 과소평가 $\rightarrow$ 차익거래기회 존재

④ $C = P + S - \dfrac{X}{(1+r)^T}$: 풋매수, 주식매수, 차입

⑤ $P + S = C + \dfrac{F}{(1+r)^T}$ $\rightarrow$ $P + 10,000 = C + \dfrac{11,000}{(1+0.1)^1}$ $\rightarrow$ $P = C$; 박스스프레드 참조

포지션		비용	수익	
			$S_T < X$	$S_T > X$
전략 1: 합성선물 매수	콜 매수(X)	C	0	$S_T - X$
	풋 매도(X)	$-P$	$-(X - S_T)$	-0
		$C - P$	$S_T - X$	$S_T - X$
전략 2: 선물 매수		0	$S_T - F_0$	$S_T - F_0$

만일 $F_0 = X$라고 하면, 전략 1과 전략 2의 수익이 같으므로, 무위험차익거래 기회가 존재하지 않기 위해서는 전략 1과 전략 2의 비용이 서로 같아야만 한다.

$\rightarrow C - P = 0 \rightarrow C = P$

Q15. ③

Q16. ⑤

┃답┃ 매수스트랭글의 수익

포지션	비용	수익		
		$S_T < X_1$	$X_1 < S_T < X_2$	$S_T > X_2$
콜 매수($X_2 = 200,000$)	$C(=20,000)$	0	0	$S_T - X_2$
풋 매수($X_1 = 180,000$)	$P(=30,000)$	$X_1 - S_T$	0	0
		$X_1 - S_T$	0	$S_T - X_2$

이익=수익$-(C+P)$이고 차입원금(=옵션매수비용 30,000원)과 이자 3,000원이 총비용이 된다. 따라서 손익분기점: 이익$=X_1 - S_T - 33,000 = 0$ → $180,000 - S_T - 33,0000$ → $S_T = 147,000$, 이익$=S_T - X_2 - 33,000 = 0$ → $S_T - 200,000 - 33,000 = 0$ → $S_T = 233,000$. ∴ 손실범위: 147,000원$< P <$233,000원

Q17. ⑤

Q18.

┃답┃ ②

포지션	비용	수익		
		$S_T < 105$	$105 < S_T < 110$	$S_T > 110$
풋 매수($X = 105$)	$P(=6)$	$(105 - S_T)$	0	0
풋 매도($X = 110$)	$-P(=-11.5)$	$-(110 - S_T)$	$-(110 - S_T)$	-0
		-5.5	-5	$-(110 - S_T)$	0

풋 매수($X = 105$)하고 풋 매도($X = 110$)하는 전략의 현재 이익은 5.5원이고, 만기 시의 최대손실은 5이므로 차익거래가 가능하다.

Q19. ①

┃답┃

$$P + S = C + \frac{X}{(1+r)^T} \rightarrow 500 + 10,000 < 1,500 + \frac{11,000}{1 + 0.1} \rightarrow$$ 풋매수, 현물매수, 콜매도, 차입: 차익거래이익 $11,500 - 10,500 = 1,000$원

Q20.

┃답┃
1. 매도스트래들

매도스트래들의 수익

포지션	비용	수익	
		$S_T < X$	$S_T > X$
콜매도($X=35$)	$-C(=-1.4)$	-0	$-(S_T-X)$
풋매도($X=35$)	$-P(=-0.6)$	$-(X-S_T)$	-0
	-2	$-(X-S_T)$	$-(S_T-X)$

이익 = 수익 $- (-C-P)$

매도스트래들의 손익구조

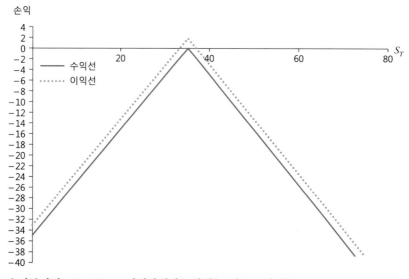

손익분기점: 33, 37 → 이익발생가능범위(33과 37 사이)

최대가능이익: 2

최대가능손실: ∞

2. 풋매도나비형스프레드

풋매도나비형스프레드의 수익

포지션	비용	수익			
		$S_T < X_1$	$X_1 < S_T < X_2$	$X_2 < S_T < X_3$	$S_T > X_3$
풋 매도($X_1=32.5$)	$P_1(=-0.5)$	$-(X_1-S_T)$	-0	-0	-0
풋 매도($X_3=37.5$)	$P_3(=-1.8)$	$-(X_3-S_T)$	$-(X_3-S_T)$	$-(X_3-S_T)$	-0
2개의 풋 매수($X_2=35$)	$-2P_2(=1.2)$	$2(X_2-S_T)$	$2(X_2-S_T)$	0	0
	-1.1	$-X_1-X_3+2X_2$	$-X_3+2X_2-S_T$	$-(X_3-S_T)$	0

이익 = 수익 $- (-P_1-P_3+2P_2)$

풋매도나비형스프레드의 손익구조

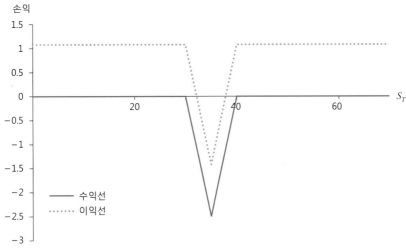

손익분기점: 33.6, 36.4 → 이익발생가능범위(33.6과 36.4 사이)

최대가능이익: 1.1

최대가능손실: −1.4

Q21.

▮답▮

1. $F_0 = S_0\left(1 + r \times \dfrac{T}{365}\right) - \sum d_t \ \rightarrow \ F_0 = 100\left(1 + 0.08 \times \dfrac{40}{365}\right) - 5 = 95.88$

2. 박스스프레드 참조: 콜매수 + 풋매도 = 합성선물매수

포지션		비용	수익	
			$S_T < 100$	$S_T > 100$
합성선물 매수	콜 매수($X = 100$)	2.5	0	$S_T - 100$
	풋 매도($X = 100$)	−2.5	$-(100 - S_T)$	−0
		0	$S_T - 100$	$S_T - 100$

〈합성선물 수익구조〉

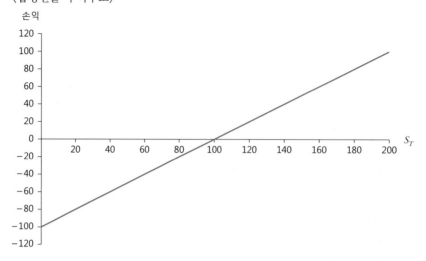

3. 실제가격(101.5) > 이론가격(95.88) → 선물 과대평가 → 선물매도, 현물매수: 매수차익거래전략

매수차익거래전략	현재시점의 현금흐름	만기시점의 현금흐름
C: KOSPI200선물 매도	0	$101.5 - S_T$
B: KOSPI200 매수	-100	$S_T + 5$
차입	100	$-100\left(1 + 0.08 \times \dfrac{40}{365}\right)$
차익거래이익	0	5.62

차익거래이익 = 5.60 × 50만원 = 2,810,000원

Q22.

|답|

1. 계약 Ⅰ과 별도로 헷지펀드가 1년 만기 주식선물을 매수하면, 1년 후 시점(만기시점)에서 헷지펀드는 선물매수계약의 이행으로 받은 주식을 증권회사에 매도하면 (9,500원−9,400 원)×10만주를 얻을 수 있으므로 현재시점에서 헷지펀드는 최소한 [(9,500원−9,400 원)×10만주]/1.06 = 9,433,962원의 프리미엄을 주어야 한다.

2. 1주식에 대해서 풋(X=9,200) 1개 매수, 콜옵션(X=10,000) 2개 매도 → (781−2×652)× 10만주 = −52,300,000원 → 헷지펀드는 계약시점에서 52,300,000원을 받아야 한다.

Q23.

|답|

1. $F_0 = S_0\left(\dfrac{1+i}{1+i^*}\right)$ → $F_0 = 1,250\left(\dfrac{1+1.06}{1+1.04}\right) = 1,274$

2. $P + \dfrac{S}{(1+r_f^*)^T} = C + \dfrac{X}{(1+r)^T} \;\rightarrow\; P + \dfrac{1{,}250}{(1+1.04)^1} = 300 + \dfrac{1{,}000}{(1+0.06)^1} \;\rightarrow\; P = 41원$

3. 미국: 100만원(S)을 1,000달러(X)에 매도할 수 있는 풋옵션 매수의 만기수익 $= X - S_T =$ 1,000달러 $-$ 100만원

한국: 1,000달러(S)를 100만원(X)에 매수할 수 있는 콜옵션 매수의 만기수익 $= S_T - X =$ 1,000달러 $-$ 100만원

→ 미국에서 풋옵션 매수하는 것과 한국에서 콜옵션 매수하는 것이 동일하므로 한국의 콜옵션가격을 이용하여 미국의 풋옵션가격을 다음과 같이 계산한다.

$P = 1{,}000 \times 300원 \times 0.0008 = \$240$

Q24.

┃답┃

1. 콜매수나비형스프레드의 수익

포지션	비용	수익			
		$S_T < 1{,}000$	$1{,}000 < S_T < 1{,}150$	$1{,}150 < S_T < 1{,}300$	$S_T > 1{,}300$
콜 매수 ($X_1 = 1{,}000$)	$C_1(=100)$	0	$S_T - 1{,}000$	$S_T - 1{,}000$	$S_T - 1{,}000$
콜 매수 ($X_3 = 1{,}300$)	$C_3(=5)$	0	0	0	$S_T - 1{,}300$
2개의 콜 매도 ($X_2 = 1{,}150$)	$-2C_2(=-80)$	-0	-0	$-2(S_T - 1{,}150)$	$-2(S_T - 1{,}150)$
		0	$S_T - 1{,}000$	$1{,}300 - S_T$	0

풋매수나비형스프레드의 수익

포지션	비용	수익			
		$S_T < 1{,}000$	$1{,}000 < S_T < 1{,}150$	$1{,}150 < S_T < 1{,}300$	$S_T > 1{,}300$
풋 매수 ($X_1 = 1{,}000$)	$P_1(=20)$	$1{,}000 - S_T$	0	0	0
풋 매수 ($X_3 = 1{,}300$)	$P_3(=105)$	$1{,}300 - S_T$	$1{,}300 - S_T$	$1{,}300 - S_T$	0
2개의 풋 매도 ($X_2 = 1{,}150$)	$-2P_2$ ($=-120$)	$-2(1{,}150 - S_T)$	$-2(1{,}150 - S_T)$	-0	-0
		0	$S_T - 1{,}000$	$1{,}300 - S_T$	0

2. 콜매수나비형스프레드의 비용: $100 + 5 - 80 = 25원$

풋매수나비형스프레드의 비용: $20 + 105 - 120 = 5원$

3. 콜매도나비형스프레드(콜 매도($X_1 = 1,000$), 콜 매도($X_3 = 1,300$), 2개의 콜 매수($X_2 = 1,150$))+풋매수나비형스프레드(풋 매수($X_1 = 1,000$), 풋 매수($X_3 = 1,300$), 2개의 풋 매도 ($X_2 = 1,150$)) → 만기시 차익거래이익 = $(25 - 5)(1 + 0.1) = 22$원
4. 박스스프레드의 수익

포지션		비용	수익		
			$S_T < 1,000$	$1,000 < S_T < 1,150$	$S_T > 1,150$
합성선물 매수	콜 매수 ($X_1 = 1,000$)	$C_1 (= 100)$	0	$S_T - 1,000$	$S_T - 1,000$
	풋 매도 ($X_1 = 1,000$)	$-P_1 (= -20)$	$-(1,000 - S_T)$	-0	-0
합성선물 매도	콜 매도 ($X_2 = 1,150$)	$-C_2 (= -40)$	-0	-0	$-(S_T - 1,150)$
	풋 매수 ($X_2 = 1,150$)	$P_2 (= 60)$	$1,150 - S_T$	$1,150 - S_T$	0
		100	150	150	150

→ 수익률 = $(150 - 100)/100 = 50\%$

포지션		비용	수익		
			$S_T < 1,000$	$1,000 < S_T < 1,150$	$S_T > 1,150$
합성선물 매수	콜 매수 ($X_1 = 1,150$)	$C_1 (= 40)$	0	$S_T - 1,150$	$S_T - 1,150$
	풋 매도 ($X_1 = 1,150$)	$-P_1 (= -60)$	$-(1,150 - S_T)$	-0	-0
합성선물 매도	콜 매도 ($X_2 = 1,300$)	$-C_2 (= -5)$	-0	-0	$-(S_T - 1,300)$
	풋 매수 ($X_2 = 1,300$)	$P_2 (= 105)$	$1,300 - S_T$	$1,300 - S_T$	0
		80	150	150	150

→ 수익률 = $(150 - 80)/80 = 87.5\%$

Q25.

┃답┃

1. 박스스프레드의 수익

포지션		비용	수익		
			$S_T < 2,000$	$2,000 < S_T < 2,300$	$S_T > 2,300$
합성선물 매수	콜 매수 ($X_1 = 2,000$)	$C_1(=200)$	0	$S_T - 2,000$	$S_T - 2,000$
	풋 매도 ($X_1 = 2,000$)	$-P_1(=-40)$	$-(2,000 - S_T)$	-0	-0
합성선물 매도	콜 매도 ($X_2 = 2,300$)	$-C_2(=-20)$	-0	-0	$-(S_T - 2,300)$
	풋 매수 ($X_2 = 2,300$)	$P_2(=120)$	$2,300 - S_T$	$2,300 - S_T$	0
		260	300	300	300

2. $200 - 40 - 20 + 120 = 260$원

3. 합성선물매수[콜 매수($X_1 = 2,000$), 풋 매도($X_1 = 2,000$))] + 합성선물매도[콜 매도($X_2 = 2,300$), 풋 매수($X_2 = 2,300$))] → 만기시점의 차익거래이익 $= 300 - 260(1 + 0.1) = 14$원

4. 콜매수나비형스프레드의 수익

포지션	비용	수익			
		$S_T < 2,000$	$2,000 < S_T < 2,300$	$2,300 < S_T < 2,600$	$S_T > 2,600$
콜 매수 ($X_1 = 2,000$)	$C_1(=200)$	0	$S_T - 2,000$	$S_T - 2,000$	$S_T - 2,000$
콜 매수 ($X_3 = 2,600$)	$C_3(=10)$	0	0	0	$S_T - 2,600$
2개의 콜 매도 ($X_2 = 2,300$)	$-2C_2(=-40)$	-0	-0	$-2(S_T - 2,300)$	$-2(S_T - 2,300)$
	170	0	$S_T - 2,000$	$2,600 - S_T$	0

→ 주가가 2,400원일 경우의 수익 $= 2,600 - S_T = 200$원

→ 투자수익률 $= (200 - 170)/170 = 17.6\%$

07 CHAPTER 옵션가격범위

학습개요 · 본 장에서는 콜옵션과 풋옵션의 가격이 어느 범위 내에서 움직이는지에 배우고, 콜옵션과 풋옵션의 가격에 영향을 미치는 요인들에 대해서 구체적으로 다룬다.

학습목표 · • 옵션가격
• 옵션가격범위
• 옵션가격에 영향을 주는 요인

Section 1 | 옵션가격

1. 행사가치

옵션가격은 행사가치(exercise value)와 시간가치(time value)로 구성된다. 행사가치는 내재가치(intrinsic value)라고도 하며, 옵션의 권리를 즉시 행사할 경우 확실하게 얻는 이익이다. 콜옵션의 경우 기초자산가격이 행사가격보다 큰 경우만 행사하여 이익을 보므로 이 경우에만 행사가치를 가지게 된다.

만약 기초자산가격이 행사가격보다 작거나 같은 경우에는 행사하지 않으므로 콜옵션의 행사가치는 음(−)의 값을 가질 수 없고 최소한 0보다 크거나 같다고 본다. 따라서 KOSPI200콜옵션의 행사가치 $=\text{Max}[(S_T - X),\ 0]$으로 나타낼 수 있다.

풋옵션의 경우는 현물가격이 행사가격보다 작은 경우에만 행사하여 이익을 보므로 이 경우에만 행사가치를 가진다. 풋옵션의 경우에도 기초자산가격이 행사가격보다 크거나 같은 경우에는 행사하지 않으므로 풋옵션의 행사가치는 음(−)의 값을 가질 수 없고 최소한 0보다 크거나 같다고 본다. 따라서 KOSPI200풋옵션의 행사가치＝ $Max[(X - S_T), 0]$으로 나타낼 수 있다.

2. 시간가치

시간가치란 옵션가격 중 행사가치를 초과하는 부분으로 KOSPI200옵션과 같이 만기 이전에 권리를 행사하지 못하는 유럽형 옵션의 경우 만기일까지의 기간 동안 기초자산의 가격이 변동함으로써 권리를 행사할 수 있는 가능성이 있다. 예를 들어, 제6장의 〈표 6-3〉 KOSPI200옵션시세표에서 KOSPI200은 423.57이고 5월물 콜옵션(X ＝ 437.50)의 가격이 0.33이다. 이 옵션은 지금 당장 행사하면 손실을 보는 외가격 옵션임에도 불구하고 0.33의 가격으로 거래되고 있다.

이는 앞으로 남은 만기까지의 기간 동안 기초자산의 가격이 상승하여 만기일에 KOSPI200지수가 행사가격보다 더 높은 가격으로 상승할 경우 권리를 행사를 통해 이익이 볼 가능성이 있기 때문에 행사가치가 없는 외가격 콜옵션도 0.33이라는 시간가치가 있어 이 가격으로 거래된다.

따라서 시간가치는 만기일까지의 기초자산의 가격이 옵션매수자에게 유리하게 변동할 가능성에 대한 가치 즉, 옵션매수자의 기대가 반영된 가치라고 할 수 있다. 시간가치의 하락은 콜(풋)옵션매수자에게 불리하게 작용하는 반면 콜(풋)옵션매도자에게는 유리하게 작용한다. 또한 시간가치는 시간이 경과함에 따라 감소하며 만기일이 가까워질수록 급격히 감소하여 만기일에는 시간가치가 0이 된다. 또한 기초자산의 가격 변동성이 클수록 시간가치가 크다.

예제   **행사가치와 시간가치**   • • •

KOSPI200이 353.04이고, 행사가격이 352.2인 5월물 KOSPI200콜옵션의 가격은 3.40이다. 행사가치와 시간가치를 구하시오.

행사가치: $353.04 - 352.2 = 0.84$

시간가치: $3.40 - 0.84 = 2.56$

〈그림 7-1〉에 콜옵션과 풋옵션의 행사가치와 시간가치를 나타내었다. 만기 이전의 옵션의 가치는 행사가치와 시간가치로 구성되고, 만기시점이 다가올수록 시간가치가 거의 사라지고 행사가치만 존재함을 볼 수 있다. 또한 시간가치는 등가격에서 최대이고, 외가격일수록(심외가격) 행사될 가능성이 작아지기 때문에 시간가치는 감소하며, 또한 내가격일수록(심내가격) 지금 당장 행사될 가능성이 커지기 때문에 시간가치가 감소한다.

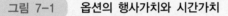

그림 7-1   옵션의 행사가치와 시간가치

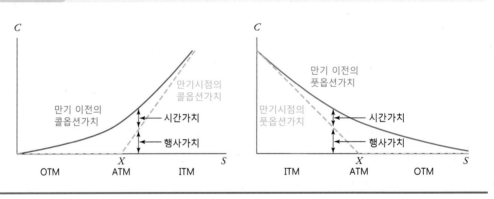

Section **2** | **옵션가격범위**

1. 콜옵션의 가격범위

(1) 상한치

콜옵션의 가격은 식(7-1)과 같이 기초자산인 현물가격보다 높을 수 없다. 왜냐하면 기초자산을 살 수 있는 권리를 기초자산가격보다 더 높게 주고 사지 않을 것이기 때문이다. 만일 위 조건에서 벗어나게 되면 기초자산을 매수하고 콜옵션을 매도하여 차익거래이익을 얻게 된다.

$$C \leq S_0 \tag{7-1}$$

(2) 하한치

1) 만기시점

만기시점(T)에 콜옵션매수자는 콜옵션을 행사할지 혹은 포기할지 선택하므로 콜옵션의 가치는 0이 되거나 혹은 행사가치가 될 것이다. 즉, 만기시점에는 조기행사가 없으므로 콜옵션의 가치는 식(7-2)처럼 0 또는 기초자산가격에서 행사가격을 차감한 가치인 행사가치 중 큰 값이 된다.

$$C_T = Max[\,0,\ S_T - X\,] \tag{7-2}$$

2) 만기 전

미국형 콜옵션의 하한치는 식(7-3)과 같이 최소한 기초자산가격에서 행사가격을 차감한 값이 된다.

$$C_t \geq Max[\,0,\ S_t - X\,] \tag{7-3}$$

예를 들어, 현재 주식이 105원에 거래되고 있고 이자율이 4%, 행사가격이 100인 미국형 콜옵션은 6개월 후에 만기가 되고 가격은 3원이라고 하자. 이 경우 투자자는 지금 주식을 105원에 공매하여 3원짜리 미국형 콜옵션을 매수하여 바로 행사가격 100을 지불하여 105원짜리 주식을 받아서 공매포지션을 마감하면 2원(=105−100−3)의 차익거래이익을 얻을 수 있다. 이처럼 미국형 콜옵션가격이 3원으로 너무 낮을 경우 현재 투자되는 현금흐름 없이 이익을 얻을 수 있는 차익거래기회가 생기기 때문에 차익거래이익이 발생하지 않으려면 미국형 콜옵션의 가격은 최소한 5원(=$S_t−X$=105원−100원)이 되어야 한다.

한편, 유럽형 콜옵션의 하한치는 만기이전에 행사할 수 없으므로 현재시점에서의 가치는 식(7-4)와 같이 최소한 기초자산가격에서 행사가격의 현재가치를 차감한 값이어야 한다.

$$C_t \geq Max\left[0, \; S_t - \frac{X}{(1+r)^T}\right] \tag{7-4}$$

예를 들어, 현재 주식이 105원에 거래되고 있고 이자율이 4%, 행사가격이 100인 유럽형 콜옵션은 6개월 후에 만기가 되고 가격은 3원일 경우, 투자자는 지금 주식을 105원에 공매하여 3원짜리 콜옵션을 매수하고 나머지 102원을 대출할 경우 현재 현금흐름은 0이 된다.

만기 시에 대출에 대한 원리금 104.02원(=$102(1+0.04)^{0.5}$)이 들어오게 된다. 현재 유럽형 콜옵션 가격이 얼마가 되든 만기시점에서 행사가격보다 주가가 낮다면 권리를 포기하므로 대출로 인해 이익이 발생한다. 즉, 만기 시에 주가가 80원처럼 행사가격보다 낮으면 콜옵션을 포기하고 대출에 대한 원리금 104.02원을 받고 주식시장에서 주식을 구입하여 공매포지션을 마감하여 24.02원(=104.02원−80원)의 이익을 얻는다.

반대로, 주가가 120원처럼 행사가격보다 크다면 투자자는 유럽형 콜옵션을 행사하여 120원짜리 주식을 받아서 공매포지션을 마감하고 4.02원(=104.02원−100원)의 이익을 얻게 된다. 이처럼 만기 시의 주가가 행사가격보다 클 경우 유럽형 콜옵션가격이 3원처럼 너무 낮을 경우 현재 투자되는 현금흐름 없이 이익을 얻을 수 있는 차익거래기회가 생기기 때문에 차익거래이익이 발생하지 않으려면 유럽형 콜옵션가격

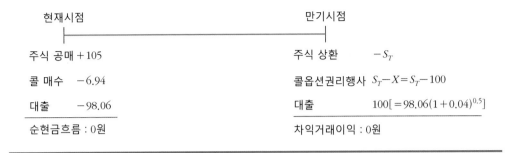

그림 7-2   차익거래과정을 통한 유럽형 콜옵션의 하한치

현재시점   만기시점

주식 공매 $+105$ 주식 상환 $-S_T$

콜 매수 -6.94 콜옵션권리행사 $S_T - X = S_T - 100$

대출 -98.06 대출 $100[=98.06(1+0.04)^{0.5}]$

순현금흐름 : 0원   차익거래이익 : 0원

은 최소한 6.94원$(=S_t - X/(1+r)^T = 105 - 100/(1+0.04)^{0.5} = 105 - 98.06)$이 되어야 한다.

따라서 만기 시에 주가가 행사가격보다 클 경우 〈그림 7-2〉에 나타낸 것과 같이 현재시점에서 105원에 주식을 공매하여 유럽형 콜옵션을 6.94원을 주고 매수하고 나머지 금액 98.06원으로 대출(채권투자)을 하게 되면 만기 시에 채권은 행사가격과 동일한 100원이 되어, 차익거래이익이 0이 된다.

〈그림 7-3〉에는 유럽형 콜옵션의 가격범위를 나타내었다. 즉, 유럽형 콜옵션의 가격은 만기 전의 현재시점에서, 최대한 기초자산의 가치보다 작고$(C \leq S_0)$, 최소한

그림 7-3   유럽형 콜옵션의 가격범위

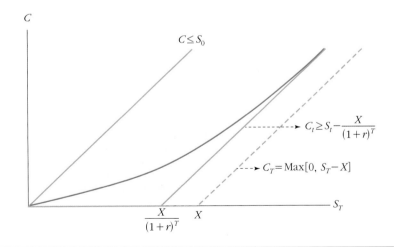

그림 7-4 ｜ 미국형 콜옵션의 가격범위

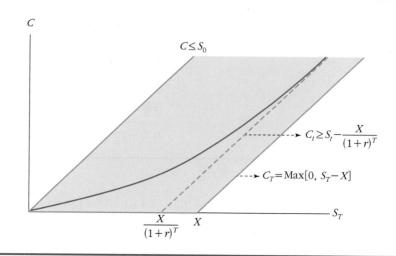

음($-$)의 가치는 아니며($C \geq 0$), 최소한 기초자산가격에서 행사가격의 현재가치를 차감한 값($C \geq S_t - X/(1+r)^T$)보다는 큰 범위에 존재한다. 따라서 유럽형 콜옵션의 가격범위는 〈그림 7-3〉에서 노란색으로 표시한 영역에 해당한다.

〈그림 7-4〉에는 미국형 콜옵션의 가격범위를 나타내었다. 즉, 미국형 콜옵션의 가격은 만기 전의 현재시점에서, 최대한 기초자산의 가치보다 작고($C \leq S_0$), 최소한 음($-$)의 가치는 아니며($C \geq 0$), 최소한 기초자산가격에서 행사가격을 차감한 값 ($C \geq S_t - X$)보다는 큰 범위에 존재한다. 따라서, 유럽형 콜옵션의 가격범위보다 더 넓은 범위에서 미국형 콜옵션의 가격이 존재하게 되며, 미국형 콜옵션의 가격범위는 〈그림 7-4〉에서 파란색으로 표시한 영역에 해당한다.

2. 풋옵션의 가격범위

(1) 상한치

1) 미국형 풋옵션

기초자산(S_t)의 가격이 하락하여 행사가격(X)보다 낮아지면 풋옵션은 권리를 행사하여 $X - S_t$만큼 수익이 발생한다. 극단적으로 S_t가 0이 될 때 최대수익 X가 발생하므로 풋옵션의 가치는 행사가격을 초과할 수는 없다.

$$P \leq X \tag{7-5}$$

2) 유럽형 풋옵션

유럽형 풋옵션은 만기시점에서 행사가격보다 높을 수 없으며, 만기이전에 행사할 수 없으므로 현재시점에서의 가치는 행사가격의 현재가치보다 클 수 없다.

$$P \leq \frac{X}{(1+r)^T} \tag{7-6}$$

(2) 하한치

1) 만기시점

만기시점(T)에 풋옵션매수자는 풋옵션을 행사할지 혹은 포기할지 선택하므로 풋옵션의 가치는 0이 되거나 혹은 행사가치가 될 것이다. 즉, 만기시점에는 조기행사가 없으므로 풋옵션의 가치는 0 또는 행사가격에서 주가를 차감한 값인 행사가치 중 큰 값이 된다.

$$P_T = Max[0, \ X - S_T] \tag{7-7}$$

2) 만기 전

미국형 풋옵션의 하한치는 만기 전에 식(7-8)과 같이 최소한 행사가격에서 주가를 차감한 값이 된다.

$$P_t \geq Max[0, \ X - S_t] \tag{7-8}$$

예를 들면, 현재주가가 94원, 행사가격이 100원, 풋옵션이 2원이라 하면 지금 당장 풋옵션과 주식을 각각 2원과 94원을 주고 매수하고 동시에 풋옵션을 행사하게 되면 행사가격 100원을 받고 94원짜리 주식을 팔아 6원($=X-S_t=100-94$)을 벌며 풋옵션 가격 2원를 제하면 4원(=6원-2원)의 차익거래이익을 얻게 된다. 이러한 차익거래이익이 발생하지 않으려면 풋옵션의 가격이 최소한 6원은 되어야 한다. 실제로 시장에서 풋옵션의 가격은 시간가치가 있기 때문에 일반적으로 행사가격과 주가의 차이보다 더 크다.

한편, 유럽형 풋옵션의 만기 전의 현재시점에서의 하한치는 식(7-9)와 같이 최소한 행사가격의 현재가치에서 주가를 차감한 값이어야 한다.

$$P_t \geq Max\left[0, \; \frac{X}{(1+r)^T} - S_t\right] \tag{7-9}$$

예를 들어, 현재주가가 94원, 행사가격이 100원인 유럽형 풋옵션의 가격이 2원, 만기 6개월, 이자율이 4%라고 하자. 투자자가 풋옵션과 주식을 매수하기 위하여 만기 6개월, 4%이자율로 96원을 차입하여 풋옵션(2원)과 주식(94원)을 매수할 경우 현재 현금흐름은 0이 된다. 만약 만기 시에 주가가 행사가격인 100원보다 낮을 경우에는 풋옵션을 행사하여 가지고 있던 주식을 행사가격인 100원에 매도하고 차입에 대한 원리금 97.9원($=96(1+0.04)^{0.5}$)을 갚게 되면 2.1원(=100-97.9)의 차익거래이익이 발생한다.

반대로, 만기 시의 주가가 120원처럼 행사가격 100원보다 높을 경우에는 풋옵션을 포기하고 가지고 있던 주식을 120원에 매도하고 차입에 대한 원리금 97.9원($=96(1+0.04)^{0.5}$)을 갚게 되면 22.1원(=120-97.9)의 큰 이익을 얻게 된다. 따라서 차익

그림 7-5 **차익거래과정을 통한 만기 전 유럽형 풋옵션의 하한치**

현재시점		만기에 가까워진 시점	
6개월 동안 4%로 차입	98.06	차입에 대한 원리금	$-100[=98.06(1+0.04)^{0.5}]$
풋 매수	-4.06	풋옵션권리행사	+100
주식 매수	-94		
순현금흐름 : 0원		차익거래이익 : 0원	

그림 7-6   유럽형 풋옵션의 가격범위

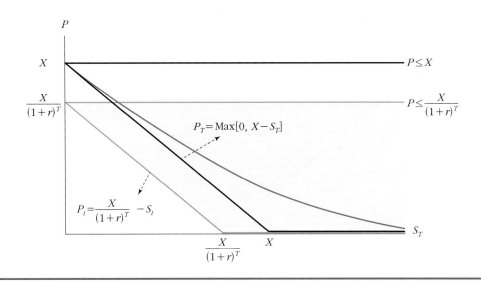

거래이익이 발생하지 않기 위해서는 최소한 풋옵션 가격이 4.06원($= X/(1+r)^T - S_t =$ $100/(1+0.04)^{0.5} - 94$)이 되어야 한다. 이러한 절차를 〈그림 7-5〉에 나타내었다.

〈그림 7-6〉에는 유럽형 풋옵션의 가격범위를 나타내었다. 즉, 유럽형 풋옵션의 가격은 만기 전의 현재시점에서, 최대한 행사가격의 현재가치보다 작고($P \leq X/(1+r)^T$), 최소한 음($-$)의 가치는 아니며($P \geq 0$), 최소한 행사가격의 현재가치에서 기초자산가격을 차감한 값($P \geq X/(1+r)^T - S_t$)보다는 큰 범위에 존재한다. 따라서 유럽형 풋옵션의 가격범위는 〈그림 7-6〉에서 노란색으로 표시한 영역에 해당한다.

〈그림 7-7〉에는 미국형 콜옵션의 가격범위를 나타내었다. 즉, 미국형 콜옵션의 가격은 만기전의 현재시점에서, 최대한 행사가격보다 작고($P \leq X$), 최소한 음($-$)의 가치는 아니며($P \geq 0$), 최소한 행사가격에서 기초자산가격을 차감한 값($P \geq X - S_t$)보다는 큰 범위에 존재한다. 따라서 미국형 풋옵션의 가격범위는 〈그림 7-7〉에서 파란색으로 표시한 영역에 해당한다.

그림 7-7　미국형 풋옵션의 가격범위

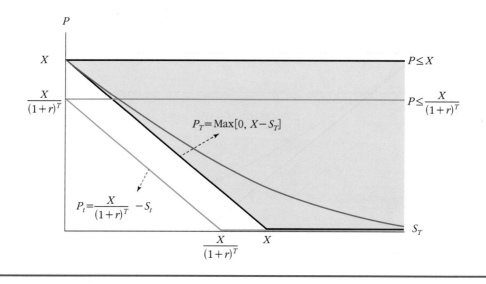

3. 옵션가격에 영향을 미치는 요인

(1) 콜옵션 가격에 영향을 미치는 요인

1) 기초자산가격

콜옵션 가격에 영향을 미치는 요인으로 기초자산의 가격을 들 수 있다. 다른 조건이 동일할 경우 기초자산가격이 행사가격보다 커질수록 콜옵션을 행사하여 얻는 이익이 커지게 된다. 예를 들어, 앞 장의 〈그림 6-1〉에서 기초자산가격이 9만원, 행사가격이 6만원이면 옵션가치가 3만원(=9만원-6만원)이 되는데, 기초자산가격이 10만원으로 커지면 4만원(=10만원-6만원)으로 옵션가치가 증가한다. 따라서 콜옵션의 경우에는 기초자산가격이 높아질수록 콜옵션의 가격이 커지게 되어 기초자산가격은 콜옵션 가격에 양(+)의 방향으로 영향을 미친다.

2) 행사가격

행사가격이 높을수록 콜옵션의 가격은 더 작아진다. 예를 들어, 앞 장의 〈그림 6-1〉에서 기초자산가격이 9만원, 행사가격이 6만원이면 옵션가치가 3만원(=9만원−6만원)이 되는데, 행사가격이 7만원으로 높아지면 옵션가치가 2만원(=9만원−7만원)으로 옵션가치가 감소한다. 따라서 콜옵션의 경우에는 행사가격이 높아질수록 콜옵션의 가격이 줄어들어 행사가격은 콜옵션 가격에 음(−)의 방향으로 영향을 미친다.

3) 주식배당금

주식배당금은 기초자산의 가격과 연결되어 있다. 예를 들어 1주에 10,000원인 주식이 배당금 500원을 지급하면 주식 가격이 9,500원으로 내려간다. KOSPI200옵션의 경우 KOSPI200을 기초자산으로 하고 있다. KOSPI200 구성종목들이 배당금을 지급하게 되면 주가는 하락하게 되고 자연히 KOSPI200옵션의 기초자산인 KOSPI200도 하락하게 된다. 배당금이 많아지면 기초자산가격이 내려가게 되어 옵션가치도 내려가게 된다. 따라서 주식배당금은 콜옵션 가격에 음(−)의 방향으로 영향을 미친다.

4) 기초자산의 가격변동성

기초자산의 가격변동성이 클수록 콜옵션의 가격은 커진다. 기초자산의 가격변동성이 크다는 것은 그만큼 기초자산의 가격이 상하로 크게 변화한다는 것을 의미하며 이와 같이 변동폭이 커지게 되면 콜옵션은 큰 가치를 지니게 된다. 변동성이 큰 주식 A와 변동성이 작은 주식 B를 비교해 보자. 콜옵션은 기초자산의 가격이 급락할 경우 행사를 포기하여 손실이 옵션프리미엄(옵션가격)으로 한정되므로 콜옵션은 오직 기초자산의 가격이 얼마나 급등하는가에만 초점을 맞추면 된다.

예를 들어, 주식 A의 콜옵션과 주식 B의 콜옵션 모두 행사가격이 6만원이라고 할 때 주식A는 가격이 9만원이 되거나 3만원이 되고, 주식 B는 가격이 7만원이 되거나 5만원이 된다고 하자. 주식 A가격이 3만원이면 콜옵션은 행사를 하지 않는다. 마찬가지로 주식 B가격이 5만원이어도 콜옵션은 행사를 하지 않는다. 반면에 주식 A가격이 9만원이면 행사하므로 옵션가치가 3만원이 되고, 주식 B가격이 7만원이어도 행사하므로 옵션가치가 1만원이 된다. 따라서 변동성이 작은 주식 B보다 변동성이 큰 주식 A의 콜옵션 가치가 상대적으로 더 크게 되므로 기초자산의 가격변동성은 콜옵션 가격에 양(+)의 방향으로 영향을 미친다.

5) 잔존기간

만기까지의 기간이 길수록 콜옵션의 가치는 더 커진다. 앞 장에서도 설명했듯이, 옵션의 잔존기간이 길수록 더 많은 사건들(events)이 일어날 수 있으며, 사건들이 일어날 때 기초자산의 가격이 오르거나 내리게 된다. 결국 잔존기간이 길어진다는 것은 기초자산의 가격에 대한 불확실성이 커져서, 기초자산의 가격변동성이 커진다는 의미로 해석할 수 있다. 따라서 기초자산의 가격변동성이 옵션가격에 미치는 영향과 같은 맥락으로 잔존기간이 길수록 콜옵션의 가치는 상승하게 된다.

6) 이자율

이자율이 커질수록 콜옵션가격이 커진다. 즉, $C \geq S - X/(1+r)^T$ 에서 이자율(r)이 올라가게 되면 $X/(1+r)^T$이 작아지게 되어 $S - X/(1+r)^T$이 커지므로 콜옵션가격은 커지게 되어 이자율은 콜옵션가격에 양(+)의 방향으로 영향을 미친다. 예를 들어, 콜옵션의 경우 5만원에 기초자산을 구입할 수 있는 대안과 5,000원에 콜옵션을 구입할 수 있는 대안을 생각해보자. 기초자산의 가격이 오른다면 기초자산을 구입하는 것이나 콜옵션을 구입하는 것이나 같은 효과를 얻을 수 있다. 하지만 콜옵션은 5만원을 투자해야 하는 기초자산을 5,000원에 구입하는 것과 같은 효과이므로 차액 45,000원을 재투자할 수 있다. 이자율이 상승할수록 재투자수익률이 증가하므로 콜옵션의 가치는 상승하게 된다.

(2) 풋옵션 가격에 영향을 미치는 요인

1) 기초자산가격

콜옵션과 마찬가지로 풋옵션 가격에 영향을 미치는 요인으로 기초자산의 가격을 들 수 있다. 다른 조건이 동일할 경우 기초자산가격이 행사가격보다 작아질수록 풋옵션을 행사하여 얻는 이익이 커지게 된다. 예를 들어, 앞 장의 〈그림 6-1〉에서 기초자산가격이 1만원, 행사가격이 4만원이면 옵션가치가 3만원(=4만원-1만원)이 되는데, 기초자산가격이 2만원으로 커지면 2만원(=4만원-2만원)으로 옵션가치가 감소한다. 따라서 풋옵션의 경우에는 기초자산가격이 높아질수록 풋옵션의 가격이 낮아지게 되어 기초자산가격은 풋옵션 가격에 음(-)의 방향으로 영향을 미친다.

2) 행사가격

행사가격이 높을수록 풋옵션의 가격은 더 커진다. 예를 들어, 앞 장의 〈그림 6-1〉에서 기초자산가격이 1만원, 행사가격이 4만원이면 옵션가치가 3만원(=4만원-1만원)이 되는데, 행사가격이 5만원으로 높아지면 옵션가치가 4만원(=5만원-1만원)으로 증가한다. 따라서 풋옵션의 경우에는 행사가격이 높아질수록 풋옵션의 가격이 늘어나서 행사가격은 풋옵션 가격에 양(+)의 방향으로 영향을 미친다.

3) 주식배당금

배당금이 많아지면 기초자산가격이 내려가게 되어 콜옵션과는 반대로 풋옵션의 가치가 올라가게 된다. 따라서 주식배당금은 풋옵션 가격에 양(+)의 방향으로 영향을 미친다.

4) 기초자산의 가격변동성

기초자산의 가격변동성이 클수록 풋옵션의 가격은 커진다. 기초자산의 가격변동성이 크다는 것은 그만큼 기초자산의 가격이 상하로 크게 변화한다는 것을 의미하며 이와 같이 변동폭이 아래쪽으로 커지게 되면 풋옵션 매수자는 큰 이익을 얻게 되고 위쪽으로 커지게 되면 행사를 하지 않으므로 손실이 옵션프리미엄(옵션가격)으로 한정된다. 따라서 풋옵션의 가격은 변동성이 커질수록 커지므로 콜옵션처럼 기초자산의 가격변동성은 풋옵션가격에 양(+)의 방향으로 영향을 미친다.

5) 잔존기간

만기까지의 기간이 길수록 풋옵션의 가치는 더 커진다. 앞에서 콜옵션에 대해 설명했듯이 잔존기간이 길어진다는 것은 기초자산가격에 대한 불확실성이 커져서, 기초자산의 가격변동성이 커지게 된다. 따라서 기초자산의 가격변동성이 옵션가격에 미치는 영향과 같은 맥락으로 잔존기간이 길수록 풋옵션의 가치는 상승하게 된다.

6) 이자율

이자율이 커질수록 풋옵션가격이 작아진다. 즉, $P \geq X/(1+r)^T - S$에서 이자율(r)이 올라가면 $X/(1+r)^T$이 작아지게 되어 $X/(1+r)^T - S$이 작아지므로 풋옵션가격은 작아지게 되어 이자율은 풋옵션가격에 음$(-)$의 방향으로 영향을 미친다. 직관적으로 보면, 예를 들어 풋옵션의 경우 5만원에 기초자산을 공매하는 대안과 5,000원에 풋옵션을 구입하는 대안이 있을 경우, 기초자산의 가격이 하락한다면 두 대안의 효과는 같다. 그러나 이자율이 상승한다면 5만원에 기초자산을 공매하여 그 금액 전체를 재투자하여 높은 수익을 얻을 수 있는 반면 5,000원에 풋옵션을 구입한 경우에는 이러한 고수익 재투자의 기회가 없게 된다. 이는 풋옵션을 구입하는 것이 상대적으로 불리함을 의미한다. 따라서 이자율이 상승할수록 풋옵션의 가치는 하락하게 된다.

표 7-1   옵션가격에 영향을 미치는 요인

구 분	영향요인		옵션가격의 변화	
행사가치에 영향	기초자산의 가격	↑	C ↑	P ↓
	행사가격	↑	C ↓	P ↑
	주식배당금	↑	C ↓	P ↑
시간가치에 영향	기초자산의 가격변동성	↑	C ↑	P ↑
	잔존기간	↑	C ↑	P ↑
	이자율	↑	C ↑	P ↓

1. 옵션가격

- 행사가치

- 시간가치

2. 옵션가격범위

- 콜옵션의 가격범위
  - 상한치: $C \leq S_0$
  - 하한치: 만기시점 $\rightarrow$ $C_T = \text{Max}[0, S_T - X]$

    만기 전 $\rightarrow$ 미국형: $C_t \geq \text{Max}[0, S_t - X]$

    유럽형: $C_t \geq \text{Max}\left[0, S_t - \dfrac{X}{(1+r)^T}\right]$

- 풋옵션의 가격범위
  - 상한치: 미국형 $\rightarrow$ $P \leq X$

    유럽형 $\rightarrow$ $P \leq \dfrac{X}{(1+r)^T}$
  - 하한치: 만기시점 $\rightarrow$ $P_T = \text{Max}[0, X - S_T]$

    만기 전 $\rightarrow$ 미국형: $P_t \geq \text{Max}[0, X - S_t]$

    유럽형: $P_t \geq \text{Max}\left[0, \dfrac{X}{(1+r)^T} - S_t\right]$

3. 옵션가격에 영향을 미치는 요인

구 분	영향요인		옵션가격의 변화	
행사가치에 영향	기초자산의 가격	↑	C ↑	P ↓
	행사가격	↑	C ↓	P ↑
	주식배당금	↑	C ↓	P ↑
시간가치에 영향	기초자산의 가격변동성	↑	C ↑	P ↑
	잔존기간	↑	C ↑	P ↑
	이자율	↑	C ↑	P ↓

제7장 옵션가격범위: 연습문제

Q1. (2006 CPA 수정) 시장은 완전하며 차익거래의 기회가 없다고 가정할 경우, 주식을 기초자산으로 하는 유럽형 옵션에 관한 다음 설명 중 가장 적절하지 않은 것은? 단, 문항에서 제시한 조건이외에 다른 조건은 모두 동일하다. (　　)

① 주식의 가격이 증가하면 풋옵션의 가격은 하락한다.

② 행사가격이 클수록 콜옵션의 가격은 낮게 형성된다.

③ 잔존만기가 길수록 풋옵션의 가격은 낮게 형성된다.

④ 무위험이자율이 증가하면 콜옵션의 가격은 증가한다.

⑤ 예상배당이 클수록 풋옵션의 가격은 높게 형성된다.

Q2. (2007 CPA) 다음 내용 중 가장 옳지 않은 것은? (　　)

① 콜옵션의 가격은 주식(기초자산)의 주가보다 높을 수 없다.

② 무배당주식에 대한 미국형콜옵션의 경우 만기일 전에 권리를 행사하지 않는 것이 최적이다.

③ 무위험이자율이 상승하면 콜옵션의 가격은 하락한다.

④ 콜옵션의 가격이 행사가격보다 높을 수 있다.

⑤ 다른 조건이 일정할 경우 콜옵션의 기초자산인 주식의 변동성이 커지면 콜옵션의 가치는 커진다.

Q3. (2009 CPA) 배당을 지급하지 않은 주식의 주가를 기초자산으로 하는 유럽형 옵션 (european equity options)에 대한 다음 주장 중 이론적으로 설명이 가능한 주장을 모두 골라라. 단, ① 옵션 가격이 블랙-숄즈옵션이론가를 충실히 따르고, ② 아직 옵션의 만기시점이 도래하지 않았으며, ③ 콜옵션과 풋옵션의 만기, 기초자산, 행사가격이 동일하다고 가정한다. 또 "시간의 경과"는 옵션 잔존만기가 짧아짐을 의미한다. (　　)

> a. 시간이 경과함에 따라 콜옵션의 가격은 상승하고 풋옵션의 가격은 하락할 수 있다.
>
> b. 시간이 경과함에 따라 콜옵션의 가격은 하락하고 풋옵션의 가격은 상승할 수 있다.
>
> c. 시간이 경과함에 따라 콜옵션의 가격과 풋옵션의 가격이 모두 하락할 수 있다.
>
> d. 시간이 경과함에 따라 콜옵션의 가격과 풋옵션의 가격이 모두 상승할 수 있다.

① a, b ② a, b, c, d ③ c, d
④ a, b, c ⑤ a, b, d

Q4. (2012 CPA) 배당지급이 없는 주식에 대한 옵션가격에 관한 설명으로 가장 적절하지 않은 것은? 단, C는 콜옵션의 가격, S는 주식의 현재가치, K는 옵션행사가격이고, $PV(K)$는 행사가격의 현재가치이다. (   )

① 유럽형콜옵션은 권리이므로 행사의 의무를 가지지 않으며, 만기일에 영(0) 아니면 양(+)의 수익을 얻는다.
② $C Max[S - PV(K), 0]$이다. 이 조건이 충족되지 않는 경우, 투자자는 콜옵션을 매수하고 주식을 공매도하여 얻은 자금을 무위험이자율로 투자하여 차익을 얻을 수 있다.
③ 이자율이 양(+)이면, 만기 전 미국형콜옵션의 매도가격은 행사로부터의 이득보다 크다.
④ 외가격(out of the money)이나 등가격(at the money) 옵션의 내재가치는 0이다.
⑤ 콜옵션가격의 상한선은 주식의 현재가치에서 콜옵션의 행사가격을 차감한 값이다(즉, $CS - K$). 이 조건이 충족되지 않는 경우, 투자자는 콜옵션을 매도하고 주식을 매수하는 전략으로 차익을 얻을 수 있다.

Q5. (2017 CPA) 유럽형 옵션의 이론적 가격에 관한 설명 중 가장 적절하지 않은 것은? (   )

① 풋옵션의 가격은 행사가격의 현재가치보다 작거나 같다.
② 배당을 지급하지 않는 주식을 기초자산으로 하는 콜옵션의 가격은 주식가격(S_0)과 행사가격()의 현재가치와의 차이($S_0 - PV(X)$)보다 크거나 같다.
③ 다른 조건이 동일할 때, 배당을 지급하는 주식을 기초자산으로 하는 콜옵션의 가격은 배당을 지급하지 않는 주식을 기초자산으로 하는 콜옵션 가격보다 낮거나 같다.
④ 다른 조건이 동일할 때, 배당을 지급하는 주식을 기초자산으로 하는 풋옵션의 가격은 배당을 지급하지 않는 주식을 기초로 하는 풋옵션 가격보다 높거나 같다.
⑤ 다른 조건이 동일할 때, 행사가격이 높은 콜옵션의 가격은 행사가격이 낮은 콜옵션의 가격보다 높거나 같다.

Q6. (2020 CPA) 다음 상황에 관한 설명으로 가장 적절하지 않은 것은? (　　)

> 투자자 갑은 현재 주가가 45,000원인 주식 A 1주를 보유하고 있다. 투자자 갑은 "만기일인 한 달 후에 주식 A의 가격이 50,000원 이상이면 1주를 50,000원에 투자자 갑으로부터 매입할 수 있고 50,000원 미만이면 매입하지 않아도 되는 옵션"을 투자자 을에게 7,000원에 매도하였다.

① 투자자 갑은 투자자 을에게 콜옵션을 매도하였다.
② 이 옵션은 현재 외가격상태에 있다.
③ 이 옵션의 내재가치(intrinsic value)는 5,000원이다.
④ 이 옵션의 시간가치(time value)는 7,000원이다.
⑤ 이 옵션의 행사가격은 50,000원이다.

Q7. (2007 CPA 2차) 현재 가격이 31,000원인 무배당 주식(S)에 대해 콜옵션과 풋옵션이 거래되고 있다. 유럽형콜옵션(c)의 가격은 3,000원이며 유럽형풋옵션(p)의 가격은 2,200원이다. 이들 옵션의 행사가격(X)은 30,000원, 만기(T)는 1년, 무위험이자율(r)은 3%이다. (모든 수치는 소수점 셋째 자리에서 반올림하시오.)

1. 콜옵션의 가격하한선 조건의 식을 쓰고 이 조건이 성립하는지 확인하시오.
2. 풋–콜등가정리(put-call parity)가 성립하는지 확인하시오.
3. 공매가 가능하며 무위험이자율로 차입과 대출이 가능하다고 가정하고 차익거래를 위한 전략을 기술하시오.
4. 차익거래전략을 통해 만기일에 얻게 되는 순이익을 계산하시오.

Q1. ③

Q2. ③

Q3. ②

Q4. ⑤

❚답❚ 콜옵션의 상한치: $C \leq S$

Q5. ⑤

❚답❚

① $P \leq \dfrac{X}{(1+r)^T}$

② $C_t \geq Max\left[0, \ S_t - \dfrac{X}{(1+r)^T}\right]$

Q6. ③

Q7.

❚답❚

1. $C_t \geq S_t - \dfrac{X}{(1+r)^T}$

$\rightarrow \ C_t \geq 31{,}000 - \dfrac{30{,}000}{(1+0.03)^1} = 1{,}873.79$

$\rightarrow$ 콜옵션의 현재가격(3,000)이 1,873.79원 보다 크므로 가격하한선 조건이 성립한다.

2. $P + S = C + \dfrac{X}{(1+r)^T}$

$\rightarrow \ 2{,}200 + 31{,}000 \neq 3{,}000 + \dfrac{30{,}000}{(1+0.03)^1}$: 풋-콜등가정리 성립 안 함

3. $C = P + S - \dfrac{X}{(1+r)^T} = 2{,}200 + 31{,}000 - \dfrac{30{,}000}{(1+0.03)^1} = 4{,}074$

콜옵션 실제가격(3,000)<이론가격(4,074) → 콜옵션이 과소평가 → 콜옵션 매수, 합성 콜옵션 매도

4.

		현금흐름	수 익	
			$S_T < X$	$S_T > X$
콜 매수		$-3,000$	0	$S_T - 30,000$
합성콜 매도	현물 공매	31,000	$-S_T$	$-S_T$
	풋 매도	2,200	$-(30,000 - S_T)$	-0
	대출	$-30,200$	$30,200(1+0.03)$	$30,200(1+0.03)$
		0	1,106	1,106

따라서 차익거래이익 = 1,106

08 CHAPTER 옵션가격결정모형

학습개요
본 장에서는 단순함과 유연성을 특징으로 유럽형 및 미국형 금융옵션의 이론가격 계산과 기업재무 자본예산의 투자의사결정기법인 실물옵션으로도 응용되고 있는 이항옵션가격결정모형에 대해서 학습한다. 또한, 최초로 옵션시장에서 옵션의 균형가격을 규명한 모형으로서 배당이 없는 주식의 유럽형 콜옵션의 가격을 계산할 수 있는 블랙-숄즈옵션가격결정모형에 대해서 다룬다.

학습목표
• 이항옵션가격결정모형
• 블랙-숄즈옵션가격결정모형

Section 1 │ 이항옵션가격결정모형

1973년에 Black과 Scholes[1]는 옵션가격결정모형(option pricing model)을 최초로 제시하는 중요한 업적을 남겼지만 복잡한 수학 및 통계학적 방법론을 이용하여 옵션가격결정원리를 규명하였으며, 일반인이 이해하기에는 어려움이 따르게 되었다.

반면 Cox, Ross, Rubinstein[2]은 기초자산과 옵션을 이용하여 무위험포트폴리오를 만드는 단순한 과정을 통하여 옵션의 가치를 계산하는 방법에 대해 연구한 결과 1979년에 복잡한 수학적 기법을 필요로 하지 않는 이항옵션가격결정모형을 개발하여 발표

---

1 Fischer Black and Myron Schoes, "The Pricing of Options and Corporate Liabilities," *Journal of Political Economy* 81, May－June 1973.
2 John C. Cox, Stephen A Ross, and Mark Rubinstein, "Option Pricing: A Simplified Approach," *Journal of Financial Economics* 7, 1979.

하였다.

본 절에서는 옵션의 가격결정모형을 이해하기 위해 이항옵션가격결정모형을 먼저 설명하고 블랙-숄즈옵션가격결정모형에 대해서는 수학적인 도출과정은 생략하고 개념적인 내용위주로 설명하기로 한다.

1. 이항옵션가격결정모형(BOPM)

이항옵션가격결정모형(BOPM: binomial option pricing model)은 현물가격이 일정한 비율로 오르거나 내리는 이항분포를 따른다는 가정 하에서 Cox, Ross, Rubinstein에 의하여 1979년에 개발된 옵션가격결정모형이다. 이항옵션가격결정모형의 장점은 단순함과 유연성이다.

이항옵션가격결정모형은 복잡한 차분방정식(partial differential equation)을 사용하지 않을 뿐 아니라 기초자산의 미래 변동성(volatility)에 대한 정보도 요구하지 않는다. 확률분포(probability distribution)만을 사용하여 매우 단순하게 옵션가격을 도출한다.

또한 블랙-숄즈옵션가격결정모형이 배당을 지급하지 않는 유럽형옵션에만 적용이 가능한 반면 이항옵션가격결정모형은 배당을 지급하는 유럽형옵션과 미국형옵션 등 복잡한 경우의 옵션가치평가가 가능하다. 기업의 투자의사결정과 관련한 실물옵션(real option)으로도 적용이 가능한 유연성을 갖고 있다.

(1) 이항분포와 정규분포

〈그림 8-1〉과 같이 공을 쏘아서 바구니에 들어가는 핀볼게임을 한다고 하자. 공은 첫 번째 핀을 맞고 왼쪽이나 오른쪽으로 떨어질 것이다. 이때 왼쪽으로 떨어질 가능성(확률)이 50%이고 오른쪽으로 떨어질 가능성(확률)도 50%이다. 이러한 가능성은 공이 아래로 더 떨어지더라도 아래쪽 핀을 맞고 왼쪽과 오른쪽 중 어느 한쪽으로 떨어질 가능성이 여전히 50%로 동일하다.[3]

그렇다면, 공이 바구니1, 바구니 2, 바구니 3, 바구니 4로 각각 들어갈 가능성은

---

3   이재하, 한덕희, 「핵심재무관리」, 박영사(2020), pp. 632-644 참조.

그림 8-1　핀볼게임

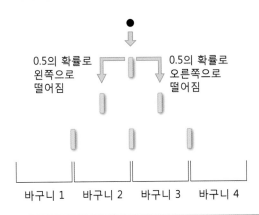

얼마일까? 〈그림 8-2〉에서 보듯이 바구니 1은 왼쪽으로 3번 떨어지는 한 가지 경우 밖에 없으므로 12.5%($=$(1경우)$\times(0.5)^3\times(0.5)^0$)이다. 마찬가지로 바구니 4는 오른쪽으로 3번 떨어지는 한 가지 경우 밖에 없으므로 12.5%($=$(1경우)$\times(0.5)^0\times(0.5)^3$)이다. 바구니 2는 왼쪽으로 2번, 오른쪽으로 1번 떨어지는 경우가 3가지 있으므로 37.5%($=$(3경우)$\times(0.5)^2\times(0.5)^1$)이다. 바구니 3은 왼쪽으로 1번, 오른쪽으로 2번 떨어지는 경우가 3가지 있으므로 37.5%($=$(3경우)$\times(0.5)^1\times(0.5)^2$)이다.

　이처럼 핀볼게임은 공이 왼쪽 혹은 오른쪽 둘 중의 하나로 떨어지는 이항과정(binomial process)을 나타내고 있으며 각 바구니에 들어갈 가능성인 이항확률을 보여주고 있다. 핀볼게임의 핀을 옆으로 눕혀보면 본서에서 설명하는 이항옵션모형의 이항나무(binomial tree)와 동일하다. 핀볼의 위치 변화(왼쪽 또는 오른쪽)가 이항모형에서는 가치(value)나 수익률(returns)의 변화(상승 또는 하락)에 해당한다.

　만약 핀의 세로 열을 많이 하여 무수히 많은 공을 떨어뜨릴 경우 볼은 가운데 바구니 속으로 가장 많이 들어가고 양쪽 바구니 쪽으로 갈수록 적게 들어간다. 이러한 현상은 이항과정(binomial process)을 무한으로 확대하면 최종적으로 정규분포를 이룬다는 것을 의미한다.

그림 8-2 　볼이 각 바구니에 들어갈 확률

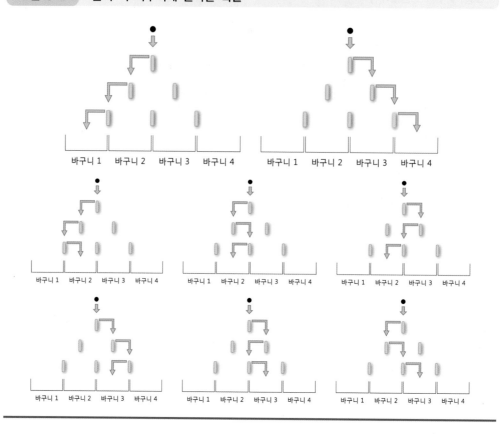

(2) 1기간 이항옵션가격결정모형

1) 콜옵션

　　이항옵션가격결정모형에 대한 이해를 위해 가장 간단한 1기간 이항옵션가격결정모형을 생각해보자. 이 모형에서는 1기간 동안 이항분포에 따라 기초자산인 주가가 일정한 비율로 한 번 오르거나 내릴 수 있다고 가정한다. 1기간 동안 시간이 흐름에 따라 주가가 변동하게 되는데, 이러한 주식가치의 변동을 상쇄시키기 위해 콜옵션을 매도하면 시간이 지나도 가치가 변함이 없도록 만들 수 있다.

　　즉, 주식매수에 대해서 콜옵션을 매도하는 커버드콜 전략을 이용하여 무위험포트폴리오를 구성할 수 있다. 콜옵션 매도는 기초자산인 주가가 하락할 경우 이익을 보게 되는 전략이므로 콜옵션 매도와 기초자산 매수포지션이 결합(커버드콜)될 경우 중립적인 포지션이 될 수 있다는 것이다.

예를 들어, 현재의 주가 S가 10,000원인데 연말에 30% 상승하거나 10% 하락한다면 연말의 주가는 13,000원이 되거나 9,000원이 될 것이다. 이때 투자자가 커버드콜을 실행할 경우 투자자는 가격이 C이고 행사가격이 11,000원인 콜옵션을 1단위 매도하는 동시에 주식을 N개 매수할 것이다.

만약 만기에 주가가 13,000원이 되면 옵션을 매도한 투자자는 2,000원[← $-(13,000-11,000)$]의 손실을 보는 반면 C만큼의 프리미엄(옵션가격)을 획득하게 된다. 만기에 주가가 9,000원이 될 경우에는 옵션을 매도한 투자자는 C만큼의 프리미엄만을 획득하게 된다.

결국, 만기 시에 투자자의 포지션은 주식의 가격과 옵션행사에 따른 손익의 합이 되므로 만기 시 주가가 13,000원일 경우에는 $13,000 \times N - 2,000$이 되고 만기 시 주가가 9,000원일 경우에는 $9,000 \times N$이 된다. 그렇다면 커버드콜로 구축한 포지션의 가치를 1기간 동안의 주가의 변동에 관계없이 불변으로 만들 수 있는가? 다시 말하면 콜옵션 1단위 매도에 대해서 주식을 몇 주를 매수해야 가치가 불변인 무위험포트폴리오를 구성할 수 있는가?

이것은 주가가 올랐을 때의 가치 $13,000 \times N - 2,000$과 주가가 내렸을 때의 가치 $9,000 \times N$이 동일하도록 주식을 매수한다면 가능해진다. 즉, $N=0.5$개의 주식을 사고[4] 콜옵션 1단위를 매도하게 되면 1기간 동안 주가가 어떻게 변동하든지 관계없이 커버드콜의 포지션 가치는 불변이 된다.

이제, 이러한 개념을 일반화 해보자. 먼저 〈그림 8-3〉과 같이 가격이 C인 콜옵션 1단위 매도와 주가가 S인 주식 N주를 매수하여 무위험포트폴리오를 구성한다면 이 포트폴리오의 가치는 $NS - C$가 된다. 시간이 흘러 1기간 후에 주가가 상승하였을 경우에는 무위험포트폴리오의 가치는 $NUS - C_U$가 되고 반대로 주가가 하락하였을 경우에는 무위험포트폴리오의 가치는 $NDS - C_D$가 된다.

여기서 $U=1+$가격상승률이고, $D=1+$가격하락률이다. 따라서 주가가 오르면

---

4    $13,000 \times N - 2,000 = 9,000 \times N \rightarrow N = 0.5$

그림 8-3   1기간 이항가격결정모형의 무위험포트폴리오 가치

$$V = NS - C \begin{cases} V_U = NUS - C_U \\ V_D = NDS - C_D \end{cases}$$

새로운 주식의 가격은 NUS가 되고 주가가 하락하면 새로운 주가는 NDS가 된다. 마찬가지로 콜옵션의 가격도 시간이 흐름에 따라 변하게 되는데 주가가 상승했을 때의 콜옵션의 가치는 C_U, 주가가 하락했을 때의 콜옵션의 가치는 C_D로 표시한다.

이 포트폴리오가 시간이 지나도 가치가 변함이 없도록 만드는 즉, 주가의 상승 및 하락에 관계없이 1기간 후의 가치가 동일하도록 만드는 주식수 N은 다음 식을 풀면 된다.

$$V_U = V_D \ \rightarrow \ NUS - C_U = NDS - C_D \ \rightarrow \ N = \frac{C_U - C_D}{(U-D)S} \tag{8-1}$$

식(8-1)에서 도출된 N을 헷지비율(hedge ratio)이라고 한다.[5] 즉, 무위험포트폴리오를 만들기 위해 콜옵션 1단위를 매도할 때 매수해야 하는 주식수를 말한다. 그렇다면 무위험포트폴리오의 구성요소인 콜옵션의 가치는 어떻게 구하는가?

주식과 콜옵션을 결합하여 무위험포트폴리오를 구성한 투자자는 아무런 위험도 부담하지 않으므로 시장균형상태에서 무위험포트폴리오의 수익률은 무위험이자율이어야 한다. 따라서 1기간 동안의 무위험이자율을 $R(= 1 + $ 무위험이자율$(r))$이라고 한다면 1기간 후의 가치인 V_U나 V_D는 현재 무위험포트폴리오의 가치 V를 무위험이자율 R로 복리계산한 가치와 동일해야 하므로 다음의 관계가 성립해야 한다.

$$VR = V_U(= V_D) \rightarrow (NS - C)R = NUS - C_U(= NDS - C_D) \tag{8-2}$$

---

5    $N = \dfrac{C_U - C_D}{(U-D)S} = \dfrac{C_U - C_D}{US - DS} = \dfrac{\partial C}{\partial S} =$ 델타(delta). 즉, 콜가격의 차이(콜옵션가격변동분)를 기초자산가격의 차이(기초자산가격변동분)로 나눈 것으로 기초자산의 가격변화에 따른 콜옵션가격의 변화인 콜옵션의 델타를 의미한다. 제9장 옵션의 민감도 참조.

식(8-2)에 식(8-1)을 대입한 후, C에 대해서 정리하면 콜옵션의 균형가격은 다음과 같이 구할 수 있다.[6]

$$C = \frac{\left(\dfrac{R-D}{U-D}\right)C_U + \left(\dfrac{U-R}{U-D}\right)C_D}{R} = \frac{\pi_U C_U + \pi_D C_D}{R} \tag{8-3}$$

식(8-3)에서 $\pi_U = (R-D)/(U-D)$는 가격이 상승할 확률을 의미하고 $\pi_D = (U-R)/(U-D) = 1 - \pi_U$로 가격이 하락할 확률을 의미한다.[7] 식(8-3)에 의하면 콜옵션의 가치는 투자자의 위험선호도와 관계없이 무위험포트폴리오에서 도출되므로 위험중립적인 세계에서 기대수익(expected payoff)을 무위험이자율로 할인한 현재가치가 된다.

2) 풋옵션

콜옵션을 이용하여 무위험포트폴리오를 구성하는 것과 마찬가지로 풋옵션을 이용해서도 무위험포트폴리오를 구성할 수 있다. 〈그림 8-4〉처럼 가격이 P인 풋옵션 1단위 매수하고 주가가 S인 주식 N주를 매수하여 무위험포트폴리오 $NS+P$를 구성할 수 있다.

1기간 후에 주가가 상승하였을 경우 무위험포트폴리오의 가치는 $NUS+P_U$가 되고 반대로 주가가 하락하였을 경우 무위험포트폴리오의 가치는 $NDS+P_D$가 된다. P_U는 주가가 상승했을 때의 풋옵션의 가치이고 P_D는 주가가 하락했을 때의 풋옵션의

그림 8-4   1기간 이항가격결정모형의 무위험포트폴리오 가치

가치이다.

이 포트폴리오가 시간이 지나도 가치가 변함이 없도록 만드는 즉, 주가의 상승 및 하락에 관계없이 1기간 후의 가치가 동일하도록 만드는 주식수 N은 다음 식을 풀면 된다.

$$V_U = V_D \ \rightarrow \ NUS + P_U = NDS + P_D \ \rightarrow \ N = -\frac{P_U - P_D}{(U-D)S} \tag{8-4}$$

식(8-4)에서 도출된 N은 무위험포트폴리오를 만들기 위해 풋옵션 1단위를 매수할 때 매수해야 하는 주식수, 즉 헷지비율이다.[8] 풋옵션의 가치도 콜옵션의 경우와 마찬가지로 구할 수 있다. 주식과 풋옵션을 결합한 무위험포트폴리오의 수익률은 시장 균형상태에서 무위험이자율이어야 한다. 즉, 1기간 동안의 무위험이자율을 $R(=1+무위험이자율)$이라고 한다면 1기간 후의 가치인 V_U나 V_D는 현재 무위험포트폴리오의 가치 V를 무위험이자율 R로 복리계산한 가치와 동일해야 하므로 다음의 관계가 성립해야 한다.

$$VR = V_U(=V_D) \ \rightarrow \ (NS+P)R = NUS + P_U(=NDS + P_D) \tag{8-5}$$

식(8-5)에 식(8-4)를 대입한 후, P에 대해서 정리하면 풋옵션의 균형가격은 다음과 같이 구할 수 있다.

$$P = \frac{\left(\dfrac{R-D}{U-D}\right)P_U + \left(\dfrac{U-R}{U-D}\right)P_D}{R} = \frac{\pi_U P_U + \pi_D P_D}{R} \tag{8-6}$$

식(8-6)에서 $\pi_U = (R-D)/(U-D)$는 가격이 상승할 확률을 의미하고 $\pi_D = (U-R)/(U-D) = 1 - \pi_U$는 가격이 하락할 확률을 의미한다. 식(8-6)에 의하면 풋옵션의 가치는 투자자의 위험선호도와 관계없이 무위험포트폴리오에서 도출되므로 위험중립적인 세계에서 기대수익을 무위험이자율로 할인한 현재가치가 된다.

---

8 콜옵션의 헷지비율 N은 콜옵션 1단위를 매도할 때 매수해야 하는 주식 수로 양(+)의 값이 나오며, 풋옵션의 헷지비율 N은 풋옵션 1단위를 매수할 때 매수해야 하는 주식 수로 음(−)의 값이 나온다.

(3) 2기간 이항옵션가격결정모형

콜옵션과 풋옵션 모두 1기간 이항옵션가격결정모형을 한 기간 더 확장한 2기간 이항옵션가격결정모형도 동일한 논리가 적용된다. 콜옵션의 경우, 〈그림 8-5〉에서처럼 현재의 콜옵션의 가격 C는 1기간 후에 가격이 오르거나 내릴 수 있다. 즉, C_U 혹은 C_D가 된다.

C_U 혹은 C_D에서 다시 1기간 동안 콜옵션의 가격이 오르거나 내릴 수 있다. 따라서 현재부터 2기간 후의 콜옵션의 가격은 2기간 동안 두 번 모두 상승한 가격(C_{UU}), 한 번 상승한 후 하락한 가격(C_{UD}), 한 번 하락한 후 상승한 가격(C_{DU}), 두 번 모두 하락한 가격(C_{DD})이 된다.

이때 콜옵션의 가치는 Max[0, 미래현물가격 − 행사가격]이다. 따라서 2기간 후의 콜옵션의 가치는 2기간 후의 주가에서 행사가격을 차감한 것이므로 $C_{UU}=\text{Max}$[0, $UUS-X$], $C_{UD}=\text{Max}$[0, $UDS-X$], $C_{DU}=\text{Max}$[0, $DUS-X$], $C_{DD}=\text{Max}$[0, $DDS-X$]가 된다.

투자자가 알고 싶은 것은 2기간 후의 콜옵션의 가치가 아니라 현재 시점의 균형상태에서의 콜옵션의 가격이다. 따라서 1기간 이항옵션가격결정모형에서 설명했듯이 옵션의 가치는 위험중립적인 세계에서 기대수익을 무위험이자율로 할인한 현재가치이므로, 2기간 후의 기대수익을 무위험이자율로 2기간 동안 할인한 현재가치가 옵션의 가치가 된다. 우선 1기간 말 시점에서의 콜옵션의 가치인 C_U의 가치와 C_D의 가치는 식(8-3)을 이용하여 다음과 같이 계산할 수 있다.

그림 8-5 　2기간 이항가격결정모형의 콜옵션의 가격

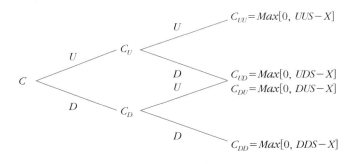

$$C_U = \frac{\pi_U\,C_{UU} + \pi_D\,C_{UD}}{R}, \quad C_D = \frac{\pi_U\,C_{DU} + \pi_D\,C_{DD}}{R} \tag{8-7}$$

1기간 말의 가치인 C_U와 C_D를 현재시점의 가치로 계산하기 위하여 식(8-3)에 식(8-7)을 대입하여 정리하면 다음과 같은 2기간 이항옵션가격결정모형이 도출된다.

$$C = \frac{\pi_U\left(\dfrac{\pi_U\,C_{UU} + \pi_D\,C_{UD}}{R}\right) + \pi_D\left(\dfrac{\pi_U\,C_{DU} + \pi_D\,C_{DD}}{R}\right)}{R}$$

$$= \frac{\pi_U\pi_U\,C_{UU} + \pi_U\pi_D\,C_{UD} + \pi_D\pi_U\,C_{DU} + \pi_D\pi_D\,C_{DD}}{R^2} \tag{8-8}$$

예제 이항옵션가격결정모형 ● ● ●

주식가격이 40원, 무위험이자율이 5%, 행사가격이 35원이다. 주가는 8% 상승하거나 7.4% 하락할 수 있다. 2기간 이항옵션가격결정모형에 의한 콜옵션의 가격을 구하시오.

┃답┃

$U = 1.08 \quad D = 0.926$

$\pi_U = \dfrac{R - D}{U - D} = \dfrac{1.05 - 0.926}{1.08 - 0.926} = 0.8052$

$\quad \pi_D = 0.1948$

$C_{UU} = \mathrm{Max}[0,\ UUS - X] = 11.656$

$C_{UD} = \mathrm{Max}[0,\ UDS - X] = 5$

$C_{DU} = \mathrm{Max}[0,\ DUS - X] = 5$

$C_{DD} = \mathrm{Max}[0,\ DDS - X] = 0$

$C = \dfrac{(0.8052)^2(11.656) + (0.8052)(0.1948)(5) + (0.1948)(0.8052)(5) + (0.1948)^2(0)}{(1.05)^2} = 8.2772$

콜옵션과 동일한 논리로 풋옵션도 계산할 수 있다. 〈그림 8-6〉에서처럼 현재의 풋옵션의 가격 P는 1기간 후에 가격이 오르거나 내릴 수 있다. 즉, P_U 혹은 P_D가 된다. P_U 혹은 P_D에서 다시 1기간 동안 풋옵션의 가격이 오르거나 내릴 수 있다. 현재부터 2기간 후의 풋옵션의 가격은 2기간 동안 두 번 모두 상승한 가격(P_{UU}), 한 번 상승한 후 하락한 가격(P_{UD}), 한 번 하락한 후 상승한 가격(P_{DU}), 두 번 모두 하락한 가격(P_{DD})이 된다.

이때, 풋옵션의 가치는 $Max[0,$ 행사가격 − 미래현물가격]이므로 2기간 후의 풋옵션의 가치는 행사가격에서 2기간 후의 주가를 차감한 것이 된다. 따라서 $P_{UU} =$ Max$[0, X − UUS]$, $P_{UD} = Max[0, X − UDS]$, $P_{DU} = $ Max$[0, X − DUS]$, $P_{DD} =$ Max$[0, X − DDS]$이다.

2기간 콜옵션의 가격결정모형과 마찬가지로 2기간 풋옵션의 가격은 2기간 후의 기대수익을 무위험이자율로 2기간 동안 할인한 현재가치가 옵션의 가치가 된다. 우선 1기간 말 시점에서의 풋옵션의 가치인 P_U의 가치와 P_D의 가치는 식(8-6)을 이용하여 다음과 같이 계산할 수 있다.

$$P_U = \frac{\pi_U P_{UU} + \pi_D P_{UD}}{R}, \quad P_D = \frac{\pi_U P_{DU} + \pi_D P_{DD}}{R} \tag{8-9}$$

1기간 말의 가치인 P_U와 P_D를 현재시점의 가치로 계산하기 위하여 식(8-6)에 식(8-9)를 대입하여 정리하면 다음과 같은 2기간 이항옵션가격결정모형이 도출된다.[9]

그림 8-6 **2기간 이항가격결정모형의 풋옵션의 가격**

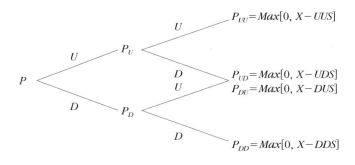

_____

[9] 3기간 이항옵션가격결정모형: 3번 상승하고 0번 하락하는 경우 $= \pi_U^3$, 2번 상승하고 1번 하락하는 경우 $= 3\pi_U^2\pi_D$, 1번 상승하고 2번 하락하는 경우 $= 3\pi_U\pi_D^2$, 0번 상승하고 3번 하락하는 경우 $= \pi_D^3$

$$C = \frac{\pi_U^3 C_{UUU} + 3\pi_U^2\pi_D C_{UUD} + 3\pi_U\pi_D^2 C_{UDD} + \pi_D^3 C_{DDD}}{R^3}, \quad P = \frac{\pi_U^3 P_{UUU} + 3\pi_U^2\pi_D P_{UUD} + 3\pi_U\pi_D^2 P_{UDD} + \pi_D^3 P_{DDD}}{R^3}$$

$$P = \frac{\pi_U \left(\dfrac{\pi_U P_{UU} + \pi_D P_{UD}}{R} \right) + \pi_D \left(\dfrac{\pi_U P_{DU} + \pi_D P_{DD}}{R} \right)}{R}$$

$$= \frac{\pi_U \pi_U P_{UU} + \pi_U \pi_D P_{UD} + \pi_D \pi_U P_{DU} + \pi_D \pi_D P_{DD}}{R^2} \tag{8-10}$$

(4) n기간 이항옵션가격결정모형

이제, n기간으로 확장시켜 일반화된 이항옵션가격결정모형을 살펴보자. n기간으로 확장하더라도 위험중립적 세계에서 기대되는 현금흐름을 무위험이자율로 할인한 값으로 옵션가격을 구하는 원칙은 계속 유지된다. 그렇다면 n기간에서 주가가 k번 상승하고 $(n-k)$번 하락하는 경우는 몇 번 발생하는가?

예를 들어, 〈그림 8-7〉에서 보듯이 2기간에서 주가가 1번 상승하고 $1(=2-1)$번 하락하는 경우는 2경우가 있다. 3기간의 경우에서는 주가가 2번 상승하고 $1(=3-2)$번 하락하는 경우는 모두 3경우가 있다.[10] 이를 일반화하면 n기간에서 주가가 k번 상승하고 $(n-k)$번 하락하는 모든 경우의 수는 $n!/[k!(n-k)!]$개가 된다.

따라서 콜옵션과 풋옵션의 가격결정모형을 n기간으로 일반화시켜 수식으로 표현

그림 8-7 　이항옵션가격결정모형의 주가 상승 및 하락의 경우의 수

〈2기간 이항옵션가격1정모형〉　　〈3기간 이항옵션가격1정모형〉

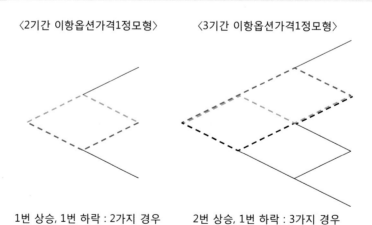

1번 상승, 1번 하락 : 2가지 경우　　　2번 상승, 1번 하락 : 3가지 경우

---

10 핀볼게임 참조.

하면 다음과 같다.[11]

$$C = \frac{\sum_{k=0}^{n} \left(\frac{n!}{k!\,(n-k)!}\right) [\pi_U^k \pi_D^{n-k}] \, MAX\, [\,0,\ U^k D^{n-k} S - X]}{R^n} \qquad (8\text{-}11)$$

$$P = \frac{\sum_{k=0}^{n} \left(\frac{n!}{k!\,(n-k)!}\right) [\pi_U^k \pi_D^{n-k}] \, MAX\, [\,0,\ X - U^k D^{n-k} S]}{R^n} \qquad (8\text{-}12)$$

만약 2기간($n=2$)에서 콜옵션의 가격을 식(8-12)를 이용하여 구한다면 다음 식이 되고 이것은 2기간 이항옵션가격결정모형에서 구한 식(8-8)과 동일한 식이 된다.[12]

$$C = \frac{\pi_D^2 C_{DD} + 2\pi_U \pi_D C_{UD} + \pi_U^2 C_{UU}}{R^2} \qquad (8\text{-}13)$$

2. BOPM을 이용한 배당지급 주식의 옵션가치 평가

이항옵션가격결정모형(BOPM)은 앞 절에서 설명한 무배당 주식에 대한 유럽형 옵션의 가치뿐만 아니라 배당이 있는 경우에 대한 유럽형 및 미국형 옵션의 가치도 평가할 수 있다.

(1) 배당수익률로 배당을 주는 주식에 대한 유럽형 옵션

일반적으로 배당이 있을 경우 주가는 지급된 배당금만큼 하락한다. 이항옵션가

---

11 이항옵션가격결정모형에서 1기간에서 2기간, 3기간 등으로 기간의 수가 많아질수록 미래 주가의 움직임을 다양하게 나타낼 수 있으므로 기간의 수를 무한대로 늘려서 연속형으로 나타내면 이론적으로 주가의 움직임을 현실과 같이 연속적인 움직임으로 나타낼 수 있다. 주식의 평균수익률이 r, 표준편차가 σ가 되는 로그정규분포를 따른다는 가정하에서 정해진 기간(n기간) 내에서 기간의 간격을 매우 작게($\varDelta t$) 하여 기간의 수를 매우 많이 늘릴 경우 이항옵션가격결정모형의 연속형 입력변수는 다음과 같다. APPENDIX 2 참조.

$U = e^{\sigma\sqrt{\varDelta t}}, \ D = \frac{1}{U}, \ \pi_U = \frac{e^{r\varDelta t} - D}{U - D}, \ \pi_D = 1 - \pi_U$

12 파생상품시장업무규정시행세칙에 의하면 KOSPI200옵션의 이론가격은 $n=49$로 정하여 이항옵션가격결정모형에 의해 계산하고 있다.

그림 8-8 배당수익률 d만큼 배당을 지급할 경우 기초자산가격

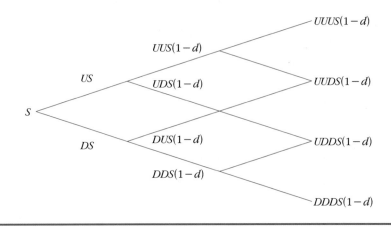

격결정모형의 n기간 내에서 기간의 간격을 매우 작게(Δt)하여 이산 배당수익률 (dividend yield) d의 배당을 지급하는 주식에 대한 유럽형 옵션을 평가할 때 d만큼 배당을 지급하면 배당을 지급하지 않는 경우에 비해 배당금액만큼 주가가 작아진다.

예를 들어, 3기간이 총 120일이고 55일 후에 배당금이 지급되고 이때 지급되는 배당금은 주가에 이산 배당수익률 d를 곱한 금액이라 하자. 〈그림 8-8〉에서 보듯이 1기간은 40일이므로 1기간에서의 주가는 US 혹은 DS가 된다. 2기간 중에 배당지급이 있으므로 2기간의 주가는 배당이 지급된 만큼 하락한다. 따라서 2기간의 주가는 $UUS(1-d)$, $UDS(1-d)$, $DDS(1-d)$가 되고, 3기간에서의 주가는 $UUUS(1-d)$, $UUDS(1-d)$, $UDDS(1-d)$, $DDDS(1-d)$가 된다. 이때 연속형 입력변수는 다음과 같다.

$$U = e^{\sigma\sqrt{\Delta t}}, \quad D = \frac{1}{U}, \quad \pi_U = \frac{e^{r\Delta t} - D}{U - D}, \quad \pi_D = 1 - \pi_U \tag{8-14}$$

예제 BOPM: 배당수익률로 배당을 주는 주식에 대한 유럽형 옵션 ●●●

현재 주가가 100원이고 행사가격은 95원이다. 주식의 표준편차는 0.4이고 무위험이자율은 10%이며 배당수익률 d는 4%이며 배당은 55일 후에 지급된다. 연속형 입력변수

를 사용하여 3기간(120일) 이항옵션가격결정모형으로 콜옵션가격을 구하시오.

┃답┃

$$U = e^{\sigma\sqrt{\Delta t}} = e^{0.4\sqrt{40/365}} = 1.1416, \quad D = \frac{1}{U} = \frac{1}{1.1416} = 0.8760$$

$$\pi_U = \frac{e^{r\Delta t} - D}{U - D} = \frac{e^{(0.1)(40/365)} - 0.8760}{1.1416 - 0.8760} = 0.5084, \quad \pi_D = 1 - \pi_U = 0.4916$$

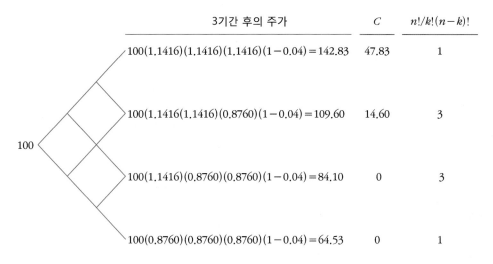

3기간 후의 주가	C	$n!/k!(n-k)!$
$100(1.1416)(1.1416)(1.1416)(1-0.04) = 142.83$	47.83	1
$100(1.1416(1.1416)(0.8760)(1-0.04) = 109.60$	14.60	3
$100(1.1416)(0.8760)(0.8760)(1-0.04) = 84.10$	0	3
$100(0.8760)(0.8760)(0.8760)(1-0.04) = 64.53$	0	1

따라서, $C = \dfrac{1(0.5084)^3(47.83) + 3(0.5084)^2(0.4916)(14.60)}{(1.10)^3} = 8.90$

(2) 일정액으로 배당을 주는 주식에 대한 유럽형 옵션

대부분의 주식의 경우 배당수익률 보다는 일정액의 배당금을 지급하고 있다. 실제로는 주가가 상승할 경우의 배당금과 주가가 하락할 경우의 배당금이 다를 수 있는데, 이 경우에도 주가에서 배당금액을 차감한 주가를 적용하여 옵션의 가치를 계산할 수 있다.

예제 BOPM: 일정액으로 배당을 주는 주식에 대한 유럽형 옵션

현재 주가가 50원이고 행사가격은 45원이다. 주가는 10% 오르거나 9.09% 하락한다. 1기간 후에 배당금이 2원 지급된다. 무위험이자율은 5%이다. 이산형 입력변수를 이용하여 2기간 이항옵션가격결정모형의 콜옵션가격을 구하시오.

┃답┃

$$U = 1.1, \quad D = \frac{1}{U} = \frac{1}{1.1} = 0.9091$$

$$\pi_U = \frac{R-D}{U-D} = \frac{1.05-0.9091}{1.1-0.9091} = 0.7381, \quad \pi_D = 1-\pi_U = 0.2619$$

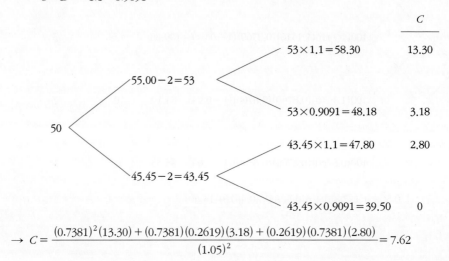

$$\rightarrow C = \frac{(0.7381)^2(13.30) + (0.7381)(0.2619)(3.18) + (0.2619)(0.7381)(2.80)}{(1.05)^2} = 7.62$$

3. BOPM을 이용한 미국형 옵션의 가치 평가

본 절에서는 이항옵션가격결정모형을 이용하여 미국형 옵션의 가격을 계산하는 방법[13]을 살펴보기로 한다.[14]

---

13 미국형 옵션가격결정모형에 적용되는 입력변수는 연속형 입력변수를 가정하여 설명한다.

14 제2절에서 다루는 블랙-숄즈옵션가격결정모형은 배당이 없는 조건에서의 유럽형옵션가격을 구하는 모형이다. 미국형옵션은 조기행사가 가능한 옵션이기 때문에 일반적으로 블랙-숄즈옵션가격결정모형을 사용하여 옵션가격을 구하는 것이 용이하지 않다.

(1) 배당금이 없는 주식에 대한 미국형 옵션

미국형 옵션은 만기 전에 권리를 행사할 수 있으므로 기본적으로 만기 시에 권리를 행사할 경우와 만기 전에 조기행사 할 경우의 옵션의 가치를 비교해야 한다. 두 경우를 비교하여 가치가 큰 경우에 권리를 행사한다고 보아, ① 만기 시에 행사할 경우의 옵션가치를 현재시점까지 한 기간씩 현재가치화한 값(한 기간 동안 무위험이자율로 할인한 옵션의 기대가치)과 ② 만기 전 각 시점에서 권리행사 할 경우의 옵션가치를 계산하여 둘 중 큰 값을 옵션가격으로 결정한다.

$$Max \begin{cases} \text{만기 시에 권리행사할 경우의 가치} \\ \text{만기 전에 권리행사할 경우의 가치}\,[C = Max(0,\ S-X),\ P = Max(0,\ X-S)] \end{cases}$$

예를 들어, 현재 주가가 50원, 행사가격이 55원, 주가수익률의 표준편차는 25%, 무위험이자율은 5%이고 2기간 동안의 기간은 180일이라고 하자. 미국형 풋옵션의 가격을 2기간 이항옵션가격결정모형을 다음 순서대로 구해볼 수 있다.

1) 입력변수 계산

배당이 없을 경우 연속형 입력변수는 다음과 같다.

$$U = e^{\sigma\sqrt{\Delta t}} = e^{0.25\sqrt{90/365}} = 1.1322$$

$$D = \frac{1}{U} = \frac{1}{1.1322} = 0.8833$$

$$\pi_U = \frac{e^{r\Delta t} - D}{U - D} = \frac{e^{0.05(90/365)} - 0.8833}{1.1322 - 0.8833} = 0.5187$$

$$\pi_D = 1 - \pi_U = 0.4813$$

2) 이항격자를 그린 후 각 꼭지점에서의 주가 계산

〈그림 8-9〉는 주가의 이항과정을 나타낸 것이다. 현재 주가(S)는 50원이다. 1기간 후의 주가는 56.61($=US=1.1322\times50$)이 되거나 44.17($=DS=0.8833\times50$)이 된다. 2기간 후의 주가는 1기간 후의 주가에서 $U(=1.1322)$만큼 오르거나 $D(=0.8833)$만큼 하

그림 8-9   이항과정에 따른 주가의 변화

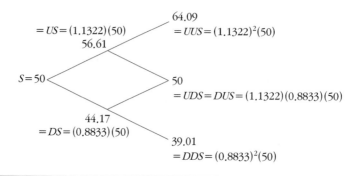

락하므로,   64.09(=UUS=1.1322×1.1322×50),   50(=UDS=DUS=1.1322×0.8833×50), 39.01(=DDS=0.8833×0.8833×50)이 된다.

3) 이항격자의 각 꼭지점에서의 풋옵션가격 계산

2기간 후 각 꼭지점의 풋옵션가격은 $0(=\text{Max}[0, X-S]=\text{Max}[0, 55-64.09])$, $5(=$ $\text{Max}[0, X-S]=\text{Max}[0, 55-50])$, $15.99(=\text{Max}[0, X-S]=\text{Max}[0, 55-39.01])$이다.

① 2기간 후의 옵션가격(0 또는 5)에서 1기간 후의 옵션가격 계산

〈그림 8-10〉과 같이 2기간 후의 풋옵션가격이 0 또는 5일 경우에 현재부터 1기 간 후의 풋옵션가격은 다음과 같이 만기행사 시 풋옵션가격(2.38)과 조기행사 시 풋옵 션가격(0) 중 큰 값인 2.38(=Max[0, 2.38])로 정한다.

그림 8-10   2기간 후의 풋옵션가격이 0 또는 5일 경우

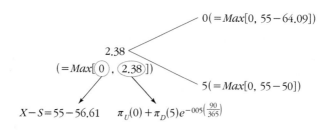

i) 만기행사 시 풋옵션가격

2기간 후의 풋옵션가격이 0 또는 5라는 것은 1기간 후의 풋옵션가격에서 π_U의 확률로 올라가면 0이 되고 π_D의 확률로 내려가면 5가 된다는 의미이다. 따라서 2기간 후 풋옵션가격 0 또는 5의 평균가격은 $\pi_U(0) + \pi_D(5)$이고, 옵션의 평균가격을 무위험이자율로 1기간 할인하면 현재부터 1기간 후 시점에서의 풋옵션가격은 $2.38(=[(0.5187)(0) + (0.4813)(5)]e^{-0.05(90/365)})$이다.

ii) 조기행사 시 풋옵션가격

1기간 후 시점에서 풋옵션을 조기행사 할 경우에는 풋옵션가격은 $0(= \text{Max}[0, X - S] = \text{Max}[0, 55 - 56.61])$이다. 따라서 조기행사 시 가격(0)보다 만기행사 시 가격(2.38)이 더 크므로 풋옵션을 1기간 후 조기행사하지 않고 2기간 후 만기행사하는 것으로 가정하고 그에 따라 풋옵션 1기간 후 가격이 2.38이 된다.

② 2기간 후의 옵션가격(5 또는 15.99)에서 1기간 후의 옵션가격 계산

〈그림 8-11〉과 같이 2기간 후의 풋옵션가격이 5 또는 15.99일 경우에 현재부터 1기간 후의 풋옵션가격은 다음과 같이 만기행사 시 풋옵션가격과 조기행사 시 풋옵션가격 중 큰 값인 $10.83(= \text{Max}[10.83, 10.16])$이 된다.

i) 만기행사 시 풋옵션가격

2기간 후 풋옵션가격 5 또는 15.99의 평균가격은 $(0.5187)(5) + (0.4813)(15.99)$이고, 옵션의 평균가격을 무위험이자율로 1기간 할인하면 $10.16(=[(0.5187)(5) + (0.4813(15.99)]e^{-0.05(90/365)})$이 된다.

ii) 조기행사 시 풋옵션가격

1기간 후 시점에서 풋옵션을 조기행사 할 경우에는 풋옵션가격은 $10.83(= \text{Max}[0, X - S] = \text{Max}[0, 55 - 44.17])$이 된다. 조기행사(10.83)가 만기행사(10.16)보다 유리하므로 조기행사 하는 것으로 가정하고 그에 따라 1기간 후 가격은 10,83이 된다.

그림 8-11 2기간 후의 풋옵션가격이 5 또는 15.99일 경우

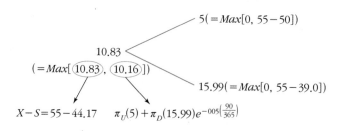

③ 1기간 후의 옵션가격에서 현재시점의 옵션가격 계산

1기간 후의 풋옵션가격이 2.38과 10.83으로 결정되었다. 현재시점에서의 풋옵션가격은 〈그림 8-12〉에서 보듯이 1기간 후의 풋옵션가격 2.38과 10.83의 평균가격을 1기간 할인한 값 $6.37(=[\pi_U(2.38)+\pi_D(10.83)]e^{-0.05(90/365)})$과 현재시점에서 당장 행사할 경우의 가격 $5(=Max[0,\ X-S]=Max[0,\ 55-50])$ 중 더 큰 값인 6.37이 된다.

그림 8-12 현재시점의 풋옵션가격

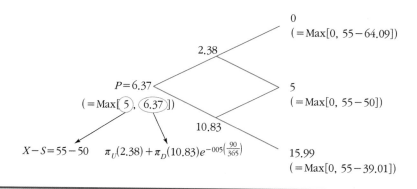

(2) 연속배당수익률로 배당을 주는 주식에 대한 미국형 옵션

연속배당수익률 δ로 배당을 지급하는 경우의 이항옵션가격결정모형을 이용한 미국형 옵션가격의 계산은 배당이 없을 경우와 비슷한 방법으로 계산한다. 우선 연속배

당수익률로 배당을 주는 경우에도 1기간 후에는 가격상승률 $U = e^{\sigma\sqrt{\Delta t}}$만큼 주가가 상 승하고, 가격하락률 $D = 1/U$만큼 주가가 하락한다.

그런데, 연속배당을 하게 되면 연속적(continuous)으로 주가가 하락하게 된다. 주 가수익률(=주가변화율)이 r이라고 하면 현재 주가가 S일 때 배당이 없을 경우 1기간 후의 주식의 기댓값은 $Se^{r\Delta t}$이 되지만 연속적으로 주가를 하락시키는 연속배당수익률 δ로 배당을 지급하는 경우 1기간 후의 주식의 기댓값은 $Se^{(r-\delta)\Delta t}$가 된다.

현재 주가가 S일 때 1기간 후의 주식의 기댓값 $Se^{(r-\delta)\Delta t}$은 1기간 동안 주가가 상승할 경우와 하락할 경우의 평균값이 되므로 $Se^{(r-\delta)\Delta t} = \pi_U SU + \pi_D SD$가 성립한다. $e^{(r-\delta)\Delta t} = \pi_U U + (1-\pi_U)D$에서 π_U와 π_D는 $\pi_U = (e^{(r-\delta)\Delta t} - D)/(U-D)$, $\pi_D = 1 - \pi_U$로 구해진다.

$$U = e^{\sigma\sqrt{\Delta t}}, \quad D = \frac{1}{U}, \quad \pi_U = \frac{e^{(r-\delta)\Delta t} - D}{U-D}, \quad \pi_D = 1 - \pi_U \qquad (8\text{-}15)$$

(3) 배당수익률로 배당을 주는 주식에 대한 미국형 옵션

배당수익률로 배당을 주는 경우에도 배당이 없을 경우와 비슷한 방법으로 미국형 옵션가격을 계산한다. 다만, 배당수익률만큼 배당을 지급하게 되면 그 금액만큼 주가 가 하락하므로 이를 고려하여 각 기간에서의 주가를 계산하여야 한다.

예를 들어, 현재 주가가 100원이고 행사가격이 90원이고, 주가수익률의 표준편차 는 36%, 무위험이자율은 6%이고 2기간은 총 120일이라고 하자. 27일 후에 배당이 지 급되며 이때 배당수익률은 5%이다. 2기간 이항옵션가격결정모형을 이용하여 미국형 콜옵션의 가격을 다음과 같이 구할 수 있다.

1) 입력변수 계산

배당수익률로 배당을 주는 경우의 연속형 입력변수는 다음과 같다.

$$U = e^{\sigma\sqrt{\Delta t}} = e^{0.36\sqrt{60/365}} = 1.1571$$

$$D = \frac{1}{U} = \frac{1}{1.1571} = 0.8642$$

$$\pi_U = \frac{e^{r \Delta t} - D}{U - D} = \frac{e^{0.06(60/365)} - 0.8642}{1.1571 - 0.8642} = 0.4975$$

$$\pi_D = 1 - \pi_U = 0.5025$$

2) 이항격자를 그린 후 각 꼭지점에서의 주가 계산

〈그림 8-13〉은 주가의 이항과정을 나타낸 것이다. 현재 주가(S)는 100원이다. 1기간은 60일이며 27일후에 5%의 배당이 있으므로 1기간 후(60일 후)의 주가는 배당 5%만큼 하락한 주가에서 오르거나 내린 값이 된다. 따라서 109.92원(=US=1.1571× 100×(1−0.05)) 또는 82.10원(=DS=0.8642×100×(1−0.05))이다.

2기간 후의 주가는 127.19원(=UUS=1.1571×1.1571×100×(1−0.05)), 94.99원(= DUS=UDS=0.8642×1.1571×100×(1−0.05)), 70.95원(=DDS=0.8642×0.8642×100× (1−0.05))이 된다.

그림 8-13   이항과정에 따른 주가의 변화

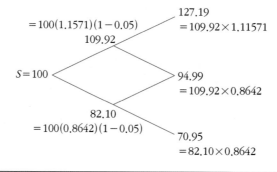

3) 이항격자의 각 꼭지점에서 콜옵션가격 계산

2기간 후의 각 꼭지점의 콜옵션가격은 각 마디에서 37.19(=Max[0, $S-X$]= Max[0, 127.19−90]), 4.99(=Max[0, $S-X$]=Max[0, 94.99−90]), 0(=Max[0, $S-X$]= Max[0, 70.95−90])이다.

① 2기간 후의 옵션가격(37.19 또는 4.99)에서 1기간 후의 옵션가격 계산

〈그림 8-14〉와 같이 2기간 후 콜옵션가격이 37.19 또는 4.99일 경우, 1기간 후 콜옵션가격은 만기행사 시 콜옵션가격(20.80)과 조기행사 시 콜옵션가격(19.92) 중 큰 값인 20.80(=Max(20.80, 19.92)으로 정한다.

그림 8-14   2기간 후의 콜옵션가격이 37.19 또는 4.99일 경우

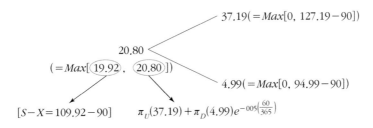

i) 만기행사 시 콜옵션가격

2기간 후 콜옵션가격 37.19 또는 4.99의 평균가격은 $(0.4975)(37.19)+(0.5025)$ (4.99)이고, 옵션의 평균가격을 무위험이자율로 1기간 할인하면 1기간 후 시점에서의 옵션가격은 $20.80(=[(0.4975)(37.19)+(0.5025)(4.99)]e^{-0.06(60/365)})$이 된다.

ii) 조기행사 시 콜옵션가격

1기간 후 시점에서 콜옵션을 조기행사 할 경우에는 콜옵션가격은 $19.92(=$ $Max[0,\ S-X]=Max[0,\ 109.92-90])$가 된다.

② 2기간 후의 옵션가격(4.99 또는 0)에서 1기간 후의 옵션가격 계산

〈그림 8-15〉와 같이 2기간 후의 콜옵션가격이 4.99 또는 0일 경우에 현재부터 1기간 후의 콜옵션가격은 만기행사 시 콜옵션가격(2.46)과 조기행사 시 콜옵션가격 (0) 중 큰 값인 2.46(=Max[2.46, 0])으로 정한다.

그림 8-15   2기간 후의 콜옵션가격이 4.99 또는 0일 경우

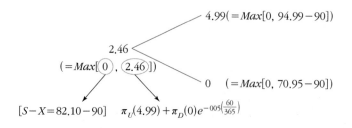

$$4.99(=Max[0,\ 94.99-90])$$

$$2.46$$

$$(=Max[\ (0)\ ,\ (2.46)\ ])$$

$$0\quad(=Max[0,\ 70.95-90])$$

$$[S-X=82.10-90]\quad\pi_U(4.99)+\pi_D(0)e^{-005\left(\frac{60}{365}\right)}$$

i) 만기행사 시 콜옵션가격

2기간 후 콜옵션의 평균가격을 무위험이자율로 1기간 할인하면 현재부터 1기간 후 시점에서의 옵션가격은 $2.46(=[(0.4975)(4.99)+(0.5025)(0)]e^{-0.06(60/365)})$이다.

ii) 조기행사 시 콜옵션가격

1기간 후 시점에서 콜옵션을 조기행사 할 경우에는 콜옵션가격은 $0(=Max[0,\ S-X]=Max[0,\ 82.10-90])$이 된다.

③ 1기간 후의 옵션가격에서 현재시점의 옵션가격 계산

1기간 후의 콜옵션가격이 20.80과 2.46으로 결정되었다. 〈그림 8-16〉에서 보듯이 1기간 후의 콜옵션가격 20.80과 2.46의 평균가격을 1기간 할인한 값 11.47(=

그림 8-16   현재시점의 콜옵션가격

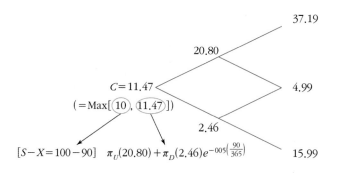

$$37.19$$

$$20.80$$

$$C=11.47$$

$$(=Max[\ (10)\ ,\ (11.47)\ ])$$

$$4.99$$

$$2.46$$

$$[S-X=100-90]\quad\pi_U(20.80)+\pi_D(2.46)e^{-005\left(\frac{90}{365}\right)}$$

$$15.99$$

$[(0.4975)(20.80) + (0.5025)(2.46)]e^{-0.06(60/365)}$)과 현재시점에서 당장 행사할 경우의 가격 10($=\text{Max}[0,\ S-X]=\text{Max}[0,\ 100-90]$) 중 큰 값인 11.47이 현재시점에서의 콜옵션가격이 된다.

(4) 일정액의 배당금을 주는 주식에 대한 미국형 옵션

일정액의 배당금으로 배당을 지급하는 경우에 이항옵션가격결정모형을 이용한 미국형옵션가격은 세 단계로 계산한다. 1단계는 모든 배당금의 현재가치를 기초자산의 현재가격에서 차감하여 미래에 발생하는 배당의 영향을 현재가격에 반영함으로써 미래에 더 이상 배당이 없는 경우의 기초자산가격을 만들어준다. 2단계는 이항격자의 각 꼭지점에서 볼 때 아직 배당이 지급되지 않은 시점에서는 기초자산가격이 배당의 영향을 받지 않은 상태이므로 배당의 현재가치를 다시 더해주어 기초자산의 가격을 재조정하는 단계이다. 마지막 3단계에서는 이항격자의 각 꼭지점에서 재조정된 기초자산가격을 기반으로 이제까지와 동일한 논리로 옵션가격을 계산한다.

예를 들어, 현재 주가가 280이고 행사가격이 270이라고 하자. 주가수익률의 표준편차는 30%, 무위험이자율은 6%이고 2기간 동안의 기간은 100일이다. 첫 번째 배당금(D_1)으로 5일 후에 8이 지급되고 두 번째 배당금(D_2)으로 95일 후에 12가 지급된다. 2기간 이항옵션가격결정모형을 이용하여 미국형 콜옵션의 가격을 구해보자.

1) 입력변수 계산

일정액의 배당금을 주는 경우의 연속형 입력변수는 다음과 같다.

$$U = e^{\sigma\sqrt{\Delta t}} = e^{0.3\sqrt{50/365}} = 1.1174$$

$$D = \frac{1}{U} = \frac{1}{1.1174} = 0.8949$$

$$\pi_U = \frac{e^{r\Delta t} - D}{U - D} = \frac{e^{0.06(50/365)} - 0.8949}{1.1174 - 0.8949} = 0.5095$$

$$\pi_D = 1 - \pi_U = 0.4905$$

2) 이항격자를 그린 후 각 꼭지점에서의 주가 계산

① 1단계: 모든 배당금 차감 후 각 시점에서의 기초자산 가격

5일 후에 8의 배당이 지급되고 95일 후에 12의 배당이 지급될 경우 배당금의 현재가치는 $19.81(=8e^{-0.06(5/365)}+12e^{-0.06(95/365)})$이 된다. 〈그림 8-17〉은 현재 주가 280에서 모든 배당금의 현재가치 19.81을 차감한 주가 260.19의 이항과정을 나타낸 것이다. 즉, 현재 주가는 $260.19(=280-19.81)$가 되고 1기간 후의 주가는 $290.74(=US=1.1174\times260.19)$ 또는 $232.84(=DS=0.8949\times260.19)$이다. 2기간 후의 주가는 $324.87(=UUS=1.1174\times1.1174\times260.19)$, $260.19(=UDS=DUS=1.1174\times0.8949\times260.19)$, $208.37(=DDS=0.8949\times0.8949\times260.19)$이 된다.

그림 8-17　**모든 배당금 차감 후 이항과정에 따른 주가의 변화**

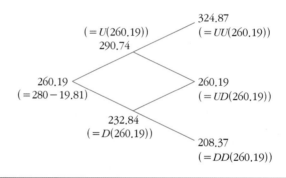

---

② 2단계: 각 꼭지점에서 미지급된 배당금을 고려하여 기초자산 가격 재조정

현재시점에서 볼 때 아직 배당금이 지급된 것이 아니므로 모든 배당금의 현재가치[15]를 주가에 다시 더해준다. 현재시점에서의 주가는 $280(=260.19+19.81)$으로 재조정된다.

첫 번째 배당금(D_1)은 5일 후에 지급되고 1기간 동안에 첫 번째 배당금(D_1)만큼

15　D_1과 D_2의 현재가치: $8e^{-0.06(5/365)}+12e^{-0.06(95/365)}=19.81$
　　D_2의 현재가치: $12e^{-0.06(95/365)}=11.91$

기초자산가격은 하락하지만 두 번째 배당금(D_2)은 95일 후에 지급되므로 1기간 동안에는 두 번째 배당금(D_2)만큼 기초자산가격이 따로 하락하지 않는다. 따라서 1기간 후 이항격자 꼭지점에서의 기초자산가격에 두 번째 배당금(D_2)만큼을 다시 더해준다. 즉, 1기간 후의 주가는 $302.65(=290.74+11.91)$ 또는 $244.75(=232.84+11.91)$가 된다.

두 번째 배당금(D_2)은 2기간 중에 지급되므로 2기간 후 꼭지점에서의 기초자산가격은 첫 번째 배당금(D_1)과 두 번째 배당금(D_2)이 모두 지급된 만큼 기초자산가격이 하락하므로 2기간 후 각 시점에서의 주가는 324.87, 260.19, 208.37이 된다.

그림 8-18 **미지급 배당금 고려하여 주가 재조정**

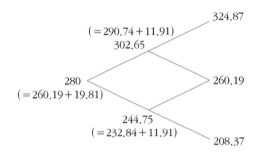

3) 3단계: 이항격자의 각 꼭지점에서의 콜옵션가격 계산

2기간 후의 각 꼭지점의 콜옵션가격은 각 마디에서 $54.87(=\text{Max}[0,\ S-X]=\text{Max}[0,\ 324.87-270])$, $0(=\text{Max}[0,\ S-X]=\text{Max}[0,\ 260.19-270])$, $0(=\text{Max}[0,\ S-X]=\text{Max}[0,\ 208.37-270])$이다.

① 2기간 후의 옵션가격(54.87 또는 0)에서 1기간 후의 옵션가격 계산

〈그림 8-19〉와 같이 2기간 후 콜옵션가격이 54.87 또는 0일 경우, 1기간 후 콜옵션가격은 만기행사 시 콜옵션가격(27.73)과 조기행사 시 콜옵션가격(32.65) 중 큰 값인 $32.65(=\text{Max}[27.73,\ 32.65])$로 정한다.

그림 8-19   2기간 후의 콜옵션가격이 54.87 또는 0일 경우

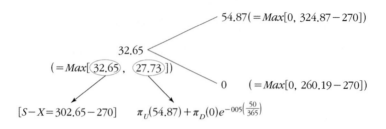

i) 만기행사 시 콜옵션가격

2기간 후 콜옵션가격 54.87 또는 0의 평균가격을 무위험이자율로 1기간 할인하면 1기간 후 시점에서의 콜옵션가격인 $27.73 (= [(0.5095)(54.87) + (0.4905)(0)]e^{-0.06(50/365)})$이다.

ii) 조기행사 시 콜옵션가격

1기간 후 시점에서 콜옵션을 조기행사 할 경우에는 콜옵션가격은 $32.65 (= Max[0, S-X] = Max[0, 302.65 - 270])$이다.

② 2기간 후의 옵션가격(0 또는 0)에서 1기간 후의 옵션가격 계산

〈그림 8-20〉과 같이 2기간 후 콜옵션가격이 0 또는 0일 경우, 1기간 후 콜옵션가격은 만기행사 시 콜옵션가격(0)과 조기행사 시 콜옵션가격(0) 중 큰 값이 되는데 두 경우 모두 0이므로 1기간 후 콜옵션가격은 0이 된다.

i) 만기행사 시 콜옵션가격

2기간 후 콜옵션가격 0 또는 0의 평균가격을 무위험이자율로 1기간 할인하면 1기간 후 시점에서의 콜옵션가격은 $0 (= [(0.5095)(0) + (0.4905)(0)]e^{-0.06(50/365)})$이다.

그림 8-20 **2기간 후의 콜옵션가격이 0 또는 0일 경우**

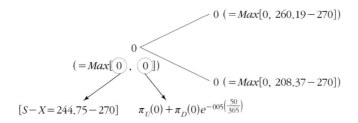

ii) 조기행사 시 콜옵션가격

1기간 후 시점에서 콜옵션을 조기행사 할 경우에는 콜옵션가격은 $0(=\text{Max}[0, S-X]$ $=\text{Max}[0, 244.75-270])$이다.

③ 1기간 후의 옵션가격에서 현재시점의 옵션가격 계산

1기간 후의 콜옵션가격은 32.65와 0으로 결정되었다. 〈그림 8-21〉에서 보듯이 이 값의 평균가격을 1기간 할인한 값 $16.38(=[(0.5095)(32.65)+(0.4905)(0)]e^{-0.06(50/365)})$과 현재시점에서 당장 행사할 경우의 가격 $10(=\text{Max}[0, S-X]=\text{Max}[0, 280-270])$ 중 큰 값인 16.38이 현재시점의 콜옵션가격이 된다.

그림 8-21 **현재시점의 콜옵션가격**

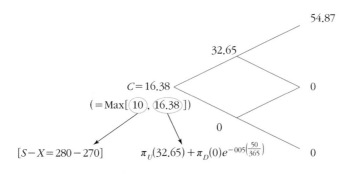

Black과 Scholes(1973)는 기초자산의 가격, 행사가격, 변동성, 만기까지의 기간, 무위험자산의 이자율의 다섯 가지 객관적인 투입변수를 사용하여 옵션이론가격결정모형을 도출함으로써 실제 시장에서 이용할 수 있는 매우 유용한 공식을 제시하였다.[16]

Black과 Scholes는 배당금을 지급하지 않는 주식에 대한 유럽형 콜옵션에 대한 이론가격을 계산하는 모형을 현물가격이 연속적으로 변화하고,[17] 현물수익률은 로그정규분포(lognormal distribution)[18]를 따르며, 이자율과 주가의 변동성은 옵션잔존기간 동안 고정되어 있다는 가정 하에 물리학 열확산식(heat diffusion equation)을 응용하여 개발하였다. 오늘날 시장참여자에 의해 폭넓게 사용되고 있는 콜옵션에 대한 블랙-숄즈옵션가격결정모형은 다음과 같다.

$$C = SN(d_1) - Xe^{-rT}N(d_2) \tag{8-16}$$

$$\text{여기서, } d_1 = \frac{\ln\left(\dfrac{S}{X}\right) + (r + 0.5\sigma^2)T}{\sigma\sqrt{T}}$$

$$d_2 = d_1 - \sigma\sqrt{T}$$

식(8-16)에서 $N(d)$는 평균이 0이고 표준편차가 1인 표준정규분포를 따르는 확률변수의 누적분포함수로서 〈그림 8-22〉에서 보듯이 그림자부분의 면적, 즉 d 이하의 누적확률을 의미한다.

블랙-숄즈옵션가격결정모형을 직관적으로 보면, $N(d)$는 콜옵션이 내가격으로 만기가 되는 위험조정확률(risk-adjusted probability)로 볼 수 있다. 왜냐하면, d_1과 d_2의 분자에 나타나는 $\ln(S/X)$는 기초자산가격과 행사가격간의 비율이므로 옵션이 현재 내가격(in-the-money) 혹은 외가격(out-of-the money) 상태에 있는지를 나타내는 비율

---

16 이재하, 한덕희, 「핵심재무관리」, 박영사(2020), pp. 645-650 참조.
17 이항옵션가격결정모형에서는 주가의 변동이 이산적으로 일정한 비율의 상승과 하락으로 움직인다고 가정한 데 비하여, 블랙-숄즈옵션가격결정모형은 주가가 연속적인 랜덤워크(random walk)에 따라 변화한다고 가정한다는 점에서 차이가 있다.
18 어떤 변수에 자연로그를 취한 값이 정규분포를 따르면 그 변수는 로그정규분포를 가진다.

그림 8-22 표준정규분포

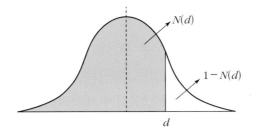

이라고 볼 수 있기 때문이다.

분모의 $\sigma\sqrt{T}$ 는 옵션의 잔존기간에 걸친 주가의 변동성으로 옵션의 내가격 혹은 외가격 정도를 조정하는 것이다. 만약 두 개의 $N(d)$가 모두 1에 가깝다고 가정하면 콜옵션의 가치는 $S - Xe^{-rT}$, 즉 $C = Max[0, S - PV(X)]$가 됨을 알 수 있다. 시장의 불안정이 없는 확실한 세계에서 콜옵션의 가치는 $S - PV(X)$가 되지만 현실적으로 시장의 불안정에 대한 위험을 고려하여 위험조정확률로 콜옵션의 가치를 조정한 것으로 설명할 수 있다.

그렇다면 $N(d)$ 중에서 $N(d_1)$은 구체적으로 무엇을 의미하는가? 식(8-16)을 S에 대해 1차미분($\partial C/\partial S$)하면 $N(d_1)$이 된다. 이것은 기초자산인 주가의 변화(∂S)에 대한 콜옵션 가격변화(∂C)를 나타내는 델타(delta)에 해당한다. 예를 들어, 델타($\partial C/\partial S$)가 0.5라면 주가가 1만큼 변동할 때 콜옵션 가격은 0.5만큼 변동함을 의미한다. 주식을 매수하고 콜옵션을 매도할 경우 주가가 변동할 때 이에 상응하는 정도로 콜옵션 가격이 변동하면 가치가 불변인 무위험포트폴리오가 된다.

따라서 델타가 0.5라고 하면 이 델타는 무위험포트폴리오를 구성하기 위하여 콜옵션 1개를 매도할 때 매수해야 할 주식의 수(N주)인 헷지비율을 의미한다고 볼 수 있다. 즉, 콜옵션 1개 매도하고 주식 0.5개 매수하는 경우, 혹은 콜옵션 2개 매도하고 주식 1개 매수하는 경우 주가가 1만큼 변동하면 델타가 0.5이므로 콜옵션가격이 0.5만큼 변동하는데 콜옵션이 2개이므로 1만큼 변동하여 주가 변동과 콜옵션가격 가격 변동이 상쇄된다는 것이다.

$N(d_2)$는 만기일에 콜옵션이 행사될 확률을 의미한다. 즉, 만기일에 주가가 행사

가격보다 높게 형성되어 내가격(ITM) 상태가 될 확률을 의미하므로 옵션의 행사가능성을 나타내는 확률을 나타낸다. 따라서 블랙-숄즈옵션가격결정모형에서 콜옵션의 가격은 기초주식의 가격에 헷지비율을 곱한 값에서 행사가격의 현재가치에 옵션이 행사될 확률을 곱한 값만큼을 차감한 것으로 해석할 수 있다.

한편, 풋옵션의 이론가격은 콜옵션의 이론가격을 산출한 후 풋-콜등가정리에 의해 산출할 수 있다. 풋-콜등가정리를 풋옵션에 대해서 정리하면 다음과 같다.

$$P = -S + C + Xe^{-rT} \tag{8-17}$$

(8-17)에서 콜옵션에 블랙-숄즈옵션가격결정모형에 의해 도출된 식(8-16)의 콜옵션가격을 대입하여 정리하면,

$$P = -S + SN(d_1) - Xe^{-rT}N(d_2) + Xe^{-rT}$$
$$= -S[1 - N(d_1)] + Xe^{-rT}[1 - N(d_2)]$$
$$= -SN(-d_1) + Xe^{-rT}N(-d_2) \tag{8-18}$$

식(8-18)에서 $N(d)$가 평균 0을 중심으로 좌우가 대칭인 점을 이용하면 $[1 - N(d_1)] = N(-d_1)$이고 $[1 - N(d_2)] = N(-d_2)$가 된다.

그림 8-23 표준정규분포의 누적분포함수

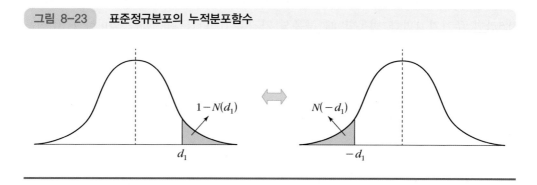

현재 KOSPI200이 253.19 , KOSPI200의 연수익률의 표준편차(σ)는 27.63%, 무위험이자율이 2.85%이다. 행사가격(X)이 245.50이고 만기까지 3개월 남은 콜옵션과 풋옵션가격을 블랙-숄즈옵션가격결정모형을 이용하여 구하시오.

┃답┃

$$d_1 = \frac{\ln\left(\dfrac{S}{X}\right) + (r + 0.5\,\sigma^2)\,T}{\sigma\sqrt{T}}$$

$$= \frac{\ln\left(\dfrac{253.19}{245.50}\right) + (0.0285 + 0.5\,(0.2763)^2)\,(0.25)}{0.2763\sqrt{0.25}}$$

$$= 0.4985$$

누적확률은 표준정규누적분포함수의 확률값을 구해주는 함수인 엑셀의 'NORMSDIST'함수를 이용하여 다음 그림과 같이 'NORMSDIST(0.4985)'를 입력하면 누적확률이 0.6909로 구해진다.

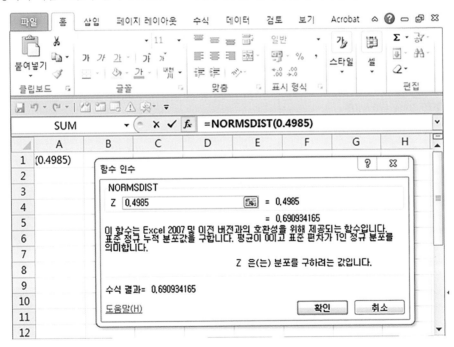

참고로, 부표를 이용하여 보간법으로 누적확률을 구하면,

$$\frac{0.4985 - 0.49}{0.50 - 0.49} = \frac{N(0.4985) - 0.6879}{0.6915 - 0.6879} \rightarrow N(0.4985) = 0.6909$$

$$d_2 = d_1 - \sigma\sqrt{T} = 0.4985 - (0.2763)\sqrt{0.25} = 0.3604$$

'NORMSDIST(0.3604)'를 입력하면 누적확률이 0.6407로 구해진다.

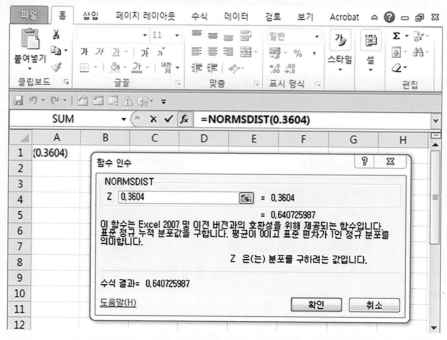

보간법으로 누적확률을 구하면, $\dfrac{0.3604 - 0.36}{0.37 - 0.36} = \dfrac{N(0.3604) - 0.6406}{0.6443 - 0.6406}$

$\rightarrow N(0.3604) = 0.6407$

$C = SN(d_1) - Xe^{-rT}N(d_2)$

$\quad = (253.19)(0.6909) - (245.50)\,e^{-(0.0285)(0.25)}\,(0.6407) = 18.75$

$P = -SN(-d_1) + Xe^{-rT}N(-d_2)$

$\quad = (-253.19)(1 - 0.6909) + (245.50)\,e^{-(0.0285)(0.25)}(1 - 0.6407) = 9.32$

	.00	.01	.02	.03	.04	.05	.06	.07	.08	.09
0.0	.5000	.5040	.5080	.5120	.5160	.5199	.5239	.5279	.5319	.5359
0.1	.5398	.5438	.5478	.5517	.5557	.5596	.5636	.5675	.5714	.5753
0.2	.5793	.5832	.5871	.5910	.5948	.5987	.6026	.6064	.6103	.6141
0.3	.6179	.6217	.6255	.6293	.6331	.6368	.6406	.6443	.6480	.6517
0.4	.6554	.6591	.6628	.6664	.6700	.6736	.6772	.6808	.6844	.6879
0.5	.6915	.6950	.6985	.7019	.7054	.7088	.7123	.7157	.7190	.7224
0.6	.7257	.7291	.7324	.7357	.7389	.7422	.7454	.7486	.7517	.7549
0.7	.7580	.7611	.7642	.7673	.7704	.7734	.7764	.7794	.7823	.7852
0.8	.7881	.7910	.7939	.7967	.7995	.8023	.8051	.8078	.8106	.8133
0.9	.8159	.8186	.8212	.8238	.8264	.8289	.8315	.8340	.8365	.8389
1.0	.8413	.8438	.8461	.8485	.8508	.8531	.8554	.8577	.8599	.8621
1.1	.8643	.8665	.8686	.8708	.8729	.8749	.8770	.8790	.8810	.8830
1.2	.8849	.8869	.8888	.8907	.8925	.8944	.8962	.8980	.8997	.9015
1.3	.9032	.9049	.9066	.9082	.9099	.9115	.9131	.9147	.9162	.9177
1.4	.9192	.9207	.9222	.9236	.9251	.9265	.9279	.9292	.9306	.9319
1.5	.9332	.9345	.9357	.9370	.9382	.9394	.9406	.9418	.9429	.9441
1.6	.9452	.9463	.9474	.9484	.9495	.9505	.9515	.9525	.9535	.9545
1.7	.9554	.9564	.9573	.9582	.9591	.9599	.9608	.9616	.9625	.9633
1.8	.9641	.9649	.9656	.9664	.9671	.9678	.9686	.9693	.9699	.9706
1.9	.9713	.9719	.9726	.9732	.9738	.9744	.9750	.9756	.9761	.9767
2.0	.9772	.9778	.9783	.9788	.9793	.9798	.9803	.9808	.9812	.9817
2.1	.9821	.9826	.9830	.9834	.9838	.9842	.9846	.9850	.9854	.9857
2.2	.9861	.9864	.9868	.9871	.9875	.9878	.9881	.9884	.9887	.9890
2.3	.9893	.9896	.9898	.9901	.9904	.9906	.9909	.9911	.9913	.9916
2.4	.9918	.9920	.9922	.9925	.9927	.9929	.9931	.9932	.9934	.9936
2.5	.9938	.9940	.9941	.9943	.9945	.9946	.9948	.9949	.9951	.9952
2.6	.9953	.9955	.9956	.9957	.9959	.9960	.9961	.9962	.9963	.9964
2.7	.9965	.9966	.9967	.9968	.9969	.9970	.9971	.9972	.9973	.9974
2.8	.9974	.9975	.9976	.9977	.9977	.9978	.9979	.9979	.9980	.9981
2.9	.9981	.9982	.9982	.9983	.9984	.9984	.9985	.9985	.9986	.9986
3.0	.9987	.9987	.9987	.9988	.9988	.9989	.9989	.9989	.9990	.9990
3.1	.9990	.9991	.9991	.9991	.9992	.9992	.9992	.9992	.9993	.9993
3.2	.9993	.9993	.9994	.9994	.9994	.9994	.9996	.9995	.9995	.9995
3.3	.9995	.9995	.9995	.9996	.9996	.9996	.9996	.9996	.9996	.9997
3.4	.9997	.9997	.9997	.9997	.9997	.9997	.9997	.9997	.9997	.9998

1. 콜옵션

추적포트폴리오(tracking portfolio)[19]를 이용한 이항옵션가격결정모형을 통해 콜옵션의 가치를 구할 수도 있다. 콜옵션을 그대로 복제하는 추적포트폴리오는 B만큼 차입하고 주식(S)을 N주만큼 매수하여 구성한다.

이는 선물의 보유비용모형에서 선물 매수(전략 A)와 차입 및 현물매수(전략 B)가 동일하다는 논리에서 나온 것으로 전략 A의 선물(파생상품)을 매수하는 전략 대신 〈그림 8A-1〉과 같이 콜옵션(파생상품)을 매수하는 것으로 대체하여 이 전략이 전략 B와 같게 만들어 파생상품의 가격을 구하는 것이다.

그렇다면, 전략 A의 콜옵션과 동일하기 위해서는 전략 B에서 차입과 주식매수를 얼마나 해야 하는가? 다시 말하면, 콜옵션 매수와 동일하게 만드는 N과 B는 도대체 얼마인가?

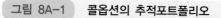
그림 8A-1　콜옵션의 추적포트폴리오

두 전략의 수익을 같게 만드는 N과 B는 다음 식(8A-1)에서 식(8A-2)를 차감하여 구한다.

$$C_U = NUS - RB \tag{8A-1}$$

$$C_D = NDS - RB \tag{8A-2}$$

19 헷지포트폴리오(hedge portfolio) 또는 복제포트폴리오(replicating portfolio)라고도 한다.

$$\rightarrow \ C_U - C_D = N(U-D)S \ \rightarrow \ N = \frac{C_U - C_D}{(U-D)S} \tag{8A-3}$$

식(8A-1)을 B에 대해서 정리한 후, 식(8A-3)의 N값을 대입하면 식(8A-4)의 B가 구해진다.

$$B = \frac{1}{R}[NUS - C_U]$$

$$= \frac{1}{R}\left[\frac{DC_U - UC_D}{U-D}\right] \tag{8A-4}$$

두 전략의 수익이 같으므로 전략 A와 전략 B가 동일하려면 식(8A-5)와 같이 두 전략의 비용이 같아야 하며, 여기에 식(8A-3)와 (8A-4)를 대입하면 현재시점에서의 콜옵션 가격이 도출된다.

$$C = NS - B$$

$$= \frac{\left[\left(\frac{R-D}{U-D}\right)C_U + \left(\frac{U-R}{U-D}\right)C_D\right]}{R} = \frac{\pi_U C_U + \pi_D C_D}{R} \tag{8A-5}$$

2. 풋옵션

콜옵션과 마찬가지로 풋옵션도 추적포트폴리오를 이용한 이항옵션가격결정모형으로 가치를 구할 수 있다. 풋옵션을 그대로 복제하는 추적포트폴리오는 주식(S)을 N주만큼 매도하고 B만큼 대출하여 구성한다.

이는 선물의 보유비용모형에서 선물 매도(전략 C)와 현물매도 및 대출(전략 D)이 동일하다는 논리에서 나온 것으로 전략 C의 선물(파생상품)을 매도하는 전략 대신 〈그림 8A-2〉와 같이 풋옵션(파생상품)을 매수하는 것으로 대체하여 이 전략이 전략 D와 같게 만들어 파생상품의 가격을 구하는 것이다.

그렇다면, 전략 C의 풋옵션과 동일하기 위해서는 전략 D에서 주식매도와 대출을 얼마나 해야 하는가? 다시 말하면, 풋옵션 매수와 동일하게 만드는 N과 B는 도대체 얼마인가?

두 전략의 수익을 같게 만드는 N과 B는 다음 식(8A-6)에서 식(8A-7)을 차감하여 구한다.

$$P_U = -NUS + RB \tag{8A-6}$$

$$P_D = -NDS + RB \tag{8A-7}$$

$$\rightarrow \ P_U - P_D = N(D-U)S \ \rightarrow \ N = -\frac{P_U - P_D}{(U-D)S} \tag{8A-8}$$

식(8A-6)을 B에 대해서 정리한 후, 식(8A-8)의 N값을 대입하면, 식(8A-9)의 B가 구해진다.

$$B = \frac{1}{R}[P_U + NUS]$$

$$= \frac{1}{R}\left[\frac{UP_D - DP_U}{U-D}\right] \tag{8A-9}$$

두 전략의 수익이 같으므로 전략 C와 전략 D가 동일하려면 식(8A-10)과 같이 두 전략의 비용이 같아야 하며, 여기에 식(8A-8)과 (8A-9)를 대입하면 현재시점에서의 풋옵션 가격이 도출된다.

$$P = -NS + B$$

$$= \frac{\left[\left(\dfrac{R-D}{U-D}\right)P_U + \left(\dfrac{U-R}{U-D}\right)P_D\right]}{R} = \frac{\pi_U P_U + \pi_D P_D}{R} \tag{8A-10}$$

ABC㈜의 주식은 현재 16,000원에 거래되고 있고 1년 후($t = 1$) 주가가 50,000원으로 상승하거나 2,000원으로 하락할 것으로 예상된다. 투자자 A는 이 회사의 주식을 기초자산으로 하고 동일한 만기 및 행사가격을 갖는 한 개의 콜옵션과 한 개의 풋옵션을 동시에 매수하여 구성한 포트폴리오를 보유하고 있다. 두 옵션의 행사가격은 15,000원이며 만기는 1년이고, 무위험이자율은 8%이다.

(1) 이 포트폴리오에 포함된 콜옵션의 가치를 이항모형으로 복제포트폴리오를 구성하여 구하시오.

(2) 콜옵션의 가격과 복제포트폴리오의 가격이 같은지를 검증하시오.

(3) 이 포트폴리오에 포함된 풋옵션의 가치를 (1)과 동일한 방식으로 구하시오.

(4) 풋옵션의 가격과 복제포트폴리오의 가격이 같은지를 검증하시오.

∥ 답 ∥

(1)

$$N = \frac{C_U - C_D}{(U - D)S} = \frac{35,000 - 0}{50,000 - 2,000} = 0.7292$$

$$B = \frac{1}{R}[NS - C_U] = \frac{1}{1.08}[(0.7292)(50,000) - 35,000] = 1,352$$

$$\rightarrow \ C = NS - B = (0.7292)(16,000) - 1,352 = 10,315원$$

(2)

		현재시점의 현금흐름	만기시점의 현금흐름	
			US=50,000	DS=2,000
콜옵션($X = 15,000$)		?	35,000	0
추적 포트 폴리오	주식(S) 0.7292주 매수	−11,667 ($=0.7292 \times -16,000$)	36,460 ($=0.7292 \times 50,000$)	1,458[주1] ($=0.7292 \times 2,000$)
	차입(B)	1,352	−1,460 ($=-1,352 \times 1.08$)	−1,460 ($=-1,352 \times 1.08$)
		−10,315	35,000	0

주1) 단수차이

→ 콜옵션의 수익과 추적포트폴리오의 수익이 동일하므로 추적포트폴리오의 비용과 콜옵션의
  비용이 동일해야 한다. 따라서 콜옵션가격＝10,315원이다.

(3)

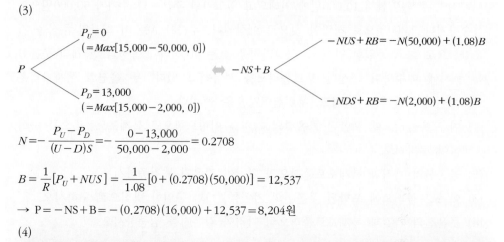

$$N=-\frac{P_U-P_D}{(U-D)S}=-\frac{0-13,000}{50,000-2,000}=0.2708$$

$$B=\frac{1}{R}[P_U+NUS]=\frac{1}{1.08}[0+(0.2708)(50,000)]=12,537$$

→ P＝ − NS＋B＝ − (0.2708)(16,000)＋12,537＝8,204원

(4)

		현재시점의 현금흐름	만기시점의 현금흐름	
			$US=50,000$	$DS=2,000$
풋옵션($X=15,000$)		?	0	13,000
추적 포트 폴리오	주식(S) 0.2708주 공매	4,333 (＝0.2708×16,000)	−13,540 (＝0.2708×−50,000)	−542[주1)] (＝0.2708×−2,000)
	대출(B)	−12,537	13,540 (＝12,537×1.08)	13,540 (＝12,537×1.08)
		−8,204	0	13,000

주1) 단수차이

→ 풋옵션의 수익과 추적포트폴리오의 수익이 동일하므로 추적포트폴리오의 비용과 풋옵션의
  비용이 동일해야 한다. 따라서 풋옵션가격＝8,204원이다.

1. 자연지수 e와 연속복리계산

현재가치(PV)가 1원, 이자율(r)이 100%일 경우 1년 후의 미래가치(FV)를 구해보자.

이자지급기간(횟수)	원리금: $FV = PV\left(1 + \dfrac{r}{m}\right)^{m \cdot n}$
1년($m = 1$)	$FV = 1\left(1 + \dfrac{1}{1}\right)^{1 \cdot 1} = 2$
1개월($m = 12$)	$FV = 1\left(1 + \dfrac{1}{12}\right)^{12 \cdot 1} = 2.6130353$
1시간($m = 365 \times 24$)	$FV = 1\left(1 + \dfrac{1}{365 \times 24}\right)^{(365 \times 24) \cdot 1} = 2.7181255$
1분($m = 365 \times 24 \times 60$)	$FV = 1\left(1 + \dfrac{1}{365 \times 24 \times 60}\right)^{(365 \times 24 \times 60) \cdot 1} = 2.7181542$
무한대($m = \infty$)	$FV = \lim\limits_{m \to \infty}\left(1 + \dfrac{1}{m}\right)^{m \cdot 1} = 2.7182818 \cdots = e$

따라서, 현재가치가 PV이고, 이자율이 r일 경우, 연간 복리계산횟수 m을 점점 늘려 m이 무한에 가깝도록 연속복리계산을 하면 미래가치(FV)는 다음과 같이 나타낼 수 있다.

$$FV = \lim_{m \to \infty} PV\left(1 + \frac{r}{m}\right)^{m \cdot n} = PV \lim_{m \to \infty}\left(1 + \frac{r}{m}\right)^{m \cdot n} = PV \lim_{m \to \infty}\left(1 + \frac{1}{\left(\frac{m}{r}\right)}\right)^{\left(\frac{m}{r}\right) \cdot (r\,n)}$$

여기서, m/r을 x로 치환하고 자연지수 e를 이용하면 다음과 같이 나타낼 수 있다.

$$FV = PV\left[\lim_{x \to \infty}\left(1 + \frac{1}{x}\right)^{x}\right]^{r\,n} = PVe^{r\,n}$$

2. BOPM의 연속형 입력변수

주가수익률이 시계열적으로 독립적이고 동일한 분포(independently and identically distributed)를 따른다는 가정, 즉 평균과 분산은 시간에 따라 변하지 않으며 시계열 상관계수는 0이라는 가정하에서 주가수익률의 평균과 분산은 다음과 같다.

평균: $E[r_t(k)] = E[r_t] + E[r_{t-1}] + \cdots + E[r_{t-k+1}] = k \times E[r]$

$\rightarrow \mu_연 = 12 \times \mu_월 = 250 \times \mu_일$

분산: $Var[r_t(k)] = Var[r_t] + Var[r_{t-1}] + \cdots + Var[r_{t-k+1}] = k \times Var[r]$

표준편차: $\sqrt{Var[r_t(k)]} = \sigma[r_t(k)] = \sqrt{k} \times \sigma(r)$

$\rightarrow \sigma_연 = \sqrt{12} \times \sigma_월 = \sqrt{250} \times \sigma_일$

따라서, 아주 짧은 기간인 Δt기간 동안 주가수익률의 평균은 $\Delta t \mu$이고, 주가수익률의 표준편차는 $\sqrt{\Delta t} \sigma$이므로 블랙숄즈옵션가격결정모형의 기본가정은 다음과 같이 나타낼 수 있다.

$$\frac{\Delta S}{S} \sim N(\mu \Delta t, \sigma^2 \Delta t):$$ ΔS는 Δt기간 동안 S의 변화이고, $N(m, v)$는 평균이 m이고 분산이 v인 정규분포를 나타냄.

이때, Δt기말에 주가의 기대치는 $S_0 e^{r \Delta t}$이므로, $(\because FV = PVe^{rn})$

$S_0 e^{r \Delta t} = \pi_U S_0 U + \pi_D S_0 D$

$\rightarrow e^{r \Delta t} = \pi_U U + (1 - \pi_U) D$

$\rightarrow \pi_U = \dfrac{e^{r \Delta t} - D}{U - D}, \quad \pi_D = 1 - \pi_U$

한편, 분산은 다음과 같이 나타낼 수 있으므로,

$\sigma^2 \Delta t = [\pi_U U^2 + (1 - \pi_U) D^2] - [\pi_U U + (1 - \pi_U) D]^2$; 분산 $= E(r^2) - [E(r)]^2$

위의 분산식에 $\pi_U = \dfrac{e^{r \Delta t} - D}{U - D}$를 대입하면,

$$\sigma^2 \Delta t = \left[\frac{e^{r\Delta t} - D}{U - D} U^2 + \left(1 - \frac{e^{r\Delta t} - D}{U - D} \right) D^2 \right] - \left[\frac{e^{r\Delta t} - D}{U - D} U + \left(1 - \frac{e^{r\Delta t} - D}{U - D} \right) D \right]^2$$

$$\rightarrow \quad \sigma^2 \Delta t = \left[\frac{e^{r\Delta t} - D}{U - D} U^2 + \frac{U - e^{r\Delta t}}{U - D} D^2 \right] - \left[\frac{e^{r\Delta t} - D}{U - D} U + \frac{U - e^{r\Delta t}}{U - D} D \right]^2$$

$$\rightarrow \quad \sigma^2 \Delta t = \left[\frac{e^{r\Delta t} - D}{U - D} U^2 + \frac{U - e^{r\Delta t}}{U - D} D^2 \right] - \left[e^{r\Delta t} \right]^2$$

$$\rightarrow \quad \sigma^2 \Delta t = \frac{e^{r\Delta t} (U^2 - D^2) - UD(U - D)}{U - D} - e^{2r\Delta t}$$

$$\rightarrow \quad \sigma^2 \Delta t = e^{r\Delta t} (U + D) - UD - e^{2r\Delta t}$$

여기서, $e^{r\Delta t} \approx 1 + r\Delta t$ 이다.[20] 또한 $U = e^{\sigma\sqrt{\Delta t}}$, $D = e^{-\sigma\sqrt{\Delta t}} (= 1/U)$라고 하면, $U = e^{\sigma\sqrt{\Delta t}} \approx 1 + \sigma\sqrt{\Delta t}$, $D = e^{-\sigma\sqrt{\Delta t}} \approx 1 - \sigma\sqrt{\Delta t}$ 가 된다. 이것을 분산식의 우변에 대입하여 정리하면,

$$(1 + r\Delta t)(1 + \sigma\sqrt{\Delta t} + 1 - \sigma\sqrt{\Delta t}) - (1 + \sigma\sqrt{\Delta t})(1 - \sigma\sqrt{\Delta t}) - (1 + 2r\Delta t) = \sigma^2 \Delta t$$

즉, 분산식의 우변항이 $\sigma^2 \Delta t$가 되어 분산식의 좌변 값과 동일하게 된다. 이는 $U = e^{\sigma\sqrt{\Delta t}}$, $D = e^{-\sigma\sqrt{\Delta t}} = 1/U$가 하나의 해가 됨을 나타낸다.

---

20 e^z인 지수함수의 테일러 전개식에서 고차항을 무시하면, $e^x = 1 + \frac{x}{1} + \frac{x^2}{2!} + \frac{x^3}{3!} + \cdots \approx 1 + x$이 된다.

1. 이항옵션가격결정모형(BOPM)

① 이항옵션가격결정모형

- 콜옵션(1기간)

$$N = \frac{C_U - C_D}{(U-D)S} : \text{헷지비율} \rightarrow \text{콜옵션 1단위를 매도할 때 매수해야 하는 주식 수}$$

$$C = \frac{\pi_U C_U + \pi_D C_D}{R}, \quad \pi_U = \frac{R-D}{U-D}, \quad \pi_D = \frac{U-R}{U-D}$$

- 풋옵션(1기간)

$$N = -\frac{P_U - P_D}{(U-D)S} : \text{헷지비율} \rightarrow \text{풋옵션 1단위를 매수할 때 매수해야 하는 주식 수}$$

$$P = \frac{\pi_U P_U + \pi_D P_D}{R}, \quad \pi_U = \frac{R-D}{U-D}, \quad \pi_D = \frac{U-R}{U-D}$$

※ 추적포트폴리오(복제포트폴리오)

- 콜옵션복제: $C = NS - B : N = \frac{C_U - C_D}{(U-D)S}, \quad B = \frac{1}{R}[NUS - C_U]$

$$\rightarrow C = \frac{\pi_U C_U + \pi_D C_D}{R}$$

- 풋옵션복제: $-NS + B : N = -\frac{P_U - P_D}{(U-D)S}, \quad B = \frac{1}{R}[NUS + P_U]$

$$\rightarrow P = \frac{\pi_U P_U + \pi_D P_D}{R}$$

- 2기간 콜옵션과 풋옵션

$$C = \frac{\pi_U \pi_U C_{UU} + \pi_U \pi_D C_{UD} + \pi_D \pi_U C_{DU} + \pi_D \pi_D C_{DD}}{R^2}$$

$$P = \frac{\pi_U \pi_U P_{UU} + \pi_U \pi_D P_{UD} + \pi_D \pi_U P_{DU} + \pi_D \pi_D P_{DD}}{R^2}$$

- n기간 콜옵션과 풋옵션

$$C = \frac{\sum_{k=0}^{n} \left(\frac{n!}{k!\,(n-k)!}\right) [\pi_U^k \pi_D^{n-k}] \, MAX\,[\,0,\ U^k D^{n-k} S - X\,]}{R^n}$$

$$P = \frac{\sum_{k=0}^{n} \left(\frac{n!}{k!\,(n-k)!}\right) [\pi_U^k \pi_D^{n-k}] \, MAX\,[\,0,\ X - U^k D^{n-k} S\,]}{R^n}$$

② BOPM을 이용한 미국형옵션의 가치 평가

- 옵션의 가치 평가
  - 1단계: 이항격자를 그린 후 각 꼭지점(node)에서의 주가 계산
  - 2단계: 이항격자의 각 꼭지점에서의 옵션 가격 계산

  $$\text{Max} \begin{cases} \text{만기 시에 권리행사할 경우의 가치} \\ \text{만기 전에 권리행사할 경우의 가치} [\,C = \text{Max}(0,\ S-X),\ P = \text{Max}(0,\ X-S)\,] \end{cases}$$

- 배당금이 없는 주식에 대한 미국형옵션

  $$U = e^{\sigma\sqrt{\Delta t}} \quad D = \frac{1}{U} \quad \pi_U = \frac{e^{r\Delta t} - D}{U - D} \quad \pi_D = 1 - \pi_U$$

- 연속배당수익률로 배당을 주는 주식에 대한 미국형옵션

  $$U = e^{\sigma\sqrt{\Delta t}}, \quad D = \frac{1}{U}, \quad \pi_U = \frac{e^{(r-\delta)\Delta t} - D}{U - D}, \quad \pi_D = 1 - \pi_U$$

- 배당수익률로 배당을 주는 주식에 대한 미국형옵션

  $$U = e^{\sigma\sqrt{\Delta t}}, \quad D = \frac{1}{U}, \quad \pi_U = \frac{e^{r\Delta t} - D}{U - D}, \quad \pi_D = 1 - \pi_U$$

- 일정액의 배당금을 주는 주식에 대한 미국형옵션

  $$U = e^{\sigma\sqrt{\Delta t}}, \quad D = \frac{1}{U}, \quad \pi_U = \frac{e^{r\Delta t} - D}{U - D}, \quad \pi_D = 1 - \pi_U$$

  → 각 꼭지점에서 주가 계산 시

  i) 모든 배당금 차감

  ii) 미지급된 배당금을 고려하여 기초자산 가격 재조정

2. 블랙-숄즈옵션가격결정모형(BSOPM)

- $C = SN(d_1) - Xe^{-rT}N(d_2)$

$$d_1 = \frac{\ln\left(\frac{S}{X}\right) + (r + 0.5\sigma^2)T}{\sigma\sqrt{T}}, \quad d_2 = d_1 - \sigma\sqrt{T}$$

→ $N(d_1)$: 델타(기초자산인 주가의 변화(∂S)에 대한 콜옵션 가격변화(∂C))
헷지비율(매도한 콜옵션 1개당 매수해야 할 주식의 수)

→ $N(d_2)$: 옵션이 행사될 확률

- $P = -SN(-d_1) + Xe^{-rT}N(-d_2)$

Q1. (2000 CPA) 기초자산의 현재가격이 100원이고, 행사가격이 110원, 잔존기간 1년인 유럽형콜옵션이 있다. 기초자산의 가격은 10원 단위로 변화한다. 만기일의 기초자산가격의 확률분포가 다음 그림과 같고 무위험이자율이 연10%라고 할 때, 이 옵션의 현재 이론가격은 얼마인가? (소수점 아래 셋째 자리에서 반올림할 것) ( )

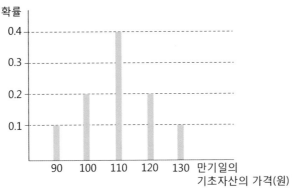

① 0.00   ② 1.82   ③ 2.73
④ 3.64   ⑤ 4.00

Q2. (2009 CPA) ㈜한국의 주가가 현재 100만원인데, 1년 후 이 주식의 주가는 120만원 혹은 105만원 중 하나의 값을 갖는다고 가정한다. 이 주식의 주가를 기초자산으로 하고, 만기는 1년이며, 행사가격이 110만원인 콜옵션과 풋옵션이 있다. 기초자산과 옵션을 이용한 차익거래가 발생하지 못하는 옵션가격들을 이항모형을 이용하여 구한 후, 콜옵션과 풋옵션의 가격차이의 절대값을 계산하여라. 1년 무위험 이자율은 10%이고 옵션 만기까지 배당은 없다. ( )

① 0원   ② 500원   ③ 1,000원
④ 5,000원   ⑤ 10,000원

Q3. (2013 CPA) 현재 주가는 10,000원이고, 무위험이자율은 연 3%이다. 1년 후 주가는 15,000원으로 상승하거나 7,000원으로 하락할 것으로 예상된다. 이 주식을 기초자산으로 하는 유럽형 옵션의 만기는 1년이고 행사가격은 10,000원이며 주식은 배당을 지급하지 않는다. 1기간 이항모형을 이용하는 경우, 주식과 옵션으로 구성된 헷지포트폴

리오(hedge portfolio)로 적절한 항목만을 모두 고르면? (단, 주식과 옵션은 소수 단위로 분할하여 거래가 가능하다.) (   )

(가) 주식 1주 매수, 콜옵션 $\frac{8}{5}$개 매도
(나) 주식 $\frac{5}{8}$주 매도, 콜옵션 1개 매수
(다) 주식 1주 매수, 풋옵션 $\frac{8}{3}$개 매수
(라) 주식 $\frac{3}{8}$주 매도, 풋옵션 1개 매도

① (가), (다) ② (나), (라) ③ (가), (나), (다)
④ (가), (나), (라) ⑤ (가), (나), (다), (라)

Q4. (2008 CPA) A회사의 주식이 10,000원에 거래되고 있다. 이 주식에 대해 행사가격이 10,000원이며 6개월 후에 만기가 도래하는 콜옵션의 가치는 블랙-숄즈옵션가격결정모형을 이용해 구한 결과 2,000원이었다. 주가가 10% 올라서 11,000원이 된다면 콜옵션 가치의 변화에 대해 가장 잘 설명하는 것은 무엇인가? (   )

① 콜옵션 가치는 1,000원보다 적게 증가하고 콜옵션 가치의 증가율은 10%보다 높다.
② 콜옵션 가치는 1,000원보다 많이 증가하고 콜옵션 가치의 증가율은 10%보다 높다.
③ 콜옵션 가치는 1,000원보다 적게 증가하고 콜옵션 가치의 증가율은 10%보다 낮다.
④ 콜옵션 가치는 1,000원보다 많이 증가하고 콜옵션 가치의 증가율은 10%보다 낮다.
⑤ 콜옵션 가치는 1,000원 증가하고 콜옵션 가치의 증가율은 10%이다.

Q5. (2014 CPA) 현재 ㈜가나 주식의 가격은 10,000원이고 주가는 1년 후 80%의 확률로 20% 상승하거나 20%의 확률로 40% 하락하는 이항모형을 따른다. ㈜가나의 주식을 기초자산으로 하는 만기 1년, 행사가격 9,000원의 유럽형 콜옵션이 현재 시장에서 거래되고 있다. 무위험이자율이 연 5%일 때 모든 조건이 이 콜옵션과 동일한 풋옵션의 현재가격에 가장 가까운 것은? (   )

① 715원 ② 750원 ③ 2,143원
④ 2,250원 ⑤ 3,000원

Q6. (2013 CPA) 배당을 지급하지 않는 주식을 기초자산으로 하는 선물과 옵션에 관한 다음 설명 중 가장 적절하지 않은 것은? (단, 시장이자율은 양수이다.) (   )

① 다른 모든 조건이 같다고 할 때, 행사가격이 주식가격과 같은 등가격 유럽형 콜옵션의 이론가격은 등가격 유럽형 풋옵션의 이론가격과 같다.

② 선물의 이론가격을 계산할 때 주식의 변동성은 고려할 필요가 없다.

③ 블랙-숄즈-머튼모형에서 $N(d_1)$은 콜옵션의 델타이다.

④ 블랙-숄즈-머튼모형에서 $N(d_2)$는 옵션의 만기 시 콜옵션이 내가격(in-the-money)이 될 위험중립확률이다.

⑤ 주식의 가격이 아무리 상승하더라도 미국형 콜옵션을 만기 전에 조기행사하는 것은 합리적인 행위가 아니다.

Q7. (2016 CPA) ㈜가나의 현재주가는 100,000원이다. ㈜가나의 주가는 1년 후 120,000원이 될 확률이 70%이고 80,000원이 될 확률이 30%인 이항모형을 따른다. ㈜가나의 주식을 기초자산으로 하는 만기 1년, 행사가격 90,000원의 유럽형 콜옵션과 풋옵션이 현재 시장에서 거래되고 있다. 무위험이자율이 연 10%일 때 풋옵션의 델타와 콜옵션의 델타로 가장 적절한 것은? (   )

	풋옵션델타	콜옵션델타
①	-0.25	0.25
②	-0.50	0.50
③	-0.25	0.75
④	-0.50	0.75
⑤	-0.75	0.75

Q8. (2017 CPA 수정) 1기간 이항모형이 성립하고 무위험이자율이 연 10%라고 가정하자. ㈜가나의 주가는 현재 9,500원이며 1년 후에는 60%의 확률로 11,000원이 되거나 40%의 확률로 8,215원이 된다. ㈜가나의 주식에 대한 풋옵션(만기 1년, 행사가격 10,000원)의 현재 이론적 가격에 가장 가까운 것은? (   )

① 350원   ② 325원   ③ 270원
④ 245원   ⑤ 232원

Q9. (2018 CPA) 블랙-숄즈(1973) 또는 머튼(1973)의 모형을 이용하여 무배당주식옵션의 가치를 평가하려 한다. 다음 설명 중 적절한 것은? (단, $N(d_1)$은 유럽형 콜옵션의 델타이

고, $d_2 = d_1 - 변동성 \times \sqrt{만기}$ 이다.) (   )

① 옵션가격을 계산하기 위해 주식의 현재 가격 및 베타, 행사가격, 이자율 등의 정보가 모두 필요하다.

② $N(d_1) - 1$ 유럽형 풋옵션의 델타이다.

③ $N(d_2)$는 만기에 유럽형 풋옵션이 행사될 위험중립확률이다.

④ $N(d_1)$은 유럽형 콜옵션 한 개의 매수 포지션을 동적헷지하기 위해 보유해야 할 주식의 개수이다.

⑤ 이 모형은 옵션만기시점의 주가가 정규분포를 따른다고 가정한다

Q10. (2020 CPA) 1기간 이항모형을 이용하여 기업 A의 주식을 기초자산으로 하는 유럽형 콜옵션의 이론적 가격을 평가하고자 한다. 현재 이 콜옵션의 만기는 1년이고, 행사가격은 10,000원이다. 기업 A의 주식은 배당을 하지 않으며, 현재 시장에서 10,000원에 거래되고 있다. 1년 후 기업 A의 주가가 12,000원이 될 확률은 60%이고, 8,000원이 될 확률은 40%이다. 현재 무위험이자율이 연 10%라고 할 때, 이 콜옵션의 이론적 가격에 가장 가까운 것은? (   )

① 1,360원   ② 1,460원   ③ 1,560원
④ 1,660원   ⑤ 1,760원

Q11. (2021 CPA) 주식 A는 배당을 하지 않으며, 현재 시장에서 4,000원에 거래되고 있다. 1년 후 이 주식은 72.22%의 확률로 5,000원이 되고, 27.78%의 확률로 3,000원이 된다. 주식 A가 기초자산이고 행사가격이 3,500원이며 만기가 1년인 유럽형 풋옵션은 현재 200원에 거래되고 있다. 주식의 공매도가 허용되고 무위험이자율로 차입과 대출이 가능하고 거래비용과 차익거래기회가 없다면, 1년 후 항상 10,000원을 지급하는 무위험자산의 현재 가격에 가장 가까운 것은? (   )

① 9,000원   ② 9,200원   ③ 9,400원
④ 9,600원   ⑤ 9,800원

Q12. (1998 CPA 2차 수정) 옵션에 대한 자료가 다음과 같을 때, 물음에 답하라.

$S_0 =$ 현재주식가격 $= 10,000$원 $E =$ 행사가격 $= 11,000$원

1기간 $= 50$일 $T =$ 만기 $= 100$일(50일씩 2기간)

$$R_f = 무위험이자율 = 10\% \quad u = 1 + 주식가격상승률 = 1.1174$$

$$d = 1 - 주식가격하락율 = 0.8949 \quad p = 헷지확률 = 0.9243$$

$$e^{R_fT} = e^{-0.1\frac{50}{365}} = 0.9864 \quad \sigma = 주식수익률의 표준편차 = 30\%$$

1. 유럽형 풋옵션은 2기간 말에 행사가 가능하다. 배당이 없는 경우 만기가 100일인 유럽형 풋옵션의 현재가격은 얼마인가?

2. 미국형 풋옵션은 1기말과 2기말에 행사가 가능하다. 배당이 없는 경우 만기가 100일인 미국형 풋옵션의 현재가격은 얼마인가?

Q13. (2002 CPA 2차) A주식은 앞으로 1년 후에 각각 30%, 40%, 30%의 확률로 110, 100, 90의 가격으로 변화할 것이라고 가정하자. 한편 시장에서는 A주식을 기준자산으로 하고 만기가 1년인 여러 유럽형 옵션이 존재하는데 현재 시장에서의 프리미엄은 다음과 같다.

- 행사가격 90의 콜옵션: 7.2
- 행사가격 100의 콜옵션: 1.6
- 행사가격 100의 풋옵션: 2.4

시장은 균형상태에 있다. 다시 말해서 차익거래기회(arbitrage opportunity)가 존재하지 않는다. 이하에서 수익률은 "(기말의 가격 − 기초의 가격)/기초의 가격"으로 계산하라

1. 1년 동안의 무위험수익률은 얼마인가?

2. A주식의 1년 동안의 기대수익률은 얼마인가?

Q14. (2009 CPA 2차 수정) 주)한반도의 무배당 주식을 기초자산으로 하는 잔존만기 3개월의 유럽형 콜옵션과 풋옵션의 시장가격을 정리하면 다음과 같다.

- 행사가격이 25,000원인 콜옵션과 풋옵션의 가격이 각각 1,000원과 522원이다.
- 행사가격이 27,000원인 콜옵션과 풋옵션의 가격이 각각 244원과 1,717원이다.

또한 동일한 만기의 주식선물의 가격은 25,490원이다. 아래의 독립된 질문에 각각 답하시오. 단, 계산은 반올림하여 원단위로 표시하시오.

1. 행사가격이 25,000원인 콜옵션을 매수하고 동일 행사가격의 풋옵션을 매도하는 합성 포지션에 대해 만기손익(profit/loss)을 그림으로 나타내고, 손익이 0이 되는 만기

주가를 함께 표시하시오. 시장에는 어떠한 차익거래의 기회도 존재하지 않는다고 가정하며, 옵션프리미엄의 시간적 가치를 고려하시오.

2. ㈜한반도의 주식 100주를 보유하고 있는 어느 투자자가 위에서 주어진 옵션을 이용하여 향후 주가의 변동에 상관없이 3개월 후 보유자산의 가치를 270만원에 고정시키고자 한다. 요구되는 옵션거래전략과 소요되는 초기비용(또는 수익)을 계산하시오. 시장에는 어떠한 차익거래의 기회도 존재하지 않으며 초기비용(또는 수익)은 3개월 후 투자자가 보유한 자산의 가치에 영향을 주지 않는다고 가정한다.

3. ㈜한반도의 현재 주가가 24,866원이라고 하자. 만약 3개월 후 시점에서 주가가 25,000원 이상이면 100만원을 받고 25,000원 미만이면 한 푼도 받지 못하는 금융상품을 고려하자.

① 이 상품의 적정 프리미엄을 구하시오. 단, 위에서 주어진 행사가격 25,000원인 콜옵션의 델타는 0.6165이며, 시장에는 차익거래의 기회가 존재하지 않는다고 가정한다.

② 일반적으로 블랙-숄즈(Black-Scholes)옵션가격모형에서 $N(d_1)$과 $N(d_2)$가 무엇을 의미하는지를 각각 3줄 이내로 설명하시오.

〈힌트〉
블랙-숄즈의 옵션가격공식은 다음과 같다.

$$C = SN(d_1) - Xe^{-rT}N(d_2)$$

$$d_1 = \frac{\ln(S/X) + (r + 0.5\sigma^2)T}{\sigma\sqrt{T}}$$

$$d_2 = d_1 - \sigma\sqrt{T}$$

단, C는 콜옵션의 가격, S는 기초자산의 현재가격,
X는 행사가격, r은 연속복리 연간 무위험이자율,
T는 잔존만기, $N(\cdot)$는 누적표준정규분포확률함수,
σ는 기초자산의 변동성이다.

Q15. (2012 CPA 2차) ㈜태백의 무배당 주식의 현재가격은 2만원인데, 매년 주식가격이 10% 상승하거나 10% 하락하는 이항과정을 따른다고 가정한다. 또한 시장의 무위험이자율은 연 6%로 향후 변동이 없으며, 시장에는 어떠한 차익거래의 기회도 없다고 가정한다.

1. ㈜태백의 주식을 100주 보유한 투자자가 이 주식을 기초자산으로 하고 행사가격이 19,000원이며, 잔존만기가 1년인 유럽식 표준형 풋옵션을 이용하여 무위험포트폴리오를 만들고자 한다. 풋옵션을 얼마나 매수 또는 매도해야 하는가?

2. 위의 (물음 1)에 제시된 풋옵션 1개의 적정 가치를 구하시오. 계산결과는 반올림하

여 소수점 둘째 자리까지 나타내시오.

3. ㈜태백의 주식을 기초자산으로 하고 잔존만기가 3년이며 만기수익이 다음과 같이 나타나는 옵션의 적정 가치를 3기간 이항모형을 이용하여 구하시오. 계산결과는 반올림하여 소수점 둘째 자리까지 나타내시오.

$$\text{옵션의 만기수익(원)} = \max\left[0, \frac{S_T}{20{,}000} - 1\right] \times 8{,}000$$

단, S_T는 3년 후 주식의 가격을 나타낸다.

4. 주가가 만기일 행사시점까지 17,000원 이하로 한번이라도 하락하면 계약이 자동 소멸되는, 즉 KO(knock-out) 조항이 부여된 유럽형 풋옵션의 적정가격을 3기간 이항모형을 이용하여 구하시오. 이때 옵션의 잔존만기는 3년이고 행사가격은 22,000원이다. 계산결과는 반올림하여 소수점 둘째 자리까지 나타내시오.

Q16. (2013 CPA 2차 수정) ㈜마바의 현재 주당 가격은 10,000원이다. 주가변동은 이항분포를 따르는데 1년 후 주가가 상승하여 12,000원이 되거나 주가가 하락하여 8,333원이 된다고 하자. 투자자는 위험중립적이고 무위험이자율은 10%이며 ㈜마바 주식을 기초자산으로 하는 1년 만기 유럽형 콜옵션과 풋옵션의 행사가격은 10,000원으로 동일하다.

1. 헷지포트폴리오를 구성하여 현재의 콜옵션가치를 계산하라. 계산결과는 반올림하여 소수점 둘째 자리까지 표기하라.
2. 무위험 헷지포트폴리오(riskless hedge portfolio)의 속성을 간략하게 설명하라.
3. 기초주식과 무위험채권을 이용하여 콜옵션을 보유한 것과 동일한 포트폴리오를 구성하고 현재 콜옵션 가격이 1,600원일 때 차익거래전략을 현재와 만기 두 시점별 현금흐름의 관점에서 제시하라. 계산결과는 반올림하여 소수점 둘째 자리까지 표기하라.
4. 이항모형으로 복제포트폴리오를 구성하여 풋옵션의 가치를 구하고 현재 풋옵션가격이 600원일 때 차익거래전략을 현재와 만기 두 시점별 현금흐름의 관점에서 제시하라. 계산결과는 반올림하여 소수점 둘째 자리까지 표기하라.

Q1. ④

┃답┃

$$C_U = \frac{\pi_U C_{UU} + \pi_D C_{UD}}{R}$$

$$= \frac{(0)(0.1) + (0)(0.2) + (0)(0.4) + (10)(0.2) + (20)(0.1)}{1 + 0.1} = 3.64$$

Q2. ①

┃답┃

주식: 콜옵션: 풋옵션:

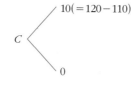
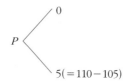

콜옵션의 경우:

콜옵션 1단위 매도와 주식N주를 매수하여 구성한 무위험포트폴리오의 만기 시의 투자자의 포지션은 주식의 가격과 옵션행사에 따른 손익의 합이므로 $120N - 10 = 105N - 0 \rightarrow N = 0.67$. 따라서, 1기간 후의 포트폴리오 가치는 현재 무위험포트폴리오의 가치를 무위험이자율로 복리계산한 것과 동일해야 한다. $VR = V_U(V_D) \rightarrow (NS - C)R = NUS - C_U(= NDS - C_D)$ $\rightarrow (0.67 \times 100 - C)(1 + 0.1) = 0.67 \times 120 - 10 \rightarrow C = 3$

풋옵션의 경우:

풋옵션 1단위 매수와 주식N주를 매수하여 구성한 무위험포트폴리오의 만기 시의 투자자의 포지션은 주식의 가격과 옵션행사에 따른 손익의 합이므로 $0 + 120N = 5 + 105N \rightarrow N = 0.33$. 따라서, 1기간 후의 포트폴리오 가치는 현재 무위험포트폴리오의 가치를 무위험이자율로 복리계산한 것과 동일해야 한다. $VR = V_U(V_D) \rightarrow (NS + P)R = NUS + P_U(= NDS + P_D) \rightarrow$ $(0.33 \times 100 + P)(1 + 0.1) = 0.33 \times 120 + 0 \rightarrow P = 3$

그러므로, $C - P = 3 - 3 = 0$

Q3. ⑤

┃답┃

콜옵션의 헷지비율: 콜옵션 1단위를 매도할 때 매수해야 하는 주식 수

$$N = \frac{C_U - C_D}{(U-D)S} \ \rightarrow \ N = \frac{5,000-0}{(1.5-0.7)10,000} = \frac{5}{8} \ \text{주}$$

⇔ 콜옵션 $\frac{8}{5}$개 매도할 때 매수해야 하는 주식 수 1주

⇔ 콜옵션 $\frac{8}{5}$개 매수할 때 매도해야 하는 주식 수 1주

풋옵션의 헷지비율: 풋옵션 1단위를 매수할 때 매수해야 하는 주식 수

$$N = \frac{P_U - P_D}{(D-U)S} \ \rightarrow \ N = \frac{0-3,000}{(0.7-1.5)10,000} = \frac{3}{8} \ \text{주}$$

⇔ 풋옵션 $\frac{8}{3}$개 매수할 때 매수해야 하는 주식 수 1주

⇔ 풋옵션 $\frac{8}{3}$개 매도할 때 매도해야 하는 주식 수 1주

Q4. ①

 ｜답｜

블랙-숄즈옵션가격결정모형: $C = SN(d_1) - Xe^{-r(T-t)}N(d_2)$에서 델타 $\partial C/\partial S = N(d_1)$이다. 이 문제는 행사가격과 기초자산의 가격이 같은 등가격옵션이며, 등가격옵션의 델타값은 0.5수준이다. 따라서 $\partial C/\partial S = N(d_1) = 0.5 \rightarrow$ 주식이 1,000원 상승하므로 델타는 $\partial C/1,000$원$=0.5 \rightarrow \partial C = 500$원. 따라서 콜옵션의 가치는 500원 변화하고, 콜옵션 가치의 증가율은 (2,500원$-$2,000원)/2,000원$=25\%$가 된다.

Q5. ①

｜답｜

주식: 풋옵션:

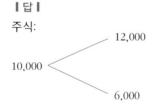
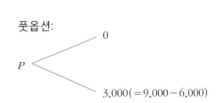

$$U = 1.2, \ D = 0.6, \ \pi_U = \frac{R-D}{U-D} = \frac{1.05-0.6}{1.2-0.6} = 0.75$$

$$\rightarrow P = \frac{0 \times 0.75 + 3,000 \times 0.25}{(1+0.05)^1} = 714$$

Q6. ①

⑤ 주식이 배당금을 지급하지 않는 경우 미국형콜옵션과 유럽형콜옵션 모두 다음과 같은 하한치를 가진다: $C \geq S - Xe^{-rT}$

만기 전에 조기행사를 할 경우 수익은 $S-X$ 가 되고 $C \ge S - Xe^{-rT} \ge S - X$ 이므로 만기 전에 조기행사를 하는 것은 합리적이지 않다.

Q7. ③

┃답┃

주식: 콜옵션: 풋옵션:

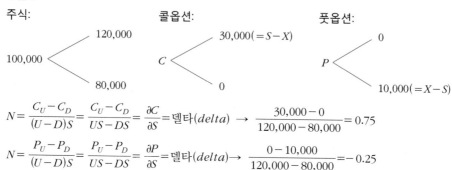

$$N = \frac{C_U - C_D}{(U-D)S} = \frac{C_U - C_D}{US - DS} = \frac{\partial C}{\partial S} = 델타(delta) \rightarrow \frac{30,000 - 0}{120,000 - 80,000} = 0.75$$

$$N = \frac{P_U - P_D}{(U-D)S} = \frac{P_U - P_D}{US - DS} = \frac{\partial P}{\partial S} = 델타(delta) \rightarrow \frac{0 - 10,000}{120,000 - 80,000} = -0.25$$

Q8. ⑤

┃답┃

$$U = \frac{11,000}{9,500} = 1.1579, \quad D = \frac{8,205}{9,500} = 0.8636, \quad \pi_U = \frac{R-D}{U-D} = \frac{1.1 - 0.8636}{1.1579 - 0.8636} = 0.8032$$

$$\rightarrow P = \frac{0 \times 0.8032 + 1,295 \times 0.1968}{(1+0.1)^1} = 231.69$$

Q9. ②

┃답┃

① 주식의 베타는 옵션가격을 계산하기 위해 필요하지 않다.

③ $N(d_2)$ 는 만기일에 유럽형 콜옵션이 행사될 위험중립확률이고, $1 - N(d_2)$ 는 만기일에 유럽형 풋옵션이 행사될 위험중립확률이다.

④ $N(d_1)$ 은 유럽형 콜옵션 한 개의 매도 포지션을 동적헷지하기 위해 보유해야 할 주식의 개수이다.

⑤ 주가의 변동이 로그정규분포를 따른다고 가정한다

Q10. ①

┃답┃

① $\pi_U = \frac{R-D}{U-D} = \frac{1.1 - 0.8}{1.2 - 0.8} = 0.75, \quad \pi_D = 1 - \pi_U = 1 - 0.75 = 0.25$

$$C = \frac{\pi_U C_U + \pi_D C_D}{R} = \frac{(0.75)(2,000) + (0.25)(0)}{1.1} = 1,364원$$

Q11. ④

┃답┃

주식: 풋옵션:

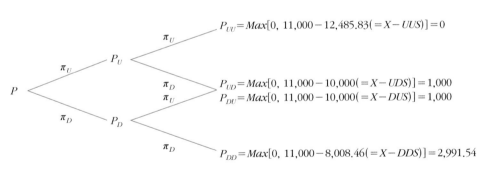

$$\pi_U = \frac{R-D}{U-D} = \frac{R-0.75}{1.25-0.75}, \quad \pi_D = \frac{U-R}{U-D} = \frac{1.25-R}{1.25-0.75}$$

$$P = \frac{\pi_U P_U + \pi_D P_D}{R} \quad \rightarrow \quad 200 = \frac{\left(\frac{R-0.75}{1.25-0.75}\right)(0) + \left(\frac{1.25-R}{1.25-0.75}\right)(500)}{R}$$

$$\rightarrow \quad R = 1.042$$

$$\therefore \quad \frac{10,000}{R} = \frac{10,000}{1.042} = 9,600\,원$$

Q12.

┃답┃

1. $\pi_U = \dfrac{R-D}{U-D} = \dfrac{(1.10)^{(50/365)} - 0.8949}{1.1174 - 0.8949} = 0.5314 \quad \pi_D = 1 - 0.5314 = 0.4686$

```
                                    π_U    P_UU = Max[0, 11,000 - 12,485.83(= X - UUS)] = 0
                          P_U
                π_U               π_D    P_UD = Max[0, 11,000 - 10,000(= X - UDS)] = 1,000
         P                        π_U    P_DU = Max[0, 11,000 - 10,000(= X - DUS)] = 1,000
                π_D       P_D
                                  π_D    P_DD = Max[0, 11,000 - 8,008.46(= X - DDS)] = 2,991.54
```

$$P = \frac{\pi_U \pi_U P_{UU} + \pi_U \pi_D P_{UD} + \pi_D \pi_U P_{DU} + \pi_D \pi_D P_{DD}}{R^2}$$

$$= \frac{2(0.5314)(0.4686)(1,000) + (0.4686)(0.4686)(2,991.54)}{(1+0.10)^{(100/365)}} = 1,125.16$$

2. $U = e^{\sigma\sqrt{\Delta t}} = e^{0.3\sqrt{50/365}} = 1.1174 \quad D = \dfrac{1}{U} = \dfrac{1}{1.1174} = 0.8949$

$$\pi_U = \frac{e^{r\Delta t} - D}{U - D} = \frac{e^{0.10(50/365)} - 0.8949}{1.1174 - 0.8949} = 0.5344 \quad \pi_D = 1 - \pi_U = 0.4656$$

기초자산의 가치:

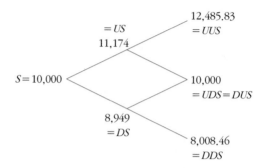

풋옵션의 가치:

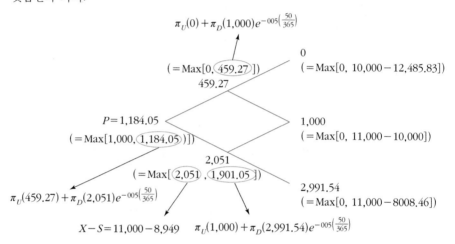

Q13.

┃답┃

1.

주식 :　　　　　$C(X=90)$:　　　　　$C(X=100)$:　　　　　$P(X=110)$:

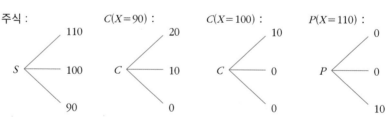

① 식: $X=100$인 경우: $P+S=C+\dfrac{X}{(1+r)^T}$ → $2.4+S=1.6+\dfrac{100}{(1+r)^1}$

② 식:

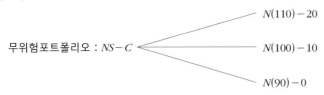

무위험포트폴리오 : $NS-C$

$N(110)-20$

$N(100)-10$

$N(90)-0$

→ $N(110)-20=N(100)-10=N(90)-0$ → $N=1$ ∴ 1기간 후의 평균가격 $=90$

→ $NS-C = (1)S-7.2=\dfrac{90}{(1+r)^1}$

∴ ①식과 ②식에서, $S=79.2$, $r=25\%$

2. $E(S_T)=(110)(0.3)+(100)(0.4)+(90)(0.3)=100$

→ 기대수익률 $=\dfrac{E(S_T)-S_0}{S_0}=\dfrac{100-79.2}{79.2}=26.26\%$

Q14.

▌답▌

1.

			수 익	
포지션		비용	$S_T < 25{,}000$	$S_T > 25{,}000$
합성 선물 매수	콜 매수 $(X=25{,}000)$	1,000	0	$S_T-25{,}000$
	풋 매도 $(X=25{,}000)$	-522	$-(25{,}000-S_T)$	-0
	차입	478	$-478(1+r\times\dfrac{T}{365})$	$-478(1+r\times\dfrac{T}{365})$
		0	$S_T-25{,}000$ $-478(1+r\times\dfrac{T}{365})$	$S_T-25{,}000$ $-478(1+r\times\dfrac{T}{365})$
선물 매수		0	$S_T-25{,}490$	$S_T-25{,}490$

차익거래기회가 존재하지 않으므로 $S_T-25{,}000-478(1+r\times\dfrac{T}{365})=S_T-25{,}490$ →
$478(1+r\times\dfrac{T}{365})=490$이어야 한다. 즉, 만기손익은 $S_T-25{,}490$이어야 하며, 만기손익을 0으로 만드는 만기주가 S_T는 25,490원이 된다.

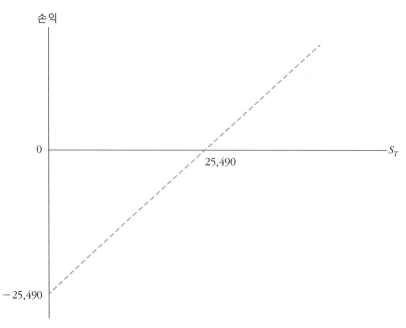

2. 합성무위험채권 $\dfrac{X}{(1+r)^T} = P + S - C$ 이므로,

전략	비용	수익	
		$S_T < 27,000$	$S_T > 27,000$
주식100주 보유(매수)	0	$S_T \times 100$	$S_T \times 100$
풋100개 매수	$1,717 \times 100$	$(27,000 - S_T) \times 100$	0
콜100개 매도	-244×100	0	$-(S_T - 27,000) \times 100$
	147,300	2,700,000	2,700,000

→ 초기비용 = 147,300원

3. ① $C = SN(d_1) - Xe^{-rT}N(d_2)$

   → $1,000 = 24,866(0.6165) - 25,000e^{-rT}N(d_2)$

   → $e^{-rT}N(d_2) = 0.5732$

   한편, $N(d_2)$는 만기일의 주가가 행사가격보다 클 가능성 즉, 내가격 상태가 될 확률을 의미하므로 옵션이 행사될 확률을 나타내므로 금융상품의 적정 프리미엄(=가격)은 3개월 후 100만원의 현재가치에 만기일의 주가가 행사가격보다 클 가능성을 곱해준 값으로 구할 수 있다. 즉, [100만원$\times e^{-rT}$]$N(d_2) = $100만원$\times 0.5732 = 573,200$원

   ② $N(d_1)$ = 기초자산인 주가의 변화(∂S)에 대한 콜옵션 가격변화(∂C)인 델타(delta)를 의미한다. 또한 무위험포트폴리오를 구성하기 위하여 매도한 콜옵션 1개당 매수해야 할 주

식의 수(N주), 즉 헷지비율을 의미한다.

$N(d_2)$＝만기일의 주가가 행사가격보다 클 가능성 즉, 내가격 상태가 될 확률을 의미하므로 옵션이 행사될 확률

Q15.

┃답┃

1.

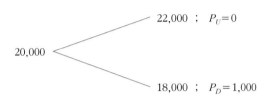

→ $N = \dfrac{P_U - P_D}{(D-U)S} = \dfrac{0-1,000}{(0.9-1.1)20,000} = 0.25$; 풋옵션 1단위 매수에 대해서 0.25주의 주식 매수 → 100주의 주식에 대해서 풋옵션 400개 매수

2. $\pi_U = \dfrac{D-R}{D-U} = \dfrac{0.9-1.06}{0.9-1.1} = 0.8,\ \pi_D = 0.2$

→ $P = \dfrac{\pi_U P_U + \pi_D P_D}{R} = \dfrac{(0.8)(0) + (0.2)(1,000)}{1.06} = 188.68$

3.

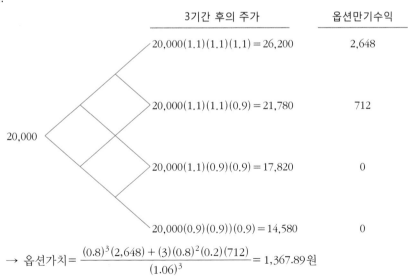

3기간 후의 주가	옵션만기수익
$20,000(1.1)(1.1)(1.1) = 26,200$	2,648
$20,000(1.1)(1.1)(0.9) = 21,780$	712
$20,000(1.1)(0.9)(0.9) = 17,820$	0
$20,000(0.9)(0.9)(0.9) = 14,580$	0

→ 옵션가치 ＝ $\dfrac{(0.8)^3(2,648) + (3)(0.8)^2(0.2)(712)}{(1.06)^3} = 1,367.89$원

4.

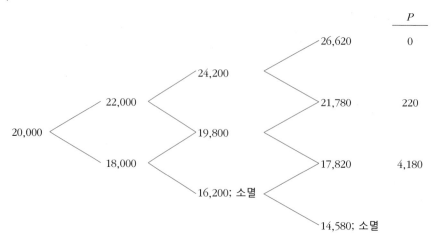

$$\rightarrow P = \frac{(3)(0.8)^2(0.2)(220) + (2)(0.8)(0.2)^2(4,180)}{(1.06)^3} = 295.55원$$

Q16.

┃답┃

1. $U = 1.2$, $D = 0.8333$,

$$\pi_U = \frac{R-D}{U-D} = \frac{1.1-0.8333}{1.2-0.8333} = 0.7273, \ \pi_D = 0.2727$$

$$N = \frac{C_U - C_D}{(U-D)S} = \frac{2,000-0}{12,000-8,333} = 0.5454$$

$$B = \frac{1}{R}[NS - C_U] = \frac{1}{1.1}[(0.5454)(1.2)(10,000) - 2,000] = 4,131.64 : \ 4,131.64원 \ 차입$$

$$C = NS - B = (0.5454)(10,000) - 4,131.64 = 1,322.36$$

2. 무위험헷지포트폴리오는 기초자산가격이 오르거나 내리는 것에 상관없이, 즉 불확실성 없이, 일정한 무위험수익률을 내는 포트폴리오이다.

3. 콜옵션 복제: 콜옵션 매수 ⇔ 주식 N주 매수와 차입

$$N = \frac{C_U - C_D}{(U-D)S} = \frac{2,000-0}{12,000-8,333} = 0.5454주 \ 매수$$

$$B = \frac{1}{R}[NUS - C_U] = \frac{1}{1.1}[(0.5454)(10,000)(1.2) - 2,000] = 4,131.64 \ 차입$$

$$C = NS - B = (0.5454)(10,000) - 4,131.64 = 1,322.36 \ (1번 \ 답과 \ 동일)$$

콜옵션 이론가격(1,322.36) < 콜옵션 실제가격(1,600): 과대평가 → 콜옵션 매도, 콜옵션의 복제포트폴리오 매수

	현재시점의 현금흐름	만기시점의 현금흐름	
		$US = 12{,}000$	$DS = 8{,}333$
콜옵션 1계약 매도	1,600	$-2{,}000$	-0
복제 포트 폴리오 매수 · 주식 0.5454주 매수	$-5{,}454$ $(=-0.5454 \times 10{,}000)$	$6{,}544.80$ $(=-0.5454 \times 12{,}000)$	$4{,}544.82^{주1)}$ $(=-0.5454 \times 8{,}333)$
복제 포트 폴리오 매수 · 차입	$4{,}131.64$	$-4{,}544.80$ $(=-4{,}131.64 \times 1.1)$	$-4{,}544.80$ $(=-4{,}131.64 \times 1.1)$
	277.64	0	0

주1) 단수차이

4. 풋옵션 복제: 풋옵션 매수 ⇔ 주식 N주 매도 및 대출

$$N = -\frac{P_U - P_D}{(U-D)S} = -\frac{0 - 1{,}667}{12{,}000 - 8{,}333} = 0.4546: \ 0.4546주 \ 매도$$

$$B = \frac{1}{R}[P_U + NUS] = \frac{1}{1.1}[0 + (0.4546)(1.2)(10{,}000)] = 4{,}959.27: \ 4{,}959.27 \ 대출$$

$$P = -NS + B = -(0.4546)(10{,}000) + 4{,}959.27 = 413.27$$

풋옵션 이론가격(413.27) < 풋옵션 실제가격(600): 과대평가 → 풋옵션 매도, 풋옵션의 복제포트폴리오 매수

	현재시점의 현금흐름	만기시점의 현금흐름	
		$US = 12{,}000$	$DS = 8{,}333$
풋옵션 1계약 매도	600	-0	$-1{,}667$
복제 포트 폴리오 매수 · 주식 0.4546주 매도	$4{,}546$ $(=0.4546 \times 10{,}000)$	$-5{,}455.20$	$-3{,}788.18^{주1)}$ $(=-0.4546 \times 8{,}333)$
복제 포트 폴리오 매수 · 대출	$-4{,}959.27$	$5{,}455.20$ $(=4{,}959.27 \times 1.1)$	$5{,}455.20$ $(=4{,}959.27 \times 1.1)$
	186.73	0	0

주1) 단수차이

09 CHAPTER

옵션민감도

학습개요

기초자산가격, 잔존기간, 변동성, 이자율 등의 요인들이 1단위 변화할 때 옵션가격이 얼마만큼 변화하는지를 나타내는 것을 옵션민감도라고 하며, 본 장에서는 델타(Δ), 감마(Γ), 쎄타(Θ), 베가(υ), 로(ρ)의 다섯 가지 민감도 지표에 대해서 다룬다. 또한 옵션민감도를 이용한 위험관리전략과 투자전략 및 KOSPI200옵션을 포함한 포트폴리오의 변동성 증가에 따른 위험을 헷지할 수 있는 KOSPI200변동성지수선물에 대해서 살펴본다.

학습목표

- 델타, 감마, 쎄타, 베가, 로
- 포지션델타 및 델타중립포지션
- 옵션민감도를 이용한 투자전략
- KOSPI200변동성지수선물

Section 1 | 옵션민감도

기초자산가격, 잔존기간, 변동성, 이자율 등은 옵션가격에 중요한 영향을 미친다. 옵션거래 시 옵션가격에 영향을 미치는 이러한 요인들의 1단위 변화에 따른 옵션가격의 변화분을 측정한 것을 옵션민감도라고 한다. 옵션민감도는 델타(Δ), 감마(Γ), 쎄타(Θ), 베가(υ), 로(ρ) 등의 그리스 문자로 나타내므로 옵션 그릭스(greeks)라고 불리기도 한다. 옵션거래자들은 옵션민감도를 통해 보유한 포지션이 시장상황에 따라 얼마만큼의 손익이 발생하는지 혹은 어떠한 위험에 노출되어 있는지를 가늠할 수 있다. 또한 옵션민감도를 이용하여 위험관리전략 및 투자전략도 세울 수 있다.

1. 델타(delta)

델타는 기초자산인 현물가격이 1단위 변화할 때 옵션가격이 얼마나 변화하는지를 상대적으로 나타내는 수치이다. 콜옵션 델타는 〈그림 9-1〉과 같이 나타낼 수 있으며, 델타 $= \partial C/\partial S = \Delta C/\Delta S \rightarrow \Delta C =$ 델타 $\times \Delta S$, 즉 콜옵션가격변동(ΔC)은 델타에 기초자산가격변동(ΔS)을 곱한 것과 동일하다.

예를 들어, 콜옵션 델타가 0.5인 경우 기초자산가격이 1만큼 변동하면 콜옵션 가격은 0.5($=0.5 \times 1$)만큼 변동한다. 따라서 보유하고 있는 주식 1주의 가격이 1만큼 하락할 때 콜옵션 1계약의 가격은 0.5만큼 하락하므로 주가하락분만큼 콜옵션에서 복구하기 위해서는 주식과 같은 크기만큼 변동하는 2계약을 매도해야 한다.

풋옵션 델타도 〈그림 9-1〉에 나타내었으며, 델타 $= \partial P/\partial S = \Delta P/\Delta S \rightarrow \Delta P =$ 델타 $\times \Delta S$, 즉 풋옵션가격변동(ΔP)도 델타에 기초자산가격변동(ΔS)을 곱하여 구할 수 있다.

델타는 연속배당(continuous dividend)을 가정한 식(9-1)의 멀튼모형(Merton's model)을 이용하여 콜옵션 델타와 풋옵션 델타를 식(9-2)와 같이 구한다.

$$C^M = Se^{-\delta T}N(d_1^M) - Xe^{-rT}N(d_2^M)$$

여기서, $d_1^M = \dfrac{\ln\left(\dfrac{S}{X}\right) + (r - \delta + 0.5\sigma^2)T}{\sigma\sqrt{T}}$, $\quad d_2^M = d_1^M - \sigma\sqrt{T}$, $\quad \delta = $ 연속배당수익률

그림 9-1 **콜옵션 델타 및 풋옵션 델타**

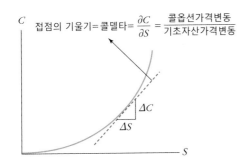

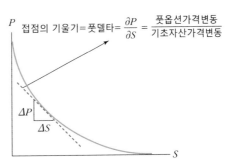

$$P^M = -Se^{-\delta T}N(-d_1^M) + Xe^{-rT}N(-d_2^M) \tag{9-1}$$

$$\frac{\partial C}{\partial S} = e^{-\delta T}N(d_1^M)$$

$$\frac{\partial P}{\partial S} = e^{-\delta T}\left[N(d_1^M) - 1\right] \tag{9-2}$$

일반적으로 델타는 내가격 옵션, 등가격 옵션, 외가격 옵션에 따라 다르게 나타난다. 예를 들어, 기초자산이 주식인 콜옵션의 경우 주식가격이 하락하면 콜옵션가격도 하락하고 델타값도 점점 작아진다.

특히, 외가격 옵션은 행사가치가 없으므로 옵션가격이 주식가격의 움직임에 민감하지 않게 되어 심외가격(deep OTM)의 경우 델타값은 거의 0에 이른다. 내가격 옵션일 경우 행사가치가 커서 주식가격의 변동에 매우 민감하며 심내가격(deep ITM)이 되면 콜옵션가격의 상승이 주가상승폭과 비슷하여 델타값이 1에 가깝게 된다. 등가격옵션(ATM)의 델타값은 0.5 수준에서 형성된다.

이처럼 콜옵션의 델타는 0과 1 사이의 값을 가지며, 기초자산인 주가가 오르면 콜옵션가격도 상승하므로 콜옵션의 델타값은 항상 양(+)의 값을 갖는다. 이러한 델타값은 방향성지표로서의 역할을 한다.

한편, 풋옵션가격은 기초자산의 가격과 반대로 움직인다. 기초자산의 가격이 하락하면 풋옵션가격은 상승하고 기초자산의 가격이 상승하면 풋옵션가격은 하락한다. 콜옵션 델타와 마찬가지로 풋옵션의 델타도 내가격 옵션, 등가격 옵션, 외가격 옵션에 따라 다르게 나타난다.

풋옵션이 심내가격(deep ITM)이 되면 델타는 거의 -1 수준이 되고 등가격 옵션(ATM)에서는 -0.5 수준이 되며 심외가격(deep OTM)의 경우 거의 0에 이르게 된다. 따라서 풋옵션 델타는 -1과 0 사이의 값을 가지며, 풋옵션의 델타값은 항상 음($-$)의 값을 갖는다. 이러한 델타는 블랙-숄즈옵션가격결정모형에서 설명했듯이 헷지비율로도 사용된다.

예제	델타	● ● ●

콜옵션의 델타는 0.4283, 풋옵션의 델타는 −0.3591이다. 기초자산인 주가가 2만큼 상승하게 되면 콜옵션과 풋옵션의 가격은 각각 얼마만큼 움직이는지 계산하시오.

▮답▮

$$\frac{\partial C}{\partial S} = 0.4283 \rightarrow \Delta C = 0.4283 \times \Delta S = 0.4283 \times 2 = 0.8566 \rightarrow C가\ 0.8566만큼\ 상승$$

$$\frac{\partial P}{\partial S} = -0.3591 \rightarrow \Delta P = -0.3591 \times \Delta S = -0.3591 \times 2 = -0.7182 \rightarrow P가\ 0.7182만큼\ 하락$$

2. 감마(gamma)

감마는 기초자산인 현물가격이 1단위 변화할 때 델타가 얼마나 변화하는지를 상대적으로 나타내는 수치이다. 기초자산가격의 1단위 변화에 대한 옵션가격의 변화를 나타낸 델타는 단순히 현재의 방향위험만을 나타낸 것인 데 비해 감마는 기초자산가격이 변할 때 델타 자체, 즉 방향위험이 얼마나 크게 변하는지를 나타낸 것이라고 볼 수 있다.

수학적으로 보면 델타를 미분한 것으로 볼 수 있으므로 식(9-3)과 같이 기초자산에 대해 옵션가격의 2차미분이라고 할 수 있다. 식(9-3)를 보면 콜옵션 델타와 풋옵션 델타는 서로 동일한 값을 가지며 항상 양(+)이 됨을 알 수 있다.

$$\frac{\partial\left(\frac{\partial C}{\partial S}\right)}{\partial S} = \frac{\partial^2 C}{\partial S^2} = \frac{N'(d_1^M)e^{-\delta T}}{S\sigma\sqrt{T}} \quad 단,\ N'(d_1^M) = \frac{1}{\sqrt{2\pi}}e^{-0.5(d_1^M)^2}$$

$$\frac{\partial\left(\frac{\partial P}{\partial S}\right)}{\partial S} = \frac{\partial^2 P}{\partial S^2} = \frac{N'(d_1^M)e^{-\delta T}}{S\sigma\sqrt{T}} \tag{9-3}$$

기초자산의 가격이 1단위 상승하면 델타는 감마의 크기만큼 증가하고 기초자산의 가격이 1단위 하락하면 델타는 감마의 크기만큼 감소한다. 예를 들어, 감마가 0.05라는 것은 기초자산의 가격이 1 상승(하락)하면 델타가 0.05 상승(하락)한다는 의미이다. 만약, 콜옵션의 감마가 0.05이고 델타가 0.25인 기초자산의 가격이 1 상승하였다면 상승 후 새로운 콜옵션의 델타는 0.30이 된다. 이처럼 감마는 기초자산의 가격변동에 대해 델타가 얼마나 변동하는가를 나타낸다.

일반적으로 등가격 옵션일 경우 감마가 가장 크고 외가격 옵션이나 내가격 옵션일수록 작아진다. 왜냐하면 등가격 근처에서는 기초자산가격의 변화에 따른 델타의 변화가 크지만 외가격이나 내가격 주변에서는 기초자산 가격의 변화에 따른 델타의 변화가 크지 않기 때문이다. 따라서 등가격 주변에서는 기초자산가격 변화의 위험을 관리하기 위하여 델타와 더불어 감마도 고려해야 하지만 외가격이나 내가격에서는 델타만 이용하여 기초자산 가격변화의 위험을 관리하여도 무방하다.

예제 | **감마** ● ● ●

콜옵션의 델타는 0.80, 감마는 0.05, 풋옵션의 델타는 −0.55, 감마는 0.05이다. 기초자산인 주가가 1만큼 상승하게 되면 콜옵션과 풋옵션의 델타는 얼마만큼 변화하며 새로운 델타값이 얼마인지 계산하시오.

▌답▐
콜옵션의 감마가 0.05이면 콜옵션의 델타는 0.05만큼 상승하여 새로운 델타는 0.80+0.05= 0.85가 된다.
풋옵션의 감마가 0.05이면 풋옵션의 델타는 0.05만큼 상승하여 새로운 델타는 −0.55+0.05= −0.50이 된다.

---

3. 쎄타(theta)

쎄타는 만기까지의 시간이 1단위 감소할 때 옵션가격이 얼마나 변화하는지를 상대적으로 나타내는 수치이다. 쎄타는 시간이 지남에 따른 옵션가격의 변화를 나타내므로 옵션가격의 시간가치를 측정하는 지표가 된다. 시간이 지남에 따라 옵션가치가 감소하기 때문에 쎄타는 식(9-4)와 같이 (−)를 붙여서 표시한다.

$$-\frac{\partial C}{\partial T} = \frac{SN^{'}(d_1^M)\sigma e^{-\delta T}}{2\sqrt{T}} + \delta SN(d_1^M)e^{-\delta T} - rX\,e^{-rT}N(d_2^M)$$

$$-\frac{\partial P}{\partial T} = \frac{SN^{'}(d_1^M)\sigma e^{-\delta T}}{2\sqrt{T}} - \delta SN(-d_1^M)e^{-\delta T} + rXe^{-rT}N(-d_2^M) \qquad (9\text{-}4)$$

예를 들어, 세타가 -0.05이고 다른 조건이 일정하다고 가정하면 하루가 경과함으로써 옵션의 가치는 계약당 0.05씩 감소함을 의미하므로 옵션의 매수포지션은 음$(-)$의 값이고 매도포지션은 양$(+)$의 값이다. 만기가 짧은 옵션의 경우 특히 등가격 옵션은 시간이 경과하면 시간가치의 감소가 크기 때문에 세타값이 크다. 또한 일반적으로 변동성이 높은 주식은 시간가치가 크며, 단기간의 시간경과에도 시간가치가 크게 변화하므로 세타값이 크다.

예제   쎄타   ● ● ●

콜옵션의 쎄타는 -10.5087이고 풋옵션의 쎄타는 -6.2365이다. 만기까지 기간이 10일$(= 10/365 = 0.0247$년$)$ 감소하면 콜옵션과 풋옵션의 가격이 각각 얼마나 감소하는지 계산하시오.

┃답┃

$$-\frac{\partial C}{\partial T} = -\frac{\Delta C}{\left(-\dfrac{10}{365}\right)} = -10.5087 \ \rightarrow\ \Delta C = -0.2879 \ \rightarrow\ 콜옵션이\ 0.2879만큼\ 감소$$

$$-\frac{\partial P}{\partial T} = -\frac{\Delta P}{\left(-\dfrac{10}{365}\right)} = -6.2365 \ \rightarrow\ \Delta P = -0.1709 \ \rightarrow\ 풋옵션이\ 0.1709만큼\ 감소$$

4. 베가(vega)

베가는 기초자산가격의 변동성이 1% 변화할 때 옵션가격이 얼마나 변화하는지를 상대적으로 나타내는 수치로서 식(9-5)와 같이 측정한다.

$$\frac{\partial C}{\partial \sigma} = S\sqrt{T}\,N(d_1^M)e^{-\delta T}$$

$$\frac{\partial P}{\partial \sigma} = S\sqrt{T}\,N^{'}(d_1^M)e^{-\delta T} \qquad (9\text{-}5)$$

콜옵션과 풋옵션의 베가는 모두 항상 양(+)의 값을 가지며, 이는 변동성이 증가할 때 옵션가격이 상승한다는 것을 의미한다. 또한 기초자산의 가격변동성은 등가격일 때 가장 크기 때문에 베가는 등가격일 때 가장 크고 내가격이나 외가격으로 갈수록 작아진다. 그리고 일반적으로 만기가 길수록 기초자산의 가격변동성이 커지게 되므로 만기가 긴 옵션일수록 베가가 커진다.

> **예제**　베가
>
> 콜옵션의 베가는 17.1439이고 풋옵션의 베가는 15.2281이다. 기초자산의 가격변동성이 0.1만큼 증가하게 되면 콜옵션과 풋옵션의 가격은 각각 얼마나 변하는지 계산하시오.
>
> **┃답┃**
>
> $$\frac{\partial C}{\partial \sigma} = \frac{\Delta C}{0.1} = 17.1439 \rightarrow \Delta C = 1.7144 \rightarrow \text{콜옵션이 1.7144만큼 증가}$$
>
> $$\frac{\partial P}{\partial \sigma} = \frac{\Delta P}{0.1} = 15.2281 \rightarrow \Delta P = 1.5228 \rightarrow \text{풋옵션이 1.5228만큼 증가}$$

5. 로(rho)

로는 이자율이 변화할 때 옵션가격이 얼마나 변화하는지를 상대적으로 나타내는 수치이다. 이자율의 상승은 행사가격의 현재가치를 하락시키는 효과를 갖기 때문에 콜옵션의 가치는 상승하고 풋옵션의 가치는 하락한다. 콜옵션 로는 언제나 양(+)의 값을 갖고, 풋옵션 로는 언제나 음(−)의 값을 가지며 일반적으로 만기가 긴 옵션일수록 로가 크다. 또한 로는 외가격일수록 작아지고 내가격일수록 커진다. 로는 옵션민감도 지표 중 설명력이 가장 약한 지표로 알려져 있다.

$$\frac{\partial C}{\partial r} = XTe^{-rT}N(d_2^M)$$

$$\frac{\partial P}{\partial r} = -XTe^{-rT}N(-d_2^M) \tag{9-6}$$

예제 로

콜옵션의 로는 21.9233이고 풋옵션의 로는 −19.6154이다. 이자율이 0.01만큼 증가하게 되면 콜옵션과 풋옵션의 가격은 각각 얼마나 변하는지 계산하시오.

┃답┃

$$\frac{\partial C}{\partial \tau} = \frac{\Delta C}{0.01} = 21.9233 \;\rightarrow\; \Delta C = 0.2192 \;\rightarrow\; 콜옵션이\; 0.2192만큼\; 증가$$

$$\frac{\partial P}{\partial \tau} = \frac{\Delta P}{0.01} = -19.6154 \;\rightarrow\; \Delta P = -0.1962 \;\rightarrow\; 풋옵션이\; 0.1962만큼\; 감소$$

콜옵션과 풋옵션의 매수 및 매도포지션에 대한 옵션민감도를 〈표 9-1〉에 정리하였다. 콜매도의 옵션민감도 부호는 콜매수의 옵션민감도 부호와 정반대가 됨을 알 수 있다. 풋옵션의 경우에도 마찬가지고 매수와 매도의 부호가 서로 정반대가 된다.

표 9-1 매수 및 매도포지션의 옵션민감도

	콜 매수	콜 매도	풋 매수	풋 매도
델타	+	−	−	+
감마	+	−	+	−
세타	−	+	−	+
베가	+	−	+	−
로	+	−	−	+

1. 포지션델타

포지션델타(position delta)는 식(9-7)과 같이 포트폴리오 구성자산의 델타값을 각 자산의 수량으로 가중평균한 값을 말한다. 포지션델타는 현물가격이 1단위 변화할 때 포트폴리오의 가치가 얼마나 변화하는지를 상대적으로 나타내는 수치이며 포트폴리오델타라고도 한다.

$$Delta_{port} = \sum_{i=1}^{N} n_i Delta_i \tag{9-7}$$

여기서, n_j =자산 i의 개수

예를 들어, 주식 10주(델타=∂S/∂S=1) 매수하고 델타가 −0.39인 풋옵션 5계약 매수, 델타가 0.75인 콜옵션 10계약 매도, 델타가 0.28인 콜옵션 8계약을 매수했다고 하자. 이 경우 포트폴리오델타는 2.79(=10(1)+5(−0.39)−10(0.75)+8(0.28))이 된다. 이는 만일 주가가 1만큼 증가하면 포트폴리오의 가치는 2.79만큼 증가하고 반대로 주가가 1만큼 감소하면 포트폴리오의 가치는 2.79만큼 감소함을 의미한다.

2. 델타중립 및 감마중립포지션

델타중립포지션(delta-neutral position)은 포지션델타값을 0으로 맞춤으로써 시장의 방향성에 상관없는 수익구조를 갖도록 만드는 것이다. 다시 말하면, 포트폴리오의 가치가 기초자산인 현물가격의 변동에 영향을 받지 않는 경우의 포지션으로서 옵션과 현물로 구성된 포트폴리오를 구성할 경우 포지션델타의 값을 0으로 만들 수 있다.

예를 들어, 투자자 A가 포지션델타 −40인 콜옵션과 풋옵션을 보유하고 있다고 하자. 투자자 A가 주식을 거래하여 델타중립포지션을 구축하려면 어떻게 해야 하는지 살펴보자. 투자자 A의 현재 보유하고 있는 콜옵션과 풋옵션을 묶어서 자산 1로 보고 새로 거래하고자 하는 주식을 자산 2로 보아 두 자산의 포지션델타값을 0, 즉

$n_1 Delta_1 + n_2 Delta_2 = 0$으로 맞추면 델타중립포지션이 구축된다. 주식의 델타값은 1 이므로 델타중립포지션을 구축하기 위해서는 주식을 40주 매수($(1)(-40) + (n_2)(1) = 0 \rightarrow n_2 = 40$)해야 한다.

예제   델타중립포지션   ● ● ●

델타값이 -0.45인 KOSPI200풋옵션이 과소평가된 것으로 분석되어 100계약 매수하였다. 이와 같이 과소평가된 옵션이 정상적으로 평가되는 과정에서 이익이 발생하는 투자전략이 성공적이기 위해서는 풋옵션가격이 현물가격 변화에 영향을 적게 받아야 한다. 혹시 현물가격이 급격히 상승하면 풋옵션가격이 많이 하락하여 원래 계획했던 이익이 실현되는 데 어려움이 따른다. 따라서 투자자는 공정평가(혹은 과대평가)된 델타값이 -0.78인 KOSPI200풋옵션을 사용하여 델타중립포지션을 구성하고자 한다. 델타중립포트폴리오는 현물가격의 변동에 영향을 받지 않게 되어 과소평가된 풋옵션으로부터 이익을 추구할 수 있게 된다. 이러한 델타헷지전략을 위해 델타값이 -0.78인 풋옵션을 몇 계약 매수 혹은 매도해야 하는지 결정하시오.

┃답┃

$n_1 Delta_1 + n_2 Delta_2 = 0 \rightarrow (100)(-0.45) + n_2(-0.78) = 0 \rightarrow n_2 \approx -58$: 58계약 매도

예제   블랙-숄즈옵션가격결정모형의 델타중립포지션   ● ● ●

블랙-숄즈옵션가격결정모형에 의하면 KOSPI200콜옵션의 델타는 $N(d_1)$이다. 이 콜옵션을 1계약 매도한 상황에서 델타중립포지션을 구성하려면 KOSPI200 바스켓을 몇 개 매수 혹은 매도해야 하는지 결정하고, 델타중립포지션의 가치를 나타내는 식을 구하시오. KOSPI200 바스켓은 KOSPI200을 추적하는 포트폴리오를 칭하며 델타값이 1이 된다.

┃답┃

$n_1 Delta_1 + n_2 Delta_2 = 0 \rightarrow (-1)N(d_1) + n_2(1) = 0 \rightarrow n_2 = N(d_1)$

　　$\rightarrow$ KOSPI200 바스켓 $N(d_1)$개 매수

$$Delta = \frac{\partial C}{\partial S} = N(d_1) = 헷지비율(1단위 옵션을 헷지할 때 필요한 현물 단위수)$$

따라서 델타중립포지션 가치는 $(-1)C + N(d_1)S$가 된다.

만일 현물이 1만큼 증가하면 옵션이 $N(d_1)$만큼 증가하므로 델타중립포지션의 변화량은 $(-1)N(d_1) + N(d_1)(1) = 0$이 된다.

한편, 델타중립포지션을 취한 후 투자자는 감마도 주의 깊게 살펴봐야 한다. 감마는 기초자산의 가격변화에 대한 델타의 변화이므로 감마값이 크다는 것은 현물가격이 현재수준에서 변화함에 따라 델타값이 매우 민감하게 변화한다는 것을 의미한다.

델타값이 0인 델타중립포지션(포트폴리오델타)을 지속적으로 유지하려면 계속적으로 포지션델타가 0에서 벗어날 때마다 재조정 해주어야 하기 때문에 높은 거래비용이 발생하게 된다. 이에 델타중립뿐만 아니라 감마중립포지션($Gamma_{port} = \sum n_i Gamma_i = 0$)을 구성하게 되면 기초자산가격이 변화할 때 포트폴리오감마가 0이므로 포트폴리오재조정에 따른 거래비용의 감소와 함께 포트폴리오델타가 0인 까닭에 포트폴리오의 가치는 변하지 않게 된다.

예를 들어, 현물과 콜옵션 A와 콜옵션 B를 가지고 델타/감마중립포지션을 구성하려면 다음의 관계식으로부터 현물의 양과 콜옵션 계약수를 구할 수 있다. 또한 델타 및 감마뿐만 아니라 베가, 쎄타, 로도 주의 깊게 봐야 한다.

$$n_A Delta_A + n_B Delta_B + n_S Delta_S = 0 \qquad \text{(델타중립)}$$

$$n_A Gamma_A + n_B Gamma_B + n_S Gamma_S = 0 \quad \text{(감마중립)} \qquad (9\text{-}8)$$

여기서, $Delta_S = \frac{\partial S}{\partial S} = 1$, $Gamma_S = \frac{\partial Delta_S}{\partial S} = 0$

예제 　델타/감마중립포지션 　　　　　　　　　　　　　　　● ● ●

콜옵션 A와 풋옵션 B의 델타와 감마가 각각 다음과 같다.

$$Delta_A = 0.75, \ Delta_B = 0.45, \ Gamma_A = 0.015, \ Gamma_B = 0.016$$

이 콜옵션 A를 1계약 매수한 투자자가 현물과 콜옵션 B를 사용하여 델타/감마 중립 포지션을 구성하는 방법을 설명하시오.

┃답┃

$(1)(0.75) + n_B(-0.45) + n_S(1) = 0$ (델타중립)

$(1)(0.015) + n_B(0.016) + n_S(0) = 0$ (감마중립)

$n_B = -0.9375$, $n_S = -0.3281$: 콜옵션 B를 0.9375계약 매도, 현물을 0.3281개 매도

Section **3** │ # 옵션민감도를 이용한 투자전략

1. 시간스프레드

시간스프레드(time spread)는 특정한 만기를 가진 옵션을 매수하고 만기가 다른 옵션을 매도하는 전략으로서 두 옵션의 쎄타가 서로 크게 차이가 날 경우에 유용하다. 세타는 만기시점까지의 시간이 한 단위 감소할 때 옵션가격이 얼마나 변화하는지를 상대적으로 나타내는 수치이므로, 쎄타의 절대값이 더 크다는 의미는 시간이 한 단위 감소할 때 옵션의 가격이 더 많이 감소한다는 의미이다. 따라서 쎄타값이 상대적으로 큰 옵션, 즉 하락폭이 큰 옵션을 매도하고 상대적으로 쎄타값이 작은 옵션, 즉 하락폭이 작은 옵션을 매수하는 스프레드 전략을 사용하면 이익을 얻을 수 있다.

예를 들면, 만기일까지의 잔존기간 90일 콜옵션 C_1의 쎄타값이 -17.2849, 만기일까지의 잔존기간 180일 콜옵션 C_2의 쎄타값이 -14.1536이라고 하자. 콜옵션 C_1은 콜옵션 C_2에 비해 만기일까지의 기간이 짧으므로 만기일에 가까워질수록 옵션가격이 더 많이 하락할 것으로 예상되며, 이는 C_1의 쎄타의 절대값이 C_2의 쎄타의 절대값보다 더 큰 것으로 나타나 있다.

따라서 향후 옵션가격이 더 많이 하락할 것으로 예상되는 C_1을 1계약 매도하고 상대적으로 덜 하락할 것으로 예상되는 C_2를 1계약 매수하면 포트폴리오세타

$(Theta_{port})$는 $3.1313(=(-1)(-17.2849)+(1)(-14.1536))$이 된다. 포지션이 델타, 감마, 베가, 로 중립일 경우 시간이 흐름에 따라 포지션의 가치가 상승하여 이익을 얻을 수 있다.

예제 시간스프레드 ● ● ●

기초자산의 수익률의 연간 변동성의 참값이 0.4라고 가정하고 만기일까지의 잔존기간 90일 콜옵션 $C_1(Delta_1=0.4277)$과 만기일까지의 잔존기간 180일 콜옵션 C_2 $(Delta_2=0.5369)$의 내재변동성(implied standard deviation)을 블랙-숄즈옵션가격결정모형으로부터 구해 본 결과 각각 0.4132, 0.3481이었다. 두 옵션이 상대적으로 고평가 및 저평가된 점을 이용하여 거래하기를 원하지만, 현물가격 움직임에 대해서는 달리 예상하여 투기거래를 하지 않으려고 한다. 즉, 현물가격변화에 의해 포지션가치가 변화하는 것을 원하지 않을 경우 어떠한 거래전략이 필요한가?

┃답┃

C_1의 내재변동성 0.4132 > 0.4: 과대평가 → 과대평가된 콜옵션 C_1 매도

C_2의 내재변동성 0.3481 < 0.4: 과소평가 → 과소평가된 콜옵션 C_2 매수

만약, C_1을 1계약 매도한다면, $Delta_{port}=(-1)(0.4277)+(n)(0.5369)=0$ → $n=0.7966$ 즉, C_2를 0.7966계약 매수

2. 변동성거래전략

변동성거래전략은 현물가격의 변동성이 증가할 것으로 예상되지만 현물가격이 상승할지 혹은 하락할지에 대해 예상하여 투기거래를 하지는 않으려고 할 때, 즉 델타중립포지션을 취하면서 사용할 수 있는 전략이다. 변동성 변화에 대한 옵션가격의 변화분의 측정치는 베가이므로 향후 변동성이 증가할 것으로 예상될 때는 베가값이 높은 델타중립포지션의 구성이 필요하다.

콜옵션과 풋옵션의 가격 및 델타, 베가가 아래와 같다.

	콜옵션	풋옵션
가격	1.78	1.14
델타	0.5891	-0.3547
베가	3.2631	3.2631

만일 투자가가 델타중립포지션을 원하며 변동성 증가에 따라 이익을 내기 위해 목표베가(target vega)를 4.25로 설정할 경우 콜옵션과 풋옵션을 얼마나 매수 혹은 매도해야 하는지 분석하시오.

┃답┃

$n_1(0.5891) + n_2(-0.3547) = 0$ ⋯ ① → 델타는 중립포지션으로 한다.

$n_1(3.2631) + n_2(3.2631) = 4.25$ ⋯ ② → 베가는 목표치로 한다.

①과 ②를 연립하여 다음과 같이 풀면,

→ $n_1(0.5891)(3.2631) - n_2(0.3547)(3.2631) = 0$

$n_1(3.2631)(0.3547) + n_2(3.2631)(0.3547) = 4.25(0.3547)$

→ $n_1 = 0.4895$

→ $(0.4895)(0.5891) - n_2(0.3547) = 0$ → $n_2 = 0.8130$

따라서, 콜옵션을 0.4895계약 매수하고 풋옵션을 0.8130계약 매수한다.

Section 4 | KOSPI200변동성지수선물

1. KOSPI200변동성지수선물의 개요

KOSPI200변동성지수는 KOSPI200옵션에 내재된 변동성을 측정하는 지수로서 현재시점을 기준으로 미래 30일에 대한 KOSPI200의 변동성에 대한 시장의 예측치를 나타낸다. KOSPI200변동성지수선물이란 KOSPI200변동성지수를 기초자산으로 하여 미래 주식시장의 변동성의 확대 혹은 축소를 예측하여 현재 시점에서 매수 또는 매도 함으로써 주식의 변동성위험을 관리할 수 있다.

KOSPI200변동성지수선물가격은 최종결제일부터 향후 30일간 KOSPI200의 변동성에 대한 시장의 예상치를 반영한 것이므로 현재시점의 KOSPI200변동성지수와 무관하게 변동할 수 있다. 또한 KOSPI200변동성지수는 현물시장이 없으며 KOSPI200변동성지수를 이용하여 KOSPI200변동성지수선물을 복제할 수도 없기 때문에 KOSPI200변동성지수선물과 KOSPI200변동성지수 사이에는 보유비용 관계가 성립하지 않아 보유비용모형을 이용한 차익거래가 불가능하다.

표 9-2	KOSPI200변동성지수선물 상품명세
	KOSPI200변동성지수선물
기초자산	KOSPI200변동성지수
거래단위	KOSPI200변동성지수선물가격×25만원(거래승수)
결제월	최근 연속 6개월
상장결제월	6개월 이내의 6개 결제월
가격의 표시	KOSPI200변동성지수선물 수치(포인트)
호가가격단위	0.05포인트
최소가격변동금액	12,500원(25만원×0.05)
거래시간	09:00 – 15:45(최종거래일 09:00 – 15:35)
최종거래일	결제월이 속하는 월의 다음 월의 두 번째 목요일(해당일이 휴장일인 경우에는 앞당김)부터 30일(calendar day) 전일에 해당하는 날(해당일이 휴장일인 경우에는 직전 거래일로 함)
최종결제일	최종거래일의 다음 거래일
결제방법	현금결제

KOSPI200변동성지수선물의 거래승수는 25만원이다. 예를 들어, KOSPI200변동성지수선물이 50포인트일 경우 1계약은 12,500,000원(＝50×250,000원)이 된다. KOSPI200변동성지수선물의 상장결제월은 6개월 이내의 연속된 6개 결제월로 정하고 있으며 최종거래일은 결제월이 속하는 월의 다음 월의 두 번째 목요일부터 30일 전일에 해당하는 날로 정하고 있다. 예를 들어, 오늘이 11월 20일인 경우 금년 12월, 내년

1월, 2월, 3월, 4월, 5월물이 상장되어 있다. 금년 12월물의 최종거래일은 결제월이 속하는 월의 다음 월인 내년 1월의 두 번째 목요일부터 정확히 30일 전일이 된다. 마찬가지로 내년 1월물은 2월의 두 번째 목요일부터 30일 전일이 된다.

2. KOSPI200변동성지수선물을 이용한 헷지전략

KOSPI200변동성지수선물은 투자자가 KOSPI200옵션을 포함한 포트폴리오를 구성할 경우 변동성 증가에 따른 위험에 노출되므로 이러한 위험을 헷지하기 위한 수단으로 사용된다. 예를 들어, 어떤 투자자가 기초자산의 변동성이 크지 않을 것으로 예상하여 아래와 같이 콜옵션과 풋옵션의 매도포지션을 구축하였다. 이때 포트폴리오의 가치는 기초자산의 가치변화에 영향을 받지 않도록 하였다.[1]

	행사가격	계약수(매도)	잔존만기	가격	델타	베가
콜매도	265.0	32	50일	3.45	0.445462	0.381532
콜매도	262.5	33	22일	3.15	0.542301	0.257363
풋매도	262.5	40	50일	2.11	−0.453716	0.257048
풋매도	260.0	40	50일	2.40	−0.350201	0.360688

콜옵션과 풋옵션으로 구성된 포트폴리오의 순포지션은 $394.75(=32 \times 3.45 + 33 \times 3.15 + 40 \times 2.11 + 40 \times 2.40)$인데 이를 현금으로 환산하면 98,687,500원$(=394.75 \times 250,000원)$이다. 이 포트폴리오의 델타는 $0.005963(=32 \times 0.445462 + 33 \times 0.542301 + 40 \times (−0.453716) + 40 \times (−0.350201))$이므로 기초자산이 1포인트 변하더라도 옵션가격은 0.005963으로 거의 변화가 없으므로 델타중립이 구축된 것으로 본다.

한편, 포트폴리오의 베가는 $-45.411443(=32 \times 0.381532 + 33 \times 0.257363 + 40 \times 0.257048 + 40 \times 0.360688)$이 된다. 만약 변동성이 1% 증가하게 되면 포트폴리오의 값이 45.411443만큼 감소하게 된다. 이를 원화로 표시하면 KOSPI200변동성지수선물의 거래승수가 25만원이므로 11,352,861원$(\leftarrow −45.41143 \times 250,000원)$만큼 손실을 보게 된다

---

1 한국거래소, 「변동성지수선물」, p. 8.

는 의미이다.

　　이와 같이 변동성이 증가하면 포트폴리오 값이 내려가는 베가위험을 KOSPI200 변동성지수선물을 사용하여 헷지할 수 있다. KOSPI200변동성지수선물의 베가가 1이라고 가정하면, 즉 변동성 1% 증가 시 선물가격이 1포인트 상승한다면, 선물을 45계약 매수하면 된다. 옵션포트폴리오에 KOSPI200변동성지수선물 45계약을 합하면 전체 베가 값은 $-45.41143 + 45 \approx 0$이 되어 옵션포트폴리오의 변동성으로 인한 위험을 헷지할 수 있다.

　　만약 변동성이 3% 증가할 경우 옵션포트폴리오는 $136.2342(\leftarrow 3 \times (-45.4114))$만큼의 손실을 보지만 KOSPI200변동성지수선물 45계약은 135(=3포인트×45계약)만큼의 이익을 얻으므로, 변동성위험을 헷지할 수 있게 된다.

1. 옵션민감도

- 델타: $\dfrac{\partial C}{\partial S}$ $\qquad\qquad\qquad\qquad\qquad\qquad \dfrac{\partial P}{\partial S}$

- 감마: $\dfrac{\partial\left(\dfrac{\partial C}{\partial S}\right)}{\partial S} = \dfrac{\partial^2 C}{\partial S^2}$ $\qquad\qquad \dfrac{\partial\left(\dfrac{\partial P}{\partial S}\right)}{\partial S} = \dfrac{\partial^2 P}{\partial S^2}$

- 쎄타: $-\dfrac{\partial C}{\partial T}$ $\qquad\qquad\qquad\qquad\qquad -\dfrac{\partial P}{\partial T}$

- 베가: $\dfrac{\partial C}{\partial \sigma}$ $\qquad\qquad\qquad\qquad\qquad\qquad \dfrac{\partial P}{\partial \sigma}$

- 로: $\dfrac{\partial C}{\partial r}$ $\qquad\qquad\qquad\qquad\qquad\qquad \dfrac{\partial P}{\partial r}$

	콜 매수	콜 매도	풋 매수	풋 매도
델타	+	−	−	+
감마	+	−	+	−
세타	−	+	−	+
베가	+	−	+	−
로	+	−	−	+

2. 포지션델타

- 포지션델타＝포트폴리오델타: $Delta_{port} = \displaystyle\sum_{i=1}^{N} n_i Delta_i$

  − 델타중립포지션: $Delta_{port} = \displaystyle\sum_{i=1}^{N} n_i Delta_i = 0$

  − 감마중립포지션: $Gamma_{port} = \displaystyle\sum_{i=1}^{N} n_i Gamma_i = 0$

3. 옵션민감도를 이용한 투자전략

- 시간스프레드

- 변동성거래전략

4. KOSPI200변동성지수선물

	KOSPI200변동성지수선물
기초자산	KOSPI200변동성지수
거래단위	KOSPI200변동성지수선물가격×25만원(거래승수)
결제월	최근 연속 6개월
상장결제월	6개월 이내의 6개 결제월
가격의 표시	KOSPI200변동성지수선물 수치(포인트)
호가가격단위	0.05포인트
최소가격변동금액	12,500원(25만원×0.05)
거래시간	09:00 – 15:45(최종거래일 09:00 – 15:35)
최종거래일	결제월이 속하는 월의 다음 월의 두 번째 목요일(해당일이 휴장일인 경우에는 앞당김)부터 30일(calendar day) 전일에 해당하는 날(해당일이 휴장일인 경우에는 직전 거래일로 함)
최종결제일	최종거래일의 다음 거래일
결제방법	현금결제

Q1. (2011 CPA) 옵션의 가치와 옵션가격결정요인들에 관한 설명으로 가장 적절하지 않은 것은? (   )

① 일반적으로 콜옵션의 델타(delta)는 양(＋)의 값, 풋옵션의 델타는 음(－)의 값을 갖는다.

② 옵션의 세타(theta)는 시간이 지남에 따라 옵션가치가 변하는 정도를 나타내는 지표이다.

③ 다른 조건이 동일하다면 등가격 상태에서 콜옵션의 시간가치는 풋옵션의 시간가치보다 작다.

④ 배당 등 현금흐름이 없는 유럽형콜옵션의 감마(gamma)는 일반적으로 양(＋)의 값을 갖는다.

⑤ 옵션의 감마값은 등가격 부근에서 크고 외가격이나 내가격으로 갈수록 감소한다.

Q2. (2014 CPA) 기초자산의 현재가격이 10,000원이고 이에 대한 콜옵션의 현재가격은 2,000원이다. 콜옵션의 델타가 0.8일 때 기초자산의 가격이 9,000원이 되면 콜옵션의 가격은 얼마가 되겠는가? (   )

① 300원   ② 800원   ③ 1,200원
④ 1,700원   ⑤ 2,800원

Q3. 델타가 0.6인 콜옵션 매도 10계약과 델타가 －0.3인 풋옵션 매도 12계약, 주식 5주를 보유하고 있다고 하자. 이 포트폴리오에 대한 설명으로 틀린 것은? (   )

① 이 포트폴리오의 델타는 2.6이다.

② 델타중립포지션을 취하기 위해서 위해서는 델타가 －0.52인 풋옵션 5계약을 새로 매수하면 된다.

③ 주가가 1만큼 상승할 경우 이 포트폴리오의 가치는 2.6만큼 증가한다.

④ 시장의 방향성을 이용하기 위해서 델타가 0.65인 콜옵션 4계약을 매도하여 델타중립포지션을 취한다.

⑤ 포트폴리오델타는 구성자산의 델타값을 각 자산의 수량으로 가중평균한다.

Q4. A주식의 현재주가는 1,000원이다. 이 주식을 기초자산으로 하는 행사가격이 1,000원인 풋옵션의 델타값은 −0.5이고 이 옵션을 40원에 매수하였다. 주가가 900원으로 하락한다면 이 옵션포지션에서의 손익은 얼마인가? ( )

① 0   ② 50원 이익   ③ 50원 손실

④ 10원 이익   ⑤ 10원 손실

Q5. 옵션민감도와 관련한 설명으로 거리가 먼 것은? ( )

① 델타는 콜옵션 매수의 경우 0과 1 사이의 값을, 풋옵션 매수의 경우 −1과 0 사이의 값을 갖는다.

② 콜옵션과 풋옵션의 감마는 동일하며 모두 양(+)의 값을 갖는다.

③ 베가가 0.1이라는 것은 변동성이 1% 증가하면 옵션가격이 0.1% 증가한다는 것을 의미한다.

④ 로는 콜옵션 매수의 경우 양(+), 풋옵션 매도일 경우는 음(−)의 값을 갖는다.

⑤ 일반적으로 변동성이 높은 주식의 세타값이 크다.

Q6. (2015 CPA) 옵션에 관한 설명으로 가장 적절하지 않은 것은? ( )

① 위험헷지를 위하여 콜옵션 1단위 매도에 대하여 매수하여야 할 주식수를 헷지비율(hedge ratio)이라고 한다.

② 주식과 무위험채권을 적절히 이용하면 콜옵션과 동일한 손익구조를 갖는 복제포트폴리오를 구성할 수 있다.

③ 다기간이항모형은 단일기간이항모형과 달리 기간별로 헷지비율이 달라질 수 있으므로 옵션의 만기까지 지속적인 헷지를 원하는 경우 지속적으로 헷지포트폴리오의 구성을 재조정해야 하며 이를 동적헤지(dynamic hedge)라고 한다.

④ 이항모형에 의하면 옵션의 가치를 구하는 식에서 투자자의 위험에 대한 태도는 고려하지 않는다.

⑤ 옵션탄력성(option elasticity)이 1보다 작다는 의미는 옵션이 기초자산보다 훨씬 위험이 크다는 것을 나타낸다.

Q7. (2015 CPA) 현재 ㈜다라 주식의 가격은 200,000원이다. ㈜다라 주식을 기초자산으로 하고 행사가격이 200,000원인 풋옵션의 현재가격은 20,000원이다. 풋옵션의 델타가 −0.6일 때 ㈜다라 주식의 가격이 190,000원이 되면 풋옵션의 가격은 얼마가 되겠는가? ( )

① 6,000원   ② 12,000원   ③ 14,000원

④ 26,000원   ⑤ 60,000원

Q8. (2019 CPA) 주식 C를 기초자산으로 하는 콜옵션 20계약을 매도하고 풋옵션 10계약을 매수하고자 한다. 해당 콜옵션의 델타(delta)는 0.5이고 풋옵션의 델타는 −0.30이다. 델타중립(delta-neutral) 포지션 구축을 위한 주식 C의 거래로 가장 적절한 것은? 단, 옵션 1계약당 거래단위(승수)는 100주이다. (   )

① 아무 거래도 하지 않음   ② 700주 매수   ③ 700주 매도

④ 1,300주 매수   ⑤ 1,300주 매도

Q1. ③

┃답┃

③ 등가격옵션은 $S=X$이다. 따라서 풋-콜등가정리 $P + S = C + \dfrac{X}{(1+r)^T}$에서 $S > \dfrac{X}{(1+r)^T}$ 이 되므로 P가 C보다 작아야 좌변과 우변이 같아진다. 즉, $P < C$ 이다. 한편, 등가격옵션은 행사가치가 없고 시간가치만 있으므로 등가격옵션에서는 콜옵션의 시간가치가 풋옵션의 시간가치보다 크다.

Q2. ③

┃답┃

$\dfrac{\partial C}{\partial S} = 0.8 \;\rightarrow\; \triangle C = (0.8)(\triangle S) = (0.8)(-1{,}000) = -800 \;\rightarrow\; C$가 800원 만큼 하락하여 1,200원이 된다.

Q3. ④

┃답┃

① $(0.6)(-10) + (-0.3)(-12) + (1)(5) = 2.6$

④ 델타중립포지션은 포지션델타값을 0으로 맞춤으로써 시장의 방향성에 상관없는 구조로 만든다.

Q4. ②

┃답┃

$\partial P / \partial S = -0.5 \;\rightarrow\; \triangle P / (-100) = -0.5 \;\rightarrow\; \triangle P = (-0.5)(-100) = 50$원 상승. 40원에 매수하였는데 50원이 올라 90원이 되므로 50원 이익.

Q5. ④

┃답┃

④ 로는 풋옵션 매수일 경우에 음$(-)$의 값을 갖는다.

Q6. ⑤

┃답┃

③ 현실적으로 기간별로 시장상황에 따라 헷지비율을 조정해 주는 동적헷지를 수행하기도 한다.

⑤ 옵션탄력성(option elasticity)은 기초자산가격 변화에 따른 옵션가격의 변화비율이므로, 델

타를 의미한다. 콜옵션의 델타는 0과 1 사이의 값을 가지며, 풋옵션 델타는 −1과 0 사이의 값을 가진다.

Q7. ④

┃답┃

$\dfrac{\partial P}{\partial S} = \dfrac{\Delta P}{-10{,}000} = -0.6 \ \rightarrow \ \triangle P = (-0.6)(-10{,}000) = 6{,}000 \ \rightarrow \ S$가 10,000원 만큼 하락 시 P는 6,000원 만큼 상승하므로 주식이 190,000으로 하락할 때 풋옵션은 26,000원이 된다.

Q8. ④

┃답┃

$n_C Delta_C + n_P Delta_P + n_S DeltaS = 0 \ \rightarrow \ (-20 \times 100주)(0.5) + (10 \times 100주)(-0.3) + n_S(1) = 0$

$\rightarrow \ n_S = 1{,}300주$

10 옵션 헷지전략

학습개요	본 장에서는 옵션을 이용한 위험관리방법에 대해서 배운다. 먼저 보유하고 있는 포트폴리오의 가격변동위험을 관리하기 위하여 포트폴리오델타를 0으로 만드는 델타헷지전략에 대해서 다룬 다음, 옵션을 이용하여 보유하고 있는 포트폴리오의 최저치를 보장받고자 하는 포트폴리오보험전략에 대해서 살펴본다.
학습목표	• 델타헷지전략 • 포트폴리오보험전략

Section 1 ｜ 델타헷지전략

델타헷지전략이란 옵션의 델타를 이용하여 보유하고 있는 포트폴리오의 가격변동위험을 관리하는 전략으로 포트폴리오델타(포지션델타)를 0으로 만드는 전략을 말한다. 약세시장에 대비하여 보유하고 있는 주식포트폴리오 S를 헷지하기 위해 KOSPI200풋옵션을 매수(방어적풋)하거나 KOSPI200콜옵션을 매도(커버드콜)하여 헷지포트폴리오의 포지션델타를 중립(0)으로 구축해 보자. 델타중립포지션을 구축하기 위하여 콜옵션이나 풋옵션을 얼마나 거래해야 하는가?

주식포트폴리오 S 1단위 보유와 콜옵션으로 식(10-1)과 같이 델타중립포지션을 만들 수 있다.

$$(1)(Delta_S) + (n_C)(Delta_C) = 0 \qquad (10\text{-}1)$$

식(10-1)에서 델타중립포지션을 구하기 위해 먼저 $Delta_S$가 얼마인지 알아보자. 시장전체를 나타내는 주가지수가 한 단위 변화(ΔI)할 때 투자자가 보유하고 있는 주식포트폴리오가 얼마나 변화(ΔV)하는지를 나타내는 민감도가 주식포트폴리오의 델타이므로 $Delta_S = \partial V/\partial I$이다. 또한 주가지수 변동률 대비 주식포트폴리오의 변동률은 식(10-2)와 같이 주식포트롤리오의 베타(β)로 정의된다. 또한 식(10-2)로부터 $\partial V/\partial I$에 해당되는 $Delta_S$의 값은 식(10-3)과 같이 $\beta V/I$로 나타낼 수 있다.

$$\beta = \frac{\text{주식포트폴리오의 변동률}}{\text{주가지수의 변동률}} = \frac{\frac{\partial V}{V}}{\frac{\partial I}{I}} = \frac{\partial V}{\partial I} \cdot \frac{I}{V} \qquad (10\text{-}2)$$

$$\frac{\partial V}{\partial I} = \frac{\beta V}{I} \qquad (10\text{-}3)$$

식(10-1)에 식(10-3)를 적용하면 식(10-4)의 델타중립포지션이 도출된다.

$$\frac{\beta V}{I} + n_C Delta_C = 0 \qquad (10\text{-}4)$$

마찬가지로, 풋옵션을 이용할 경우에도 델타중립포지션을 식(10-5)와 같이 도출할 수 있다.

$$\frac{\beta V}{I} + n_P Delta_P = 0 \qquad (10\text{-}5)$$

식(10-4)과 식(10-5)에서 보듯이 델타중립포지션을 만들기 위해서 콜옵션의 경우 델타값이 양수($+$)인 콜옵션을 n_C개 매도하여 헷지하고, 풋옵션의 경우 델타값이 음수($-$)인 풋옵션을 n_P개 매수하여 헷지하면 된다.

예제 | 델타헷지전략 ● ● ●

현재 KOSPI200은 350.33이고 행사가격 312.50인 KOSPI200콜옵션과 풋옵션의 델타값이 0.2152와 -0.3432이며 옵션가격은 7.78과 6.10이다.

(1) 베타값이 1.5인 10억원의 주식포트폴리오를 약세시장에 대비하여 KOSPI200옵션을 이용하여 델타헷지전략을 구축하시오.

(2) KOSPI200이 344.02, 주식포트폴리오 가치가 9.73억원, KOSPI200콜옵션과 풋옵션 가격이 6.42와 8.27로 변했을 경우 델타헷지포트폴리오의 가치변동분을 구하시오.

┃ 답 ┃

(1) $\dfrac{\partial V}{\partial I} + n_C\dfrac{\partial C}{\partial I} = 0 \rightarrow \dfrac{\beta V}{I} + n_C Delta_C = 0$

$\rightarrow \dfrac{(1.5)\,(1,000,000,000)}{(350.33)\,(250,000)} + n_C(0.2152) = 0$

$\rightarrow n_C = -79.59$: KOSPI200 콜옵션 79.59계약 매도

$\dfrac{\partial V}{\partial I} + n_P\dfrac{\partial P}{\partial I} = 0 \rightarrow \dfrac{\beta V}{I} + n_P Delta_P = 0$

$\rightarrow \dfrac{(1.5)\,(1,000,000,000)}{(350.33)\,(250,000)} + n_P(-0.3432) = 0$

$\rightarrow n_P = 49.90$: KOSPI200 풋옵션 49.90계약 매수

(2) 콜델타헷지: $\Delta V + n_C \Delta C = (973,000,000 - 1,000,000,000) + 79.59(7.78 - 6.42)(250,000)$

$= 60,600$원

풋델타헷지: $\Delta V + n_P \Delta P = (973,000,000 - 1,000,000,000) + 49.90(8.27 - 6.10)(250,000)$

$= 70,750$원

Section 2 | **포트폴리오보험전략**

1. KOSPI200풋옵션을 이용한 포트폴리오보험전략

옵션을 기반으로 하는 포트폴리오보험전략은 1970년대 중반 Leland, Rubinstein (1976)[1]에 의해서 소개되었다. 가장 간단한 풋옵션을 이용한 포트폴리오보험전략은 단

---

1 Leland, H. E., and M. Rubinstein(1976), "The Evolution of Portfolio Insurance," In: D. L.

순히 풋옵션을 매수하여 주가가 하락할 경우에는 매수한 풋옵션으로 인해 포트폴리오의 가치를 행사가격 수준으로 보장받고자 하는 방어적 풋이다. 방어적 풋은 전략의 수행 시 투자되는 금액인 $S+P$원을 투자초기에 보유하고 있는 자기금융(self-financing)이 가능한 경우에 수행할 수 있다.

하지만, 초기투자금액이 부족하여 자기금융에 한계가 있을 경우에는 투자금액의 일부만 포트폴리오보험전략에 투자하고 나머지는 채권에 M만큼 투자하여 만기 시에 식(10-6)과 같이 최저치(FW: floor wealth)를 보장받을 수도 있다.[2] 포트폴리오보험전략에 투자되는 주식과 풋옵션의 매수 수량 N은 채권에 M만큼 투자한 후 남은 자금을 주가와 풋옵션가격의 합으로 나눈 값이 된다. 즉, 주식과 채권을 각각 $N=(W-M)/(S+P)$만큼 매수한다.

만기시점에 보장받는 최저치는 채권투자로 인한 원리금회수액 $M(1+r\times(T/365))$과 N주의 주식으로부터 얻는 수익($N\times S_T$)과 N계약의 풋옵션으로부터 얻는 수익의 합이 된다. 최저치이기 때문에 대체로 주가는 높지 않고 행사가격보다 낮은 수준에 있게 되므로 풋옵션이 행사되어 풋옵션으로부터 얻는 수익은 $N(X-S_T)$이 된다.

최종적으로 채권, 주식, 풋옵션으로부터 얻는 최저 수익은 식(10-6)과 같으며, 채권에 투자하는 금액 M은 식(10-7)과 같이 도출된다. 만기시점에서의 최종가치(TW: terminal wealth)는 만기시점의 현물가격에 따라 달라진다. 만약 $S_T<X$이면 풋옵션이 행사되므로 최종가치는 $M[1+r\times(T/365)]+NX$가 되며 $S_T>X$이면 풋옵션이 행사되지 않으므로 최종가치는 $M[1+r\times(T/365)]+NS_T$가 된다.

최저치: $$FW = M\left(1+r\times\frac{T}{365}\right)+\left(\frac{W-M}{S+P}\right)X \tag{10-6}$$

대출금액: $$M = \frac{(FW)(S+P)-WX}{(S+P)\left(1+r\times\dfrac{T}{365}\right)-X} \tag{10-7}$$

Luskin, ed., Portfolio Insurance: A Guide to Dynamic Hedging, John Wiley and Sons, 1988.

2 예를 들어, 초기에 $S+P=10+2$의 투자금액이 필요한데 초기투자금액을 10을 가지고 있을 경우 $S+P=10+2$의 일부인 $0.8(10+2)=9.6$을 포트폴리오보험전략에 투자하고 나머지 0.4는 최저치를 보장받을 때 도움이 되도록 채권에 투자한다.

현재 KOSPI200은 352.54이고 만기가 28일 남았다. 행사가격이 350인 KOSPI200풋옵션 가격은 11.20이다. 100억원의 자금을 가지고 KOSPI200에 해당되는 주식포트폴리오를 구성하여 만기일에 최소한 97억원을 보장받고자 한다.

(1) 자기금융으로 KOSPI200풋옵션을 이용하여 포트폴리오보험전략을 구축하기에는 자금이 부족한 상황에서 포트폴리오보험전략을 구축하시오. 이자율은 2.4%이다.

(2) 만기일에 KOSPI200이 369가 될 경우와 330이 될 경우의 헷지포트폴리오의 가치를 각각 구하시오.

┃답┃

(1) 대출(채권매수)할 금액(M)을 결정한 후, 나머지 금액으로 방어적풋을 구성한다. 방어적풋의 최저치는 다음과 같으며 이 식으로부터 M을 구한다.

$$FW = M\left(1 + r \times \frac{T}{365}\right) + \left(\frac{W - M}{S + P}\right)X$$

$$\rightarrow M = \frac{(FW)(S + P) - WX}{(S + P)\left(1 + r \times \frac{T}{365}\right) - X}$$

$$= \frac{(9{,}700{,}000{,}000)(352.54 + 11.20) - (10{,}000{,}000{,}000)(350)}{(352.54 + 11.20)\left(1 + 0.024 \times \frac{28}{365}\right) - 350}$$

$$\approx 1{,}962{,}430{,}781원 \ 대출$$

$$N = \frac{W - M}{S + P} = \frac{10{,}000{,}000{,}000 - 1{,}962{,}420{,}781}{(352.54 + 11.20) \times 250{,}000} \approx 88.39계약$$

주식포트폴리오 88.39개, $(352.54)(250{,}000)(88.39) = 7{,}790{,}252{,}650$원 어치 매수

풋옵션을 88.39계약, $(11.20)(250{,}000)(88.39) = 247{,}492{,}000$원 어치 매수

채권 1,962,430,781원 어치 매수(대출)

(2) $S_T = 369$: $S_T > X$이므로

$$TW = M\left(1 + r \times \frac{T}{365}\right) + NS_T$$

$$= (1{,}962{,}430{,}781)\left(1 + 0.024 \times \frac{28}{365}\right) + (88.39)(369 \times 250{,}000)$$

$$= 10{,}120{,}021{,}304원$$

$S_T = 330$: $S_T < X$이므로

$$TW = M\left(1 + r \times \frac{T}{365}\right) + NX$$

$$= (1,962,430,781)\left(1 + 0.024 \times \frac{28}{365}\right) + (88.39)(350 \times 250,000)$$

$$= 9,700,168,804원$$

2. KOSPI200콜옵션을 이용한 포트폴리오보험전략

풋옵션에 비해 콜옵션의 손익구조가 현물인 주식의 손익구조와 유사하기 때문에 일반적으로 콜옵션이 풋옵션에 비해 이해하기가 용이하다. 또한 콜옵션매수의 경우 증거금에 대한 부담 없이 레버리지효과의 극대화가 가능하기 때문에 콜옵션이 일반적으로 많이 거래되고 있다. 유동성이 높은 콜옵션을 이용하면 풋옵션을 이용한 포트폴리오보험전략과 동일한 효과를 얻을 수 있다.

식(10-8)의 풋-콜등가정리에서 좌변인 방어적 풋($P + S$)과 동일한 수익구조를 합성할 수 있는 우변을 신탁콜(fiduciary call: $C + X/(1+r)^T$)이라고 부른다.

$$P + S = C + \frac{X}{(1+r)^T} \tag{10-8}$$

신탁콜은 N개의 콜옵션매수와 최저치의 현재가치만큼을 대출(채권 매수)함으로써 포트폴리오보험을 달성할 수 있다. 다시 말하면, 만기 시에 최저치를 보장받기 위해 먼저 최저치의 현재가치만큼 대출하고 나머지 자금으로 모두 콜옵션을 매수한다.

$$대출금액: \quad FW\Big/\left(1 + r \times \frac{T}{365}\right) \tag{10-9}$$

$$콜옵션 \ 매수계약수: \quad N = \frac{W - FW\Big/\left(1 + r \times \dfrac{T}{365}\right)}{C} \tag{10-10}$$

식(10-9) 및 식(10-10)과 같이 수행하면 콜옵션 만기시점의 현물가격이 행사가격보다 낮을 경우 콜옵션을 행사하지 않기 때문에 만기 시의 최종가치는 $[FW/(1+r \times (T/365))] \times (1 + r \times (T/365)) + N \times 0 = FW$가 되어 최저치 FW를 보장받을 수 있다. 그러나 현물가격이 행사가격보다 높을 경우 최저치에 추가로 현물가격이 행사가격을 초과하는 만큼 콜옵션에서 수익을 획득하여 $[FW/(1+r \times (T/365))] \times (1+r \times (T/365)) + N \times (S_T - X)$만큼의 수익을 얻게 된다.

예제 KOSPI200콜옵션을 이용한 포트폴리오보험전략 ● ● ●

오늘 현재 KOSPI200은 352.54이고 만기가 28일 남았다. 행사가격이 350인 KOSPI200 콜옵션의 가격은 8.29이며, 이자율은 2.4%이다.

(1) 100억원의 자금을 가지고 주식포트폴리오를 구성하여 만기일에 최소한 97억원을 보장 받으려는 투자자를 위해 인덱스펀드의 구성없이 KOSPI200 콜옵션을 이용하여 신탁콜을 구성하여 포트폴리오보험전략을 구축하시오.

(2) 만기일에 KOSPI200이 369가 될 경우와 330이 될 경우의 헷지포트폴리오의 가치를 구하시오.

❚답❚

(1) $\dfrac{FW}{\left(1+r \times \dfrac{T}{365}\right)} = \dfrac{9,700,000,000}{1+0.024 \times \dfrac{28}{365}} = 9,682,174,189$원 대출(채권 매수)

$N = \dfrac{W - FW/\left(1+r \times \dfrac{T}{365}\right)}{C} = \dfrac{10,000,000,000 - 9,682,174,189}{8.29 \times 250,000}$

$= 153.35$계약 콜옵션 매수

채권 9,682,174,189원 어치 매수(대출)

콜옵션 153.35계약, $(8.29)(250,000)(153.35) = 317,817,875$원 어치 매수

(2) $S_T = 369$: $S_T > X$이므로

$TW = \dfrac{FW}{\left(1+ \times \dfrac{T}{365}\right)} \times \left(1+r \times \dfrac{T}{365}\right) + N(S_T - X)$

$= 9,700,000,000 + (153.35)(369-350)(250,000)$

$= 10,428,412,500$원

$S_T = 330$: $S_T < X$이므로

$TW = \dfrac{FW}{\left(1+r \times \dfrac{T}{365}\right)} \times \left(1+r \times \dfrac{T}{365}\right) + N \cdot 0$

$= 9,700,000,000$원

1. **델타헷지전략**

- $\dfrac{\beta V}{I} + n_C\,Delta_C = 0$

- $\dfrac{\beta V}{I} + n_P\,Delta_P = 0$

2. **포트폴리오보험전략**

- 풋옵션 이용:

대출금액: $M = \dfrac{(FW)(S+P) - WX}{(S+P)\left(1 + r \times \dfrac{T}{365}\right) - X}$

최저치: $FW = M\left(1 + r \times \dfrac{T}{365}\right) + \left(\dfrac{W - M}{S + P}\right)X$

풋옵션 매수계약수: $N = \dfrac{W - M}{S + P}$

→ $S_T > X$일 때, $TW = M\left(1 + r \times \dfrac{T}{365}\right) + NS_T$

→ $S_T < X$일 때, $TW = M\left(1 + r \times \dfrac{T}{365}\right) + NX$

- 콜옵션 이용:

대출금액: $M = FW \Big/ \left(1 + r \times \dfrac{T}{365}\right)$

콜옵션 매수계약수: $N = \dfrac{W - FW\Big/\left(1 + r \times \dfrac{T}{365}\right)}{C}$

→ $S_T > X$일 때, $TW = \dfrac{FW}{\left(1 + \times \dfrac{T}{365}\right)} \times \left(1 + r \times \dfrac{T}{365}\right) + N(S_T - X)$

→ $S_T < X$일 때, $TW = \dfrac{FW}{\left(1 + r \times \dfrac{T}{365}\right)} \times \left(1 + r \times \dfrac{T}{365}\right) + N \cdot 0$

Q1. (2013 CPA) 주가지수를 추종하는 주식포트폴리오의 가치하락 시 하향손실(downside loss)을 일정수준으로 한정시키면서 가치상승 시 상향이익(upside potential)을 얻을 수 있는 포트폴리오 운용전략으로 적절한 항목만을 모두 고르면? (단, 파생상품의 기초자산은 주가지수이이다.) (   )

> (가) 주식포트폴리오를 보유한 상태에서 풋옵션을 매수한다.
> (나) 무위험채권에 투자한 상태에서 콜옵션을 매수한다.
> (다) 주식포트폴리오를 보유한 상태에서 선물을 매도하고, 헷지비율을 시장상황에 따라 동적으로 변화시킨다.
> (라) 주식포트폴리오와 무위험채권을 매수하고, 무위험채권의 투자비율을 시장상황에 따라 동적으로 변화시킨다.

① (가), (나)　　　　② (다), (라)　　　　③ (가), (나), (다)
④ (나), (다), (라)　　⑤ (가), (나), (다), (라)

Q2. 델타헷지전략과 관련한 다음 내용 중 틀린 것은? (   )

① 콜옵션매도와 기초자산으로 포지션델타를 0으로 만들 수 있다.
② 델타중립포지션을 유지하기 위해서 지속적으로 포지션델타값을 재조정해야 한다.
③ 헷지의 효과성을 유지하기 위해 감마도 중립포지션으로 조정한다.
④ 기초자산 매도포지션을 헷지하기 위해서 풋옵션매도포지션을 취해야 한다.
⑤ 델타중립포지션을 만들기 위해 콜옵션을 매수하여 헷지한다.

Q3. (2015 CPA 수정)포트폴리오보험(portfolio insurance)에 관한 설명으로 가장 적절하지 않은 것은? (   )

① 보유하고 있는 포트폴리오의 가치가 일정수준 이하로 하락하는 것을 방지하면서 가치상승 시에는 이익을 얻도록 하는 전략이다.
② 기초자산을 보유한 투자자가 풋옵션을 매도하여 기초자산의 가치가 행사가격 이하가 되지 않도록 방지하는 포트폴리오보험전략을 실행할 수 있다.
③ 콜옵션을 이용하여 풋옵션을 이용한 포트폴리오보험전략과 동일한 효과를 얻을 수 있다.

④ 보유한 자산에 대한 풋옵션이 존재하지 않거나 투자기간과 풋옵션의 만기가 일치하지 않는 경우 풋옵션 대신 주식과 채권으로 복제된 합성풋옵션을 이용하여 방어적풋전략을 실행할 수 있다.

⑤ 시간이 흐름에 따라 풋옵션 델타가 변하는 경우 기초자산 투자액과 무위험대출액을 계속적으로 조정해야 하므로 합성풋옵션을 이용한 포트폴리오보험전략은 동적헷지전략의 일종으로 볼 수 있다.

Q4. (2010 CPA 2차) 현재 주가는 20,000원이고 매년 20%씩 상승하거나 또는 하락하는 이항분포를 따른다고 가정하자. 무위험이자율은 연간 5%이고 주식은 배당을 지급하지 않는다. 2기간 이항모형을 이용하여 답하시오.

1. 만기가 2년이고 행사가격이 20,000원인 유럽형 풋옵션의 가격을 구하시오. 가격은 소수점 셋째 자리에서 반올림하여 답하시오.

2. 주가가 20,000원일 때 풋옵션의 델타를 구하시오. 그리고 델타중립 포트폴리오를 구성하고 그 포트폴리오의 1년 후 가치를 계산하시오. 델타와 증권개수는 소수점 다섯째 자리에서 반올림하여 답하시오. 델타중립 포트폴리오는 주식 1주를 기준으로 구성하고, 개수와 매수/매도 여부를 기술하시오.

3. 주식 1주를 소유하고 있는 투자자가 포트폴리오보험(portfolio insurance) 전략을 취하고자 한다. 이 투자자가 현재 시점에서 포지션 조정 후 보유하게 될 주식과 무위험채권의 규모는 각각 얼마인가?

4. 위와는 독립적으로, 시장에서 다음과 같이 옵션가격이 형성되어 있다. 옵션은 모두 1년 만기 유럽형이고 기초자산은 동일하다. 무위험이자율은 연간 7%이다. 단, 두 행사가격의 차이는 4,000원이다.

행사가격	콜옵션	풋옵션
K1	4,640원	2,950원
K2	2,470원	4,490원

주어진 조건에서 차익거래 기회가 있는지의 여부를 확인하고, 만약 있다면 차익거래 포지션을 구체적으로 기술하시오. 또한 차익(arbitrage profit)을 현재가치 기준으로 소수점 셋째 자리에서 반올림하여 답하시오.

Q5. (2014 CPA 2차) ㈜다라의 현재 주당가격은 10,000원이다. ㈜다라의 주식을 기초자산으로 하는 행사가격 10,000원, 1년 만기 유럽형풋옵션가격은 500원이고 무위험이자율은 연10%이다.

1. 현재 ㈜다라 주식 1,000주를 보유한 투자자 갑이 1년 후의 가격하락 위험을 제거하기 위하여 방어적풋(protective put)전략을 사용하려 할 때 필요한 풋옵션의 개수와 이 포트폴리오의 현재시점 가치를 각각 구하라.

2. 물음 1과 같이 구성한 다음 1년 후 ㈜다라의 주가가 5,000원이 된 경우와 15,000원이 된 경우의 투자성과를 비교하라.

3. 투자자 병은 현재 1,000만원을 보유하고 있다. 투자자 병이 ㈜다라 주식과 풋옵션 및 무위험대출을 이용하여 1년 후 최소한 1,000만원을 확보하기 위해 필요한 ㈜다라 주식의 개수, 풋옵션의 개수 및 대출액을 각각 계산하라. 계산결과는 반올림하여 소수점 둘째 자리까지 표기하라.

4. 포트폴리오 보험전략을 간략하게 설명하라.

Q1. ⑤

   ┃답┃

   (가) 방어적풋

   (나) 신탁콜

   (다) 선물을 이용한 포트폴리오보험전략

   (라) 일정비율포트폴리오보험전략(CPPI: constant proportion portfolio insurance): Perold
       (1986)와 Black and Jones(1987)의해 제시된 전략으로 주식과 채권으로 포트폴리오를
       구성하여 이 포트폴리오의 가치를 유지하고자하는 최저치(보험수준)를 설정하고, 주식과
       채권으로 구성된 포트폴리오에서 주식투자액이 차지하는 비중을 쿠션(cushion)의 승수
       (m)배로 일정하게 유지하는 전략을 말한다.

Q2. ⑤

Q3. ②

Q4.

   ┃답┃

   1.

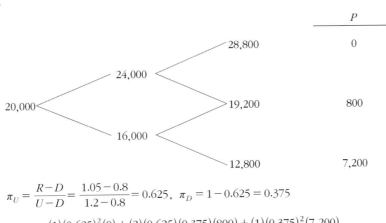

$$\pi_U = \frac{R-D}{U-D} = \frac{1.05-0.8}{1.2-0.8} = 0.625, \ \pi_D = 1-0.625 = 0.375$$

$$\rightarrow P = \frac{(1)(0.625)^2(0)+(2)(0.625)(0.375)(800)+(1)(0.375)^2(7,200)}{(1.05)^2}$$

$$= 1,258.50원$$

   2. $P_U = \dfrac{(0.625)(0)+(0.375)(800)}{(1.05)} = 285.71$

$$P_D = \frac{(0.625)(800) + (0.375)(7,200)}{(1.05)} = 3,047.62$$

$$\rightarrow \text{풋옵션의 델타} = \frac{\partial P}{\partial S} = \frac{P_U - P_D}{US - DS} = \frac{285.71 - 3,047.62}{24,000 - 16,000} = -0.3452$$

델타중립포지션: $n_S Delta_S + n_P Delta_P = 0 \rightarrow (1)(1) + (n_P)(-0.3452) = 0$

$\rightarrow n_P = 2.8969$; 풋옵션 2.8969계약 매수

$\rightarrow$ 1년 후 가치 $= 24,000 + 285.71(2.8969) = 24827.67$ 혹은 $16,000 + 3,047.62(2.8969) = 24,828.65$ (단수차이)

3. 현재 최소한 현재주가 20,000원을 보장받도록 주식과 채권으로 포트폴리오보험전략을 구성한다. 우선 현재시점에서 20,000원에 해당되는 주식과 채권을 가지도록 한다(①). 또한 2기간 후에는 주가가 가장 낮을 때도 20,000원이 보장되게 한다(②).

$20,000N + B = 20,000 \cdots$ ①

$12,800N + B(1+0.05)^2 = 20,000 \cdots$ ②

$\rightarrow$ ①과 ②를 연립하여 풀면, $N = 0.2216$주, $B = 15,568$원 $\rightarrow$ 주식에 4,432원($= 20,000$원 $\times 0.2216$주)투자하고 채권에 15,568원 투자하면 어떠한 경우에도 20,000원을 보장받는다.

	2기간 후 주식	2기간 후 채권	2기간 후 포트폴리오가치
6,382.08	17,163.72 ($= 15,568(1+0.05)^2$)	23,545.8

```
                      6,382.08      17,163.72              23,545.8
                                   (=15,568(1+0.05)²)
           5,318.4
  4,432                4,254.72      17,163.72              21,418.44

           3,545.6
                      2,836.48      17,163.72              20,000
```

4.

	포지션	현재시점의 현금흐름	만기시점의 현금흐름		
			$S_T < X_1$	$X_1 < S_T < X_2$	$S_T > X_2$
합성 선물 매수	콜 매수(X_1)	$-4,640$	0	$S_T - X_1$	$S_T - X_1$
	풋 매도(X_1)	2,950	$-(X_1 - S_T)$	-0	-0
합성 선물 매도	콜 매도(X_2)	2,470	-0	-0	$-(S_T - X_2)$
	풋 매수(X_2)	$-4,490$	$X_2 - S_T$	$X_2 - S_T$	0
		$-3,710$	$4,000(=X_2 - X_1)$	$4,000(=X_2 - X_1)$	$4,000(=X_2 - X_1)$

$\rightarrow$ 차익거래이익이 발생하지 않기 위해서는 포지션을 취하는 현재시점에서의 현금흐름의 만기시점에서의 가치와 만기시점에서의 현금흐름이 동일한 박스스프레드 등가(box spread parity)가 성

립해야 한다. 만약 시장이 불균형하여 현금유입이 현금유출보다 더 크면 박스스프레드 차익거래 이익이 발생한다.

→ 차익거래이익: $-3,710(1+0.07)+4,000=30.3>0$ → 현재가치 기준의 차익거래이익 $=30.3/1.07$ $=28.32$

Q5.

┃답┃

1. 방어적풋

포지션	비용	수익	
		$S_T < 10,000$	$S_T > 10,000$
주식 매수	$S \ (=10,000원 \times 1,000주)$	$S_T \times 1,000$	$S_T \times 1,000$
풋 매수 ($X=10,000$)	$P \ (=500원 \times 1,000계약)$	$(10,000-S_T) \times 1,000$	$0 \times 1,000$
	10,500,000	10,000,000	$S_T \times 1,000$

2. 1년 후 주가가 5,000원인 경우: $10,000 \times 1,000$계약 $= 10,000,000$원

   1년 후 주가가 15,000원인 경우: $15,000 \times 1,000$주 $= 15,000,000$원

   → 주가가 행사가격 아래로 하락하여도 최소한 행사가격은 보장받는다.

3. $FW = M\left(1 + r \times \dfrac{T}{365}\right) + \left(\dfrac{W-M}{S+P}\right)X$

   $$\rightarrow \ = \frac{(FW)(S+P)-WX}{(S+P)\left(1+r \times \dfrac{T}{365}\right)-X}$$

   $$= \frac{(10,000,000)(10,000+500)-(10,000,000)(10,000)}{(10,000+500)(1+0.1)-10,000}$$

   $= 3,225,806.45$원 대출

   $N = \dfrac{W-M}{S+P} = \dfrac{10,000,000-3,225,806.45}{10,000+500} = 645.16$계약

   주식포트폴리오 645.16주, $645.16 \times 10,000 = 6,451,600$원 어치 매수

   풋옵션을 645.16계약, $645.16 \times 500 = 322,580$원 어치 매수

   채권을 3,225,806.45원 매수(대출)

   $\rightarrow TW = M\left(1+r \times \dfrac{T}{365}\right)+NX = (3,225,806.45)(1+0.1)+(645.16)(10,000)=10,000,000$원

4. 포트폴리오보험전략이란 선물이나 옵션 등의 파생상품을 이용하여 미래시점에서의 주식포트폴리오의 가치의 최저치(floor value)를 보장받는 투자전략을 말한다. 즉, 주가가 하락할 때는 포트폴리오의 손실을 최저치 이하로 하락하지 않게 막아주고 주가가 상승할 때에는 주가 상승에 편승하여 포트폴리오의 가치를 증가시켜 이득을 얻고자 하는 전략이다.

11 CHAPTER 옵션과 증권가치평가

학습개요
본 장에서는 금융옵션의 개념을 기업재무에 적용하여 주식과 채권에 대한 수익구조를 옵션 측면에서 다루고 전환사채 및 신주인수권부사채에 대한 가치평가를 옵션이론을 적용하여 설명한다.

학습목표
• 옵션 측면에서의 주식과 채권
• 옵션부채권의 가치평가

Section 1 | 옵션 측면에서의 주식과 채권

옵션의 개념은 파생상품 자체로서의 역할뿐만 아니라 기업재무분야 곳곳에 응용되고 있다. 예를 들어, 기업의 대표적인 자본조달 수단인 주식이 콜옵션과 동일한 수익구조를 가지고 있다는 것은 30년 전부터 제시되어 왔으며 전환사채 및 신주인수권부사채 등 옵션부채권에 대한 평가에도 옵션개념을 적용하여 분석가능하다. 더구나 최근에는 전통적인 투자의사결정인 자본예산(capital budgeting)분야의 투자의사결정에도 이항옵션가격결정모형을 이용한 실물옵션(real option)이 이용되고 있다.

1. 주식

기업의 대표적인 자금조달수단은 주식과 채권이다. 기업이 주식과 액면가액이 FV인 순수할인채권으로 자금을 조달하며, 배당은 없다고 가정해 보자. 이 경우 기업의 재무상태표 상의 자산은 V라 하고 주식은 S, 부채는 B로 표시한다면 현재 시점에서의 기업의 가치는 식(11-1)과 같이 표현된다.

$$V = S + B \tag{11-1}$$

여기서, $B = \dfrac{FV}{(1+r')^T}$

식(11-1)에서 부채(채권)가치는 위험이자율 r'으로 액면가액 FV를 할인한 현재가치이다. 기업은 채권이 만기가 되었을 때 FV를 채권자에게 돌려주거나 혹은 돌려주지 못할 수 있다. 예를 들어, 1년 후에 채권자에게 갚아야 할 금액이 1,000억원인데 기업의 자산가치가 1,100억원이라면 1,000억원은 채권자에게 돌려주고 나머지 100억원은 주주가 가져가게 된다. 하지만 기업의 자산가치가 900억원이라면 기업의 자산가치 900억원 전부 채권자가 가져가고 주주가 가져가는 현금흐름은 없게 된다.

이러한 개념을 〈표 11-1〉에 나타내었다. 만기 시 기업의 가치 V_T가 부채의 가치 FV보다 작을 경우 주주가 가져가는 몫은 전혀 없다. 하지만 기업의 가치 V_T가 부채의 가치 FV보다 클 경우에는 부채의 가치를 차감한 나머지 $V_T - FV$가 주주가 가져가는 몫이 된다.

표 11-1 주주의 수익

포지션	비용	수익	
		$V_T < FV$	$V_T > FV$
주주	S	0	$V_T - FV$

〈그림 11-1〉의 주주의 수익구조를 보면, 콜옵션 매수의 수익구조와 동일하다. 기초자산은 기업가치, 행사가격은 채권액면가액 FV가 된다. 따라서 주식의 소유자는 그 기업자산에 대한 유럽형 콜옵션을 소유한 것과 동일하며, 현재 시점에서 콜옵션의 가치는 자산가치에서 행사가격의 현재가치를 차감한 값보다 크다. 즉, $S_t \geq V_t - FV / (1+r')^T$이다.

예를 들어, 만기가 1년이고 원금이 1,000억원인 순수할인채권과 자기자본(주식)으로 자금을 조달하는 기업이 있다고 하자. 무위험이자율이 5%이고 이 기업의 현재 시장가치가 970억원이라고 할 때 현재 시점에서 주주의 가치는 기업가치 970억원에서

그림 11-1   주주의 수익구조

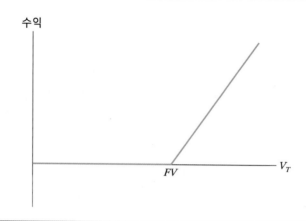

부채(채권)의 가치를 차감한 것이 된다. 즉, 970억원 − 952.38억원($=1,000/(1+0.05)^1$) = 17.62억원이 주주(콜옵션)의 가치가 되고 952.38억원은 부채(채권)의 가치가 된다.

주식(기초자산)의 변동성(위험)이 커질수록 콜옵션의 가치가 커지는 것처럼 기업의 위험이 증가하게 되면 주식의 가치는 더 커진다. 즉, 위험이 큰 투자안에 투자하여 수익이 많아질수록 주주는 많은 돈을 벌게 되지만 반대로 실패할 경우에는 주주의 유한책임에 따라 자신들이 투자한 금액 이상은 손실을 보지 않는다.

반면, 채권자들 입장에서는 자신들의 돈이 투자되어 위험이 큰 투자안에 투자해 봐야 성공할 경우 투자원금과 이자만 유지하게 될 것이고 실패할 경우에는 원금손실 위험이 존재하게 되므로 이러한 기업위험의 증가는 결국 채권자의 부를 주주에게 이전하는 효과를 가져 온다.

2. 채권

식(11-2)의 금융옵션 측면에서의 풋-콜등가정리에서 주식(S)은 기업가치(V)에 해당되고, 콜옵션(C)은 기업의 주식(S)에 해당되는 점을 고려하면, 식(11-3)의 기업재무 측면에서의 풋-콜등가정리가 구해진다. 식(11-3)을 식(11-4)로 다시 정리하면, 기업가치에서 자기자본을 차감한 타인자본인 채권의 가치($=V-S$)는 무위험 순수할인채 소유와 동시에 유럽형 풋옵션을 매도하는 것과 동일한 효과를 갖게 되는 것을

알 수 있다.[1]

$$P + S = C + \frac{X}{(1+r)^T} \ : \ \text{금융옵션 측면에서의 풋-콜등가정리} \qquad (11\text{-}2)$$

$$P + V = S + \frac{FV}{(1+r)^T} \ : \ \text{기업재무 측면에서의 풋-콜등가정리} \qquad (11\text{-}3)$$

$$V - S = \frac{FV}{(1+r)^T} - P \qquad (11\text{-}4)$$

무위험 순수할인채 소유(=대출)와 풋옵션 매도의 수익을 〈표 11-2〉에 나타내었다. 만기 시의 대출은 기업의 가치 V_T와 관계없이 항상 원리금의 합인 FV가 되고, 풋옵션 매도에서는 기업의 가치(기초자산) V_T가 부채의 가치(행사가격) FV보다 작을 경우에만 권리행사하므로 $-(FV - V_T)$가 된다. 따라서 채권자의 수익구조는 〈그림 11-2〉와 같이 나타난다.

표 11-2 풋-콜등가정리 측면에서의 채권자 수익

포지션	비용	수익	
		$V_T < FV$	$V_T > FV$
대출	$\dfrac{FV}{(1+r)^T}$	FV	FV
풋 매도	$-P$	$-(FV - V_T)$	-0
		V_T	FV

한편, 채권의 가치는 재무상태표 측면에서 식(11-5)와 같이 주주의 가치가 콜옵션의 가치이므로 기업자산의 가치에서 유럽형 콜옵션의 가치를 차감한 것으로도 볼 수도 있다. 이를 확인하기 위하여 〈표 11-3〉을 보면, 현재 V의 가격으로 기업을 매수하면 만기 시에는 만기시점에서의 기업가치 V_T가 된다. 콜옵션은 기초자산(기업가치

---

1   한편, 풋-콜등가정리에서 도출된 식(11-4)의 채권의 가치($B = V - S$)$= FV/(1+r)^T - P$와 식(11-1) 재무상태표상의 채권가치 $B = FV/(1+r')^T$는 동일해야 하므로, $P = FV/(1+r)^T - FV/(1+r')^T$과 같이 풋옵션의 가치는 무위험 순수할인채권과 위험채권의 차이로도 볼 수 있다.

그림 11-2   채권자의 수익구조

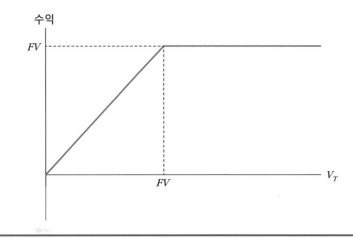

V_T)이 행사가치(무위험 순수할인채의 액면가액 FV)보다 클 경우에만 $-(V_T-FV)$가 된다. 이와 같이 채권을 기업보유 및 콜옵션 매도로 볼 경우의 수익을 나타내는 〈표 11-3〉 은 무위험 순수할인채 소유와 동시에 풋옵션 매도에 대한 수익을 나타내는 〈표 11-2〉 와 동일한 결과를 보여준다.

$$B = V - S \ \rightarrow \ B = V - C \tag{11-5}$$

표 11-3   재무상태표 측면에서의 채권자 수익

포지션	비용	수익	
		$V_T < FV$	$V_T > FV$
기업매수	V	V_T	V_T
콜 매도	$-C$	-0	$-(V_T - FV)$
		V_T	FV

A기업의 시장가치는 1,000억원이고 순수할인채권의 액면가액은 800억원이다. 채권의 만기는 10년이고 무위험이자율은 연6%이다. 기업가치에 대한 수익률의 표준편차는 연 30%일 때 이 기업의 주식과 채권의 가치는 각각 얼마인가?

┃답┃

$$d_1 = \frac{\ln\left(\frac{S}{X}\right) + (r + 0.5\sigma^2)T}{\sigma\sqrt{T}} = \frac{\ln\left(\frac{1,000}{800}\right) + (0.06 + (0.5)(0.3)^2)(10)}{(0.3)\sqrt{10}} = 1.3420$$

$$\frac{1.3420 - 1.34}{1.35 - 1.34} = \frac{N(1.3420) - 0.9099}{0.9115 - 0.9099}$$

$$\rightarrow N(d_1) = N(1.3420) = 0.9102$$

$$d_2 = d_1 - \sigma\sqrt{T} = 1.3420 - (0.3)\sqrt{10} = 0.3933$$

$$\frac{0.3933 - 0.39}{0.40 - 0.39} = \frac{N(0.3933) - 0.6517}{0.6554 - 0.6517}$$

$$\rightarrow N(d_2) = N(0.3933) = 0.6529$$

주식의 가치: $C = SN(d_1) - Xe^{-rT}N(d_2)$

$$= (1,000)(0.9102) - (800)e^{-(0.06)(10)}(0.6529) = 623.5447$$

채권의 가치: $B = V - C = 1,000 - 623.5447 = 376.4553$

또는 풋-콜등가정리를 이용하여 다음과 같이 채권의 가치를 구할 수 있다.

$$P = -SN(-d_1) + Xe^{-rT}N(-d_2)$$

$$= (-1,000) \times (1 - 0.9102) + (800)e^{-(0.06)(10)}(1 - 0.6529) = 62.5940$$

$$B = FV\,e^{-rT} - P = 800e^{(-0.06)(10)} - 62.5940 = 376.4553$$

| **옵션부채권의 가치평가**

1. 전환사채

전환사채는 채권을 보유한 투자자가 발행 시 정해진 전환가격에 의하여 채권을 발행회사의 주식으로 전환할 수 있는 권리가 부여된 채권이다. 전환권의 행사이전에는 이자를 받을 수 있는 채권으로 존재하고, 전환권을 행사하면 채권이 소멸되고 발행회사의 영업실적에 따라 배당을 받는 주식으로만 존재하게 된다. 따라서 전환사채의 소유자는 일반사채(non-convertible bond)를 매수하고 전환가격(행사가격)으로 주식을 얻게 되는 콜옵션을 매수한 것과 동일하다.

예를 들어, 액면가액이 100,000원, 액면이자율이 4%, 만기가 5년인 전환사채를 발행한다고 하자. 이 전화사채의 시장가는 98,000원이다. 또한 이 전환사채는 40주의 보통주로 전환될 수 있으며 전환사채를 발행한 회사의 현재 주가는 1주당 2,000원이라고 하자.

이 전환사채를 전환한다면 액면가가 100,000원인 전환사채를 회사에 제출하고 그 대가로 40주의 주식을 받게 된다. 즉, 주식 40주를 받는 대가로 100,000원인 전환사채를 주었기 때문에 주식 1주를 받기 위해서 액면금액 2,500원(=100,000원/40주)을 제출한 셈이 된다.

이와 같이 전환사채 액면당 주식으로 전환을 청구할 수 있는 비율, 즉 전환사채를 전환할 때 받게 되는 주식 수인 40주를 전환비율이라 하고, 전환에 의해서 발행되는 주식 1주에 요구되는 사채액면금액인 2,500원을 전환가격이라고 하며, 전환사채를 주식으로 전환할 경우의 가치 80,000원(=40주×2,000원)을 전환가치라 한다.

만일 전환사채의 투자자가 시가 98,000원인 전환사채를 회사에 제출한 대가로 주식 80,000원어치를 받는다면 이는 전환사채의 투자자들이 향후 주가상승을 기대하고 주식의 가치보다 18,000원 더 높은 전환사채를 포기하고 전환권을 행사한 것이다. 이 18,000원을 전환프리미엄이라 한다.

전환사채의 단순한 가치평가는 전환채권을 전환권이 없는 일반채권과 콜옵션의 합으로 보는 것이다. 전환권이 없는 일반채권의 가치는 순수채권가치(straight bond value)라고 불리며, 이 가치는 전환사채가 보통주로 전환될 수 없을 때 갖는 가치가 되므로 순수채권가치의 평가는 일반적인 채권의 평가와 동일하다. 이러한 순수채권가치는 전환사채가 가질 수 있는 최소한의 가치이고 또한 전환사채는 전환가치보다 낮은 가격에 거래될 수 없으므로 전환사채의 최저가격은 순수채권가치와 전환가치 둘 중에서 높은 것으로 정해진다.

〈그림 11-3〉의 전환사채의 가치를 보면, 주식가격이 높을수록 전환가치는 비례적으로 커지지만 순수채권가치는 주식가격에 상관없이 항상 일정하다. 따라서 순수채권가치가 전환가치보다 높은 구간에서는 순수채권가치가 전환사채의 최저가치가 되며 반대로 순수채권가치가 전환가치보다 낮은 구간에서는 전환가치가 전환사채의 최저가치가 된다.

전환사채 보유자는 전환사채를 보유하자마자 바로 주식으로 전환할 필요가 없고 자신이 유리할 때까지 기다려서 전환할 수 있기 때문에 전환사채의 가치는 시간가치를 반영하여 최저가치 이상의 가치를 갖게 된다. 따라서 전환사채의 총가치는 최저가

그림 11-3 　　전환사채의 가치

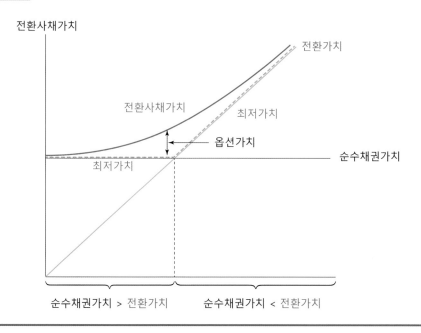

치와 옵션가치를 합한 것이 된다.

2. 신주인수권부사채

신주인수권부사채는 신주인수권부사채 보유자에게 채권을 발행한 회사의 신주인
수권, 즉 신주의 발행을 청구할 수 있는 권리가 부여된 채권을 말한다. 여기서 신주인
수권(warrant[2])이란 특정한 일정기간(행사기간)에 미리 정해진 일정가격(행사가격)으로
일정한 수의 보통주를 인수할 수 있는 선택권(option)을 의미한다.

신주인수권부사채의 투자자는 발행회사의 주식을 일정한 가격으로 취득할 수 있
는 권리를 가진다는 점에서 전환사채와 같다. 다만, 전환권 행사 후 사채가 소멸되는
전환사채와 달리 신주인수권부사채는 신주인수권을 행사한 후에도 사채가 존속하기
때문에 신주인수권을 행사하여 주식을 인수하기 위해서는 별도의 주식납입대금이 필
요하다.

신주인수권의 행사는 기업의 신주의 발행을 요구하므로 주주지분(ownership)을
희석시킨다. 신주인수권이 행사가격 X로 행사될 경우 발행되는 신주의 수를 q라 하
고 V_T를 신주인수권 행사전의 주가, n을 기존의 발행된 주식수라 할 때 신주인수권
의 권리행사 후 주가는 식(11-6)과 같다.

$$\text{권리행사후의 주가} = \frac{nV_T + qX}{n+q} \tag{11-6}$$

유럽형 신주인수권의 가치(W)는 권리행사로 인해 발생하는 주주지분의 희석효과
를 반영한 유럽형 콜옵션의 가치가 된다. 식(11-7)의 콜옵션의 가치는 이항옵션가격
결정모형이나 블랙-숄즈옵션가격모형으로 구할 수 있다.

$$W = \frac{nV_T + qX}{n+q} - X = \frac{nV_T - nX}{n+q} = \frac{V_T - X}{1 + \frac{q}{n}} = \frac{C}{1 + \frac{q}{n}} = \left(\frac{n}{n+q}\right)C \tag{11-7}$$

---

2 워런트(warrant)는 누가 발행하는가에 따라 신주인수권(company warrant)과 ELW로 불리는 주식
   워런트증권(covered warrant)으로 구분된다.

블랙-숄즈옵션가격결정모형을 이용한 신주인수권 가치

A기업의 자기자본가치는 1,000억원이고 현재 주가는 50,000원이다. 5년 후에 주당 30,000원에 권리행사 할 수 있는 신주인수권을 20만주 발행하려고 한다. 이 기업가치에 대한 수익률의 표준편차는 연 60%이고 무위험이자율이 연 4%일 때 신주인수권의 가치는 얼마인가?

답

$$d_1 = \frac{\ln\left(\dfrac{S}{X}\right) + (r + 0.5\sigma^2)T}{\sigma\sqrt{T}} = \frac{\ln\left(\dfrac{50,000}{30,000}\right) + (0.04 + (0.5)(0.6)^2)(5)}{(0.5)\sqrt{5}} = 1.4408$$

$\rightarrow N(d_1) = N(1.4408) = 0.9250$

$d_2 = d_1 - \sigma\sqrt{T} = 1.4408 - (0.6)\sqrt{5} = 0.0992$

$\rightarrow N(d_2) = N(0.0992) = 0.5394$

$C = SN(d_1) - Xe^{-rT}N(d_2)$

$\quad = (50,000)(0.9250) - (30,000)e^{-(0.04)(5)}(0.5394) = 33,001$원

자기자본이 1,000억원이고 현재 주가가 50,000원이므로 발행주식수는 2,000,000주이다. 따라서 희석효과 조정 후 신주인수권의 가치는 다음과 같다.

$$\rightarrow W = \left(\frac{n}{n+q}\right)C = \left(\frac{2,000,000주}{2,000,000주 + 200,000주}\right)(33,001) = 30,001원$$

예제 전환권 및 신주인수권의 가치평가(2012 CPA 2차)

㈜한국은 자금조달을 위해 액면가 100,000원, 만기 2년, 액면이자율 2%의 회사채 10만좌를 발행하려고 한다. ㈜한국은 이 사채에 대해 신주인수권부 또는 전환사채 형태의 발행을 고려하고 있다. 신주인수권(warrants)은 사채 1좌당 신주 1주를 10,500원에 인수할 수 있는 권리를 부여하고, 전환사채는 1좌당 5주의 보통주로 전환할 수 있는 권리를 부여할 예정이며 둘 다 만기 시에만 행사가 가능하다. 이 사채와 모든 조건이 동일한 일반사채의 만기수익률은 6%이며 무위험이자율은 5%이다.

㈜한국의 발행주식수는 100만주이며 주가는 현재 10,000원이다. 주가는 사채발행 직후에도 변화가 없을 것이며 매년 20% 상승하거나 10% 하락할 것으로 예상된다. ㈜한국은 향후 2년간 주식에 대한 배당을 실시하지 않을 계획이다.

1. 신주인수권 행사에 따른 희석효과가 존재하는 경우 신주인수권 1단위당 가치를 계산하시오. 계산결과는 반올림하여 소수점 둘째 자리까지 나타내시오.

2. 전환권 행사에 따른 희석효과가 존재하는 경우 전환권 1단위당 가치를 계산하시오. 계산결과는 반올림하여 소수점 둘째 자리까지 나타내시오.

3. ㈜한국은 신주인수권부사채나 전환사채를 각각 95억원에 발행하려고 한다. 이 경우 두 사채 발행가격의 과대평가 또는 과소평가 여부를 판단하시오.

┃답┃

1.

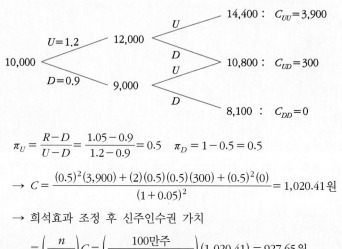

$$\pi_U = \frac{R-D}{U-D} = \frac{1.05-0.9}{1.2-0.9} = 0.5 \quad \pi_D = 1-0.5 = 0.5$$

$$\rightarrow C = \frac{(0.5)^2(3,900) + (2)(0.5)(0.5)(300) + (0.5)^2(0)}{(1+0.05)^2} = 1,020.41원$$

→ 희석효과 조정 후 신주인수권 가치

$$= \left(\frac{n}{n+q}\right)C = \left(\frac{100만주}{100만주+10만주}\right)(1,020.41) = 927.65원$$

2. 전환가격＝사채액면가/전환비율＝100,000/5주＝20,000원(＝행사가격)

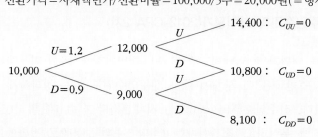

$$\rightarrow C = \frac{(0.5)^2(0) + (2)(0.5)(0.5)(0) + (0.5)^2(0)}{(1+0.05)^2} = 0원$$

→ 희석효과 조정 후 전환권 1단위당(1좌당) 가치＝0원

3. 일반사채 1좌의 가치＝$\frac{2,000}{(1+0.06)^1} + \frac{102,000}{(1+0.06)^2} = 92,666.43원$

(1) 신주인수권부사채의 가치 = (92,666.34원 + 927.65원) × 10만좌 = 93.59억원

   → 95억원에 발행 시 과대평가

(2) 전환사채의 가치 = (92,666.34원 + 0원) × 10만좌 = 92.67억원

   → 95억원에 발행 시 과대평가

1. 옵션 측면에서의 주식과 채권

$$S(주식) \rightarrow C(콜옵션)$$

$$B(채권) = V - S = \frac{FV}{(1+r)^T} - P$$

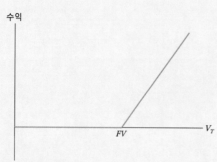

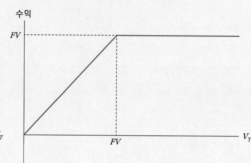

2. 옵션부채권의 가치평가

- 전환사채의 가치 = 최저가치 + 옵션가치

- 신주인수권부사채

  - 권리행사후의 주가 $= \dfrac{nV_T + qX}{n+q}$

  - 유럽형 신주인수권의 가치$(W) = \dfrac{nV_T + qX}{n+q} - X = \left(\dfrac{n}{n+q}\right)C$

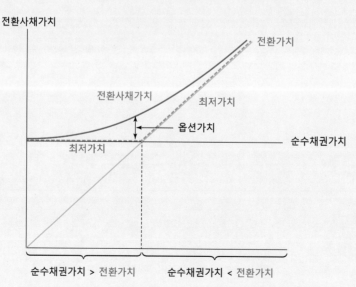

Q1. (2009 CPA 2차 수정) XE회사의 자본구조는 회사채를 발행해서 조달한 부채(35%)와 보통주를 발행해서 조달한 자본(65%)으로 구성되어 있다. 회사채는 액면이자율(coupon rate)이 10.4%이고 만기까지는 5년이 남아있으며 현재 액면가(par value)에 거래되고 있다. 시장포트폴리오의 기대수익률은 11%, 무위험이자율은 4%이고 이 회사의 베타는 1.6이다. 배당금은 주당 5,000원을 지급했고 향후 매년 5.4%씩 증가할 것으로 예상되며, 현재 주가는 62,000원이다. 법인세율은 25%로 가정한다.

자기자본은 기업의 가치를 기초자산으로 한 유럽형 콜옵션으로 볼 수 있다. 현재 BZO회사의 가치는 1,000억원으로 경쟁사인 AXE회사의 가치와 동일하지만, BZO회사의 부채는 액면가 350억원의 1년 만기 순수할인채권(zero-coupon bond)이며 보통주는 무배당 주식이다. BZO회사의 기업가치 변동성은 80%, 무위험이자율은 연속복리로 5%일 때 블랙-숄즈옵션가격결정모형을 사용해서 BZO회사의 부채 및 자기자본의 현재 가치를 구하시오. 금액은 억원 단위로 표기하시오.

> 〈힌트〉 블랙-숄즈의 옵션가격공식은 다음과 같다.
>
> $$C = SN(d_1) - Xe^{-rT}N(d_2)$$
>
> $$d_1 = \frac{\ln(\frac{S}{X}) + (r + 0.5\sigma^2)T}{\sigma\sqrt{T}} \qquad d_2 = d_1 - \sigma\sqrt{T}$$
>
> 단, C는 콜옵션의 가격, S는 기초자산의 현재가격, X는 행사가격, r은 연속복리 연간 무위험이자율, T는 잔존만기, $N(\cdot)$는 누적표준정규분포확률함수, σ는 기초자산의 변동성이다.
> $e^{-0.04} = 0.9608$, $e^{-0.05} = 0.9512$, $e^{-0.06} = 0.9418$, $\ln(2.8571) = 1.0498$, $\ln(2.0832) = 0.7339$, $\ln(1.5385) = 0.4308$, $N(0.9445) = 0.8275$, $N(0.9748) = 0.8352$, $N(0.9889) = 0.8386$, $N(1.5686) = 0.9416$, $N(1.6583) = 0.9514$, $N(1.7748) = 0.9620$.

Q2. (1999 CPA 2차 수정) 만기가 4년인 신주인수권부 사채의 발행가격은 20억원이고, 일반 사채로서의 가치는 15억원이며, 무위험이자율은 10%이다. 신주인수권을 발행하기 전인 현재의 주가는 주당 12,500원이고, 총발행주식수는 100만주이며, 주가의 표준편차는 0.4이다. 신주인수권의 행사가격은 10,000원이고, 신주인수권은 4년 후의 시점에서만 행사할 수 있으며, 신주인수권의 발행수는 10만주이다. 신주인수권의 행사시점까지 배당의 지급은 이루어지지 않으며, 블랙-숄즈옵션가격결정모형을 이용하여 신주인수권의 가치를 평가한다고 할 때 다음 물음에 답하시오.

1. 희석화(dilution effect)효과를 고려하여 신주인수권의 총가치를 구하라.
2. 신주인수권부사채의 과대평가 또는 과소평가 여부를 평가하라.

Q3. (2008 CPA 2차) 단일기간에 걸쳐 단일사업을 하는 ㈜한반도는 중도에 이자지급 없이 사업종료 시점에 50억원을 상환하기로 사업초기에 약정한 부채가 있다. 사업기간 중 무위험이자율은 10%이다. (금액은 억원 단위로 소수점 둘째 자리까지 표시한다.)

1. 사업종료 시점에 회사 자산의 시장가치가 80%의 확률로 60억원이 되고, 20%의 확률로 40억원이 되는 사업A에 투자하기로 했다. 자산의 현재 시장가치는 50억원이다. 이항모형(binomial model)을 이용하여 다음에 답하시오. (힌트: 주식의 시장가치는 부채상환액을 행사가격으로 하는 회사 자산에 대한 콜옵션의 가치와 같다.)
   ① 현재 주식의 시장가치는 얼마인가?
   ② 현재 부채의 시장가치는 얼마인가?

2. 물음 1의 사업A에 투자하는 대신에 사업종료 시점에 회사 자산의 시장가치가 72억원이 되거나 혹은 8억원이 되는 사업B에 투자하기로 결정했다. 이에 따라 자산의 현재 시장가치가 40억원으로 하락했다. 이항모형(binomial model)을 이용하여 다음에 답하시오.
   ① 현재 주식의 시장가치는 얼마인가?
   ② 현재 부채의 시장가치는 얼마인가?

3. 풋-콜 패리티(put-call parity)에 의하면 ㈜한반도의 주주는 회사 자산을 보유하고 채권자에게 무위험 부채를 발행함과 동시에 회사 자산을 대상으로 하는 풋옵션을 보유한 것과 같다. 이를 채권자 입장에서 보면 무위험 부채에 투자함과 동시에 회사 자산에 대한 풋옵션을 주주에게 발행한 것이 된다. 사업A를 선택한 경우와 비교해 사업B를 선택한 경우 주주가 보유한 풋옵션의 가치는 얼마나 상승(혹은 하락)하는가? (단, 물음 1을 답하지 못한 경우 부채의 시장가치를 43억원, 물음 2를 답하지 못한 경우 부채의 시장가치를 29억원으로 가정하여 답하시오.)

Q1.

┃답┃

$$d_1 = \frac{\ln\left(\dfrac{1,000}{350}\right) + (0.06 + (0.5)(0.8)^2)(1)}{(0.8)\sqrt{1}} = 1.7748$$

$\Rightarrow N(d_1) = N(1.7748) = 0.9620$

$d_2 = d_1 - \sigma\sqrt{T} = 1.7748 - (0.8)\sqrt{1} = 0.9748$

$$\frac{0.3933 - 0.39}{0.40 - 0.39} = \frac{N(0.3933) - 0.6517}{0.6554 - 0.6517}$$

$\Rightarrow N(d_2) = N(0.9748) = 0.8352$

주식의 가치: $C = (1,000)(0.9620) - (350)(0.9512)(0.8352) = 684$억원

채권의 가치: $B = V - C = 1,000 - 684 = 316$억원

Q2.

┃답┃

1. 신주인수권발행 후 주가 $= 11,500$원 $+ (20$억 $- 15$억$)/100$만주 $= 12,000$원

$$d_1 = \frac{\ln\left(\dfrac{S}{X}\right) + (r + 0.5\sigma^2)T}{\sigma\sqrt{T}} = \frac{\ln\left(\dfrac{12,000}{10,000}\right) + (0.1 + 0.5(0.4)^2)(4)}{0.4\sqrt{4}} = 1.1279$$

$$\frac{1.1279 - 1.13}{1.14 - 1.13} = \frac{N(1.1279) - 0.8708}{0.8729 - 0.8708}$$

$\Rightarrow N(d_1) = N(1.1279) = 0.8704$

$d_2 = d_1 - \sigma\sqrt{T} = 1.1279 - (0.4)\sqrt{4} = 0.3279$

$$\frac{0.3279 - 0.32}{0.33 - 0.32} = \frac{N(0.3279) - 0.6255}{0.6293 - 0.6255}$$

$\Rightarrow N(d_2) = N(0.3279) = 0.6285$

신주인수권 $= SN(d_1) - Xe^{-rT}N(d_2)$

$\qquad = (12,000)(0.8704) - (10,000)e^{-(0.1)(4)}(0.6285) = 6,231.84$

→ 희석효과를 조정한 후 신주인수권의 가치

$= \left(\dfrac{100\text{만주}}{100\text{만주} + 10\text{만주}}\right)(6,231.84) = 5,665.31$원

→ 신주인수권의 총가치 $= 10$만주 $\times 5,665.31$원 $= 566,531,000$원

2. 신주인수권부사채 가치＝일반사채 가치＋콜옵션 가치＝1,500,000,000원＋566,531,000원

    ＝2,066,531,000원 ＞ 현재 발행가격 2,000,000,000: 과소평가

Q3.

｜답｜

1.

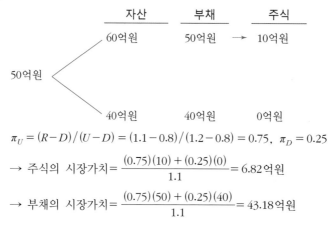

자산	부채	주식
60억원	50억원 →	10억원
40억원	40억원	0억원

50억원

$\pi_U = (R-D)/(U-D) = (1.1-0.8)/(1.2-0.8) = 0.75, \ \pi_D = 0.25$

→ 주식의 시장가치 $= \dfrac{(0.75)(10)+(0.25)(0)}{1.1} = 6.82$억원

→ 부채의 시장가치 $= \dfrac{(0.75)(50)+(0.25)(40)}{1.1} = 43.18$억원

2.

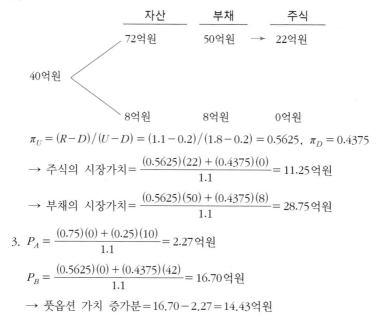

자산	부채	주식
72억원	50억원 →	22억원
8억원	8억원	0억원

40억원

$\pi_U = (R-D)/(U-D) = (1.1-0.2)/(1.8-0.2) = 0.5625, \ \pi_D = 0.4375$

→ 주식의 시장가치 $= \dfrac{(0.5625)(22)+(0.4375)(0)}{1.1} = 11.25$억원

→ 부채의 시장가치 $= \dfrac{(0.5625)(50)+(0.4375)(8)}{1.1} = 28.75$억원

3. $P_A = \dfrac{(0.75)(0)+(0.25)(10)}{1.1} = 2.27$억원

$P_B = \dfrac{(0.5625)(0)+(0.4375)(42)}{1.1} = 16.70$억원

→ 풋옵션 가치 증가분 $= 16.70 - 2.27 = 14.43$억원

12 CHAPTER 실물옵션

학습개요   본 장에서는 기업재무 자본예산의 투자의사결정 시 전통적인 NPV법의 한계를 극복하고 유연성을 고려함으로써 보다 현실적인 의사결정이 가능하도록 하는 실물옵션에 대해서 배운다. 유럽형 실물옵션을 이용한 가치평가방법에 대해서 이항옵션가격결정모형과 블랙-숄즈옵션가격결정모형을 이용하여 다루고, 미국형 실물옵션을 이용한 가치평가방법에 대해서도 학습한다.

학습목표
- 실물옵션의 개요
- 유럽형 실물옵션을 이용한 가치평가
- 미국형 실물옵션을 이용한 가치평가

Section 1 | 실물옵션의 개요

1. 경영자의 기업투자안 평가

자본예산(capital budgeting)은 장기적인 투자안(project)을 평가하여 자본을 어디에 투자할지 투자계획을 수립하는 것을 말한다. 기업의 성패를 결정짓는 것은 본질적으로 유형자산에 관한 투자결정이고 투자로부터 얻을 수 있는 양(+)의 순현금흐름을 획득함으로써 주주부 극대화가 이루어진다. 따라서 경영자들은 주주부 극대화의 목적을 달성할 수 있는 순현가(NPV: net present value)에 의해 투자결정을 해왔다.

NPV는 미래 기대현금흐름의 발생에 대한 불확실성이 없고 투자안의 위험이 투자기간 동안 변하지 않는다는 가정 하에서, 투자안으로부터 미래에 들어오는 현금흐름의 현재가치와 지금 당장 투자하는 현금흐름의 현재가치를 합하여 구한다.

$$NPV = PV(\text{현금유입}) + PV(\text{현금유출})$$

$$= \frac{C_1}{(1+r)^1} + \frac{C_2}{(1+r)^2} + \cdots + \frac{C_n}{(1+r)^n} - C_0 \qquad (12\text{-}1)$$

예를 들어, 자본비용은 10%이고 현재 1,000원을 투자하면 1년 후에 800원, 2년 후에 600원, 3년 후에 -200원의 현금흐름이 발생하는 투자안이 있다고 하자. 이 투자안의 NPV는 72.88원($=800/(1+0.1)^1 + 600/(1+0.1)^2 - 200/(1+0.1)^3 - 1,000$)이므로 투자금액에 비해 벌어들이는 금액이 많으므로($NPV > 0$) 투자안을 채택하게 된다.

이러한 NPV법은 많은 가치평가방법론 중 하나로 단지 어떠한 상황 하에서만 유효하게 작동하고 다른 상황에 처하면 그에 따른 평가방법이 필요하게 된다. 실제로 현실세계에서는 NPV가 0보다 큼에도 불구하고 경영자가 투자를 하지 않는 경우나 NPV가 0보다 작음에도 불구하고 투자의사결정을 내리는 경우가 많다.

예를 들어, 자본비용이 12%인 경우에 체인점을 운용하는 A기업의 경영자는 현재 20,000백만원을 투자하면 향후 4년 동안 $-5,635$백만원, $-3,245$백만원, -527백만원, 36,925백만원의 현금흐름이 들어오는 기존의 체인점과 다른 새로운 형태의 체인점사업인 B투자안에 투자하였다. 경영자는 왜 이 사업에 투자하였을까? 만약 NPV법에 의하면 어떤 투자의사결정을 하였을까? 먼저, 이 투자안의 NPV를 계산해 보자.

$$NPV = \frac{-5,635}{(1+0.12)^1} + \frac{-3,245}{(1+0.12)^2} + \frac{-527}{(1+0.12)^3} + \frac{36,925}{(1+0.12)^4} - 20,000$$

$$= 15,473 - 20,000$$

$$= -4,527\text{백만원}$$

B투자안으로부터 들어오는 현금흐름의 현재가치(15,473백만원)가 투자비용(20,000백만원)보다 작기 때문에 NPV법에 의하면 투자안을 기각하게 된다. 하지만 A기업의 경영자는 NPV가 음($-$)임에도 불구하고 다음의 이유로 B투자안에 20,000백만원을 투자하였다.

첫째, B투자안에 대한 투자는 기업차원의 전략적인 투자일 뿐만 아니라 NPV에 의한 분석은 투자안의 진실한 가치(true value)를 나타내지 못할 수 있다. 더구나 NPV는 투자안의 가치평가(value)에 대한 측정치가 아니고 단지, 가치증가(value creation)

또는 가치감소(value destruction)의 측정치이다. 투자안의 가치증가(감소)의 측정인 NPV를 추정하기 전에 투자안 그 자체의 가치를 추정해야 할 필요가 있다.

둘째, A기업 입장에서 B투자안은 돈 버는($NPV > 0$)투자안이 아니라 앞으로 시작할 새로운 체인사업을 평가하기 위한 하나의 시험(test)적인 투자안이다. A기업은 B투자안으로부터 얼마나 많은 현금창출이 가능한지를 평가하고자 하였다. 새로운 체인점 형태의 B투자안이 성공하면 A기업은 현재의 모든 체인점을 B투자안과 같은 체인점으로 전환하고 실패하면 B투자안 사업은 철수하고자 하였다.

셋째, 실제로 NPV법과 달리 B투자안의 미래 현금흐름의 크기, 발생시기, 위험은 경영자가 미래에 얼마나 유연성(flexibility) 있게 사업을 경영하는가에 따라 달라질 것이므로 B투자안에서 창출되는 현금흐름뿐만 아니라 B투자안에 의해 창출되는 유연성까지 합쳐서 평가해야 한다.

B투자안의 정태적인 즉, 유연성이 없는 가치는 NPV법에서만 평가되는 15,473백만원이다. B투자안에 투자함으로 인해 창출되는 유연성의 가치는 투자로 인해 배우게 되는 것들 예를 들어, 새로운 체인점사업에 대한 수요 등과 같은 것의 가치이며 이 가치가 크면 클수록 유연성의 가치는 커진다. 〈그림 12-1〉에서 나타낸 것과 같이 B투자안에 의해 창출되는 유연성 가치는 콜옵션과 동일한 수익구조를 가진다.

그림 12-1 **B투자안에 의해 창출되는 유연성 가치의 수익＝콜옵션 수익**

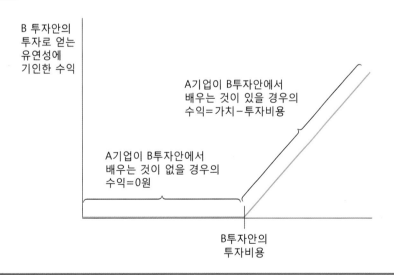

요약하면, 기업 투자안의 진실한 가치는 ① 투자결과 직접적으로 획득하는 증분현금흐름과 ② 투자로 인해 창출되는 유연성의 가치라는 두 부분으로 구성된다. NPV법은 미래 기대현금흐름이 확실하게 발생한다고 보아 미래 의사결정을 조절할 수 없기 때문에 투자결과로 인해 직접적으로 획득하는 증분현금흐름에 대한 평가만 하는 유연성이 없는(no-flexibility) 평가방법이다.

투자안의 진실한 가치를 평가하기 위해서는 투자안의 의사결정 시 유연성까지 고려해서 평가해야 하고, 유연성은 기업의 실물자산(real assets)에 대한 옵션이기 때문에 실물옵션(real option)이라고 부른다. 이러한 실물옵션이라는 용어는 1977년에 Stewart Myers가 처음 언급하였다. 그는 전통적인 NPV법은 위험투자안의 불확실성과 위험에서 발생하는 옵션의 가치를 무시한다고 주장하였다. 즉, 기업의 미래성장기회의 바탕이 되는 중요하면서도 즉각적으로 수익이 발생하지 않는 투자안은 NPV법으로 평가할 수 없다고 하였다.

일반적으로 채권투자, 표준화된 시설투자, 비용절감투자와 같이 현금흐름이 지배적인 요인일 때는 NPV법으로 평가하는 것이 적합하다. 하지만, 시장조사비용투자, 연구개발비투자, 유연성이 있는 시설투자, 미래로 연기 가능한 투자, 전략적 투자와 같이 정보가 지배적인 요인일 때는 NPV법이 적합하지 않다.

2. NPV와 BOPM을 이용한 가치평가

투자의사결정 시 NPV는 증권시장선(SML)으로 새로운 투자안에 대한 위험조정할인율(risk-adjusted discount rate)을 추정한 후, 현금유입의 현재가치를 계산한다. 예를 들어, 현재 500만원을 투자할 경우 향후 10년 동안 매년 160만원의 세후 현금흐름이 예상되는 투자안을 고려하고 있다고 하자. 이 투자안의 베타는 2이다. 무위험수익률은 6%이고 시장의 기대수익률이 12%라고 할 때 이 투자안의 NPV는 다음과 같이 할인율(r)을 SML을 이용하여 18%로 구한 다음 NPV를 계산한다.

$$할인율(r) = E(r) = r_f + [E(r_M) - r_f]\beta_i = 0.06 + (0.12 - 0.06)(2) = 0.18$$

$$\rightarrow NPV = \frac{160}{(1+0.18)^1} + \frac{160}{(1+0.18)^2} + \cdots + \frac{160}{(1+0.18)^{10}} - 500 = 219만원$$

이와 같이 할인율에 위험을 반영하여 계산하는 방법을 위험조정할인율법(risk adjusted discount rate method)이라고 한다. 위험조정할인율법을 일반화해보자. 위험자산 i의 기대수익률 $[E(P_t) - P_0]/P_0$을 $CAPM$에 의한 균형기대수익률과 같게 놓음으로써 위험을 반영한 위험조정할인율식을 식(12-2)와 같이 구할 수 있다.

$$\frac{E(P_t) - P_0}{P_0} = r_f + \lambda \, Cov(r_i, r_M)^{1}$$

$$\rightarrow P_0 = \frac{E(P_t)}{1 + r_f + \lambda Cov(r_i, r_M)} \tag{12-2}$$

식(12-2)에서 무위험자산을 가정할 경우 무위험수익률과 시장포트폴리오수익률 간의 공분산은 0이므로 분모는 $1 + r_f$가 되며, 위험자산일 경우 분모는 $1 + r_f$에 위험프리미엄 $\lambda Cov(r_i, r_M)$이 가산되어 위험이 조정된 할인율로 전환된다.

위험자산을 평가할 때 그 위험을 적절히 반영하여 평가하는 또 다른 방법은 미래의 기대현금흐름에 위험을 직접 반영하는 방법인 확실성등가법이다. 이 방법은 현금흐름의 위험도에 따라 현금흐름 자체를 확실성등가로 전환시켜서 위험자산을 평가하는 방법이다. 이를 구체적으로 살펴보자. 식(12-2)에서 $Cov(r_i, r_M)$을 식(12-3)으로 나타낼 수 있다.

$$Cov(r_i, r_M) = Cov\left[\frac{P_t - P_0}{P_0}, r_M\right]$$

$$= E\left[\frac{P_t - P_0}{P_0} - \frac{E(P_t) - P_0}{P_0}, r_M - E(r_M)\right]$$

$$= \frac{1}{P_0} E[P_t - E(P_t), r_M - E(r_M)]$$

$$= \frac{1}{P_0} Cov(P_t, r_M) \tag{12-3}$$

식(12-3)을 식(12-2)에 대입하면 식(12-4)가 된다.

---

1 이재하·한덕희, 「핵심투자론」, 2판, 박영사(2018), pp. 189-192 참조.

$$P_0 = \frac{E(P_t)}{1 + r_f + \lambda \dfrac{1}{P_0} Cov(P_t,\, r_M)} \tag{12-4}$$

식(12-4)를 다시 정리하면 식(12-5)가 된다.[2]

$$P_0 = \frac{E(P_t) - \lambda Cov(P_t,\, r_M)}{1 + r_f} \tag{12-5}$$

식(12-5)의 분자는 $E(P_t)$에서 위험프리미엄을 차감한 값으로 불확실한 현금흐름과 동일한 효용을 제공하는 확실한 현금의 크기인 확실성등가를 의미한다. 확실성등가법은 확설성등가를 위험이 없는 할인율인 $1 + r_f$로 할인하는 방법으로 위험조정할인율법과 확실성등가법은 동일한 결과를 가진다.

이제, 위험을 할인율에서 조정하는 위험조정할인율법과 위험을 현금흐름에서 조정하는 확실성등가법을 직관적으로 비교해보자. 예를 들어, 무위험수익률은 4%이고, 현재 주가는 10원이다. 1기간 후에 실제로 주가가 상승할 확률 $P_r(U)$는 50%이고 하락할 확률 $P_r(D)$도 50%라고 가정하자. 주가가 상승하는 경우에는 14원($U = 1.4$)이 되고 하락하는 경우에는 7.1($D = 0.71$)원이 된다. 실제확률을 적용하여 위험이 반영된 위험조정할인율을 식(12-6)과 같이 계산할 수 있다.

$$S = \frac{E(CF)}{1 + r_{\text{위험조정}}} \tag{12-6}$$

$$\rightarrow \frac{1}{1 + r_{\text{위험조정}}} = \frac{S}{E(CF)} = \frac{10}{(0.5)(14) + (0.5)(7.1)}$$

$$\rightarrow 1 + r_{\text{위험조정}} = 1.0571$$

다시 말하면, 실제 상승확률 $P_r(D) = 0.5$와 실제 하락확률 $P_r(D) = 0.5$를 적용하여 계산한 위험조정할인율 5.71%로 1기간 후의 기대현금흐름 10.55(= (0.5)(14) +

---

2   $P_0 = \dfrac{E(P_t)}{1 + r_f + \lambda \dfrac{1}{P_0} Cov(P_t,\, r_M)} = P_0 \left[\dfrac{E(P_t)}{P_0(1 + r_f) + \lambda Cov(P_t,\, r_M)} \right] \rightarrow P_0 = P_0 \left[\dfrac{E(P_t)}{P_0(1 + r_f) + \lambda Cov(P_t,\, r_M)} \right]$

    $\rightarrow 1 = \left[\dfrac{E(P_t)}{P_0(1 + r_f) + \lambda Cov(P_t,\, r_M)} \right] \rightarrow P_0(1 + r_f) + \lambda Cov(P_t,\, r_M) = E(P_t) \rightarrow P_0 = \dfrac{E(P_t) - \lambda Cov(P_t,\, r_M)}{1 + r_f}$

(0.5)(7.1))를 할인하면 현재주가 10을 구할 수 있다.

하지만 현실에서 주가의 실제 상승확률 $P_r(D)$과 실제 하락확률 $P_r(D)$을 알 수가 없다. 따라서 실제확률 대신 위험중립확률 π_U와 $1-\pi_U$를 사용하여 위험이 조정된 현금흐름을 계산한 후, r_f로 할인하는 방법을 취할 수 있다. π_U는 $0.475(=(R-D)/(U-D)=(1.04-0.71)/(1.4-0.71))$이고, π_D는 $0.525(=1-\pi_U=1-0.475)$이므로 식 (12-7)에 대입하여 현재 주가를 10으로 구할 수 있다.

$$S = \frac{E^*(CF)}{1+r_f} = \frac{(\pi_U)(US)+(1-\pi_U)(DS)}{R} \tag{12-7}$$

$$\rightarrow \; S = \frac{(0.475)(14)+(0.525)(7.1)}{1.04} = 10$$

이와 같이 위험을 할인율에서 조정하거나 현금흐름에서 조정하거나 동일한 결과를 가진다. 이는 〈그림 12-2〉에서 나타낸 바와 같이 위험을 할인율에서 조정하는 것은 전통적인 현금흐름할인(DCF: discount cash flow)방법인 NPV법으로 가치평가를 할 수 있음을 의미한다. 반면, 위험을 현금흐름에서 조정하는 것은 이항옵션가격결정모형으로 가치평가를 할 수 있다는 것을 의미한다.

그림 12-2 위험현금흐름 평가방법

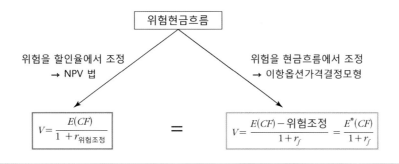

1. 이항옵션가격결정모형을 이용한 가치평가

(1) 개요

전통적인 투자의사결정인 NPV법은 현재시점에서 당장 투자하거나 투자하지 않는 (now or never) 의사결정으로 투자의사결정을 연기하거나 확장 혹은 포기하는 등의 유연성을 무시하고 있고, 새로운 정보나 기술을 획득함으로써 얻어지는 잠재적인 가치를 고려하지 못한다. 반면 실물옵션으로 가치평가를 할 경우 유연성을 고려함으로써 보다 현실적인 투자의사결정을 할 수 있다.

만기 시만 권리행사할 수 있는 유럽형 실물옵션을 예를 들어 살펴보자. 20X1년 초에 자동차를 생산하는 A기업의 경영자는 향후 차세대 무인전기자동차 생산이 10년마다 두 배로 성장할 것으로 예상하고 있다. 경영자는 무인전기자동차가 현재의 내연기관 자동차보다 유지비용이 저렴하여 수익성이 있을 것으로 생각한다. 이에 무인전기자동차의 생산을 위한 사전설계 및 개발비용(R&D비용)을 투자하여 무인전기자동차를 개발하고자 한다. 이 기간은 4년이 소요될 것이고 완제품은 20X5년 초에 생산할 수 있다.

20X5년 초에 무인전기자동차생산의 생산비용은 최소 2억원이 될 것으로 예상된다. 현재 이 투자안의 무위험이자율은 5%이다. 무인자동차의 수요는 글로벌 경제상황과 경쟁사의 시장진입과 관련되기 때문에 A기업은 20X5년 무인전기자동차의 가치를 다음과 같이 추정하였다.

표 12-1 20X5년 무인전기자동차의 추정가치

		글로벌 경제상황	
		호황($P_r = 1/3$)	불황($P_r = 2/3$)
경쟁사의 진입여부	진입안함($P_r = 1/2$)	3.0억	1.5억
	진입함($P_r = 1/2$)	1.3억	0.8억

(2) NPV법에 의한 평가

무인전기자동차의 기대가치와 이 투자안의 NPV는 다음과 같이 계산할 수 있다.

$$기대가치(20X5년) = \left(\frac{1}{3}\right)\left(\frac{1}{2}\right)(3) + \left(\frac{2}{3}\right)\left(\frac{1}{2}\right)(1.5) + \left(\frac{1}{3}\right)\left(\frac{1}{2}\right)(1.3) + \left(\frac{2}{3}\right)\left(\frac{1}{2}\right)(0.8)$$

$$= 1.483억원$$

$$NPV(20X1년) = \frac{1.483}{(1+0.05)^4} - \frac{2}{(1+0.05)^4} - 사전설계 \ 및 \ 개발비용(R\&D비용)$$

$$= -0.425억원 - 사전설계 \ 및 \ 개발비용(R\&D비용)$$

따라서 A기업은 사전설계 및 개발비용을 고려하지 않더라도 차세대 무인전기자동차 사업을 하게 되면 최소한 0.425억원의 가치감소가 있게 된다. NPV법에 의하면, 〈그림 12-3〉에서 보는 바와 같이 무인전기자동차를 개발하기 위한 사전설계 및 개발비용, 무인전기자동차가 개발된 후의 생산비용 2억원, 그리고 그 이후의 현금흐름을 추정하여 현재시점에서 투자의사결정을 하게 되고, 이때 NPV가 음(−)이므로 투자안은 채택하지 말아야 한다.

그림 12-3 NPV법에 의한 투자의사결정시점

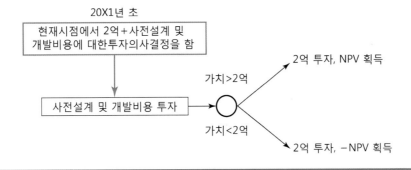

(3) 유럽형 실물옵션을 이용한 평가

1) 유럽형 실물옵션

NPV가 음(−)임에도 불구하고 투자안을 채택해야 한다면 얼마를 투자하는 것이 적정할까? A기업의 경영자는 무인전기자동차를 생산하기 위한 현재의 투자비용을 전략적 투자라고 생각하고 있다. 다시 말하면, 현재 무인전기자동차 개발을 시작하지 않으면 경쟁사에 뒤쳐져서 결코 무인전기자동차 시장에서 살아남을 수 없다고 본다.

만약 지금 사전설계 및 개발비용을 투자하여 무인전기자동차를 개발해 놓으면 일단 무인자전기자동차에 대한 생산능력을 4년 후에 확보할 수 있으며, 그 상황에서 2억원을 투자해서 본격적으로 생산을 할지 하지 않을지에 대한 의사결정을 할 수 있게 된다.

이처럼 무인전기자동차 개발에 필요한 사전설계 및 개발비용을 투자하여 개발을 완료함으로써 시장에서 경쟁력을 갖춘 후에, 시장수요에 대한 불확실성이 해소되는 생산시점인 4년 후에 시장상황을 보고 2억을 투자하여 본격적으로 무인전기자동차의 생산여부에 대한 투자의사결정을 하는 것이 보다 유연성 있는 의사결정이라고 볼 수 있다.

〈그림 12-4〉에서 보듯이 보다 현실적인 투자의사결정시점은 지금 당장이 아니라 4년 후로 이연되는 시점이다. 이러한 의사결정에 대한 유연성의 가치를 투자의사결정

그림 12-4　현실적인 투자의사결정시점

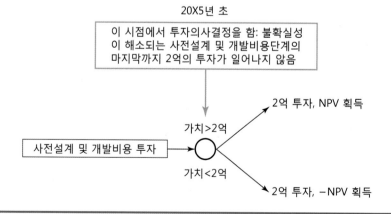

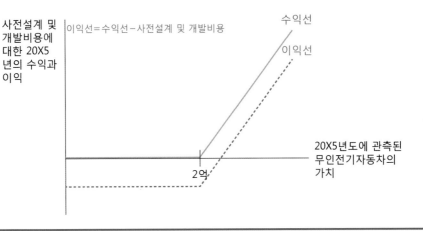

그림 12-5 전략적 투자의 옵션가치

에 반영할 수 없는 것이 NPV법의 한계점이다.

사전설계 및 개발비용을 투자한 후에 만약 무인전기자동차의 가치가 2억원 이상으로 판명되면 A기업은 무인전기자동차를 생산하기 때문에 사전설계 및 개발비용은 2억 투자에 대한 콜옵션을 창출한다. 따라서 〈그림 12-5〉에 나타냈듯이 사전설계 및 개발비용의 가치는 옵션프리미엄에 해당되고 사전설계 및 개발비용이 창출하는 콜옵션의 가치보다 사전설계 및 개발비용이 작을 경우 가치를 창출한다.

2) 유럽형 실물옵션의 입력변수

이제 실물옵션으로 가치평가를 하는데 필요한 입력변수들을 생각해보자. 무위험이자율은 현재 5%이다. 무인전기자동차를 생산하기까지의 기간인 4년이 옵션만기(time to maturity)이다. 2억원을 투자하여 무인전기자동차를 생산할지 말지를 선택하게 되므로 행사가격은 2억원이다.

기초자산의 가격은 얼마일까? 기초자산은 콜옵션을 행사할 경우 콜옵션매수자(콜옵션보유자)가 권리를 행사함으로써 얻는 것을 말한다. 만약 20X5년에 콜옵션을 행사 즉, 2억원을 투자할 경우 콜옵션보유자가 얻는 것은 무인전기자동차이다. A기업이 2억원을 사용함으로써 콜옵션을 행사한다면 시장에 팔 수 있는 무인자동차를 가지게 된다. 20X1년도 현재시점에서 알려진 4년 후에 완전히 개발된 무인전기자동차의 가치는 1.483억원이고, 이 값의 현재가치인 1.220억원($=1.483/(1+0.05)^4$)을 기초자산의 현재가치로 볼 수 있다.

다음으로 변동성(volatility)을 계산해 보자. 변동성은 기초자산의 20X1년도 가치 1.220억원이 20X5년도 가치로 얼마나 변화(change)하는지를 추정하면 된다. 이는 로그수익률의 기하평균으로 계산해줄 수 있다. 먼저, 로그수익률의 평균을 다음과 같이 계산한다.

$$\mu_{4년} = \frac{1}{3}\frac{1}{2}\ln\left(\frac{3}{1.220}\right) + \frac{2}{3}\frac{1}{2}\ln\left(\frac{1.5}{1.220}\right) + \frac{1}{3}\frac{1}{2}\ln\left(\frac{1.3}{1.220}\right) + \frac{2}{3}\frac{1}{2}\ln\left(\frac{0.8}{1.220}\right)$$

$$= \frac{1}{6}(0.899) + \frac{1}{3}(0.206) + \frac{1}{6}(0.063) + \frac{1}{3}(-0.422) = 0.088$$

$$\rightarrow \mu_{1년} = \frac{0.088}{4} = 0.022$$

따라서 변동성(표준편차)을 다음과 같이 22.4%로 계산한다.

$$\sigma^2_{4년} = \frac{1}{6}(0.899 - 0.088)^2 + \frac{1}{3}(0.206 - 0.088)^2$$

$$+ \frac{1}{6}(0.063 - 0.088)^2 + \frac{1}{3}(-0.422 - 0.088)^2 = 0.201$$

$$\rightarrow \sigma^2_{1년} = \frac{0.201}{4} = 0.050$$

$$\rightarrow \sigma_{1년} = \sqrt{0.050} = 22.4\%$$

이제, $\Delta t = 1$인 4기간 이항옵션가격결정모형을 적용하기 위해 기초자산의 가격상승률 U와 가격하락률 D, 그리고 위험중립확률 π_U를 구해보자.[3]

$$U = e^{\sigma\sqrt{\Delta t}} = e^{0.224\sqrt{1}} = 1.251$$

$$D = \frac{1}{U} = \frac{1}{1.251} = 0.799$$

$$\pi_U = \frac{e^{r\Delta t} - D}{U - D} = \frac{e^{(0.05)(1)} - 0.799}{1.251 - 0.799} = 0.558$$

---

3 투자기간 동안 지속적으로 일어나는 실제 의사결정과정을 반영하기 위해 이항옵션가격결정모형의 입력변수를 연속형으로 적용한다.

$$\pi_D = 1 - \pi_U = 0.442$$

3) 이항옵션가격결정모형을 이용한 기초자산의 가치

〈그림 12-6〉에 이항옵션가격결정모형에 의한 기초자산의 가격을 나타내었다. 20X1년 현재 기초자산의 가치는 1.220억원이다. 1기간 후에 $U(=1.251)$만큼 상승하여 1.526억원이 되거나 $D(=0.799)$만큼 하락하여 0.975억원이 된다.

마찬가지로 2기간 후에는 1.526억원에서 $U(=1.251)$만큼 상승하여 1.910억원, $D(=0.799)$만큼 하락(혹은 0.975억원에서 U$(=1.251)$만큼 상승)하여 1.220억원, 0.975억원에서 $D(=0.799)$만큼 하락하여 0.779억원이 된다. 이와 같이 20X5년 초까지 기초자산 가격이 계산된다.

그림 12-6 　**이항옵션가격결정모형 이용한 기초자산의 가치(단위: 억원)**

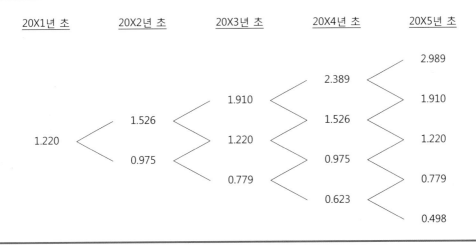

| 20X1년 초 | 20X2년 초 | 20X3년 초 | 20X4년 초 | 20X5년 초 |

---

4) 이항옵션가격결정모형을 이용한 콜옵션의 가치

〈그림 12-7〉에는 20X5년 초의 콜옵션 가치를 나타내었다. 이항격자의 마지막 기간의 각 꼭지점의 값은 $0.989(=\text{Max}[2.989-2, \ 0])$, $0(=\text{Max}[1.910-2, \ 0])$, $0(=\text{Max}[1.220-2, \ 0])$, $0(=\text{Max}[0.779-2, \ 0])$, $0(=\text{Max}[0.498-2, \ 0])$이다.

〈그림 12-8〉은 20X4년 초의 콜옵션 가치를 나타내었다. 20X5년의 콜옵션 가치

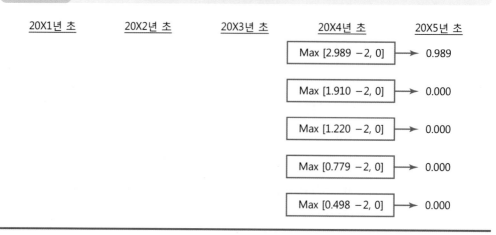

그림 12-7   20X5년 초의 콜옵션 가치(단위: 억원)

에서 한 기간 할인한 값이 20X4년의 콜옵션 가치이다. 즉, $[\pi_U C_U + \pi_D C_D]e^{-r\Delta t}$으로 한 기간씩 할인하여 현재시점에서의 콜옵션의 가치를 구한다. 20X4년의 각 꼭지점의 콜옵션 가치는 다음과 같이 계산한다.

$$[(0.558)(0.989) + (0.442)(0.000)]e^{-(0.05)(1)} = 0.525억원$$

$$[(0.558)(0.000) + (0.442)(0.000)]e^{-(0.05)(1)} = 0.000억원$$

$$[(0.558)(0.000) + (0.442)(0.000)]e^{-(0.05)(1)} = 0.000억원$$

$$[(0.558)(0.000) + (0.442)(0.000)]e^{-(0.05)(1)} = 0.000억원$$

그림 12-8   20X4년 초의 콜옵션 가치(단위: 억원)

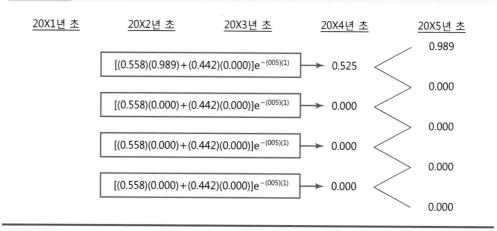

그림 12-9   콜옵션 가치(단위: 억원)

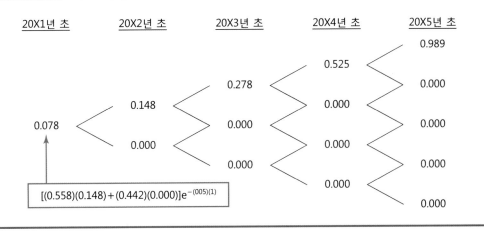

마찬가지로 20X3년도의 콜옵션 가치는 20X4년도의 콜옵션 가치를 할인한 0.278 억원($=[(0.558)(0.525)+(0.442)(0.000)]e^{-(0.05)(1)}$), 0억원($=[(0.558)(0.000)+(0.442)(0.000)]$ $e^{-(0.05)(1)}$), 0억원($=[(0.558)(0.000)+(0.442)(0.000)]e^{-(0.05)(1)}$)이다. 20X2년의 콜옵션 가 치는 20X3년도의 콜옵션 가치를 할인한 0.148억원($=[(0.558)(0.278)+(0.442)(0.000)]$ $e^{-(0.05)(1)}$), 0억원($=[(0.558)(0.000)+(0.442)(0.000)]e^{-(0.05)(1)}$)이다. 최종적으로 20X1년 도의 콜옵션 가치는 20X2년도의 콜옵션 가치를 할인하여 0.078억원으로 구해진다. 이 렇게 구한 옵션의 가치를 〈그림 12-9〉에 나타내었다.

A기업의 경영자는 최적의사결정 시 무인전기자동차의 사전설계 및 개발비용을 투자하여 무인전기자동차를 개발한 후에 불확실성이 제거되는 4년 후에 시장상황에 따라 본격적인 생산을 할 수도 있고 보류할 수도 있는 콜옵션을 가지고 있다. 또한 이 콜옵션의 가치는 0.078억원에 해당된다.

2. 블랙-숄즈옵션가격결정모형을 이용한 가치평가

위의 예를 블랙-숄즈옵션가격결정모형을 이용하여 콜옵션의 가치를 계산해보자.

$$d_1 = \frac{\ln\left(\frac{S}{X}\right) + (r + 0.5\,\sigma^2)T}{\sigma\,\sqrt{T}} = \frac{\ln\left(\frac{1.220}{2}\right) + (0.05 + 0.5(0.224)^2)(4)}{(0.224)\sqrt{4}} = -0.432$$

$$d_2 = d_1 - \sigma\sqrt{T} = -0.4323 - (0.224)\sqrt{4} = -0.880$$

$$N(d_1) = \text{NORMSDIST}(-0.4323) = 0.333 : \text{엑셀의 NORMSDIST함수로 계산}$$

$$N(d_2) = \text{NORMSDIST}(-0.8803) = 0.189$$

$$C = SN(d_1) - Xe^{-rT}N(d_2) = (1.220)(0.333) - 2e^{-0.05 \times 4}(0.819) = 0.096억원$$

이항옵션가격결정모형으로 계산한 콜옵션 가치 0.078억원은 블랙-숄즈옵션가격결정모형으로 계산한 콜옵션 가치 0.096억원 보다 약 19% 낮다. 이항옵션가격결정모형으로 계산한 값은 이항모형의 기간 수를 늘릴수록 점점 더 블랙-숄즈옵션가격결정모형으로 계산한 값에 수렴하게 된다.

예를 들면, 0.5년을 1기간으로 하여 4년 동안 총 8기간일 경우의 콜옵션 가치를 이항옵션가격결정모형으로 구해보자. 이항옵션가격결정모형의 입력변수는 다음과 같다.

$$U = e^{\sigma\sqrt{\Delta t}} = e^{0.224\sqrt{0.5}} = 1.172$$

$$D = \frac{1}{U} = \frac{1}{1.172} = 0.854$$

$$\pi_U = \frac{e^{r\Delta t} - D}{U - D} = \frac{e^{(0.05)(0.5)} - 0.854}{1.172 - 0.854} = 0.540$$

$$\pi_D = 1 - \pi_U = 0.460$$

이항옵션가격결정모형으로 계산한 기초자산의 가격은 〈그림 12-10〉에 나타내었고, 콜옵션 가치는 〈그림 12-11〉에 나타내었다. 8기간 이항옵션가격결정모형의 콜옵션 가치는 0.096억원으로 블랙-숄즈옵션가격결정모형으로 계산한 값과 동일함을 알 수 있다.

그림 12-10　8기간일 경우 기초자산의 가치(단위: 억원)

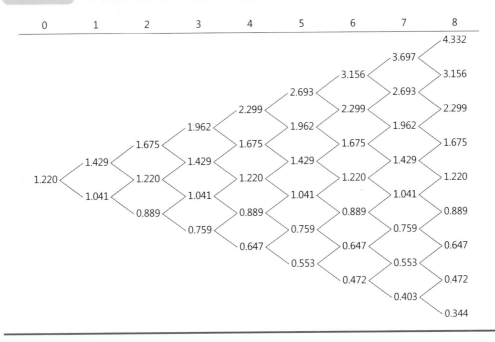

그림 12-11　8기간일 경우 콜옵션 가치(단위: 억원)

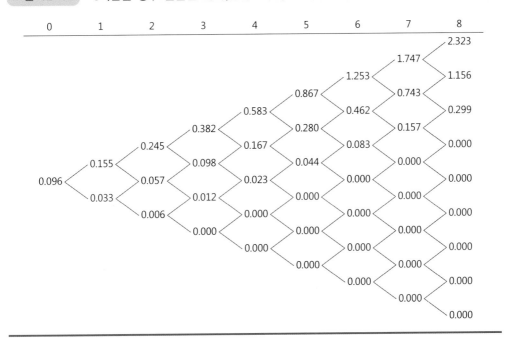

W기업은 2,500,000원을 투자하여 생수공장을 건설하고자 한다. 생수가 생산되자마자 올해 300,000원 어치가 즉시 팔려 수익이 발생한다. 하지만 내년 이후의 미래 수요에 대해서는 불확실하여 50%의 확률로 매년 400,000원 어치가 영원히 팔리거나 50%의 확률로 매년 200,000원 어치만 영원히 팔린다고 조사되었다. 할인율은 10%라고 가정한다.

(1) NPV법에 의해 의사결정하시오.

(2) 생수공장 건설을 1년 연기하여 1년 동안 생수의 수요에 대해서 정확한 장기수요 예측을 하였다. 만약 수요가 높다고 예측될 경우 1년 후 시점에서 높은 수요 상태에서의 NPV를 구하시오. 또 수요가 낮다고 예측될 경우 1년 후 시점에서 낮은 수요 상태에서의 NPV를 구하시오.

(3) 1년 후의 생수공장 건설에 대한 실물옵션(연기옵션)의 가치를 계산하시오.

┃답┃

(1)

$$NPV_0 = \left(300,000 + (0.5)\frac{400,000}{0.1} + (0.5)\frac{200,000}{0.1} \right) - 2,500,000 = 800,000원$$

→ 생수공장 건설

(2) $$NPV_1(높은\ 수요) = \left(400,000 + \frac{400,000}{0.1} \right) - 2,500,000 = 1,900,000원$$

$$NPV_1(낮은\ 수요) = \left(200,000 + \frac{200,000}{0.1} \right) - 2,500,000 = -300,000원$$

(3) 지금 당장 생수공장을 짓게 될 때 벌어들일 수 있는 300,000원은 1년 기다리게 되면 포기해야 한다.

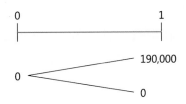

$$\text{NPV}_0(1\text{년 연기}) = \frac{(0.5)(1,900,000) + (0.5)(0)}{1.1} = 863,636\text{원}$$: 낮은 수요에서의 최적 의사결정은 300,000원의 손실을 보는 것이 아니라 투자를 안 하는 것이므로 NPV는 0으로 하여 계산한다.

→ 실물옵션(연기옵션: option to wait)의 가치 = 지금 투자할 경우 NPV와 연기(wait)할 경우 NPV의 차이 = $863,636 - 800,000 = 63,636$원

미국형 실물옵션을 이용한 가치평가

1. 개요

원유, 비철금속, 농산물 등과 같은 상품을 보유할 경우 창고비용이나 보험료 등의 보유비용이 발생하는 반면 현금수익(cash income)과 유사한 편의수익(convenience income or convenience yield)이 발생하는 특징이 있다.

편의수익이 무엇인가? 원유의 예를 들어 보자. 석유회사가 원유를 사오면 저장탱크에 보관하여 정제의 과정을 거치는데, 만약 저장탱크가 가득 차 있다면 따로 임시저장소를 빌려야 한다. 이 경우 저장비용이 별도로 발생하므로 원유보유자인 석유회사는 현물인 원유를 매도하고 원유선물을 매수하면 저장비용이 절감되어 이득을 취할 수 있다. 이처럼 현물을 보유한 자만이 얻을 수 있는 이익을 편의수익이라 한다.

보유비용은 선물가격을 상승시키고 편의수익은 선물가격을 하락시킨다.[4] 또한 편

---

4 제2장에서 다룬 보유비용모형을 보면 $F_0 = S_0\left(1 + r \times \dfrac{T}{365}\right) + C$이고, 저장비용 등 보유비용은 현물을 보유함으로써 발생하는 비용이므로, 상대적으로 이러한 비용이 발생하지 않는 선물이 현물에 비해

의수익은 생산목적의 자산에 대한 콜옵션의 가치를 높일 뿐만 아니라 미국형 콜옵션의 최적 조기행사의사결정에 영향을 준다. 이에 실물옵션에서는 편의수익을 반영하여 위험중립확률을 계산하고 이항격자를 만들며, 위험중립확률은 기존의 계산방식으로 계산한다.

2. NPV법에 의한 평가

미국형 옵션을 이용한 실물옵션의 가치를 평가하기 위하여 예를 들어 살펴보기로 한다. ㈜한국석유는 현재 1,800억원 투자하여 향후 4년 동안 해외에서 자원개발임대차계약을 맺고 원유생산을 위한 유정을 개발하고자 한다. 원유개발 시 매출액의 30%를 원유생산비용으로 사용하여 매년 2백만 배럴의 원유를 생산할 수 있다. 고정비용은 연간 4억원, 법인세율은 22%, 할인율은 5%이다. 현재 원유가격은 배럴당 43,000

그림 12-12 투자안의 NPV

시점	0	1	2	3	4
현물가격	43,000	45,000	47,000	52,000	54,000
생산량(배럴)		2,000,000	2,000,000	2,000,000	2,000,000
매출액		90,000,000,000	94,000,000,000	104,000,000,000	108,000,000,000
(생산비용)		(27,000,000,000)	(28,200,000,000)	(31,200,000,000)	(32,400,000,000)
영업이익		63,000,000,000	65,800,000,000	72,800,000,000	75,600,000,000
(고정비용)		(400,000,000)	(400,000,000)	(400,000,000)	(400,000,000)
세전이익		62,600,000,000	65,400,000,000	72,400,000,000	75,200,000,000
(세금)		(13,772,000,000)	(14,388,000,000)	(15,928,000,000)	(16,544,000,000)
세후현금흐름		48,828,000,000	51,012,000,000	56,472,000,000	58,656,000,000
PV		46,502,857,143	46,269,387,755	48,782,636,864	48,256,436,361
총PV	189,811,318,124				
NPV	9,811,318,124				

유리한 포지션이 되기 때문에 보유비용은 선물가격을 상승시키게 된다. 반면에 편의수익은 현물을 보유함으로써 얻어지는 수익이므로 선물에 비해 현물이 유리한 포지션이 되므로 편의수익은 선물가격을 하락시키게 된다.

원이고, 향후 4년 동안 원유가격이 배럴당 45,000원, 47,000원, 52,000원, 54,000원으로 매해 상승할 것으로 예상된다.

이 투자안을 NPV법으로 분석해 보자. 〈그림 12-12〉에서 보듯이 이 투자안의 NPV는 9,811,318,124원(=189,811,318,124−180,000,000,000)이다. 따라서 NPV법에 의하면 지금 1,800억원을 투자하여 바로 유정 개발을 시작해야 한다.

만약 ① 지금 당장 유정을 개발하거나 또는 ② 다시는 유정을 개발하지 않는 두 가지의 투자안만 있다면 NPV법에 의해서 투자의사결정을 내려도 무방하다. 하지만 경영자입장에서는 ③ 개발을 미루는(wait: 연기) 세 번째 투자대안도 생각할 수 있다.

3. 미국형 실물옵션을 이용한 평가

(1) 원유가격과 세후현금흐름

NPV에 의한 의사결정인 지금 당장 유정개발을 하거나 하지 않는 의사결정에 더하여 미래시점까지 고려하여 유정개발 및 포기시점을 결정하는 것이 보다 유연한 투자의사결정이며, 이 경우 ㈜한국석유 입장에서 언제 유정을 개발하는 것이 최적이겠는가?

먼저, 이항옵션의 행사가격과 기초자산이 무엇인지 살펴보자. ㈜한국석유는 1,800억원을 투자하여 원유를 생산할 수 있는 유정을 개발할 수 있는 옵션을 가지고 있다. 따라서 행사가격은 1,800억원이 된다.

1,800억원을 투자하여 옵션을 행사할 경우 연간 200만 배럴의 원유를 생산할 수 있으므로 기초자산은 원유를 생산하는 유정이 된다. 기초자산의 가치는 배럴당 원유가격에 따라 달라지는데 향후 원유가격은 불확실(uncertainty)하다. 이에 원유가격의 변동성을 35%로 가정해 보자. 1년을 1기간으로 하는 4기간 이항옵션가격결정모형에서 배럴당 원유가격은 〈그림 12-13〉과 같이 계산된다.

$$U = e^{\sigma\sqrt{\Delta t}} = e^{0.35 \times \sqrt{1}} = 1.4191$$

$$D = \frac{1}{U} = \frac{1}{1.4191} = 0.7047$$

그림 12-13   배럴당 원유가격

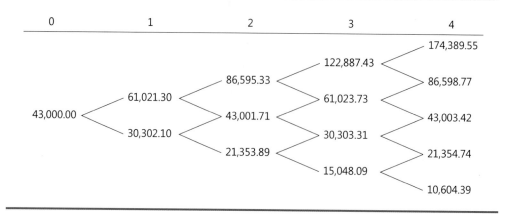

현재 배럴당 원유가격인 43,000원에서 1기간 후에 원유가격이 상승할 경우에는 61,021.30원(=43,000×1.4191)이 되거나 원유가격이 하락할 경우에는 30,302.10원(= 43,000×0.7047)이 된다. 마찬가지로 가격상승률 U와 가격하락률 D를 곱하여 4기간까지의 원유가격을 계산할 수 있다.

〈그림 12-13〉에서 계산된 4기간 이항옵션가격결정모형의 모든 꼭지점에서의 배럴당 원유가격을 적용하여 각 꼭지점에서의 세후현금흐름을 〈그림 12-14〉와 같이 계산한다. 예를 들어, 4기간의 첫 번째 꼭지점에서의 배럴당 원유가격 174,389.55원에 원유생산량 2백만 배럴을 곱하여 매출액 348,779,099,014원이 계산된다. 여기에 생산비용 104,633,729,704(=348,779,099,014×30%), 고정비용 400,000,000원을 차감하면 세전이익 243,745,369,310원이 계산된다. 세금 53,623,981,248원(=243,745,369,310× 22%)을 차감하여 세후현금흐름 190,121,388,061원을 구한다.

마찬가지로, 3기간의 두 번째 꼭지점에서의 배럴당 원유가격 61,023.73원인 경우에는 원유생산량 2백만 배럴을 곱하여 매출액 122,047,453,634원이 계산된다. 여기에 생산비용 36,614,236,090(=122,047,453,634×30%), 고정비용(=400,000,000원), 세금 18,707,307,860원(=85,033,217,544×22%)을 차감하여 세후현금흐름인 66,325,909,684 원을 구할 수 있다. 이와 같은 방식으로 모든 경우의 배럴당 원유가격에서의 세후현금흐름을 계산한다.

그림 12-14 　세후현금흐름

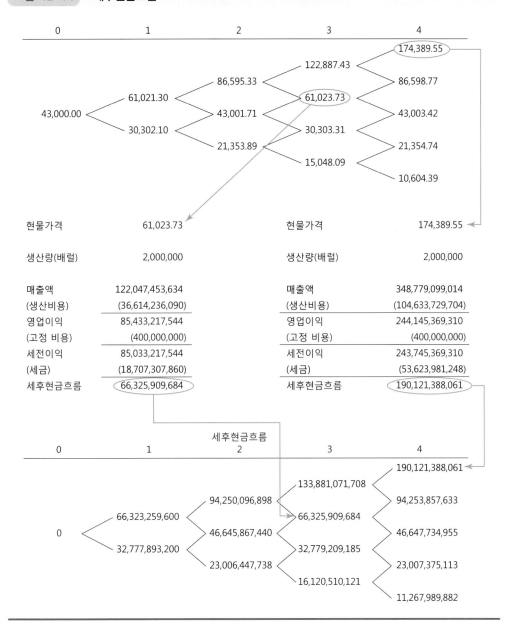

(2) 기초자산의 가치

기초자산은 권리를 행사함으로써 얻는 것이므로 행사가격 1,800억원을 투자하여 획득하는 유정이 된다. 따라서 기초자산인 유정의 가치를 계산해보자. 보유비용과 편의수익을 합한 순편의수익률(ncy: net convenience yield)을 이자율에서 차감한 순이자율을 적용한 위험중립확률은 다음과 같다.

$$\pi_U = \frac{e^{(r-ncy)\Delta t} - D}{U - D} = \frac{e^{(0.05-0)(1)} - 0.7047}{1.4191 - 0.7047} = 0.485122$$

$$\pi_D = 1 - \pi_U = 0.514878$$

이 예에서 무위험이자율은 5%이며, 원유개발단계로 아직 현물을 보유하지 않았으므로 순편의수익은 없다. 따라서 가격상승확률은 48.5122%, 가격하락확률은 51.4878%로 계산된다.

그림 12-15   기초자산(유정)의 가치

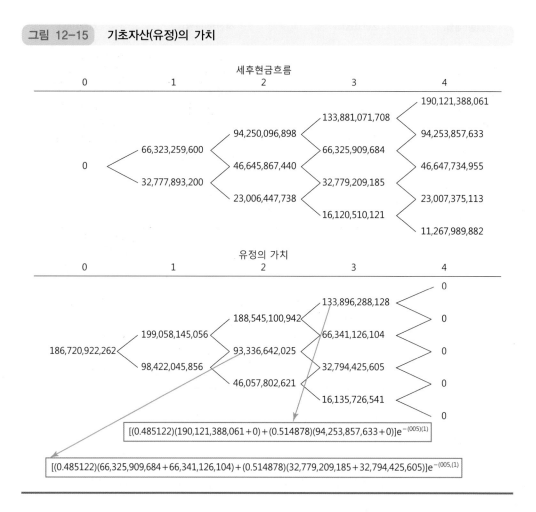

〈그림 12-15〉에서 보듯이 4기간 말에서는 계약이 끝나기 때문에 개발할 가치가 없다. 따라서 4기간 말 이항격자의 모든 꼭지점에서의 유정의 가치는 0원이다. 3기간 말에서의 유정의 가치는 3기간부터 4기간까지의 기간 동안의 기대현금흐름과 4기간말 시점에서의 유정의 가치를 한 기간 할인하여 계산한다. 예를 들어, 3기간 첫 번째 꼭지점에서의 유정의 가치는 $[(0.485122)(190,121,388,061+0)+(0.514878)(94,253,857,633+0)]e^{(-0.05)(1)}=133,896,288,128$원이다.

마찬가지로 2기간 말에서의 유정의 가치는 2기간부터 3기간까지의 기간 동안의 기대현금흐름과 3기간말 시점에서의 유정의 가치를 한 기간 할인하여 계산한다. 이와 같은 방식으로 계산하면 현재 유정의 가치는 186,720,922,262원이 된다.

(3) 콜옵션의 가치와 최적의사결정

4년도말 시점에서 1,800억원을 투자하여 유정을 개발할 수 있지만, 이 시점에서는 계약이 끝나므로 개발하지 않는다. 3년도말 시점에서는 ① 1,800억원을 투자하여 즉시 유정을 개발하거나 ② 4년도시점으로 개발을 연기할 수 있다. 따라서 ① 즉시 유정개발과 ② 1기간 연기하여 유정개발(권리행사)할 경우의 1기간 할인한 가치를 계산하여 큰 값이 나오는 경우로 의사결정한다.

마찬가지로 2년도말 시점에서는 ① 1,800억원을 투자하여 즉시 유정을 개발하거나 ② 3년도시점으로 개발을 연기할 경우의 1기간 할인한 가치를 계산하여 둘 중 큰 값이 나오는 경우로 의사결정한다. 이와 같은 방식으로 〈그림 12-16〉에 현재시점까지 모든 경우의 콜옵션가치를 계산하여 나타내었다.

1년도말 시점에서의 콜옵션의 가치가 19,058,145,056원으로 가장 크기 때문에 지금 당장 1,800억원을 투자하여 유정을 개발하지 않고 1기간 연장하여 내년에 개발하는 것이 최적이다. 즉, 배럴당 원유가격이 최소 61,021.30원이 될 경우에 유정을 개발해야 한다.

그림 12-16   콜옵션의 가치

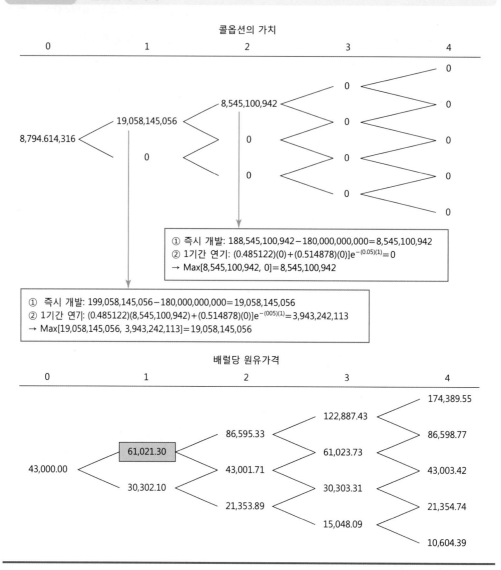

콜옵션의 가치

0	1	2	3	4

8,794.614,316

19,058,145,056

0

8,545,100,942

0

0

0

0

0

0

0

0

0

0

0

0

0

① 즉시 개발: 188,545,100,942 − 180,000,000,000 = 8,545,100,942
② 1기간 연기: (0.485122)(0) + (0.514878)(0)]$e^{-(0.05)(1)}$ = 0
→ Max[8,545,100,942, 0] = 8,545,100,942

① 즉시 개발: 199,058,145,056 − 180,000,000,000 = 19,058,145,056
② 1기간 연기: (0.485122)(8,545,100,942) + (0.514878)(0)]$e^{-(005)(1)}$ = 3,943,242,113
→ Max[19,058,145,056, 3,943,242,113] = 19,058,145,056

배럴당 원유가격

0	1	2	3	4

43,000.00

61,021.30

30,302.10

86,595.33

43,001.71

21,353.89

122,887.43

61,023.73

30,303.31

15,048.09

174,389.55

86,598.77

43,003.42

21,354.74

10,604.39

- 실물옵션: 유연성까지 고려한 평가
  - → NPV법: 현금흐름이 지배적인 요인일 경우
  - → 실물옵션: 정보가 지배적인 요인일 경우

- 위험현금흐름 평가
  - −NPV법: 위험을 할인율에서 조정

$$V = \frac{E(CF)}{1 + r_{\text{위험조정}}}$$

  - −이항옵션가격결정모형: 위험을 현금흐름에서 조정

$$V = \frac{E(CF) - \text{위험조정}}{1 + r_f}$$

- 유럽형 실물옵션의 입력변수

$$U = e^{\sigma\sqrt{\Delta t}} \quad D = \frac{1}{U}$$

$$\pi_U = \frac{e^{r\Delta t} - D}{U - D} \quad \pi_D = 1 - \pi_U$$

- 미국형 실물옵션의 입력변수

$$U = e^{\sigma\sqrt{\Delta t}} \quad D = \frac{1}{U}$$

$$\pi_U = \frac{e^{(r - ncy)\Delta t} - D}{U - D} \quad \pi_D = 1 - \pi_U$$

Q1. (2007 CPA) 그동안 5억원을 들여 조사한 바에 의하면 현재($t=0$) 30억원을 들여 생산시설을 구축하면 미래현금흐름의 1년 후 시점($t=1$)의 현가(PV)는 수요가 많을 경우 40억원이며 수요가 적을 경우 25억원이다. 수요가 많을 확률은 60%이며 수요가 적을 확률은 40%이다. 적절한 할인율은 10%이다. 그런데 생산시설을 구축하고 수요가 확인된 1년 후 20억원을 추가로 투자해 생산시설을 확장할 수 있다고 하자. 이때 미래현금흐름의 1년 후 시점($t=1$)에서의 현가(PV)는 수요가 많을 경우 70억원이며 수요가 적을 경우 35억원이다. 1년 후 생산시설을 대규모시설로 확장할 수 있는 실물옵션(real option)의 현재 시점(t=0)의 현가(PV)는 근사치로 얼마인가? (   )

① 1.82억원   ② 5.45억원   ③ 6.0억원

④ 6.36억원   ⑤ 10.0억원

Q2. (2008 CPA) 실물옵션(real option)을 이용한 투자안 평가 방법에 대한 다음의 설명 중 가장 적절하지 않은 것은? (   )

① 연기옵션(option to wait)의 행사가격은 투자시점 초기의 비용이다.

② 연기옵션의 가치를 고려한 투자안의 순현재가치가 양의 값을 가지더라도, 지금 투자할 경우의 순현재가치보다 낮을 경우에는 투자를 연기하지 않는 것이 유리하다.

③ 확장옵션(expansion option)의 만기는 후속 투자안이 종료되는 시점이다.

④ 확장옵션에서 기초자산의 현재가격은 후속 투자안을 지금 실행할 경우 유입되는 현금흐름의 현재가치이다.

⑤ 포기옵션(abandonment option)은 투자안 포기에 따른 처분가치를 행사가격으로 하는 풋옵션이다.

Q3. (2011 CPA) ㈜자원은 북태평양에서의 석유시추사업에 지금 당장 참여할 것인지 여부를 결정해야 한다. 사업을 지금 개시하게 되면 당장 100억원을 투자해야 하고 그로 인해 발생하는 미래 현금흐름의 현가(PV)는 100억원이다. 그런데 석유시추사업권을 매입하면 향후 3년까지 1년 단위로 사업개시 시점을 늦출 수 있다. 사업개시 시점을 늦추더라도 미래 현금흐름의 사업개시 시점에서의 현가(PV)는 100억원으로 동일하나 사업개시 시점에서의 투자액은 첫 해에는 95억원, 둘째 해에는 90억원, 셋째 해에는

88억원이다. 할인율은 30%이다. ㈜자원이 석유시추사업권을 매입해 얻게 되는 실물옵션(real option) 즉, 연기옵션 또는 지연옵션(option to delay 또는 timing option) 가치와 가장 가까운 것은? (   )

① 5.46억원   ② 5.92억원   ③ 10.0억원

④ 12.0억원   ⑤ 15.23억원

Q4. (2006 CPA 2차 수정) 동북아㈜의 재무의사결정자는 A설비제품만을 생산하는 공장에의 투자를 고려하고 있다. 이 투자의사결정은 현재 또는 1년 후(연기에 따르는 기회비용은 없음)에만 할 수 있고, 철회불가능(irreversibility: 현재 또는 1년 후, 일단 투자를 한 후에는 투자자체를 번복할 수 없음)한 성격을 가지고 있다. 그리고 투자의사결정만 내려지면 A설비제품공장은 건설비용(I) 16억원(단, 현재와 1년 후의 공장건설비용은 동일함)으로 순간적으로 건설되어, 유지관리비 없이 1년에 단 1개만의 A설비제품을 영원히 연초에 생산한다고 한다. 현재의 A설비제품단가(P_0)는 2억원이며, 1년 후의 A설비제품단가(P_1)는 확률 50%로 3억원으로 상승하거나 50%의 확률로 1억원으로 하락하여, 그 후로는 변동된 A설비제품가격이 영원히 유지된다고 한다. 또한 무위험이자율은 10%이며, 장래의 A설비제품가격에 대한 위험은 충분히 다양화되어 있어, 동북아㈜는 무위험이자율을 사용하여 장래의 현금흐름을 할인한다고 가정한다. 이하 모든 계산결과는 억원 아래 셋째자리에서 반올림하여 억원 아래 둘째 자리까지 표시하시오.

1. 동적계획법(DPA, dynamic programming approach)을 사용하여 A설비제품공장에의 투자의사결정(현재투자, 1년 후 투자, 또는 투자안 기각의 결정)을 하시오. (단, 여기서의 동적계획법이란 각각의 투자전략을 비교하여, NPV(net present value, 순현재가치)가 가장 큰 투자전략을 찾아내는 방법을 말함)

2. 위의 물음1에서 연기의 유연성(flexibility)이 없다고 할 경우의 투자(현재 투자) 대신에 연기의 유연성을 가진 투자기회(F_0)를 얻기 위하여 최대한 지불할 수 있는 투자비용(I^*: A설비제품공장의 건설비용)을 구하시오.

3. 만약 현재 A설비제품의 선물가격이 1년 후의 A설비제품가격의 기대값으로 형성된, A설비제품에 대한 선물시장이 존재한다고 가정한다. 그리고 현재 투자를 함과 동시에, A설비제품의 가격변동을 A설비제품선물을 사용하여 비용 없이 헷지(hedge)할 수 있다면, 위의 물음1의 투자의사결정에 변화가 일어나는지 여부를 나타내라. 단, 문제풀이과정에 ⅰ) A설비제품 한 단위의 현재 선물가격, ⅱ) 헷지포지션과 헷지수량, ⅲ) 헷지결과, ⅳ) 투자의사결정에 변화가 일어나는지 여부 등이 반드시 나타나도록 하시오.

Q5. (2010 CPA 2차 수정) ㈜한강은 내용연수가 1년이고 현재 시점에서 60억원의 투자금액이 소요되는 투자안을 가지고 있다. 투자안의 1년 후 현금흐름과 시장포트폴리오의 연간 수익률에 대한 확률분포는 다음과 같다.

상황	확률	투자안의 현금흐름	시장포트폴리오의 수익률
불황	50%	30억원	−20%
호황	50%	200억원	40%

연간 무위험수익률은 5%이다. 금액은 억원 단위로 표기하고, 모든 계산은 반올림하여 소수점 넷째 자리까지 나타내시오.

1. 투자안의 NPV를 계산하여 투자의사결정을 내리시오. 단, 투자안의 확실성등가를 100억원으로 가정하고 물음 2부터 물음 4까지 답하시오.
2. 투자안의 위험조정할인율을 계산하시오.
3. 경제상황이 호황이 될 위험중립확률을 구하시오.
4. ㈜한강이 투자안을 1년 연기할 수 있는 기회를 갖는다면, 이 연기옵션의 가치를 이항옵션평가모형(binomial option pricing model)을 이용하여 계산하시오. 단, 1년을 연기해서 투자할 경우 투자금액은 물가상승 등의 영향으로 65억원으로 증가하며, 또한 첫 해가 호황(불황)이면 둘째 해도 호황(불황)이라고 가정하시오.

Q6. (2011 CPA 2차) 정유회사인 XYZ㈜는 30억 배럴의 매장량을 갖고 있는 미개발 유전 M에 대한 채굴권 계약을 했다. 이 유전의 개발비용은 290억 달러로 예측되며 계약 기간은 향후 12년이다. 원유가격은 배럴당 43달러, 생산비용은 배럴당 28달러로 추정되고 원유가격 변화율의 분산은 0.04, 무위험이자율은 8%로 가정한다. 계산결과는 소수점 넷째 자리까지 표시하고, 금액은 억 달러 단위로 표기하시오.

1. 유전 M이 개발 완료되어 생산을 시작하면 매년 유전 가치의 5%에 해당하는 순현금유입(net cash inflow)이 발생할 것으로 예상된다. 유전 M에 대한 채굴권의 가치를 배당이 있는 경우의 블랙-숄즈옵션가격공식을 사용하여 구하시오. 만기까지의 기간(T)은 12년이다. 단, 무배당인 경우의 블랙-숄즈 옵션가격공식에서 기초자산의 가치(S)는 408.2억 달러이고, 배당을 고려해서 S를 조정하여 d_1 및 콜옵션 가격을 구한다.

> 〈힌트〉
> 무배당인 경우의 블랙-숄즈옵션가격공식은 다음과 같다:
> $$C = SN(d_1) - Xe^{-rT}N(d_2) \qquad d_1 = \frac{\ln(S/X) + (r + 0.5\sigma^2)T}{\sigma\sqrt{T}} \qquad d_2 = d_1 - \sigma\sqrt{T}$$
> $\ln(0.7165) = -0.3334$, $\ln(0.7724) = -0.2582$, $e^{-0.4} = 0.6703$, $e^{-0.6} = 0.5488$,
> $e^{-0.96} = 0.3829$, $N(0.6666) = 0.7475$, $N(0.8807) = 0.8108$, $N(1.3594) = 0.9130$

2. 이 회사는 기존에 개발 완료되어 생산중인 유전 K도 보유하고 있는데, 이 유전으로부터는 3년간 매년 27억 달러씩의 현금흐름이 발생할 것으로 예상되며 할인율은 9%이다. 한편, 이 회사의 주가는 65달러, 발행주식 수는 1.5억주이고 총부채는 65억 달러이다. 보유 유전은 유전 K와 유전 M이 전부라면 현재 주식이 고평가 혹은 저평가되어 있는지 판단하시오.

3. 순현가법(NPV)과 같은 전통적인 투자안 평가방법과 비교하여 실물옵션(real option) 접근방법이 제공하는 장점을 5줄 이내로 논하시오.

Q7. (2014 CPA 2차) ㈜한국건설은 주택을 건설한 후 임대할 예정이다. 주택건설에 소요되는 초기 투자비용은 600억원이며, 잔존가치 없이 향후 3년간 정액법으로 감가상각된다. 주택임대수요가 향후 3년간 높을 확률은 60%이며, 낮을 확률은 40%로 예상된다. 임대수요가 높을 경우 향후 3년간 매년 임대소득 500억원, 매년 현금지출비용 120억원이 발생한다. 임대수요가 낮을 경우 매년 임대소득 350억원, 매년 현금지출비용 100억원이 발생한다. ㈜한국건설의 자본비용은 10%이며 법인세율은 40%이다. 현재 평균시장이자율은 연10%이다. 기간 3년, 할인율 10%인 연금의 현가이자요소 $(= \sum_{t=1}^{3} 1/(1.10)^t)$는 2.4869이다. 모든 계산결과는 억원 단위로 표시하되 반올림하여 소수점 둘째 자리까지 표기하라.

1. 주택임대수요가 높을 경우와 낮을 경우 연간 영업현금흐름을 각각 구하라.

2. 현재시점에서 투자안의 기대NPV를 계산하라.

3. ㈜한국건설은 임대수요를 정확히 파악할 수 있도록 주택건설을 1년간 연기할 수 있는 기회를 가지고 있다.

① 1년 후 주택건설을 시행할 경우 투자안의 기대NPV를 계산하라. 단, 주택건설의 초기 투자비용, 임대로 인한 현금흐름 및 임대수요의 확률분포는 투자시기와 관계없이 변하지 않는다고 가정한다.

② 1년간 임대수요조사를 위해 5억원의 추가 비용을 현재시점에서 지불해야 한다면, 주택건설을 당장 시행하는 방안과 1년간 연기하는 방안 중 어떤 방안이 유리한가?

Q1. ①

┃답┃

(1) NPV법

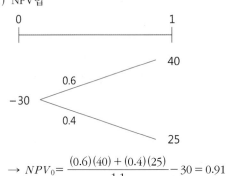

$$\rightarrow NPV_0 = \frac{(0.6)(40) + (0.4)(25)}{1.1} - 30 = 0.91$$

(2) 연기 시

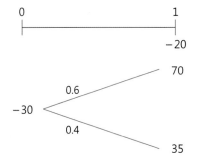

$$NPV_0 = \frac{[(0.6)(70) + (0.4)(35) - 20]}{1.1} - 30 = 2.73$$

연기옵션(실물옵션)의 가치 = 2.73 − 0.91 = 1.82

Q2. ③

┃답┃

③ 현재 사업성이 없는 투자안이라도 사업이 확장될 수 있는 가능성이 있을 수 있기 때문에 투자안을 평가할 때 확장에 대한 옵션을 고려해야 한다. 이러한 확장옵션의 만기는 추가적인 (후속) 투자안의 실행일(후속 투자안에 투자하는 시점)이 된다.

Q3. ②

┃답┃

$NPV(즉시\ 투자) = 100 - 100 = 0$

$NPV(1년\ 연기) = \dfrac{100 - 95}{1.3} = 3.85억원$

$NPV(2년\ 연기) = \dfrac{100 - 90}{(1.3)^2} = 5.92억원$

$NPV(3년\ 연기) = \dfrac{100 - 88}{(1.3)^3} = 5.46억원$

→ 연기옵션의 가치가 2년 연기할 때 5.92억원으로 가장 크므로 2년 연기하는 것이 가장 유리하다.

Q4.

┃답┃

1. ① 현재투자

$$NPV = 2 + \frac{(0.5)(3) + (0.5)(1)}{0.1} - 16 = 6억원$$

② 1년 후 투자

제품단가 상승 시 $NPV_1 = 3 + \dfrac{3}{0.1} - 16 = 17억원$ → 채택

제품단가 하락 시 $NPV_1 = 1 + \dfrac{1}{0.1} - 16 = -5억원$ → 포기$(NPV = 0)$

→ $NPV = \dfrac{(0.5)(17) + (0.5)(0)}{1 + 0.1} = 7.73억원$

∴ 1년 후 투자하는 것이 NPV가 더 크므로 1년 후에 투자한다.

2.

$$\frac{\left(3 + \dfrac{3}{0.1} - I^*\right) \times 0.5}{1 + 0.1} = 6 \ \rightarrow \ I^* = 19.8억원$$

3. ① 선물가격 = A설비제품가격의 기댓값 = $(0.5)(3) + (0.5)(1) = 2억원$

② 1년 후부터 매년 초에 선물매도계약 1단위씩 체결

③ A설비제품가격에 상관없이 헷지를 통해 매년 초에 항상 2억원의 현금흐름을 얻게 된다.

④ 헷지하는 경우의 투자의사결정

즉시 투자 시 $NPV = 2 + \dfrac{2}{0.1} - 16 = 6억원$

1년 후 투자 시 $NPV_1 = 2 + \dfrac{2}{0.1} - 16 = 6억원$ → $NPV_0 = \dfrac{6}{1 + 0.1} = 5.45억원$

∴ 현재 즉시 투자할 경우의 NPV가 연기할 경우의 NPV보다 크므로 즉시 투자해야 한다.

Q5.

┃답┃

1. $NPV = \dfrac{CEQ_1}{1+r_f} - I_0 = \dfrac{100}{1+0.05} - 60 = 35.24$억원: 투자안 채택

2. $\dfrac{CEQ_1}{1+r_f} = \dfrac{E(CF_1)}{1+E(r_k)} \rightarrow \dfrac{100}{1+0.05} = \dfrac{(0.5)(30)+(0.5)(200)}{1+E(r_k)} \rightarrow E(r_k) = 0.2075$

3. $200(p) + 30(1-p) = 100 \rightarrow p = 0.4118$

4.

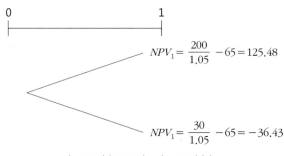

$$\rightarrow NPV_0 = \dfrac{(0.4118)(125.48)+(0.5882)(0)}{1.05} = 49.21억원$$

$\rightarrow$ 연기옵션의 가치 $= 49.21 - 35.24 = 13.97$억원

Q6.

┃답┃

1. $S' = Se^{-\delta T} = (408.2)e^{(-0.05)(12)} = (408.2)(0.5488) = 224.0202$달러

$d_1 = \dfrac{\ln(S/X)+(r+0.5\sigma^2)T}{\sigma\sqrt{T}} = \dfrac{\ln(224.0202/290)+(0.08+(0.5)(0.04)(12)}{(0.2)\sqrt{12}} = 1.3594$

$\quad \rightarrow N(1.3594) = 0.9130$

$d_2 = d_1 - \sigma\sqrt{T} = 1.3594 - (0.2)\sqrt{12} = 0.6666$

$\quad \rightarrow N(0.6666) = 0.7475$

$\quad \therefore$ 채굴권의 가치: $C = SN(d_1) - Xe^{-rT}N(d_2)$

$= (224.0202)(0.9130) - (290)e^{-(0.08)(12)}(0.7475)$

$= 121.5273$억 달러

2. 유전 K의 가치 $= \dfrac{27}{1.09} + \dfrac{27}{(1.09)^2} + \dfrac{27}{(1.09)^3} = 68.3450$억 달러

적정주가 $= \dfrac{121.5273+68.3450-65}{1.5억주} = 83.2482$달러

$\therefore$ 현재 주가가 저평가 되어 있다.

3. 전통적 NPV법은 경영의 유연성(연기, 포기, 확장 등)을 전혀 고려하지 않는 반면, 실물옵션접근법은 경영의 유연성을 평가한다.

Q7.

┃답┃

1. 주택임대수요가 높을 경우 영업현금흐름 $= (500 - 120) - (500 - 120 - 200)(0.4) = 308$억원, 여기서 200은 감가상각비에 해당됨.

   주택임대수요가 낮을 경우 영업현금흐름 $= (350 - 100) - (350 - 100 - 200)(0.4) = 230$억원, 여기서 200은 감가상각비에 해당됨.

2. $NPV_0 = -600 + \left[308 \left(\sum_{t=1}^{3} \frac{1}{(1.10)^t} \right)(0.6) + 230 \left(\sum_{t=1}^{3} \frac{1}{(1.10)^t} \right)(0.4) \right] = 88.3739$억원

3. ① 주택임대수요가 높을 경우 $NPV_1 = -600 + 308 \left[\sum_{t=1}^{3} \frac{1}{(1.10)^t} \right] = 165.9652$억원

   주택임대수요가 낮을 경우 $NPV_1 = -600 + 230 \left[\sum_{t=1}^{3} \frac{1}{(1.10)^t} \right] = -28.013$억원

   $\rightarrow NPV_0 = \dfrac{(0.6)(165.9652) + (0.4)(0)}{1.1} = 90.5245$억원

   ② 주택임대수요가 높을 경우 $NPV_1 = -600 + 308 \left[\sum_{t=1}^{3} \frac{1}{(1.10)^t} \right] = 165.9652$억원

   주택임대수요가 낮을 경우 $NPV_1 = -600 + 230 \left[\sum_{t=1}^{3} \frac{1}{(1.10)^t} \right] = -28.013$억원

   $\rightarrow NPV_0 = \dfrac{(0.6)(165.9652) + (0.4)(0)}{1.1} - 5 = 85.5245$억원

   ∴ 지금 당장 건설할 경우의 NPV가 더 크므로 지금 당장 건설하는 것이 유리하다.

스왑 및
신종파생금융상품

13 CHAPTER 신종금융상품

학습개요 본 장에서는 최근 새로운 투자대상이 되는 장내상품인 ETF(상장지수펀드 증권), ETN(상장지수증권), ELW(주식워런트증권)와 장외상품인 ELS(주가 연계증권)에 대해서 소개한다. ETF는 특정지수나 자산의 가격움직임과 연 계되도록 설계된 펀드로 거래소에 상장되어 주식처럼 거래된다. ETN은 증 권사가 만기에 기초지수의 수익률에 연동되는 수익의 지급을 약속하는 증 권으로 거래소에 상장되어 주식처럼 거래된다. ELW는 기초자산을 사전에 정한 미래시점에 미래 정해진 가격으로 사거나 팔 수 있는 권리를 나타내 는 증권으로 거래소에서 거래된다. ELS는 증권회사가 자기신용으로 발행 하며 장외에서 거래된다.

학습목표
- ETF(상장지수펀드증권)
- ETN(상장지수증권)
- ELW(주식워런트증권)
- ELS(주가연계증권)

Section 1 | ETF(상장지수펀드증권)

1. ETF 개요

뮤추얼 펀드의 일종인 ETF(exchange traded fund: 상장지수펀드증권)는 S&P500을 추종하도록 설계되어 1993년 AMEX(American Exchange)에 상장된 Spider(SPDR: Standard & Poor's Depository Receipt)가 최초이다. 우리나라의 ETF는 2002년 10월 14 일에 삼성투신(현 삼성자산운용)이 운용하는 KODEX200, LG투신(현 우리CS자산운용)의

KOSEF200 등 4개 종목이 한국거래소에 상장되어 거래된 것이 시초이다. 이후 유동성공급자평가제도 개선, 변동성 확대에 따른 레버리지 ETF와 인버스 ETF 도입 및 거래 급증 등에 기인하여 연평균 30% 수준의 성장률을 보이며 글로벌 ETF 시장에서 순자산규모 10위 수준으로 도약하였다.[1]

ETF는 ELW나 ELS와 동일하게 첫 글자가 E로 시작하지만 ETF의 E는 주식(equity)이 아니라 거래소(exchange)의 첫 글자를 딴 것으로 거래소에 상장되어 일반인들이 자유롭게 거래할 수 있는 펀드를 의미한다. 따라서 ETF는 주가에 연계된 상품만을 가리키는 것은 아니다. 자본시장법상 집합투자증권으로 분류되는 ETF는 특정지수 및 특정자산의 가격움직임과 수익률이 연동되도록 설계된 일종의 인덱스 펀드로서 거래소에 상장되어 주식처럼 거래되는 펀드로 정의한다. 즉, 여러 개의 주식을 묶어서 하나의 증권으로 만든 후, 이 하나의 증권의 거래함으로써 여러 개의 주식을 거래하는 것과 동일한 효과를 얻을 수 있다. 예를 들어, KOSPI200을 추종하는 ETF인 KODEX200의 경우 ETF 1주만 사도 KOSPI200의 모든 종목을 사는 것과 동일한 분산효과를 누린다.

ETF시장 개설 초기에는 KOSPI200과 같은 시장대표지수를 추적하는 ETF가 주류였으나 2006년 섹터 ETF, 2007년 스타일 ETF, 해외 ETF, 삼성그룹 ETF와 같은 테마 ETF, 2009년 이후 상품 ETF, 채권 ETF, 파생상품 ETF, 통화 ETF, 레버리지 ETF, 인버스 ETF, 곱버스 ETF 등 다양한 상품이 지속적으로 출시되고 있다.

2. ETF시장

ETF시장은 ETF의 설정과 환매[2]기능을 담당하는 발행시장과 설정된 ETF가 거래되는 유통시장이 존재한다. 발행시장에서 설정 또는 환매를 하면 펀드규모가 증감하여 거래소에 상장된 ETF수가 증감한다.

---

1   이재하, 한덕희, 「핵심투자론」, 2판, 박영사(2018), pp. 580-600 참조.
2   설정은 ETF가 새로이 발행되는 것을 말하고 환매는 ETF 증권블럭(CU)을 반납하고 현물주식바스켓을 되돌려 받는 것을 의미한다.

(1) 발행시장

발행시장은 ETF가 최초로 발행되는 시장으로서 대량의 단위(CU: creation unit)로 ETF의 설정(매수) 또는 환매(매도)가 이루어지기 때문에 법인투자자만 이 시장에 참여할 수 있다. 〈그림 13-1〉에서 보듯이 ETF 설정을 원하는 경우 법인투자자는 지정판매회사(AP: Authorized Participant)로 지정된 금융투자업자(증권회사)를 통하여 ETF 설정에 필요한 주식현물바스켓(주식형 ETF인 경우)을 납입[3]하고 ETF를 인수한다.

이때 일반적인 펀드와 ETF가 다른 점은 일반적인 펀드의 설정은 투자자가 현금을 납입하고 그 대가로 주식이나 채권을 받는 반면, ETF는 펀드임에도 불구하고 현금 대신 주식현물바스켓이나 채권현물바스켓을 납입하고 그 대가로 주식이나 채권이 아닌 ETF를 받는다.

그림 13-1 ETF 발행시장

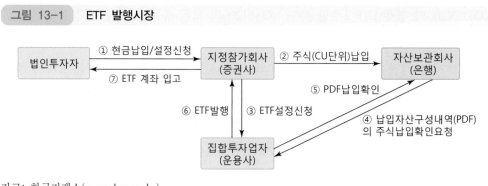

자료: 한국거래소(www.krx.co.kr)

그러면 ETF 설정을 할 때 어떤 주식(주식현물바스켓: 주식형 ETF인 경우)을 얼마나 납입해야 하는가? 이는 납입자산구성내용공시라는 제도를 통해 ETF 설정 및 환매를 위하여 매일 장종료 후 종가에 기초하여 그 다음날의 발행 및 환매에 필요한 종목명단과 각 종목의 주식수, 소량의 현금이 기록된 PDF(portfolio deposit file)라고 불리는 엑셀파일에 집합투자업자(운용회사)가 다음날 개장 전까지 산출하여 거래소를 통해 투

---

3 이때 주식 외에 약간의 현금도 납입하는데 이는 다음 분기 ETF의 배당금 지급일에 당해 증권의 실질주주에게 지급하기 위한 배당상당액에 해당하는 현금이다.

자자에게 공시하고 있다.

예를 들어, KOSPI200을 추종하는 ETF인 KODEX200을 운용하는 삼성자산운용은 202X년 5월 12일 현재 ETF 설정 시 납입해야 하는 주식의 종목, 수량, 현금(배당상당액)을 기록한 파일을 〈그림 13-2〉와 같이 공시하고 있다. 즉, 어떤 법인투자자가 202X년 5월 12일에 KOSPI200을 추종하는 ETF인 KODEX200을 설정할 경우 주식 198종목과 현금 22,663,157원을 납입[4]하면 KODEX200을 100,000주[5] 받게 된다. 이와 같이 주식을 내놓고 ETF를 받는다는 것은 〈그림 13-3〉에서 나타낸 바와 같이 이해할 수 있다.

한편, 시장의 조성자로서 시장에 유동성을 공급하는 지정판매회사(예를 들어, 삼성증권)는 주식현물바스켓(주식형 ETF인 경우)을 구성하여 자산보관회사(은행)에 납입하고 운용회사에 ETF발행을 청구한다.[6] 운용회사는 자산보관회사(은행)에 주식현물바스켓(주식형 ETF인 경우) 납입을 확인한 후 ETF를 발행하고 발행된 ETF[7]는 지정판매회사의 투자자계좌에 입고된다. 환매는 설정(발행)의 경우와 반대의 경로를 거쳐 ETF를 제출하고 주식현물바스켓(주식형 ETF인 경우)과 소량의 현금을 환수한다.

---

4   현실적으로 PDF에 해당하는 주식바스켓을 모두 보유하고 있는 기관투자자는 거의 없으므로 설정 시 법인투자자는 지정판매회사의 위탁계좌에 현금을 납입하여 주식바스켓을 매수한 후 설정을 하게 된다. 해지시에는 법인투자자의 위탁계좌에 PDF에 해당하는 주식바스켓과 현금이 들어오고 법인투자자는 위탁계좌에서 주식바스켓을 매도하여 현금으로 인출하게 된다.

5   1CU단위 결정 금액은 일반적인 바스켓 규모를 감안하여 10억원으로 결정한 후, 업계의 경험상 KOSPI200을 100포인트를 기준으로 할 때 시장에서 1만원 정도의 가격이 가장 활발히 거래될 수 있는 적정가격이라고 보아 1CU당 ETF 주식 100,00주(=10억원/1만원)로 결정한다. 이렇게 산출된 10,000원은 지수의 100배이므로 예를 들어, 현재 지수가 250.00이라면 ETF 주식의 가격은 지수에 100을 곱한 25,000원이 된다.

6   설정/해지가 결정되는 시점은 $T+2$일이고 PDF는 매일 변경될 수 있다. 이때 $T+2$일에 결제되는 PDF는 설정/해지 당일(T일)의 PDF이며 $T+2$일의 PDF와는 아무 상관이 없다.

7   발행시장에서 설정 또는 환매 시 주식바스켓과 교환되는 ETF의 최소설정단위를 CU(creation unit)라고 한다. 예를 들어, 202X년 5월 12일에 주식 198종목과 현금 22,663,157원을 납입할 경우 KODEX200은 100,000주가 발행되는데 이 100,000주를 1CU라고 한다. 만약 PDF를 구성하는 198종목의 주식수와 현금을 2배로 납입할 경우에는 KODEX200이 200,000주가 발행된다. 즉, ETF의 발행단위는 CU의 정수배로만 설정(발행) 및 환매되며 1CU를 구성하는 ETF의 1CU의 ETF 주식수는 ETF 상품별로 다르다.

그림 13-2   KODEX200 PDF

파일	Home	삽입	페이지 레이아웃	수식	데이터	검토	보기	ACROBAT	♀ 수행할 작업을 알려

P12

KODEX 200 투자종목정보(PDF)

202X/05/12

번호	종목명	종목코드	수량	비중(%)	평가금액(원)	현재가(원)	등락(원)
1	원화예금	KRD010010001	22,663,157	0.00%	22,663,157	0	0
2	삼성전자	005930	7,975	30.49%	647,570,000	80,800	-400
3	SK하이닉스	000660	948	5.49%	116,604,000	122,500	-500
4	NAVER	035420	214	3.52%	74,686,000	344,500	-4,500
5	LG화학	051910	78	3.35%	71,058,000	889,000	-22,000
6	카카오	035720	533	2.87%	61,028,500	114,000	-500
7	삼성SDI	006400	87	2.63%	55,767,000	635,000	-6,000
8	현대차	005380	238	2.54%	53,907,000	230,000	3,500
9	셀트리온	068270	179	2.28%	48,419,500	269,500	-1,000
10	POSCO	005490	116	2.24%	47,502,000	398,500	-11,000
11	KB금융	105560	598	1.68%	35,700,600	58,800	-900
12	기아	000270	425	1.63%	34,595,000	82,900	1,500
13	현대모비스	012330	109	1.42%	30,247,500	278,500	1,000
14	신한지주	055550	690	1.38%	29,394,000	41,450	-1,150
15	SK텔레콤	017670	86	1.29%	27,477,000	313,500	-6,000
16	LG전자	066570	183	1.28%	27,267,000	147,000	-2,000
17	엔씨소프트	036570	32	1.28%	27,200,000	844,000	-6,000
18	LG생활건강	051900	16	1.18%	24,976,000	1,541,000	-20,000
19	SK이노베이션	096770	88	1.11%	23,672,000	268,000	-1,000
20	삼성물산	028260	167	1.06%	22,545,000	139,000	4,000
21	하나금융지주	086790	457	1.01%	21,387,600	45,950	-850
22	HMM	011200	461	0.96%	20,468,400	45,750	1,350
23	삼성바이오로직스	207940	25	0.96%	20,425,000	854,000	37,000
24	삼성전기	009150	93	0.77%	16,368,000	170,000	-6,000
197	쿠쿠홀딩스	192400	2	0.01%	269,000	131,500	-3,000
198	SPC삼립	005610	3	0.01%	251,100	84,800	1,100
199	한일현대시멘트	006390	5	0.01%	220,000	43,650	-350

자료: 삼성자산운용(www.samsungfund.com)

그림 13-3   ETF 증권화 개념도

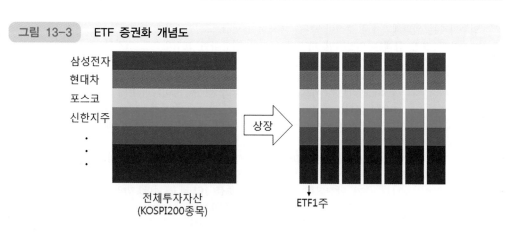

자료: 한국거래소, 「처음 만나는 ETF 이야기」, p. 26.

(2) 유통시장

발행시장에서 발행된 ETF가 거래소에 상장된 후에는 법인투자자를 포함한 모든 투자자가 다 ETF를 사고팔 수 있으며, 이 시장을 유통시장이라고 한다. 또한 거래소에 상장된 ETF는 일반주식과 동일한 방법으로 거래된다. 즉, 증권회사의 주식거래계좌를 통하여 ETF를 매수·매도할 수 있으며 매매주문도 전화나 ARS, HTS, MTS를 이용하여 접수 가능하다. 이때, 시장 조성을 위해 LP(liquidity provider)[8]라고 불리는 유동성공급자를 반드시 두어야 한다.

3. ETF 설정

ETF가 어떻게 만들어지는지 예를 들어 보자. 현재 KOSPI200구성종목의 현황이 〈표 13-1〉과 같고 KOSPI200은 100포인트라고 가정하자. 운용회사는 시장상황을 고려하여 ETF 상품을 설계하고 투자설명서에 추적대상지수는 KOSPI200, 발행단위(CU)는 ETF 주식 100,000주,[9] ETF 상장가액은 10,000원(ETF의 NAV)으로 공시하였다. 어

표 13-1   KOSPI200 현황 및 시가총액

순위	종목명	현재가	총발행주식수	시가총액(억원)	시가총액비중
1	주식1	1,557,000	140,679,337	2,190,377	20.09%
2	주식2	50,600	641,964,077	324,834	2.98%
3	주식3	161,500	189,690,043	306,349	2.81%
4	주식4	40,950	728,002,365	298,117	2.73%
5	주식5	134,000	220,276,479	295,170	2.71%
⋮	⋮	⋮	⋮	⋮	⋮
200	주식200	29,900	7,222,812	2,160	0.02%
시가총액				10,904,824	

[8] LP는 일정시간 동안 일정한 범위 내의 호가가 없을 경우 의무적으로 매수 또는 매도호가를 제시하여 유동성을 공급하며, ETF 시장가격이 NAV(net asset value: 총순자산가치)에서 과도하게 벗어나는 경우 NAV에 가까운 호가를 제시함으로써 ETF의 가격괴리가 커지는 것을 방지하는 역할을 담당한다.

[9] KOSPI200이 100포인트일 경우 10억원 규모의 펀드를 구성하여 ETF 주식을 100,000주 발행하면 ETF 1주당 10,000원(＝10억원/100,000주) 정도의 가격으로 거래가 이루어질 수 있다.

표 13-2　PDF구성내역 산출

종목명	내용	청약주식수
주식1	(10억원×20.09%)/1,557,000원	129주
주식2	(10억원×2.98%)/50,600원	589주
주식3	(10억원×2.81%)/161,500원	174주
주식4	(10억원×2.73%)/40,950원	667주
주식5	(10억원×2.71%)/134,000원	202주
⋮	⋮	⋮
주식200	(10억원×0.02%)/29,900원	7주

떻게 ETF를 설정하는지 구체적으로 살펴보자.

먼저, KOSPI200을 구성하고 있는 각 종목이 KOSPI200에서 차지하고 있는 비중을 구해야 한다. 이는 구성종목의 시가총액에서 각 구성종목이 차지하는 비중으로 계산할 수 있다. 각 구성종목의 시가총액은 현재가×총발행주식수로 계산한다. 예를 들어, 삼성전자의 시가총액은 1,557,000원×140,679,337주=2,190,377억원이다. 200개 종목의 시가총액을 모두 합하면 총시가총액 10,904,824억원이 된다.

만약, 10억원으로 ETF 펀드를 구성할 경우 운용회사는 청약 대상종목 및 주식수를 시가총액비중 기준으로 〈표 13-2〉와 같이 설정하여 PDF에 공시(전종목 편입하고 현금 등은 없다고 가정함)한다.

법인투자자는 공시한 주식(주식1: 129주, 주식2: 589주, 주식3: 174주, 주식4: 667주, 주식5: 202주, …, 주식200: 7주)을 납입하면, 운용사는 주식의 입고를 확인 후, ETF 주식 100,000주를 발행하여 투자자에 교부한다. 만약, 투자자가 위의 주식수를 정수배(주식1: 258주, 주식2: 1,178주, 주식3: 348주, 주식4: 1,334주, 주식5: 404주, …, 주식200: 14주)로 청약할 수도 있는데 이 경우에 운용사는 ETF 200,000주를 발행한다.

4. ETF의 투자지표

ETF는 거래소에 상장되어 실시간으로 주식시장에서 거래되므로 ETF를 실제로 매수하거나 매도하는 가격은 ETF 시장에서의 수요와 공급에 의해서 체결되는 시장가격이다. 주식이나 파생상품에서 이론가격이 있듯이 ETF도 이론가격이 있는데 이를 NAV(net asset value: 총순자산가치)라고 한다. NAV는 펀드를 구성하고 있는 주식과 보유현금, 그리고 이를 보유함으로써 얻게 되는 배당금 및 이자소득에서 부채 및 관련비용을 차감한 금액이며, 이를 다시 ETF 총발행주식수로 나눈 값이 주당 순자산가치이다.

$$\text{주당 NAV} = \frac{\text{총순자산가치(= ETF 총자산 − 부채 및 관련비용)}}{\text{ETF 총발행주식수}}$$

일반적으로 ETF는 분기별로 3개월치에 해당하는 운용보수를 현금으로 운용사에 지급하는데 이를 하루치의 보수로 계산하여 미지급보수라는 이름으로 매일의 부채로 인식하며, 이 금액을 차감하여 주당 NAV를 계산하고 있다.

예를 들어, T일에 삼성전자주식 2억원, 현대차 1억원, 현금 1천만원을 자산으로 보유하고 있고, 미지급보수 1백만원을 부채로 가지고 있다고 하자. ETF 주식을 10만주 가지고 있을 경우 ETF의 주당 NAV는 3,090원[=((2억+1억+1천만원)−1백만원)/10만주]이 된다.

만일 NAV보다 ETF의 시장가격이 낮다면 매수가 증가하여 시장가격이 상승하고, 반대로 NAV보다 ETF의 시장가격이 높다면 매도가 증가하여 시장가격이 하락하게 되어 결국 NAV와 시장가격 사이의 괴리가 줄어들게 됨으로써 NAV와 시장가격이 균형을 이루게 된다.

이와 같이 중요한 투자지표인 당일의 NAV는 장 종료 후 산출하여 그 다음날 공표하기 때문에 증권회사는 이를 전일 NAV라는 표현으로 투자자에게 제공한다. ETF는 기초자산가격의 움직임을 그대로 추종하도록 만든 상품이기 때문에 투자자간의 수요와 공급에 의한 거래결과에 의해 결정되는 ETF의 시장가격도 기초자산의 가격움직임을 그대로 따라가야 한다. 하지만 실제 ETF의 NAV는 장이 종료된 후 하루에 한 번 계산되어 그 다음날 공표되기 때문에 ETF의 장점인 거래소에서 주식과 같이 거래된다는 점을 고려할 때 거래시간 중에 NAV를 알 수 없다면 투자의사결정에 큰 어려움이 따른다. 따라서 한국거래소는 거래시간 중에 추정 NAV를 전일 공표된 자산구성내역(PDF)을 기초로 실시간으로 다음과 같이 계산하여 발표하고 있다.

$$추정 \ NAV = \frac{\sum_{i=1}^{N}(주식 i의 \ 현재가 \times 주식 i의 \ 편입주식수) + 현금}{1CU \ ETF주식수}$$

예제 | ETF의 추정 NAV ● ● ●

1일 3일에 KOSPI200이 100일 경우 ETF를 설정하였고 상장가액이 10,000원(NAV)이
었다. 1월 4일 KOSPI200구성종목의 주가가 다음과 같이 변하여 KOSPI200지수가
100.39가 되었다고 가정할 경우 ETF의 추정 NAV를 계산하시오.

(단위: 원)

종목명	1월3일 주가	1월 4일 주가	1월 3일 청약주식수 (PDF)	1월 3일 ∑(주가×편입주식수)	1월 4일 ∑(주가×편입주식수)
주식1	80,800	85,000	7,975	644,380,000	677,875,000
주식2	122,500	128,000	948	976,937,500	1,020,800,000
주식3	344,500	350,000	214	2,747,387,500	2,791,250,000
주식4	889,000	870,000	78	7,089,775,000	6,938,250,000
주식5	114,000	120,000	533	909,150,000	957,000,000
⋮	⋮	⋮	⋮	⋮	⋮
주식200	220,000	210,000	5	1,100,000	1,050,000
합계				1,000,000,000	1,003,909,616

┃답┃

추정NAV = 1,003,909,616원/100,000주 = 10,039원

이는 1월 3일 시가총액 1,000,000,000원 (KOSPI200 100포인트)이 1월 4일 1,003,909,616원
(KOSPI200 100.39포인트)로 0.39% 상승한 것과 동일하게 상승한 것이 된다.

5. ETF의 특징

ETF는 상품의 속성상 일반펀드와 동일하고 거래방법은 주식과 동일한 하이브리
드(hybrid) 상품에 속하며, 다음과 같은 특징을 갖고 있다.

첫째, ETF의 가격은 특정지수 및 특정자산의 가격 움직임에 따라 결정되는 상품

으로서 특정지수 및 특정자산의 가격이 상승(하락)하면 그 비율만큼 가격이 상승(하락)한다. 즉, 특정지수 및 특정자산의 가격이 해당 ETF의 가격(=지수×상품별 가격배율)이라 할 수 있다.

둘째, ETF는 특정지수 및 특정자산가격에 포함된 종목으로 이루어진 주식현물바스켓(주식형 ETF인 경우)을 세분화한 증서이기 때문에 1주만 매수해도 분산투자 효과가 있다.

셋째, ETF는 다른 펀드와는 달리 발행시장에서 설정 또는 환매 시 현금이 아닌 현물(주식형 ETF인 경우 주식바스켓+현금)로 납입/환매가 이루어진다.

넷째, 시장조성자(market maker)가 존재하여 ETF가 대상지수 및 가격을 잘 추적할 수 있도록 가격을 형성하며 시장에 유동성을 제공한다.

다섯째, ETF는 거래소시장에서 주식과 동일한 방법으로 거래된다. 하지만 ETF의 거래비용은 주식과 동일하게 증권회사 위탁수수료와 낮은 운용보수(0.07-0.99%)[10]를 지급할 뿐만 아니라 국내주식형 ETF의 매도 시에는 주식에 존재하는 0.25%의 증권거래세[11]도 부과되지 않아 일반펀드에 비해 거래비용을 최소화할 수 있다.

여섯째, ETF 가격은 대상 지수 및 가격의 움직임을 충실히 반영할 뿐만 아니라 펀드를 구성하고 있는 현물주식바스켓(주식형 ETF인 경우) 내역과 순자산가치를 매일 공표하기 때문에 상품의 투명성이 높다.

한편, 일종의 인덱스펀드인 ETF와 일반 인덱스펀드의 비교는 〈표 13-3〉에 나타내었다. 일반 인덱스펀드는 환매가능 여부에 따라 개방형과 폐쇄형으로 구분할 수 있다. 개방형은 언제든지 보유주식을 현금으로 환금할 수 있는 펀드이고 폐쇄형은 펀드의 존립기간, 즉 약정된 투자기간 동안은 환매할 수 없는 펀드이다.

폐쇄형펀드도 ETF와 마찬가지로 거래소에 상장되어 거래된다. 하지만 폐쇄형펀드는 배당의 재투자 및 유상증자 등의 특별한 경우를 제외하고 추가납입이 불가능하므로 수급불균형으로 순자산가치(NAV)와 거래가격 간에 괴리가 발생할 경우 이를 해

---

10 일반펀드는 운용보수(1~3%)와 중도환매수수료로 인하여 거래비용이 비싸다.
11 국내주식형 ETF는 지급되는 분배금에 대해서만 배당소득세(15.4%)를 과세하고 매매차익에 대해서는 배당소득세 또는 양도소득세가 부과되지 않는다. 하지만, 기타 ETF의 경우 매매차익과 분배금을 지급받을 때에는 15.4%의 소득세가 존재하며 이는 일반펀드의 매매 시에도 동일하다.

표 13-3   ETF와 일반 인덱스펀드의 비교

구분	ETF(개방형)	인덱스펀드	
		개방형	폐쇄형
발행형태	주식바스켓 납입 CU단위의 배수로만 발행	현금납입	
추가발행	가능	가능	불가능
상 장	상장의무화	상장불가	상장의무화
시장거래	주식과 동일하게 거래	시장거래불가	시장거래
최소발행/환매단위	CU단위(50만주, 100만주 등)로 발행 및 해지가능	1주도 가능	
환매방법	실물(주식)지급	현금지급	
운용비용	일단 주식바스켓을 구성하면 종목을 교체하는 경우가 드물고, 추가설정 또는 환매를 위한 주식의 매수, 매도가 없는 등 거래비용 저렴	추가설정, 잦은 환매에 따른 상대적으로 높은 주식거래비용 발생	
투명성	CU단위의 자산구성내역 공시 장중 실시간 NAV 및 지수 공시	해당사항 없음	
유동성	지정판매회사(AP) 존재	해당사항 없음	

소할 장치가 없어 할인 및 할증되어 거래되는 것이 빈번하다는 단점이 있다. 이에 비해 ETF는 개방형펀드이기 때문에 수급불균형으로 순자산가치와 거래가격간의 괴리가 발생할 경우 펀드의 발행 및 환매를 통해 거래소시장에서 차익거래를 통해 가격괴리를 해소할 수 있다.

6. ETF의 종류

ETF는 기초자산의 종류와 성격에 시장대표 ETF, 섹터 ETF, 스타일 ETF, 해외지수 ETF, 채권 ETF, 파생상품 ETF, 상품 ETF, 통화 ETF, 테마 ETF로 구분할 수 있다. 시장대표 ETF는 KOSPI200, KRX100 등을 추종하는 ETF들이고, 섹터 ETF는 상장기업을 업종별로 구분하여 해당 업종의 주가흐름을 추종하도록 만든 ETF다. 대표적으로 반도체, 은행, IT 자동차, 증권, 조선, 건설, 철강, 보험, 소비재, 운송 등 거의 모든 종류의 섹터 ETF가 상장되어 있다.

스타일 ETF는 성장 가능성이 높은 성장형 종목들이나 자산, 매출액, 현금흐름, 순이익, 배당 등 기업활동의 본질에 해당하는 가치 요소가 높은 종목들을 선별하여 성장과 가치요소의 점수가 높은 종목을 많이 편입하는 ETF로 가치주 ETF, 중형가치 ETF, 중소형가치 ETF 등의 이름으로 상장되어 있다.

해외지수 ETF는 중국 ETF(A주 ETF 2종목, H주 ETF 2종목), 미국 ETF(S&P500, 나스닥), 남미국가(라틴, 브라질), 일본 및 기타 국가가 혼합된 브릭스(BRICS) ETF 등이 상장되어 있다.

채권 ETF는 KTB인덱스나 MKF 국고채지수 등을 추종하는 ETF로 다른 어떤 ETF보다 가격변동이 훨씬 적은 ETF이고, 최근 발생된 파생형 ETF는 기초자산 중 선물과 같은 파생상품이 중요한 역할을 하는 ETF로 레버리지 ETF, 인버스 ETF, 곱버스 ETF가 있다.

레버리지 ETF는 KOSPI200지수의 일간 등락율을 2배씩 추적하는 ETF로서 하루 동안 KOSPI200이 1% 오르면 레버리지 ETF의 NAV는 2% 올라가고 반대로 KOSPI200이 1% 하락하면 레버리지 ETF의 NAV는 2% 하락하여 오를 때 더 오르고 내릴 때 더 내리는 상품이다. 따라서 레버리지 ETF은 구성종목은 최근월물 선물매수와 주식포트폴리오로 구성된다.

인버스 ETF는 기초자산이 현물이 아니라 선물이다. 즉, KOSPI200선물을 기초자산으로 하여 기초지수인 KOSPI200선물이 1% 내리면 인버스 ETF의 NAV는 1% 올라가고 반대로 KOSPI200선물이 1% 올라가면 인버스 ETF의 NAV는 1% 내려가는 ETF이다. 기초지수와 역방향으로 추적하기 위해 인버스 ETF의 구성종목은 최근월물 선물매도와 KOSPI200을 추종하는 ETF인 KODEX200 그리고 현금으로 구성된다.

기초지수인 KOSPI200선물이 하락할 경우 인버스 ETF의 구성종목인 선물매도로 인한 이익으로 인버스 ETF는 이익이 발생하여 기초자산과 반대방향의 손익이 발생하고, 반대로 기초지수인 KOSPI200선물이 상승할 경우 인버스 ETF의 구성종목인 선물매도로 인한 손실이 발생하여 인버스 ETF는 기초자산과 반대방향의 손익이 발생하게 된다.

곱버스 ETF는 '곱하기＋인버스'의 합성어다. 인버스 ETF와 마찬가지로 기초자산의 가격이 하락할 때 수익이 발생하는데 그 수익이 2배(곱하기)이다. 하지만 기초자산의 가격이 상승한다면 그 손실 또한 2배가 되어 고위험 상품에 해당한다. 대표적인 곱버스 ETF는 2016년 9월에 처음 설정된 삼성자산운용의 KODEX200선물인버스2X로서 KOSPI200선물을 2배로 추정한다. 특히, 곱버스 ETF는 기초자산의 가격을 2배로 추종하기 때문에 기초자산의 가격이 횡보할 경우 곱버스 ETF의 투자자는 손실을 보게 된다.

예를 들어, 기초자산의 가격이 6일 동안 1,000원, 1,030원, 980원, 1,000원, 1,100원, 1,000원으로 횡보할 경우 수익률은 $3\%(=-(1,030-1,000)/1,000)$, $4.85\%(=-(980-1,030)/1,030)$, -2.04%, -10%, 9.09%가 된다. 곱버스 ETF는 -2배로 추정하므로 수익률이 $-6\%(=3\%\times(-2))$, $9.71\%(=4.85\%\times(-2))$, -4.08%, -20%, 18.18%이다. 따라서 곱버스 ETF 가격이 1,000원, $940원(=1,000\times(1-6\%))$, $1,031원(=940\times(1+9.71\%))$, 989원, 791원, 935원이 되어 6일 후의 수익률은 $-6.48\%(=(935-1,000)/1,000)$로 손실을 보게 된다. 이는 기초자산 가격의 6일 후 수익률이 0%인 상황에서 인버스 ETF의 수익률 -2.18%, 레버리지 ETF의 수익률 -2.20%에 비해 큰 손실을 보게 됨을 알 수 있다.

기초자산 가격	인버스 ETF의 등락률(-1배)	곱버스 ETF의 등락률(-2배)	레버리지 ETF의 등락률(2배)	인버스 ETF	곱버스 ETF	레버리지 ETF
1,000				1,000	1,000	1,000
1,030	−3.00%	−6.00%	6.00%	970	940	1,060
980	4.85%	9.71%	−9.71%	1,017	1,031	957
1,000	−2.04%	−4.08%	4.08%	996	989	996
1,100	−10.00%	−20.00%	20.00%	897	791	1,195
1,000	9.09%	18.18%	−18.18%	978	935	978
수익률				−2.18%	−6.48%	−2.20%

이외에도 금, 원유 등 원자재 상6품을 기초자산으로 하는 상품 ETF와 통화를 기초자산으로 하는 통화 ETF, 배당주, SRI(사회적책임투자), 변동성 등 특정 테마에 해당되는 상장종목들을 선정하여 기초지수를 개발하여 만든 테마 ETF 등이 있다.

1. ETN의 개요

　2014년 11월에 한국거래소에 도입된 ETN(exchange traded note: 상장지수증권)은 기초지수[12] 변동과 수익률 변동이 연동되도록 증권회사가 발행한 파생결합증권이다. ETN은 증권회사가 자기신용으로 발행하는 일종의 회사채 또는 약속어음으로서 만기가 없는 ETF와 달리 만기(1년~20년)가 존재한다.

　하지만 채권처럼 고정된 이자를 주거나 ELS처럼 발행 시 약정한 조건에 따라 확정 수익률을 지급하는 것이 아니라 ETN은 기초지수 수익을 투자자에게 지급하기로 약속하기 때문에 ETN으로부터 얻는 수익이 현재 정해진 것이 아니다. 예를 들어, ETN 투자원금이 1,000만원이고 만기까지 기초지수 수익률이 50%, 제비용이 10만원일 경우 투자자는 1,490만원(=1,000만원×1.5−10만원)을 받는다. 또한 투자자 입장에서 ETN은 주식이나 채권 등에 직접 투자하는 것이 아니라 펀드나 ETF와 같이 원금 비보장형 간접투자 방식의 상품이다.

　ETN은 반드시 거래소에 상장되어 만기 이전에는 주식이나 ETF처럼 거래소에서 거래되며, 만기가 되면 투자기간 동안의 기초지수수익률에서 제비용을 제한 금액을 발행증권사가 지급한다.[13] ETN과 ETF는 모두 인덱스 상품으로 거래소에 상장되어 거래되는 측면에서 서로 유사하다.

　하지만 ETN은 기초지수 수익률을 지급해야 하는 계약상의 의무가 있는 증권이므로 추적오차 위험이 없이 기초지수 수익을 그대로 누릴 수 있는 장점이 있다. 이에 비해 ETF는 펀드라는 특성상 주식 등을 자산에 편입하여 별도의 신탁기관에 보관하고

---

12 기초지수는 ETN이 투자대상으로 삼고 있는 것으로서, 우량주 바스켓 지수, 배당지수, 국고채3년지수, 금지수 등이 모두 ETN의 기초지수가 될 수 있다.

13 만기 이전에도 중도환매(만기 이전에 투자자가 일정 규모 이상으로 ETN을 발행한 증권회사에 환매를 신청하면 발행회사는 해당 시점까지의 기초지수 수익에 제비용을 제외하고 투자자에게 지급) 또는 거래소 시장에서 매매가 가능하다.

표 13-4	ETN과 ETF 비교	
구분	ETN	ETF
정의	증권회사가 자기신용으로 지수수익률을 보장하는 만기가 있는 파생결합증권	자산운용사가 자산운용을 통하여 지수수익률을 추적하는 만기가 없는 집합투자증권(펀드)
발행회사의 신용위험	있음	없음(신탁재산으로 보관)
기초 지수 · 구성 종목수	5종목 이상 (주식형 ETN의 경우)	10종목 이상 (주식형 ETF의 경우)
기초 지수 · 자산운용 방법	발행자 재량 운용	기초지수 추적 운용 (운용 제약)
만기	1~20년	없음

자료: 한국거래소, 「자산관리의 떠오르는 별, ETF와 ETN」, p. 17.

자산의 실질적인 운용수익을 투자자에게 수익으로 돌려주는 과정에서 추적오차가 발생한다.

이외에도 분산투자기준 및 파생상품 거래 등에 있어 엄격한 자산운용 제한을 받는 ETF에 비해 ETN은 펀드가 아니기 때문에 주식형 ETN의 경우 기초지수의 최소구성종목수를 ETF의 10종목보다 낮은 5종목으로 만들 수 있어 자산운용 제한에 자유로울 뿐 아니라 투자목적에 충실한 다양한 지수를 유연하게 만들 수 있다. 〈표 13-4〉에 ETN과 ETF를 비교하여 정리하였다.

2. ETN 시장

ETN시장은 발행시장과 유통시장으로 나뉜다. 발생시장에서 ETN 발행자는 ETN을 발행하는 업무, 만기 또는 중도상환 시 수익률을 투자자에게 지급하고 이를 위해 자산을 운용(헤지) 하는 활동 등을 수행한다. ETN은 증권회사가 자기신용으로 발행하기 때문에 신용등급이나 재무안정성 등이 우수한 증권회사가 발행을 한다.

ETN을 발행하고자 하는 증권회사는 자기자본이 1조원 이상 되는 증권회사로 증권 및 장외파생상품 투자매매업인가를 3년 이상 유지하면서 신용등급이 AA-이상, 영업용순자본비율[14]은 200% 이상 충족하고 최근 3년간 적정 감사의견을 유지해야 하는

그림 13-4 ETN시장

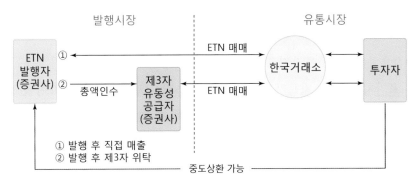

자료: 한국거래소, 「ETN 자산관리의 새로운 시작」, p. 2.

등 발행자로서의 자격요건이 엄격히 적용된다.

발행시장에서 신규 상장하는 ETN의 발행총액은 200억원 이상, 발행증권수 10만 증권이어야 한다. 또한 ETN은 1년 이상 20년 이내의 만기로 발행할 수 있다. ETN은 공모로 발행되어야 하는데 청약절차를 거치지 않고 발행사가 직접 또는 발행된 ETN 을 인수한 제3의 유동성공급자가 거래소 시장을 통해 매출(매도)함으로써 거래가 시작된다. ETN의 유통시장에서는 주식과 동일하게 거래되며 유동성공급자가 실시간으로 매수 및 매도호가를 공급하여 원활한 거래를 지원한다.

3. ETN 투자지표와 투자위험

(1) ETN 투자지표

1) 지표가치

한국예탁결제원에서는 ETN투자 시 ETF의 NAV와 유사한 개념인 지표가치(IV: indicative value)를 매 영업일 장종료 후 1회 제공한다. 지표가치는 ETN 발행 시점부터 일일 기초지수변화율을 누적한 누적수익률에서 일할 계산된 발행자의 운용비용 등

---

14 영업용순자본(＝자기자본－비유동성 자산)을 총위험액(보유자산의 손실예상액)으로 나눈 값을 말한다.

제비용을 차감하여 계산한다. 따라서 지표가치는 ETN 1증권당 실질적인 보유가치를 의미한다. 지표가치는 투자자가 중도상환할 경우 중도상환기준가(=당일지표가치−중도상환수수료(증권사 자율))로 활용된다.

실무적으로는 장중 투자지표로서 사용하기 위하여 실시간 지표가치를 제공한다. 실시간 지표가치는 전일 지표가치에 당일의 기초지수 변화율을 반영하여 산출하는데, 여기에는 운용보수 등의 세부적인 변동은 반영하지 않는다.

2) 괴리율

ETN 시장가격 적정성 여부를 판단하는 지표로 괴리율을 계산할 수 있다. 괴리율(=(ETN종가−지표가치)/지표가치)은 시장가격이 고평가되거나 저평가되는 정도에 따라 커지거나 작아진다. ETN은 기초지수를 추적하고 그 수익률을 지급받는 상품이므로 이론적으로 괴리율이 거의 발생하지 않지만 발행회사의 신용위험이 커지거나 유동성 공급이 원활하지 않을 경우에는 괴리율이 커질 수 있다. 만약 괴리율이 상당기간 지속되거나 분기에 일정 일자를 초과한 종목에 대해서는 거래소가 유동성공급자 교체를 발행회사에 요구하고 1개월 이내에 교체하지 않으면 투자자보호를 위해 해당 종목을 상장폐지한다.

(2) ETN 투자위험

ETN은 기초지수의 움직임에 연동되도록 설계된 인덱스 상품으로 지수 구성종목에 분산투자하기 때문에 개별주식에 투자할 경우에 발생하는 기업고유의 개별위험은 감소시킬 수 있으나 시장위험인 체계적 위험은 감소시킬 수 없다. 따라서 기초지수가 상승하면 이익을 보지만 기초지수가 하락하면 손실을 보게 되므로 ETN은 기초자산의 가격변동위험에 노출되어 있는 원금 비보장 상품이라는 점에 항상 주의해야 한다. 또한 ETN은 주식처럼 상장되어 거래되지만 주식과 달리 국내 주식형 ETN을 매도할 경우에는 증권거래세(0.23%)[15]가 면제되기 때문에 단기투자로 빈번히 거래할 수 있다.

---

15 2021년부터 코스피와 코스닥 모두 증권거래세 0.23%가 적용되고 있다.

이때 증권회사에 지불하는 위탁수수료 부담이 커짐에도 주의해야 한다.

한편, ETN은 무보증, 무담보의 일반사채와 동일하게 증권회사가 자기신용으로 발행하기 때문에 증권회사가 파산할 경우 발생할 수 있는 채무불이행위험(신용위험)이 있다. 이에 거래소는 발행회사의 자격요건을 엄격하게 정하고 있다. 만약 ETN 발행회사의 자격유지, 기초지수 요건, 유동성공급자 요건, 규모요건 등을 충족하지 못했거나 발행회사가 중요한 공시의무를 위반할 경우에는 만기 전이라도 ETN을 상장폐지될 수 있는 상장폐지위험이 존재한다.

ETN이 상장폐지되더라도 주식과 달리 투자금액 모두를 손실보는 것이 아니라 발행회사가 최종거래일의 지표가치에 해당하는 금액을 투자자에게 지급한다. 따라서 ETN의 경우 투자기간 동안 손실이 발생할 경우 ETN의 상장폐지와 함께 손실이 확정될 뿐이다.

| Section 3 | ELW(주식워런트증권) |

1. ELW 개요

ELW(equity linked warrant: 주식워런트증권)는 특정대상물(기초자산)을 사전에 정한 미래의 시기(만기일 또는 행사기간)에 미리 정한 가격(행사가격)으로 사거나(콜) 팔(풋) 수 있는 권리를 갖는 파생결합증권으로 정의하고 있다.

워런트는 누가 발행하는가에 따라 신주인수권(company warrant)과 주식워런트증권(covered warrant)로 구분되는데 신주인수권은 신주인수권부사채 발행 시 사채권자에게 발행회사의 주식을 인수할 수 있는 권리가 부여된 것으로 우리나라에서는 2000년 7월 신주인수권증권시장이 한국거래소에 개설되었다.

주식워런트증권은 원래 발행자가 기초자산을 전부 보유한 상태에서 발행하여 기초자산 가격의 변동에 따른 위험을 발행자가 보장(covered)할 수 있다는 점에서 커버드워런트(covered warrant)라는 용어를 사용하였으나, 최근에는 기초자산의 보유와 상관없이 현금결제 방식에 따른 파생상품 성격의 워런트가 주를 이루면서 주식의 발행자가 아닌 제3자가 발행하는 워런트를 총칭하여 커버드워런트라고 한다. 이 커버드워런트를 우리나라에서는 ELW(주식워런트증권)라는 용어로 통일하여 2005년 12월 한국거래소에 ELW시장을 개설하였다.

ELW와 옵션을 비교해 보면, 옵션은 옵션가격×25만원의 거래단위를 갖는 것에 비해 ELW는 옵션을 십원에서 몇백원(기초자산, 전환비율에 따라 상이)의 적은 금액 단위로 잘게 나누어 옵션을 증권화하여 주식처럼 거래할 수 있게 만든 소매상품이다. 이외에도, 옵션과 ELW는 다음의 몇 가지 차이를 제외하고 실질적으로 동일하다.[16]

첫째, 옵션은 불특정 다수의 투자자가 발행자가 될 수 있으나 ELW의 발행자는 장외파생금융상품 인가를 받은 증권회사만 가능하다.

둘째, 옵션은 투자자가 매수와 매도를 모두 할 수 있지만 ELW 매도(발행)는 금융기관(증권회사)으로 한정되어 있으므로 일반투자자는 매수만 가능하다.

셋째, 옵션은 유동성공급자(LP: liquidity provider)가 존재하지 않지만 ELW는 유동성공급자가 존재하여 유동성이 일반적으로 좋다.

넷째, 옵션은 별도의 파생상품계좌를 통해서 거래가 가능하고 증거금이 필요한 반면 ELW는 일반 증권계좌에서 거래되며 증거금이 필요 없다.

다섯째, 옵션은 거래소가 거래조건(만기, 계약단위, 결제일 등)을 미리 정한 방식에 따라 표준화되어 있지만 ELW는 발행주체에 따라 다양한 발행조건이 정해지므로 표준화가 이루어지지 않고 있다.

특히 옵션시장과 달리 ELW시장에만 존재하는 유동성공급자는 상시 매수 매도 호가 제시로 투자자들의 매매에 응해 줌으로써 시장의 수급불균형을 완화시키고 거래 활성화에 기여하여 전체 시장의 유동성을 제고하는 역할을 수행한다. 유동성공급자는 시장조성자로서 ELW에 유동성(호가)을 공급하면서, 거래한 ELW포지션(매수/매도)만큼 다른 헷지수단으로 헷지한다. 예를 들어, 유동성공급자로 지정된 A증권사가 삼성전자콜ELW를 매도했을 경우 A증권사는 일정량의 삼성전자 주식을 매수하여 헷지한다.

---

16 한국거래소, 「주식워런트증권 길라잡이」, pp. 10-11.

표 13-5 ELS와 주가지수(주식)옵션의 비교

구 분	ELW	주가지수(주식)옵션
발행주체	금융투자업자	옵션매도자(불특정 다수)
일반투자자	콜/풋 매수만 가능	콜/풋 매수 및 매도 가능
유동성제공	유동성공급자가 유동성 공급	유동성공급자가 없으며 시장수급에 의존
표준화정도	발행주체에 따라 다양함	표준화되어 있음
계약기간	다양(3개월-3년)	단기(주로 1년 이하)

2. ELW 투자지표

(1) 패리티

콜ELW의 패리티＝기초자산가격/행사가격, 풋ELW의 패리티＝행사가격/기초자산가격을 의미하므로, 패리티＞1이면 내가격 ELW, 패리티＜1이면 외가격 ELW, 패리티＝1이면 등가격 ELW를 나타낸다.

(2) 전환비율

만기에 ELW 1증권을 행사하여 취득할 수 있는 기초자산의 수를 말한다. 예를 들어, 기초자산이 주식일 경우 전환비율 0.2라는 것은 ELW 5개가 되어야 주식 1주가 되어 권리행사 시 기초자산 하나를 취득할 수 있다는 의미이다. 예를 들어, 삼성전자 ELW의 전환비율이 0.05라면 1개의 ELW로 삼성전자 주식 0.05주를 살 수 있다는 의미로서 삼성전자 1주를 사려면 삼성전자 ELW 20증권이 필요하다.

또한 KOSPI200이 현재 319.12이고 행사가격이 345인 KOSPI200콜ELW의 전환비율이 50이라고 하면, 이것은 KOSPI200콜ELW를 매수하여 행사일(최종거래일) 종가로 KOSPI200이 345를 넘는 1포인트당 50원씩 환산해서 준다는 의미로서, 1포인트가 50원이라는 의미이다.

(3) 프리미엄

프리미엄은 시간가치를 현재 기초자산가격 대비 백분율로 표시한 것이다. 투자자들이 잔존기간 중에 프리미엄만큼 기대하는 가치이며 ELW가 행사될 가능성을 의미한다.

$$프리미엄(\%) = \frac{ELW가격 - 내재가치}{기초자산가격} \times 100$$

$$콜ELW의\ 내재가치 = (기초자산의\ 가격 - 권리행사가격) \times 전환비율$$

$$풋ELW의\ 내재가치 = (권리행사가격 - 기초자산의\ 가격) \times 전환비율$$

(4) 유효 기어링

ELW의 가장 핵심적인 특징은 레버리지[17] 효과가 크다는 것이다. 기초자산 가격의 움직임에 해당 ELW의 가격이 얼마나 더 민감하게 변화하는지를 계량화하여 적은 비용으로 얼마나 큰 투자효과를 보는지 나타내는 지표가 유효 기어링(effective gearing)이다.

$$유효\ 기어링 = \frac{ELW수익률}{기초자산수익률} = \frac{\frac{\partial ELW}{ELW}}{\frac{\partial S}{S}} = \frac{기초자산\ 현재가}{ELW현재가} \times 델타$$

유효 기어링은 기초자산이 1% 상승(하락)할 경우의 ELW 상승(하락)률을 의미한다. 예를 들어, 1만원짜리 주식에 대한 권리(ELW)를 500원에 투자할 경우 기초자산이 100원 상승(하락) 즉, 기초자산이 1% 상승(하락)할 때 ELW가 100원(20%) 상승(하락)하면 레버리지가 20배가 된다는 의미이다. 다시 말하면, 레버리지가 20인 ELW는 기초자산이 1% 변화할 경우 ELW는 20% 변화한다는 것을 뜻한다.

이처럼 ELW는 주식투자보다 현금지출이 적고 주식이 예상방향으로 움직일 때

---

17 기초자산 가격의 움직임에 해당 ELW의 가격이 얼마나 더 민감하게 변화하는지를 계량화하여 적은 비용으로 얼마나 큰 투자효과를 보는지 나타낸다.

레버리지로 인해 주식보다 높은 수익률을 얻을 수 있기 때문에 주식투자의 대안으로 고려된다. 하지만 기초자산 가격이 하락할 경우에는 ELW 가격의 하락 폭이 더 클 수 있기 때문에 레버리지 효과로 인해 훨씬 큰 손해를 볼 수도 있음에 주의해야 한다.

(5) 손익분기점

투자자가 ELW에 투자한 원금을 회수하기 위해서는 잔존기간 동안 기초자산의 가격이 투자자의 기대치 이상 올라야 한다. 일반적으로 ELW 투자자의 손익분기점은 다음과 같이 구할 수 있다.

$$콜ELW의\ 손익분기점 = 행사가격 + \frac{ELW가격}{전환비율}$$

$$풋ELW의\ 손익분기점 = 행사가격 - \frac{ELW가격}{전환비율}$$

예를 들어, KOSPI200이 319.12이고 KOSPI200콜ELW(전환비율 50, 행사가격 345) 가격이 305원일 경우, 콜ELW 손익분기점 = 행사가격(345) + ELW가격(305원)/전환비율 (50) = 351.1 즉, 현재 콜ELW에 투자하고 만기시점에 KOSPI200이 351.1이면 투자원금만 회수하여 투자자의 손익은 0이 되어 손실도 이익도 없게 된다.

만약 손익분기점 이상으로 주가가 상승하면 수익은 무한대로 증가하게 된다. 예를 들어, 만기에 KOSPI200이 362.98이라면, 주식 투자 시 수익률은 14%[= (362.98 − 319.12)/319.12]가 되고 ELW투자 시 수익률은 194.75%[= ((362.98 − 345) × 50 − 305)/305]가 된다. 순익분기율은 (손익분기점 − 기초자산 현재가)/기초자산현재가로서 (351.1 − 319.12)/319.12 = 10.02%로 계산된다.

(6) 자본지지점

주식과 ELW의 수익률이 같아지는 시점까지 도달하기 위해 필요한 주식의 연간 기대상승률을 의미한다. 즉, 동일한 투자원금으로 주식 또는 ELW 중 어느 것을 보유하더라도 만기일의 최종 실현가치가 같게 되는 주식의 연간 기대상승률을 의미하며

다음과 같이 계산한다.[18]

$$자본지지점 = \left[\left(\frac{행사가격}{기초자산가격 - ELW가격/전환비율}\right) - 1\right] \times 100\%$$

$$= \left[\left(\frac{345.00}{319.12 - 305/50}\right) - 1\right] \times 100\% = 10.2166\%$$

예를 들어, 주식가치가 319.12이고 기대상승률이 10.2166%[19]이면 만기일에 주식 가치는 351.7232까지 상승하게 된다. 이 경우 만기 시에 ELW가 행사되어 ELW가치 = 351.7232 − 345.00 = 6.7232가 된다. 이는 ELW의 투자수익률이 10.2164%[= (6.7232 − (305/50))/(305/50)]가 되어 주식가치 수익률과 ELW 수익률이 서로 같아짐을 알 수 있다.

Section **4** | # ELS(주가연계증권)

1. ELS 개요

ELS(equity linked securities: 주가연계증권)는 이름에서도 알 수 있듯이 주가 움직임 에 따라 일정한 수익률을 받게 되는 파생결합증권으로 증권회사가 자기신용으로 발행 하는 장외상품이다. 예를 들어, KOSPI200이 10% 상승한다면 미리 정해 놓은 12%의 수익률을 주고 15% 하락한다면 10%의 손실을 주는 식이다. 물론 수익률을 받게 되는 조건은 상품에 따라 매우 다양하다. 증권사가 판매하는 ELS와 유사한 상품으로 은행 은 ELD(equity linked deposit: 주가연계예금), 자산운용사는 ELF(equity linked fund: 주가

---

18 현재 기초자산가격이 S이고 만기시점까지 매년 y만큼씩 n년 간 상승한다고 가정하면 만기일에 주 식의 투자수익률은 $[S(1+y)^n - S]/S$이고, ELW의 투자수익률은 $[(S(1+y)^n - X) - ELW가격]/ELW가격$ 이다. 따라서

$$[S(1+y)^n - S]/S = [(S(1+y)^n - X) - ELW가격]/ELW가격 \rightarrow y = \left[\left(\frac{X}{S - ELW가격}\right)^{\frac{1}{n}} - 1\right] \times 100\%$$

19 반올림 오차를 줄이기 위해 소수점 넷째 자리까지 표시하였음.

연계펀드)를 판매하고 있다.[20]

　ELS의 수익률을 지급할 때 주식이나 KOSPI200의 변동에 연계하여 줄 경우 주식이나 KOSPI200을 기초자산이라고 하는데 기초자산이 하나일 수도 있고 여러 개일 수도 있다. 또한 기초자산이 주식이나 주가지수가 아닌 금리, 통화(환율), 실물자산(금, 은, 원자재 등), 신용위험(기업신용등급의 변동, 파산 등)이 될 수도 있는데 이를 기초자산으로 하여 이들의 변동에 따라 미리 정해진 방법에 의해 수익률이 결정되는 증권을 DLS(derivatives linked securities)라고 한다.

표 13-6　ELS와 DLS

구분	기초자산		기초자산의 예
ELS	주식	주식	삼성전자, 현대차, 포스코 등
		주가지수	KOSPI200, HSCEI, EuroStoxx50 등
DLS	금리		CD91일물 등
	통화		원/달러환율, 달러/위안화 환율
	실물(금, 석유 등)		런던금가격지수, 런던은가격지수 등
	신용위험		중국교통은행 신용사건 등

　ELS는 금융기관간 또는 금융기관과 일반 기업 사이의 맞춤 거래를 기본으로 하는 비표준화된 상품으로 거래의 결제 이행을 보증하는 거래소가 없기 때문에 영업용순자본비율(net capital ratio)이 300% 이상이며, 장외파생상품 전문 인력을 확보하고 금융위원회가 정하는 '위험관리 및 내부통제 등에 관한 기준'을 충족하는 투자매매업자(증권사)만이 ELS를 발행할 수 있다.

20　ELD는 주가(주가지수)의 변동과 연계해 수익이 결정되는 은행판매 예금으로서, 투자원금을 정기예금 등의 안전자산에 운용하여 발생하는 이자의 일부 혹은 전부를 주가(주가지수) 변동에 연동한 파생상품에 투자하는 구조다. ELS와 비슷하지만 정기예금이기 때문에 예금자보호법에 따라 원금이 보장된다. 중도해지가 가능하지만 해지할 때 원금 손실을 볼 수 있다. 원금이 보장되지 않는 증권사의 ELS에 비해 수익률은 다소 낮지만, 안정성이 높은 편이다. 한편, ELF는 ELS를 펀드로 만든 수익증권으로 주가(주가지수)의 변동과 연계돼 수익이 결정되며 증권회사뿐 아니라 은행도 판매할 수 있다. ELF는 투자금액의 상당액을 채권으로 운용하면서 여기에서 발생하는 이자로 증권사가 발행하는 ELW에 투자한다.

2. ELS 상품의 손익구조

　현재 유통되는 파생결합증권 상품유형 중에서 가장 높은 비중을 차지하고 있는 ELS의 가장 큰 특징은 다양한 손익구조를 갖는다는 점이다. 하지만 ELS의 다양한 손익구조는 복잡하고 이해하기 어렵기 때문에 다양한 손익구조 자체가 ELS의 장점이기도 하지만 투자자들의 ELS에 대한 이해를 가로막는 단점이 된다.

　ELS의 수익구조는 원금의 보장여부에 따라 원금이 보장되는 원금보장형 ELS와 원금을 보장받지 못하는 원금비보장형 ELS로 분류할 수 있다. 원금보장형 ELS는 운용자금의 대부분을 안정적인 채권에 투자하고 나머지 자금은 주가와 연동되는 옵션 등 파생상품에 투자함으로써 초과수익을 확보하는 수익구조를 갖고 있다. 하지만 원금보장이라는 제약으로 만기수익이 제한적일 수밖에 없다.

　반면 원금비보장형은 기초자산, 만기, 원금보장 정도, 기대수익률 등이 다양한 여러 상품이 가능하므로 보다 매력적인 수익구조를 가질 수 있지만 그만큼 위험도 커진다는 단점이 있다.

(1) 원금보장형 ELS의 사례

　원금보장형 ELS는 장애옵션(barrier option)을 적용한 낙아웃(knock out) 콜 형태가 대표적이다. 즉, 일정한 상한(혹은 하한)가격(barrier)을 미리 설정해 놓고 만기 이전에 한 번이라도 상한(혹은 하한)가격에 도달하면 옵션이 생기거나(knock in) 옵션이 소멸(knock out)되는 장애옵션을 이용하여 원금보장형 ELS를 설계할 수 있다.

　예를 들어, 〈그림 13-5〉에 나와 있는 우리투자증권 ELS 제7878회의 경우 기초자산은 KOSPI200을 기준으로 하며 만기일에 원금이 보장되는 수익구조를 가진다. 〈그림 13-5〉의 가로축은 최초기준가격 대비 기초자산가격을 의미한다. 최초기준가격이란 투자시작시점의 기초자산가격이며 100%의 값을 갖는다. 따라서 가로축의 값이 100%보다 작으면 기초자산가격이 하락한 것을 의미하고 100%보다 크면 기초자산 가격이 올라간 것을 의미한다. 만약 120%라면 기초자산가격이 20% 상승한 것을 나타낸다. 한편, 세로축은 ELS의 수익률을 나타낸다.

　〈그림 13-5〉의 손익구조에서 ①, ②, ③은 만기 시에 받게 되는 수익률을 나타내

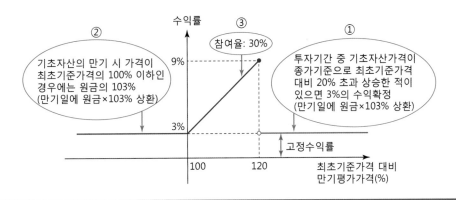

그림 13-5 　원금보장형 ELS의 수익구조 예시

고 있다. 먼저 ① 투자기간 중에 기초자산가격이 최초기준가격보다 한 번이라도 20% 이상 상승할 경우 만기 시에 3%의 수익을 준다. 즉 기초자산가격의 상한가격을 120% 로 미리 정해 놓고 기초자산가격이 120% 이상 올라가는 낙아웃(knock out) 조건[21]을 충족하면 수익률을 고정금액(rebate)으로 3%를 준다는 의미이다.

만일 만기 시에 기초자산가격이 최초기준가격의 100% 이하인 ②의 경우에도 고정금액으로 3%를 주기 때문에 원금의 103%를 보장받게 된다. 한편, 기초자산가격이 100%와 120% 사이에서 움직일 경우 즉, ①과 ②의 경우가 아닌 때에는 참여율 30% 를 고려하여 수익률을 지급하게 된다. 참여율이란 이익에 참여할 수 있는 비율을 의미하는데 예를 들어, 참여율이 30%일 때 기초자산이 20% 상승하였다면 투자자는 6%(=20%×30%)의 투자수익을 얻게 된다.

따라서 ③의 경우 기초자산가격이 상승하였으나 낙아웃조건을 충족하지 못하였을 경우 즉 기초자산가격이 한 번이라도 20% 이상 상승하지 못하였을 경우에는 최소 3%에서 최대 9%(=3%+6%) 사이의 수익률을 얻게 된다.

---

21 만기까지의 기간 동안 기초자산의 가격이 수익률수익지급의 제한선(barrier)에 한 번이라도 도달하면 기초자산가격에 연동하는 옵션이 사라져 만기지수와 관계없이 수익률이 고정된다.

(2) 원금비보장형 ELS의 사례

최근에는 스텝다운형의 원금비보장형이 대세를 이루고 있으며, 〈그림 13-6〉에 나와 있는 미래에셋증권 제7130회 ELS의 수익구조를 예를 들어 살펴보기로 하자. 기초자산은 KOSPI200과 HSCEI지수 두 개이고 만기는 3년이다.

〈그림 13-6〉에서 ①부분은 조기상환 부분이다. 즉, 미래에셋증권 제7130회 ELS는 낙아웃 조건으로 90/90/90/85/85를 두고 있는데, 이는 투자한 후 매 6개월마다 모든 기초자산의 가격이 최초기준가격의 90%(90%, 90%, 85%, 85%) 이상인 경우에는 고정수익률 연6.3%를 주고 조기상환한다는 의미이다.

다시 말하면, 최초 투자이후 6개월이 되는 날 모든 기초자산의 가격이 최초기준가격의 90% 이상이 되면 3.15%(=6.3%/2), 마찬가지로 12개월, 18개월, 24개월, 30개월 되는 날 모든 기초자산의 가격이 최초기준가격의 90%, 90%, 85%, 85% 이상이 되면 투자자는 6.3%, 9.45%(=6.3%+3.15%), 12.6%(=9.45%+3.15%), 15.75%(=12.6%+3.15%)를 만기 전에 받고 ELS는 종결된다.

②, ③, ④는 만기상환 시의 수익률을 나타낸다. ②는 만기에 모든 기초자산가격

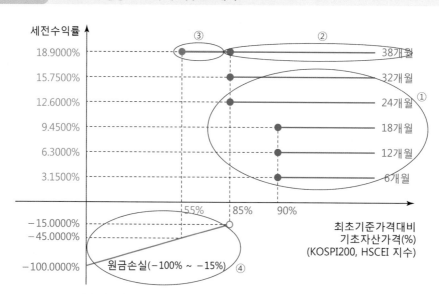

그림 13-6   원금비보장형 ELS의 수익구조 예시

이 최초기준가격의 85%이상이면 18.9%(연 6.3%)의 수익률을 지급한다. 그리고 ②의 경우에 해당하지 않고 만기평가일까지 모든 기초자산 중 어느 하나도 최초기준가격의 55% 미만으로 하락한 적이 없는 경우인 ③의 경우에도 18.9%(연 6.3%)의 수익률을 지급한다.

하지만 ④의 경우에는 만기평가일까지 모든 기초자산 중 어느 하나라도 최초기준가격의 55% 미만으로 하락한 적이 있다는 낙인(knock in)조건이 붙는다. 즉, 만기평가일까지 어느 하나의 기초자산이라도 최초기준가격의 55% 미만으로 하락할 경우에는 [(만기평가가격/최초기준가격)−1]×100%만큼을 투자수익률로 지급하기 때문에 최소 15%의 손실부터 최대 100%까지 원금 손실을 보게 된다.

예를 들어, KOSPI200지수가 만기 시까지 50% 하락하였다가 다시 상승한 적이 있고 만기평가일의 기초자산가격이 최초기준가격의 85%였다고 할 경우 낙인조건을 만족하여 투자수익률은 −15%[=(85%/100%−1)×100%]가 된다.

1. ETF

- 발행시장
  - ETF의 설정과 환매기능을 담당
  - ETF 설정 및 ETF 증권의 발행: 법인투자자만 가능
    → 납입해야 하는 주식바스켓의 구성내역은 운용회사(집합투자업자)가 공시하는 자산구성내역(PDF)에 있음.

- 유통시장
  - 거래소에 상장 후 주식과 동일한 방법으로 매매

- ETF의 종류
  - 시장대표 ETF: KOSPI200, KRX100 등 시장을 대표할 수 있는 지수를 추종
  - 섹터 ETF: 상장기업을 업종별로 구분하여 해당 업종의 주가흐름을 추종
  - 스타일 ETF: 기업특성과 성과형태가 유사한 주식집단으로 구성된 지수를 추종
  - 테마 ETF: 시장의 특정 테마를 형성하는 종목으로 개발한 기초지수를 추종
  - 채권 ETF: 채권지수를 추종
  - 통화 ETF: 통화지수를 추종
  - 상품 ETF: 상품가격 또는 상품선물을 이용한 선물지수를 추종
  - 파생상품 ETF: 기초지수의 변동에 일정배율 연동하는 운용성과를 목표
    → 레버리지 ETF, 인버스 ETF, 곱버스 ETF

- ETF의 주당 NAV = $\dfrac{\text{총순자산가치}(=\text{ETF 총자산}-\text{부채 및 관련비용})}{\text{ETF 총발행주식수}}$

2. 상장지수증권(ETN)

- ETF와 ETN 비교

구 분	ETN	ETF
정의	증권회사가 자기신용으로 지수수익률을 보장하는 만기가 있는 파생결합증권	자산운용사가 자산운용을 통하여 지수수익률을 추적하는 만기가 없는 집합투자증권(펀드)
발행회사의 신용위험	있음	없음(신탁재산으로 보관)

구 분		ETN	ETF
기초 지수	구성 종목수	5종목 이상 (주식형 ETN의 경우)	10종목 이상 (주식형 ETF의 경우)
	자산운용방법	발행자 재량 운용	기초지수 추적 운용(운용 제약)
만기		1년~20년	없음

- ETN 투자지표
  - 지표가치: ETN 발행 시점부터 일일 기초지수변화율을 누적한 누적수익률에서 일
     할 계산된 발행자의 운용비용 등 제비용을 차감
  - 괴리율: (ETN종가 − 지표가치)/지표가치

- ETN 투자위험
  - 가격변동위험
  - 채무불이행위험(신용위험)
  - 상장폐지위험

3. 주식워런트증권(ELW) 투자지표

- 패리티: 패리티 > 1(내가격), 패리티 < 1(외가격), 패리티 = 1(등가격)

- 전환비율: ELW 1증권을 행사하여 취득할 수 있는 기초자산의 수를 전환비율

- 프리미엄: $\dfrac{ELW\,가격 - 내재가치}{기초자산가격} \times 100$

- 유효 기어링 $= \dfrac{ELW\,수익률}{기초자산수익률} = \dfrac{\dfrac{\partial ELW}{ELW}}{\dfrac{\partial S}{S}} = \dfrac{기초자산\,현재가}{ELW\,현재가} \times 델타$

- 손익분기점: 콜ELW의 손익분기점 $=$ 행사가격 $+ \dfrac{ELW\,가격}{전환비율}$

  풋ELW의 손익분기점 $=$ 행사가격 $- \dfrac{ELW\,가격}{전환비율}$

- 자본지지점 $= \left[\left(\dfrac{X}{S - ELW\,가격} \right)^{\frac{1}{n}} - 1 \right] \times 100\%$

4. 주가연계증권(ELS)

- ELS 상품의 손익구조: 다양함
  → 초기에는 원금보장형 ELS
     최근에는 원금비보장형 ELS

Q1. 다음 증권상품에 대한 설명 중 틀린 것은? (   )

① ETF는 일종의 인덱스펀드이다.

② ETF와 ELS는 장내상품인 반면 ELW는 장외상품이다.

③ ELW의 경제적 성질은 옵션상품이고 ELS는 조건부확정수익 상품이다.

④ ELW와 ELS는 파생결합증권이다.

Q2. 다음 ETF에 대한 설명으로 맞는 것은? (   )

① ETF는 파생결합증권이다.

② ETF의 설정과 환매는 일반펀드와 동일하다.

③ ETF의 발행시장에 개인투자자도 참여할 수 있다.

④ ETF의 발행은 CU의 정수배로만 한다.

Q3. 다음 중 ETF의 특징이 아닌 것은? (   )

① 대상지수가 상승(하락)하면 그 비율만큼 ETF의 가격이 상승(하락)한다.

② ETF 1주만 매수해도 분산투자 효과가 있다.

③ ETF 설정과 환매는 현금으로 이루어진다.

④ 시장조성자가 존재한다.

Q4. 다음 중 ELW에 대한 설명 중 맞는 것은? (   )

① ELW는 집합투자증권이다.

② ELW는 옵션을 적은 금액단위로 나누어 증권화한 도매상품이다.

③ ELW는 발행주체에 따라 다양한 발행조건이 정해진다.

④ ELW 매도(발행)는 누구나 할 수 있다.

Q5. 기초자산의 수익률에 대한 ELW수익률 비율을 무엇이라고 하는가? (   )

① 전환비율   ② 레버리지   ③ 패리티   ④ 손익분기율

Q6. KOSPI200이 335이고 KOSPI200콜ELW(전환비율 100, 행사가격 350)가격이 310원일 경우, 콜ELW의 손익분기점은 얼마인가? (   )

① 337.1   ② 342.5   ③ 345.8   ④ 353.1

Q7. 다음 중 ELS에 대한 설명으로 맞는 것은? (   )

① ELS는 집합투자증권이다.

② ELS의 거래소내에서 거래된다.

③ ELS는 원금을 전혀 보장 받지 못한다.

④ ELS는 다양한 손익구조를 갖는다.

Q1. ②

Q2. ④

Q3. ③

Q4. ③

Q5. ②

Q6. ④

┃답┃

손익분기점 = 행사가격(350) + *ELW*가격(310원)/전환비율(100) = 353.1

Q7. ④

14 CHAPTER 스왑

학습개요 본 장에서는 대표적인 장외파생상품인 이자율스왑과 통화스왑의 기본 개념을 살펴보고 가격결정모형에 대해서 학습한다. 또한 이자율스왑의 듀레이션에 대해서 살펴보고, 위험관리에 사용되는 이자율스왑의 면역전략에 대해서 배운다.

학습목표
- 이자율스왑
- 통화스왑
- 이자율스왑의 면역전략

Section 1 │ 이자율스왑

1. 이자율스왑의 개념

역사적으로 스왑의 출현은 1970년대 브레튼우즈 협정[1]의 붕괴 이후로 본다. 환율

---

[1] 제2차 세계대전 후 세계경제 및 환율안정을 위한 효율적인 통화제도의 필요성에 의해 1944년 미국 뉴햄프셔주 브레튼우즈(Bretton Woods)에서 개최된 통화금융회의에서 각 나라의 화폐에 대한 금(gold)의 비율을 미국달러화를 통해 고정시켰다. 즉, 각국 중앙은행은 미국 중앙은행으로부터 금 1온스에 35달러의 고정된 가격으로 달러와 금을 교환할 수 있게 함으로써 미국 달러화를 기축통화(key currency)로 하는 금환본위제도(gold exchange standard system)를 실시하였다. 또한 이 협정으로 회원국은 자국통화의 평가를 설정하고 환율을 평가의 상하 1% 이내에서 유지시켜야 하는 고정환율제가 실시되었다. 브레튼우즈 협정은 베트남전쟁 등으로 인한 미국의 국제수지 적자 및 전비조달을 위한 통화량 증발에 의한 인플레이션으로 인해 달러 가치가 급락하자 일부 국가들이 금태환(달러를 금으로 교환)을 요구하였고, 결국 1971년 8월 닉슨대통령의 금태환 정지선언으로 붕괴되었다.

의 변동성 확대에 따른 환위험 헷지의 필요성으로 스왑이 등장했다. 그 당시 등장한 상호융자(parallel loan)나 직접상호융자(back-to-back loan)가 오늘날 스왑의 원형으로 평가되고 있다.

실제로 처음으로 공개된 스왑거래는 1981년 Salomon Brothers사의 주선으로 세계은행(World Bank)과 IBM간의 통화스왑이었다. 세계은행은 2억 9,000만 달러를 IBM에게 지급하고 IBM은 동일한 금액을 독일 마르크화와 스위스프랑으로 지급하였다. 이후 이 개념을 활용하여 이자율스왑도 거래되기 시작하는 등 비약적으로 발전하여 현재는 스왑계약잔고가 100조 달러 규모에 이르고 있다.[2]

이자율스왑(IRS: interest rate swap)은 각 거래당사자가 상대방으로부터 일정원금을 차입하여 일정기간 동안 한쪽은 고정이자를 지급하고 다른 한쪽은 변동이자를 지급하며 만기 시 원금을 서로 상환하는 거래로서, 서로 상대방에게 대출해 주는 금액과 차입금액이 단일통화이고 그 금액이 서로 같기 때문에 원금의 실제교환은 발생하지 않는다.

이자율스왑에서 원금은 다만 이자계산을 위한 역할만 할 뿐 실제적인 교환은 없으므로 명목원금이라는 표현을 쓴다. 또한 서로 이자를 지급하는 시점이 일치하는 경우에는 그 차액만 교환된다. 예를 들어, 〈그림 14-1〉과 같이 A와 B가 기준원금 $100만에 대해서 5년 동안 A는 4%의 고정이자율을 지급하고 B는 변동이자율 LIBOR(3.8%)로 지급하는 이자율스왑계약을 맺었다고 하자. 이 경우 A의 현금흐름은 〈그림 14-1〉과 같다. 〈그림 14-1〉에서 위의 화살표는 A가 받는 변동이자를 나타내며, 아래

그림 14-1   계약당사자 A의 현금흐름

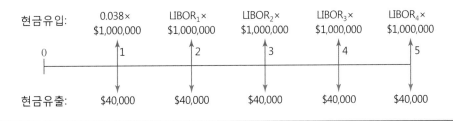

2   이재하, 한덕희, 「핵심투자론」, 박영사(2018), pp. 539-552 참조.

화살표는 A가 주는 고정이자를 나타낸다.

A는 고정이자 $40,000를 지급하는 대신 변동이자를 받게 된다. 이때 계약체결시점의 변동이자율은 알려져 있기 때문에 변동이자를 알 수 있지만, 2차년도 이후부터의 변동이자는 매 기간 초에 이자율이 변동하기 때문에 현재 시점에서는 알 수 없다. 만약 2차년도 이후의 변동이자가 4%보다 높다면 계약당사자 A는 B보다 더 큰 이득을 볼 수 있을 것이다. B는 A와 정반대의 현금흐름이 발생한다. 즉, 고정이자 $40,000을 받는 대신 변동이자를 지급하게 된다.

고정이자율은 스왑기간 중 일관되게 적용되는 이자율로 스왑계약시점에 한 번 결정되면 스왑기간 동안의 이자율변동과 관계없이 동일하게 적용된다. 스왑시장에서는 이 고정이자율을 스왑금리(=스왑가격=스왑레이트=이자율스왑레이트)라고 부른다. 이자율스왑의 고정이자율은 채권수익률처럼 하나의 장기이자율이라 생각할 수 있다. 예를 들어, 10년 원화 이자율스왑금리는 우리나라의 10년 만기 장기이자율 중 하나이다.

변동이자율은 스왑기간 동안 주기적(3개월마다 혹은 6개월마다 등)으로 결정되는 금리로서 보통 그 나라의 단기금융상품 중 제일 유동성이 좋은 상품의 금리를 변동이자율로 사용하게 된다. 일반적으로 이자율스왑의 변동이자율은 LIBOR(London interbank offered rate)를 사용하고 있으며, 원화 이자율스왑의 변동이자율은 한국금융투자협회에서 고시하는 3개월 만기 CD금리를 사용한다.

특히 LIBOR는 전 세계 단기자금시장에서 사용되는 기준금리로 주요 선물시장과 대출시장에서 사용되는 이자율이다. 영국은행협회(British Bankers' Association)는 국가별, 금융기관 유형별로 모범적이고 우량한 회원은행의 이자율을 평균하여 이 이자율을 정보송신사인 Telerate, Reuters, Bloomberg에 매일 고시하고 있다.

이자율스왑의 가격고시는 이자율스왑금리 또는 스왑가격이라 불리는 고정이자율의 고시로 이루어진다. 스왑시장의 스왑딜러들은 스왑딜러가 수취하는 고정이자율과 지급하는 고정이자율을 양방향호가방식(two-way quotation)으로 고시하고 있다.

〈표 14-1〉에서 전체가격방식의 5년만기 달러 이자율스왑금리 가격고시가 4.12-4.11로 나타나는데, 4.12%는 스왑딜러가 거래상대방인 고객으로부터 수취하는 고정이자율을 의미하고, 4.11%는 스왑딜러가 거래상대방인 고객에게 지급하는 고정이자

표 14-1 이자율스왑금리

기간	전체가격방식: 고정금리	스왑스프레드방식: Treasury+스왑스프레드
2년	$4.06-4.05$	$T+26-25$
3년	$4.08-4.07$	$T+27-26$
4년	$4.10-4.09$	$T+28-27$
5년	$4.12-4.11$	$T+32-31$
7년	$4.16-4.15$	$T+35-34$
10년	$4.22-4.21$	$T+39-38$

주: 전체가격방식에서 단위는 %이고, 스왑스프레드방식에서 단위는 베이시스포인트(basis point)임.

율을 의미한다. 즉, 〈그림 14-2〉처럼 스왑딜러가 변동이자율을 지급하는 경우에는 4.12%의 고정이자율을 수취하고, 반대로 변동이자율을 수취하는 경우에는 4.11%의 고정이자율을 지급하겠다는 뜻이다.

한편, 〈표 14-1〉에서 오른쪽의 스왑스프레드방식에 의한 스왑금리도 전체가격방식과 동일하다. 예를 들어, 스왑스프레드방식으로 표현된 5년 스왑금리 $T+32-31$은 현재 5년 국채수익률이 3.8%라면 스왑딜러의 5년 고정수취이자율은 $3.8\%+0.32\%=4.12\%$이고 5년 고정지급이자율은 $3.8\%+0.31\%=4.11\%$가 된다는 의미이다.

그림 14-2 　스왑거래구조

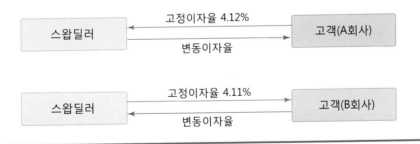

2. 이자율스왑의 거래동기

(1) 비교우위

한 회사는 고정이자율로 차입하는데 비교우위(comparative advantage)가 있고 다른 회사는 변동이자율로 차입 시에 비교우위가 있을 경우 각자 우위를 가지는 이자율로 차입한 다음 이자율스왑계약을 체결하면 서로에게 득이 될 수 있다.

예를 들어, A회사와 B회사는 각각 $1,000,000을 3년 동안 차입한다고 하자. 각 회사의 사정상 A회사는 6개월 LIBOR와 연계된 변동이자율로 차입하고자 하며 B회사는 고정이자율로 차입하기를 원한다. 현재 자금시장에서 각 회사가 차입할 수 있는 시장이자율이 〈표 14-2〉와 같다.

〈표 14-2〉를 보면 차입 시 A회사에게 적용되는 이자율이 B회사보다 낮기 때문에 A회사가 B회사보다 전반적으로 신용도가 높음을 알 수 있다. 하지만 A회사 입장에서 만약 고정이자율로 차입을 한다면 B회사에 비해 1% 싸게 차입할 수 있고, 변동이자율로 차입을 한다면 B회사에 비해 0.4% 싸게 차입할 수 있기 때문에 고정이자율로 차입하는 것이 변동이자율로 차입하는 것보다 상대적으로 저렴하다.

즉, A회사는 고정이자율 시장에서 비교우위가 있다. B회사 입장에서는 고정이자율로 차입을 한다면 A회사에 비해 1% 더 비싸게 차입할 수 있고, 변동이자율로 차입을 한다면 0.4%만 더 비싸게 차입할 수 있기 때문에 변동이자율로 차입하는 것이 고정이자율로 차입하는 것보다 상대적으로 저렴하다. 즉, B회사는 변동이자율 시장에서 비교우위가 있다.

이처럼 신용도가 좋고 나쁨과 관계없이 각 시장에서의 비교우위가 다를 수 있기 때문에 서로 비교우위를 가지는 이자율로 차입하여 서로에게 득이 될 수 있는 이자율스왑 거래가 가능하다는 것이다. A회사는 자신이 비교우위가 있는 고정이자율 시장에

표 14-2	고정이자율과 변동이자율	
회사	고정이자율(%)	변동이자율(%)
A	4	LIBOR+0.1
B	5	LIBOR+0.5

그림 14-3　이자율스왑

서 4%의 고정이자율로 차입을 하고, B회사도 자신이 비교우위가 있는 변동이자율 시장에서 LIBOR＋0.5%의 변동이자율로 차입한 다음, A회사와 B회사가 〈그림 14-3〉과 같은 스왑을 한다면 서로에게 이득이 될 수 있다.

A회사와 B회사가 시장에서 상대적으로 더 유리하게 차입할 수 있는 이자율 크기는 각각 1%와 0.4%이며, 적절한 스왑거래를 통해서 1%와 0.4%의 차이인 0.6%를 두 거래 당사자가 동등하게 나누어 이익을 취하면서 각자 원하는 이자율(A는 변동, B는 고정)로 차입을 할 수 있다. 구체적으로, A회사는 비교우위가 있는 4%의 고정이자율로 시장에서 차입하고, B회사는 비교우위가 있는 변동이자율 LIBOR＋0.5%로 차입한 다음, 〈그림 14-3〉과 같이 스왑을 한다.

즉, A는 B와의 이자율스왑계약을 통해서 4.2% 받고 LIBOR를 주는 동시에 A자신이 시장에서 차입해온 4%의 고정이자가 나가게 되므로 결과적으로 LIBOR－0.2%가 나가게 되어, 스왑계약을 함으로써 원래 원하던 변동이자율로 자금을 조달하게 되며, 자력으로 시장에서 차입할 경우(LIBOR＋0.1%)보다 0.3% 싸게 자금을 조달할 수 있게 된다.

마찬가지로 B도 A와의 이자율스왑계약을 통해서 LIBOR를 받고 4.2%를 주는 동시에 B자신이 시장에서 차입해온 LIBOR＋0.5%가 나가므로 결과적으로 4.7%가 나가게 되어, 스왑계약을 함으로써 원래 원하던 고정이자율로 자금을 조달하게 되며, 자력으로 시장에서 차입할 경우(5%)보다 0.3% 싸게 자금을 조달할 수 있게 된다.

예제　이자율스왑　● ● ●

A회사와 B회사는 각각 $10,000,000을 3년 동안 차입하려고 하며, 각 회사의 신용상태에 따른 연이자율은 다음과 같다.

회사	고정이자율(%)	변동이자율(%)
A	6.9	LIBOR+0.8
B	5.2	LIBOR+0.3

A회사는 고정이자율을 원하고 B회사는 변동이자율을 필요로 한다. 금융기관 C가 중개기관으로서 자신은 연 0.2%의 순수입을 얻고 A회사와 B회사에는 동등한 이익을 줄 수 있도록 이자율스왑계약을 구성하려면 어떻게 하면 되겠는가?

┃답┃

비용절감분 총액＝1.7%−0.5%＝1.2% → 금융기관 C: 0.2%, A회사: 0.5%, B회사: 0.5%

A회사: 변동이자율에서 비교우위, B회사: 고정이자율에서 비교우위

A회사: 6.4% 고정이자율로 차입한 결과: 이자절감효과 0.5%

B회사: LIBOR−0.2% 변동이자율로 차입한 결과: 이자절감효과 0.5%

(2) 이자율위험 관리

변동이자율로 차입한 기업은 이자율 상승 시 손실이 발생하고 고정이자율로 차입한 기업은 이자율 하락 시 손실이 발생한다. 예금에 대해서 변동이자를 지급하고 대출에 대해서 고정이자를 받는 금융기관의 경우 이자율 상승 시 손실을 보므로 이자율스왑을 통해 이자율변동 위험을 헷지할 수 있다. 예를 들어, 금융기관 A는 7년 동안 $100만을 5%로 대출하고 예금에 대해서는 LIBOR+1%로 지급한다고 하자. 만약 LIBOR가 4%를 초과하면 A는 손실을 보므로 〈그림 14-4〉와 같은 이자율스왑계약을 체결한다.

금융기관 A는 B에게 고정이자율로 5%를 지급하고 변동이자율로 LIBOR+2%를 받는 이자율스왑을 체결한다면 변동이자율이 아무리 변하더라고 항상 1%의 고정된 현금흐름이 들어오게 되고 이자율상승 위험을 헷지할 수 있게 된다.

그림 14-4 이자율스왑을 이용한 위험관리

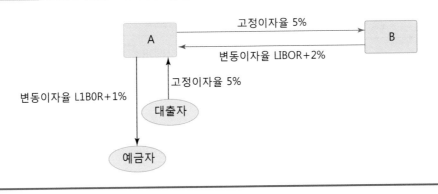

3. 스왑딜러의 위험

일반적으로 스왑거래에는 은행 등의 금융기관이 스왑거래의 당사자 사이에 개입하여 거래당사자 A와 스왑딜러, 거래당사자 B와 스왑딜러 간에 각각 스왑거래를 체결한다. 즉, 투자은행이나 상업은행 등이 스왑거래에서 고객의 한쪽 상대방으로서의 스왑딜러 역할을 수행함으로써 언제든지 스왑거래가 체결될 수 있도록 유동성을 제공하고 있다. 스왑딜러는 거래당사자로 참여하면서 이에 대한 대가로 스프레드 이익을 얻는다.

예를 들어, A기업이 5%의 고정이자율을 받는 채권을 발행한 후 회사 사정이 변하여 변동이자율을 받는 채권으로 전환하기를 원할 수 있고 B기업은 변동이자율을 받는 채권을 발행한 후 회사 사정이 변하여 고정이자율을 받는 채권으로 전환하기를 원할 수 있다.

이 경우 〈그림 14-5〉와 같이 스왑딜러는 4.5%의 고정이자율을 지급하고 LIBOR을 받는 스왑계약을 A기업과 체결하고, B기업과는 5.5%의 고정이자를 받고 LIBOR을 지급하는 스왑계약을 체결할 수 있다. 따라서 A기업의 순이자지급은 LIBOR+0.5%의 변동이자로 전환되고, B기업의 순이자지급은 5.5%의 고정이자로 전환되며, 스왑딜러는 1%의 스프레드 이익을 얻게 된다.

스왑딜러는 스왑의 당사자로 개입했을 때 거래에 의해서 발생할 수 있는 위험에 직면하게 된다. 두 거래 당사자 중 한쪽이 계약을 이행하지 않을 경우 계약불이행

그림 14-5   스왑딜러의 스프레드

(default)위험이 있을 수 있고, 또한 거래 당사자 중 한쪽을 찾지 못하여 스왑딜러가 직접 스왑계약의 거래 당사자가 되어야 하는 불일치(mis-match)위험이 존재하게 된다. 이 경우 위험을 줄이기 위해 〈그림 14-6〉과 같이 불일치된 스왑과 별도의 제3의 스왑계약을 체결하여 위험을 벗어날 수 있다.

예를 들어, A와 B의 스왑계약에 개입하여 스왑딜러가 A와 고정이자를 받고 변동이자를 지급하는 이자율스왑계약을 보유하고 있다고 하자. 이자율 상승을 헷지하기 위하여 다른 거래상대방 B와 변동이자를 받고 고정이자를 지급하는 스왑계약을 맺어야 하나 B와의 스왑계약이 불발이 될 경우 스왑딜러는 X라는 제3자와 별도로 고정이자를 지급하고 변동이자를 받는 스왑계약을 체결함으로써 스왑딜러는 이자율위험을 헷지할 수 있다.

스왑딜러의 위험을 헷지하는 또 다른 방법으로는 금리선물시장을 이용할 수 있다. 예를 들어, A, B와의 스왑계약에 개입하여 스왑딜러가 A와 고정이자를 받고 변동이자를 지급하는 이자율스왑계약을 보유하고 있다고 하자. 이자율 상승을 헷지하기

그림 14-6   스왑딜러의 위험 헷지

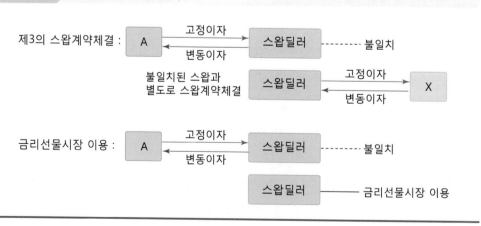

위하여 금리선물시장에서 금리선물을 매도한다면 만약 이자율이 상승하여 스왑계약의 변동이자율로부터 손실을 보더라도 금리선물에서 이익을 보게 되므로 위험이 헷지될 수 있다.

4. 이자율스왑의 가격결정모형

두 개의 현금흐름을 상호 교환하는 스왑거래의 각 현금흐름의 시장가치는 기본적으로 동일해야 한다. 이자율스왑은 변동이자와 고정이자를 교환하기 때문에 스왑체결 시점에서 변동이자의 현재가치와 고정이자의 현재가치가 동일해야 한다. 왜냐하면 제로섬(zero-sum)계약인 스왑에서 한쪽이 이익을 얻으면 거래상대방은 손해를 보게 되므로 계약체결시점에서 거래 당사자는 어느 누구도 대가없이 손해를 보려 하지 않기 때문이다.

즉, 스왑계약이 체결될 때의 스왑가치는 양 거래당사자에게 모두 영(0)이 되어야 한다. 이자율스왑의 가격을 결정한다는 것은 이자율스왑의 가치가 영(0)이 되도록 하는 스왑의 고정이자율(SFR: swap fixed rate)을 산정한다는 것을 의미한다.

이자율스왑의 가격결정을 위하여 예를 들어, 이자율스왑의 명목원금은 $10,000,000이고 스왑기간은 2년이며 매 6개월마다 이자가 지급되는 경우를 살펴보자. 이자율스왑에서 스왑기간 동안 미래의 변동이자는 FRA(선도금리계약: forward rate agreement)를 사용한다.

FRA는 미래 특정기간에 적용될 선도이자율을 미리 고정시키는 계약으로서 $FRA_{x,y}$ 는 $x \times y$의 형태로 나타내는데, 예를 들어, 6×12(six by twelve)란 6개월 후의 6개월 동

그림 14-7 변동이자 및 변동이자율(FRA)

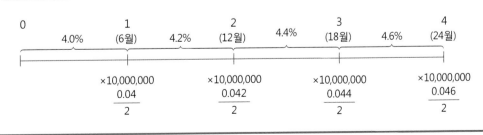

안의 연이자율을 나타내는 표시이다. 이 예에서 $FRA_{0,6}=4\%$, $FRA_{6,12}=4.2\%$, $FRA_{12,18}=4.4\%$, $FRA_{18,24}=4.6\%$라고 할 때, 매 기간의 변동이자는 〈그림 14-7〉과 같다.

〈그림 14-7〉에서 각 기간마다 발생하는 변동이자를 현재가치화할 때 사용하는 할인율은 식(14-1)의 선도이자율 공식에 의해 계산된 값을 사용한다.

$$(1+r_{0,n})^n = (1+r_{0,n-1})^{n-1}(1+r_{n-1,n}) \tag{14-1}$$

따라서 매 기간 발생하는 변동이자의 현재가치를 계산할 때 적용되는 할인율은 다음과 같이 식(14-1)과 붓스트랩핑(bootstrapping)방법[3]을 이용하여 구할 수 있다.

$$(1+r_{0,1})^1 = (1+\frac{0.04}{2}) = 1.02$$

$$(1+r_{0,2})^2 = (1+r_{0,1})^1(1+r_{1,2}) = (1.02)(1+\frac{0.042}{2}) = 1.04142$$

$$(1+r_{0,3})^3 = (1+r_{0,2})^2(1+r_{2,3}) = (1.04142)(1+\frac{0.044}{2}) = 1.06433$$

$$(1+r_{0,4})^4 = (1+r_{0,3})^3(1+r_{3,4}) = (1.06433)(1+\frac{0.046}{2}) = 1.08881$$

이제, 변동이자의 현재가치를 구하면 다음과 같다.

$$\frac{\frac{0.04}{2}\times 10{,}000{,}000}{(1+r_{0,1})^1} + \frac{\frac{0.042}{2}\times 10{,}000{,}000}{(1+r_{0,2})^2}$$

$$+ \frac{\frac{0.044}{2}\times 10{,}000{,}000}{(1+r_{0,3})^3} + \frac{\frac{0.046}{2}\times 10{,}000{,}000}{(1+r_{0,4})^4} \quad \cdots ①$$

한편, 고정이자율을 SFR이라고 하면 고정이자의 현재가치는 다음과 같다.

---

3 붓스트래핑방법은 $(1+r_{0,1})^1$값을 $(1+r_{0,2})^2=(1+r_{0,1})^1(1+r_{1,2})$에 대입하여 구한 $(1+r_{0,2})^2$을 다시 $(1+r_{0,3})^3=(1+r_{0,2})^2(1+r_{2,3})$에 대입하여 $(1+r_{0,3})^3$을 차례로 구하는 과정이 마치 구두(boot) 끈을 차례로 묶는(strapping)방법과 유사하여 붙여진 이름이다.

$$\frac{SFR}{2} \times 10,000,000 \left(\frac{1}{(1+r_{0,1})^1} + \frac{1}{(1+r_{0,2})^2} + \frac{1}{(1+r_{0,3})^3} + \frac{1}{(1+r_{0,4})^4} \right) \qquad \cdots ②$$

스왑계약 체결시점에서 변동이자의 현재가치와 고정이자의 현재가치를 같도록 하는 고정이자율(SFR)을 구하기 위해 ①=②를 풀면 고정이자율(SFR)=4.2946%가 된다.

1. 통화스왑의 개념

통화스왑은 이자율스왑과 마찬가지로 보편화된 스왑으로 실제로 서로 다른 통화로 표시된 원금의 교환이 이루어지며 어느 한쪽이 상대방에 비해 특정 통화표시의 자금조달에 비교우위가 있을 때 이루어진다. 일반적으로 원금은 스왑계약이 시작되는 시점에서의 환율기준으로 동등하도록 결정된다.

예를 들어, $1=€0.7일 경우 명목원금은 $100,000,000와 €70,000,000이고, 스왑계약기간은 5년이라고 하자. 〈그림 14-8〉과 같이 5년 동안 미국기업은 독일기업으로부터 €70,000,000을 수취하고 유로화에 대한 고정이자율 5%를 지급하고, 독일기업은 미국기업으로부터 $100,000,000을 수취하고 달러화에 대해서 현재 3%인 1년 LIBOR를 지급하는 통화스왑계약(CRS: currency swap)을 체결하였다.

미국기업의 현금흐름은 〈그림 14-9〉와 같다. 미국기업은 독일기업에게 원금 $100,000,000을 지불하는 대신 동등한 금액 €70,000,000을 교환한다. 이후 스왑계약기간 동안 고정이자 €3,500,000(=€70,000,000×5%)을 지급하는 대신 변동이자(=

그림 14-8   통화스왑

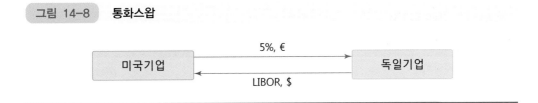

그림 14-9   미국기업의 현금흐름

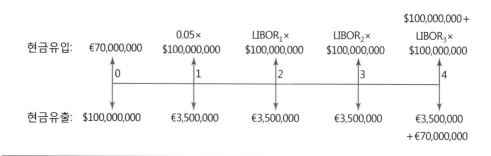

$100,000,000 \times LIBOR)$를 받게 되고 스왑의 종료시점에 원금을 다시 회수하게 된다. 독일기업의 현금흐름은 미국기업의 현금흐름과 정반대로 나타나게 된다.

이자율스왑의 거래동기와 마찬가지로 통화스왑도 비교우위 때문에 비롯될 수 있다. 이를 설명하기 위하여 다른 예를 살펴보자. $1=€1.6$일 때 독일회사인 G회사는 $10,000,000$의 달러를 차입하기를 원하고 미국회사인 U회사는 €16,000,000의 유로화를 차입하기를 원한다고 하자. G회사와 U회사의 시장에서의 차입가능조건이 〈표 14-3〉과 같다. 이 경우 두 회사는 통화스왑을 통하여 서로가 원하는 조건을 충족하면서 시장에서 차입하는 것보다 이익을 얻을 수 있다.

〈표 14-3〉에서 G회사는 유로화차입에 비교우위(3%<4%)가 있고, U회사는 미달러화차입에 비교우위(5%<6%)가 있다. 통화스왑에서는 원금의 교환이 일어나며, 우선 G회사와 U회사는 각자 비교우위가 있는 시장에서 원금을 차입하여 서로 동등한 금액의 원금을 교환하게 된다. 즉, 〈그림 14-10〉과 같이 G회사는 유로시장에서 원금 €16,000,000을 3%의 이자로 차입하고, U회사는 달러시장에서 원금 $10,000,000을 5%의 이자로 차입하여 서로 교환하게 된다.

미국달러시장에서 이자율 차이는 −1%인 반면 유로시장에서는 1%이기 때문에

표 14-3   시장이자율

회사	미국달러이자율	유로화이자율
G(독일회사)	6%	3%
U(미국회사)	5%	4%

그림 14-10 **최초의 현금흐름**

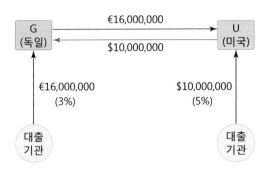

양 당사자에게 귀속되는 총이익은 2%[=1%−(−1%)]이다. 따라서 이자율스왑과 마찬가지로 통화스왑을 통하여 두 당사자가 시장에서 차입하는 것보다 각각 1%씩 더 저렴하게 차입하여 이익을 볼 수 있도록 설계할 수 있다.

예를 들어, 스왑기간 동안 G회사는 U회사에게 6%의 달러이자를 지급하기로 하고 U회사는 G회사에게 4%의 유로화이자를 지급하기로 하여 〈그림 14-11〉과 같이 이자를 교환한 후, 원금을 회수하는 통화스왑을 고려해보자. G회사는 U에게 원금 $10,000,000에 대한 이자 6%인 $600,000을 지급하고, U는 G에게 원금 €16,000,000에 대한 이자 4%인 €640,000을 지급한다. 그리고 스왑종료시점에 각자의 원금을 회수하게 된다.

이 거래를 통해서 G회사는 원금 $10,000,000 수취에 대해 이자지급액은 $500,000[=$600,000−(€640,000−€480,000)×0.625]가 되어 실제로는 5%에 달러를

그림 14-11 **원리금지급 현금흐름**

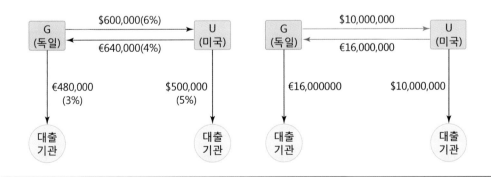

차입하게 되므로 1%(=6%−5%)만큼 이자절감효과를 갖게 된다. 마찬가지로 U회사는 원금 €16,000,000 수취에 대해 이자지급액은 €480,000[=€640,000−($600,000−$500,000)×1.6]가 되어 실제로 3%에 유로화를 차입하게 되므로 1%(=4%−3%)만큼 차입비용이 절감되는 효과를 가진다.

2. 통화스왑의 가격결정모형

이자율스왑과 마찬가지로 스왑계약이 체결될 때의 스왑의 가치는 양 거래 당사자에게 모두 영(0)이 된다. 통화스왑의 미래현금흐름은 서로 다른 통화로 표시되며, 스왑가치를 영(0)으로 만드는 고정이자율(SFR)을 구하려면 먼저 미래현금흐름을 단일통화로 통일한 다음에 미래현금흐름의 순현재가치가 영(0)이 되게 놓고 고정이자율(SFR)에 대해 풀면 된다.[4]

통화스왑의 가격결정을 위하여 다음 예를 살펴보자. A와 B는 매년 지급되는 4년 고정−고정 통화스왑계약을 체결하였다. 명목원금은 $100,000,000=€120,000,000(현재 환율이 $1=€1.2)이다. 4년 동안 A기업은 B기업으로부터 명목원금 $100,000,000을 수취하고 $로 이자를 지급하기로 하였고 B기업은 A기업으로부터 명목원금 €120,000,000을 수취하고 €로 이자를 지급하기로 하였다. 〈그림 14-12〉에 통화스왑의 현금흐름을 나타내었다. 그리고 통화스왑 기간 동안의 무이표채권의 수익률은 〈표 14-4〉와 같다.

그림 14-12 **통화스왑의 현금흐름**

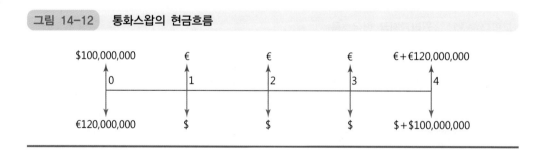

---

4 Robert W. Kolb and James A. Overdahl, *Futures, Options, and Swaps*, 5th edition, Blackwell Publishing, 2007, 729−731.

표 14-4 무이표채권의 수익률

	$ $[(1+r_{0,n})^n]$	€ $[(1+r_{0,n})^n]$
$(1+r_{0,1})^1$	1.040000	1.060000
$(1+r_{0,2})^2$	1.085764	1.132096
$(1+r_{0,3})^3$	1.137893	1.214768
$(1+r_{0,4})^4$	1.197090	1.310796

통화스왑의 고정이자율(SFR)을 계산하기 위하여 먼저 통화스왑기간 동안의 미래의 환율을 추정해야 한다. 미래의 환율은 각 기간의 무이표채권의 현물이자율(spot rate: $r_{0,n}$)에 근거한 이자율평가이론[5] $F = S[(1+i)/(1+i^*)]$을 사용하여 다음과 같이 계산한다.

1년 후 환율(€/$): $1.2\left(\dfrac{1.06}{1.04}\right) = 1.223077$

2년 후 환율(€/$): $1.2\left(\dfrac{1.132096}{1.085764}\right) = 1.251207$

3년 후 환율(€/$): $1.2\left(\dfrac{1.214768}{1.137893}\right) = 1.281070$

4년 후 환율(€/$): $1.2\left(\dfrac{1.310796}{1.197090}\right) = 1.313982$

한편, 선도이자율 $r_{n-1,n} = \dfrac{(1+r_{0,n})^n}{(1+r_{0,n-1})^{n-1}} - 1$은 다음과 같이 계산한다.

달러화 선도이자율: $r_{0,1} = 1.04 - 1 = 0.04$

$r_{1,2} = \dfrac{1.085764}{1.04} - 1 = 0.044004$

$r_{2,3} = \dfrac{1.137893}{1.085764} - 1 = 0.048012$

---

5   제5장 통화선물 참조.

$$r_{3,4} = \frac{1.197090}{1.137893} - 1 = 0.052023$$

유로화 선도이자율: $r_{0,1} = 1.06 - 1 = 0.06$

$$r_{1,2} = \frac{1.132096}{1.06} - 1 = 0.068015$$

$$r_{2,3} = \frac{1.214768}{1.132096} - 1 = 0.073025$$

$$r_{3,4} = \frac{1.310796}{1.214768} - 1 = 0.079051$$

이제, 유로화의 고정이자율(SFR)은 달러화를 유로화로 전환한 후에 두 현금흐름의 현재가치를 동일하도록 만들어 다음과 같이 구하면 된다.

$$\frac{120,000,000 SFR(\text{€}) - 100,000,000(0.04)(1.223077)}{1.06}$$

$$+ \frac{120,000,000 SFR(\text{€}) - 100,000,000(0.044004)(1.251207)}{1.132096}$$

$$+ \frac{120,000,000 SFR(\text{€}) - 100,000,000(0.048012)(1.281070)}{1.214768}$$

$$+ \frac{120,000,000 SFR(\text{€}) + 120,000,000 - [100,000,000(0.052023) + 100,000,000](1.313982)}{1.310796}$$

$$= 0$$

$$\rightarrow 409,537,364 \times SFR(\text{€}) - 19,756,911 - 8,695,664 = 0$$

$$\rightarrow SFR(\text{€}) = 6.9475\%$$

또한, 달러화의 고정이자율(SFR)은 유로화를 달러화로 전환한 후에 두 현금흐름의 현재가치를 동일하도록 만들어 다음과 같이 구하면 된다.

$$\frac{120,000,000(0.06)/1.223077 - 100,000,000 SFR(\$)}{1.04}$$

$$+ \frac{120,000,000(0.068015)/1.251207 - 100,000,000 SFR(\$)}{1.085764}$$

$$+ \frac{120,000,000(0.073025)/1.281070 - 100,000,000 SFR(\$)}{1.137893}$$

$$+ \frac{[120,000,000(0.079051) + 120,000,000]/1.313982 - [100,000,000SFR(\$) + 100,000,000]}{1.197090}$$

$$= 0$$

$$\rightarrow \ 23,710,479 - 356,672,511 \times SFR(\$) - 7246,387 = 0$$

$$\rightarrow \ SFR(\$) = 4.5775\%$$

Section 3 | 이자율스왑의 면역전략

1. 이자율스왑의 듀레이션

이자율스왑은 다른 각도에서 보면 채권포트폴리오로 볼 수 있다. 예를 들어, 고정이자를 지급하는 4년 만기 고정금리채권을 매도하고 변동이자를 받는 4년 만기 변동금리채권을 매수하였다고 하자. 이 채권포트폴리오의 현금흐름은 〈그림 14-13〉에서 보듯이 만기 시에 원금은 동일하므로 두 채권의 원금은 상쇄되고 매 기간 변동이자가 들어오고 고정이자가 나가는 형태가 된다. 이는 스왑계약기간이 4년이고 고정이자를 지급하고 변동이자를 받는 이자율스왑의 현금흐름과 동일하다. 따라서 이자율스왑은 두 채권의 포트폴리오로 분석할 수 있다. 즉, 고정이자수취(고정이자지급)이자율스왑=고정금리채권 매수(매도)＋변동금리채권 매도(매수)와 동일하기 때문에 이자율스왑의 듀레이션은 채권포트폴리오의 듀레이션과 같다.

그림 14-13 이자율스왑의 경제적 분석

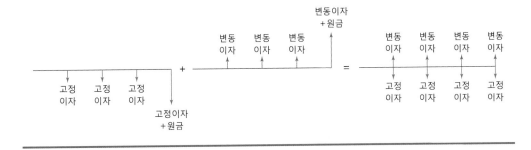

이자율스왑의 듀레이션은 고정이자수취 이자율스왑인지 고정이자지급 이자율스왑인지에 따라 양(+) 또는 음(-)의 값을 갖는다. 예를 들어, 액면가액 10,000원, 액면이자율 연6%, 이자후급, 만기 3년, 채권수익률이 6%인 채권이 6개월마다 이자를 지급할 경우 듀레이션은 2.79년이다.

$$P = \frac{300}{(1+0.03)^1} + \frac{300}{(1+0.03)^2} + \cdots\cdots + \frac{300}{(1+0.03)^5} + \frac{10,300}{(1+0.03)^6} = 10,000$$

$$D = \frac{1 \times \dfrac{300}{(1+0.03)^1} + 2 \times \dfrac{300}{(1+0.03)^2} + \cdots + 6 \times \dfrac{10,300}{(1+0.03)^6}}{10,000} = 5.58$$

$$\rightarrow D_y = 2.79 (= 5.58/2)$$

한편 '고정이자수취 이자율스왑=고정금리채권매수+변동금리채권매도'이므로 '고정이자수취 이자율스왑의 듀레이션=고정금리채권의 듀레이션-변동금리채권의 듀레이션'이다.[6] 위의 예에서 고정금리채권의 듀레이션은 2.79이고 6개월마다 이자가 재설정되는 변동금리채권의 듀레이션은 0.5[7]이므로 고정이자수취 이자율스왑의 듀레이션(2.29)은 항상 양(+)의 값을 갖는다. 반면 '고정이자지급 이자율스왑의 듀레이션(-2.29) =변동금리채권의 듀레이션(0.5)-고정금리채권의 듀레이션(2.79)'이므로 항상 음(-)의 값을 갖는다.

2. 이자율스왑을 이용한 면역전략

일반적으로 은행과 같은 금융기관의 자산은 기업이나 소비자 대출 또는 부동산대출 등으로 구성되는 장기자산(장기채권)이므로 긴 듀레이션을 갖는 반면 부채는 단기부채(단기채권)이므로 짧은 듀레이션을 갖는다. 따라서 은행과 같은 금융기관은 이자

6　채권포트폴리오의 듀레이션은 채권포트폴리오를 구성하는 개별채권의 듀레이션을 가중평균하여 구한다.

7　변동금리채권(floating rate note)의 듀레이션은 이자율이 재설정되는 기간 즉, 다음 이자지급일까지의 기간이 된다. 이는 듀레이션의 의미 자체가 이자율변화에 따른 채권가격변화이므로 다음 이자율이 재설정될 때까지는 이자율의 변화가 없고 따라서 채권가격의 변화도 없다. 이자율은 다음 재설정기간이 되어야 변하며 이자율이 변할 때 채권가격도 변한다. 만약 변동금리채권이 6개월마다 이자율이 변동한다고 하면 이 채권의 듀레이션은 0.5년이다.

율이 변동함에 따라 순자산이 변동하는 구조를 갖고 있기 때문에 이자율위험을 통제하는 면역전략이 필요하다.

예를 들어, 채권 A, 채권 B, 채권 C로 자산을 구성하고 있고 채권 D, 채권 E, 채권 F로 부채를 구성하고 있는 금융기관S가 있다고 하자. 채권 A의 시가는 8백억원이고 듀레이션은 0.5년, 채권 B의 시가는 20백억원이고 듀레이션은 1.2년, 채권 C의 시가는 152백억원이고 듀레이션은 4.8년이다. 채권 D의 시가는 80백억원이고 듀레이션은 0.3년, 채권 E의 시가는 40백억원이고 듀레이션은 0.5년, 채권 E의 시가는 45백억원이고 듀레이션은 6.56년이다.

금융기관S의 자산듀레이션은 개별자산 듀레이션을 개별자산이 총자산에서 차지하는 비중으로 가중평균하여 구하며, 부채듀레이션도 개별부채 듀레이션을 개별부채가 총부채에서 차지하는 비중으로 가중평균하여 다음과 같이 구한다.

$$\text{자산의 듀레이션: } D_A = 0.5 \times \frac{8}{180} + 1.2 \times \frac{20}{180} + 4.8 \times \frac{152}{180} = 4.2089$$

$$\text{부채의 듀레이션: } D_L = 0.3 \times \frac{80}{165} + 0.5 \times \frac{40}{165} + 6.56 \times \frac{45}{165} = 2.4533$$

따라서 금융기관S의 자산의 듀레이션은 4.2089, 부채의 듀레이션은 2.4533으로 이자율이 상승하면 순자산가치가 하락하게 된다. 즉, 이자율이 상승하면 듀레이션이 긴 자산이 듀레이션이 짧은 부채보다 더 많이 하락하므로, 순자산가치(＝자산－부채)가 하락하게 된다. 순자산가치의 유지는 자산포트폴리오의 듀레이션과 부채포트폴리오의 듀레이션을 같게 하면 이자율변동에 관계없이 유지되지만 현실적으로 자산의 듀레이션과 부채의 듀레이션이 차이가 많이 날 경우 자산과 부채의 듀레이션을 동일하게 만드는 것이 쉽지 않다.

이에 자산과 부채 각각에 대해서 식(14-2)와 같이 헷지수단(스왑)을 이용하여 헷지할 수 있다. 예를 들어, 자산의 가치하락분 만큼 헷지수단(스왑)에서 이익을 얻어 이자율 변동에 대한 자산가치의 변동을 없도록 만드는 것이다.

$$D_X \times MV_X + D_H \times MV_H^* = 0 \qquad\qquad\qquad (14\text{-}2)$$

단, D_X: 보유자산의 듀레이션

D_H: 헷지수단(스왑)의 듀레이션

MV_X: 보유자산의 시가(market value)

MV_H^*: 헷지수단(스왑)의 시가(또는 명목원금)

이자율변화에 대한 채권가격의 변화는 듀레이션으로 측정[8]할 수 있으므로 이자율 변화에 대해서 자산가치의 변동이 없도록 즉, 면역화하기 위해 식(14-2)와 같이 자산 의 듀레이션과 헷지수단(스왑)의 듀레이션을 가중평균한 총듀레이션을 0으로 맞추면 이자율변화에 따라 가치변화가 없게 된다.

위의 예에서 금융기관S는 이자율위험에 대한 헷지를 위하여 스왑만기 3년, 반년 마다 이자지급, 스왑고정이자율(SFR) 6%인 이자율스왑을 이용하여 헷지할 수 있다. 그렇다면 어떤 이자율스왑이 필요할까? 헷지수단(스왑)을 이용하여 자산을 헷지하기 위해서는 음(−)의 듀레이션을 갖는 고정이자지급 이자율스왑이 필요하다. 왜냐하면, 금융기관 입장에서 자산은 매수포지션이므로 자산의 가치를 양(+)으로 나타내는데 헷지수단(스왑)과의 가중평균하여 총듀레이션을 0으로 만들기 위해서는 음(−)의 값을 갖는 고정이자지급 이자율스왑이 필요하기 때문이다.

그러면 고정이자지급 이자율스왑을 얼마나 계약해야 할까? 식(14-2)를 이용하여 4.2089×180백억 $- 2.29 \times MV_H^* = 0$에서 $MV_H^* = 330.83$백억원(명목원금)만큼의 고정이 자지급 이자율스왑이 필요하다.

반면, 부채를 헷지하기 위해서는 양(+)의 듀레이션을 갖는 고정이자수취 이자율 스왑이 필요하다. 왜냐하면 부채는 금융기관 입장에서 부채는 매도포지션이므로 부채 의 가치를 음(−)으로 표시하는데, 부채측면이 음(−)이므로 총듀레이션을 0으로 만들 기 위해 양(+)의 듀레이션을 갖는 고정이자수취 이자율스왑이 필요하다.

마찬가지로, 부채에 대한 이자율위험을 헷지하기 위한 고정이자수취 이자율스왑 도 식(14-2)를 이용하여 $2.4533 \times (-165$백억원$) + 2.29 \times MV_H^* = 0$에서 $MV_H^* = 176.77$ 백억원(명목원금)만큼 필요하다.

---

8   제4장 채권선물 참조.

이처럼 자산과 부채를 각각 개별적으로 헷지하여 고정이자지급 이자율스왑과 고정이자수취 이자율스왑을 동시에 고려하면 서로 상쇄되어 154.06백억원(=330.83백억원－176.77백억원)의 헷지수단(스왑) 명목원금이 남게 된다. 하지만 자산과 부채에 대한 이자율위험을 각각 개별적으로 헷지하지 않고 총자산관점에서 자산과 부채를 통합하여 듀레이션갭헷지(duration gap hedging)로 한 번에 수행해도 결과는 동일하다.

듀레이션갭헷지를 구체적으로 살펴보자. 자산듀레이션과 부채듀레이션 차이를 듀레이션갭이라고 하는데, 이는 식(14-3)과 같이 자산듀레이션과 부채듀레이셔의 단순한 차이로 계산한 듀레이션갭을 사용하지 않고 자산의 규모(시가)와 부채의 규모(시가)가 다른 점을 고려하여 기업의 총위험포지션을 나타낼 수 있는 듀레이션갭을 사용한다.

$$D_G = D_A - \frac{총부채}{총자산} \times D_L \qquad\qquad (14\text{-}3)$$

예를 들어, 금융기관S의 듀레이션갭은 다음과 같이 구할 수 있다.

$$D_G = 4.2089 - \frac{165백억원}{180백억원} \times 2.4533 = 1.96$$

이와 같이 자산과 부채를 모두 고려할 경우 헷지수단(스왑)의 명목원금은 다음과 같다.

$$1.96 \times 180백억원 - 2.29 \times MV_H^* = 0 \;\rightarrow\; MV_H^* = 154.06백억원$$

이와 같이 듀레이션갭헷지를 할 경우의 명목원금 154.06백억원은 자산과 부채를 각각 헷지하여 구한 명목원금을 상쇄한 후의 154.06백억원과 동일하다.

이러한 헷지전략을 보다 현실적으로 적용해 보자. 이자율위험은 금융기관이 본질적으로 안고 있는 위험이라는 가정 하에, 위험을 완전히 제거하는 면역화전략이 아니라 위험을 기업마다 어느 정도의 바람직한 수준으로 줄이는 전략을 식(14-4)를 이용하여 세울 수 있다.

$$D_G^* = D_G + \frac{MV_H^*}{\text{총자산}} \times D_S \tag{14-4}$$

여기서, D_G^*: 바람직한 수준의 듀레이션 갭
D_S: 스왑의 듀레이션
MV_H^*: 스왑의 바람직한 시가(명목원금) 수준

식(14-4)는 현실적으로 자산과 부채의 듀레이션갭을 완전히 동일하게 만들어서 위험을 완전히 면역시킬 수 없기 때문에 듀레이션갭에다가 헷지수단(스왑)의 듀레이션을 고려하여 기업이 감내할 수 있는 바람직한 수준의 듀레이션갭을 유지하겠다는 의미이다. 예를 들어, 금융기관S가 바람직한 듀레이션갭을 1년으로 생각을 할 경우 이자율위험을 줄이기 위해서 $D_G^* = D_G + (MV_H^*/\text{총자산})D_S$ → $1 = 1.96 + (MV_H^*/180$백억 원)(2.29) → $MV_H^* = -75.46$백억 원 즉, 명목원금이 75.46백억원인 고정이자지급 이자율스왑이 필요하다.

Section 4 | 스왑을 이용한 헷지전략

1. 고정금리자산을 변동금리자산으로 전환

스왑을 이용하여 고정금리자산을 변동금리자산으로 전환하여 이자율위험을 헷지할 수 있다. 예를 들어, 〈그림 14-14〉와 같이 예금자에게 변동이자(LIBOR−1%)를 지급하는 부채와 고정이자를 받는 대출, 즉 고정금리자산을 가지고 있는 A은행이 있다고 하자. 앞으로 이자율상승이 우려될 경우 A은행은 B에게 7% 고정이자를 지급하고 변동이자(LIBOR)를 받는 이자율스왑을 체결할 경우, 고정금리자산이 변동금리자산으로 전환되어 이자율위험에서 벗어나 매해 1%의 안정된 수익을 누릴 수 있게 된다.[9]

---

9 이재하, 한덕희, 「핵심투자론」, 2판, 박영사(2018), pp. 553-555 참조.

그림 14-14 고정금리자산 → 변동금리자산

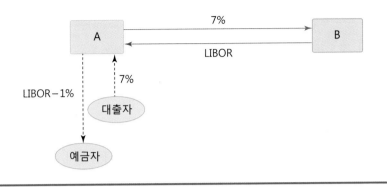

2. 변동금리부채를 고정금리부채로 전환

스왑을 이용하여 변동금리부채를 고정금리부채로 전환하여 이자율위험을 헷지할 수 있다. 예를 들어, 〈그림 14-15〉와 같이 A기업이 변동금리채로 자금을 조달했고 앞으로 이자율상승이 우려된다고 하자. 이 경우 A기업은 B기업에게 6% 고정이자를 지급하고 LIBOR를 받는 이자율스왑을 체결할 경우, A기업은 B기업과의 스왑계약을 통해 변동금리채가 고정금리채로 전환되어 이자율위험에서 벗어나 매해 8%의 고정이자를 지급하면 된다.

그림 14-15 변동금리부채 → 고정금리부채

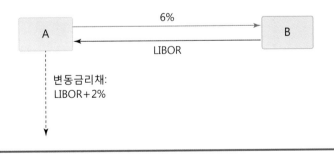

3. 상품스왑을 통한 가격변동위험 헷지

1980년대 중·후반에 생성된 상품스왑(commodity swap)은 이자율스왑을 상품분야에 적용시킨 것으로 에너지, 귀금속, 비철금속 등 모든 종류의 상품이 상품스왑의 기초자산이 될 수 있다. 이러한 상품스왑을 통해서 상품가격변동위험을 헷지할 수 있다.

예를 들어, 〈그림 14-16〉과 같이 에너지가 기초자산인 상품스왑을 생각해보자. 정유회사 A는 원유를 사서 정유하는 회사이므로 원유가격상승이 우려된다. 원유회사 B는 원유를 파는 회사이므로 원유가격하락이 우려된다. 정유회사 A는 원유시장에서 원유를 실제가격을 주고 산다. 원유회사 B는 원유시장에서 원유를 실제가격을 받고 판다.

그 다음 A가 B에게 서로 합의한 고정 원유가격을 주고, B가 A에게 실제 원유가격을 주는 상품스왑을 체결한다. 결과적으로 정유회사 A는 원유를 고정가격에 사는 셈이고, 원유회사 B는 원유를 고정가격에 파는 셈이 되어, 두 회사 모두 원유가격 변동위험으로부터 벗어난다.

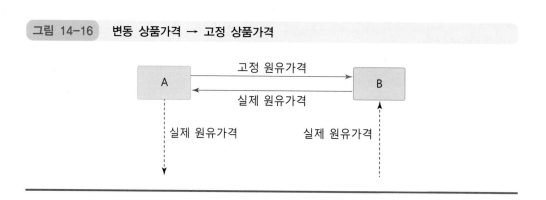

그림 14-16　변동 상품가격 → 고정 상품가격

4. 주식스왑을 통해 주식투자를 채권투자로 전환

이자율스왑과 통화스왑이 주식시장에 적용되어 1980년대 중·후반에 생성된 주식스왑은 주식이나 채권에 직접 투자할 경우 발생할 수 있는 거래비용을 회피할 수 있을 뿐만 아니라 주식이나 채권투자 시 발생할 수 있는 위험의 헷지가 가능하다.

〈그림 14-17〉에서 주식시장에 투자한 A는 앞으로 약세시장이 예상될 경우 주식수익률(KOSPI200수익률)을 주고 고정이자율을 받는 주식스왑(equity swap)을 통해 헷지가 가능하다. 결과적으로 주식투자에서 채권투자로 전환된다.

그림 14-17 주식투자 → 채권투자

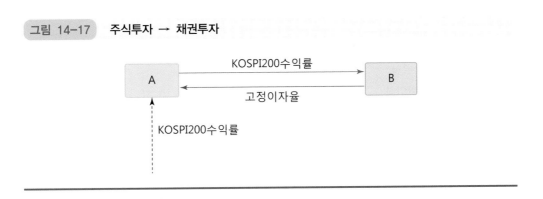

5. 주식스왑을 통해 채권투자를 주식투자로 전환

〈그림 14-18〉에서 변동금리채에 투자한 A는 앞으로 이자율이 하락하고 강세시장이 예상될 경우 변동이자율(LIBOR)을 주고 주식수익률(KOSPI200수익률)을 받는 주식스왑을 통해 채권투자에서 주식투자로 전환할 수 있다.

그림 14-18 채권투자 → 주식투자

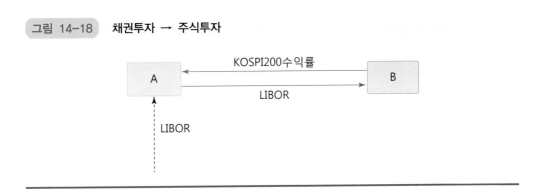

1. 이자율스왑

- 스왑가격=고정이자율=스왑금리=스왑가격=스왑레이트=이자율스왑레이트

- 이자율스왑의 거래동기
  - 비교우위
  - 이자율위험 관리

- 스왑딜러의 위험
  - 계약불이행위험
  - 불일치위험 → 별도의 제3의 스왑계약 체결, 금리선물이용

- 이자율스왑의 가격결정모형

$$\sum_{t=1}^{n} \frac{FRA_{x,y} \times 원금}{(1+r_{0,t})^t} = SFR \times 원금 \left(\sum_{t=1}^{n} \frac{1}{(1+r_{0,t})^t} \right) \rightarrow SFR(고정이자율) \ 계산$$

2. 통화스왑

- 통화스왑의 거래동기
  - 비교우위

- 통화스왑의 가격결정모형
  - 미래 환율: $F_0 = S_0 \left(\dfrac{1+i}{1+i^*} \right)$

  - 매기간의 선도이자율: $r_{n-1,n} = \dfrac{(1+r_{0,n})^n}{(1+r_{0,n-1})^{n-1}} - 1$

  - 단일통화로 전환한 후, 두 현금흐름의 순현재가치가 동일하도록 고정이자율(SFR)을 구함

3. 이자율스왑의 면역전략

- 고정이자수취 이자율스왑=고정금리채권 매수＋변동금리채권 매도

- 고정이자지급 이자율스왑=고정금리채권 매도＋변동금리채권 매수

- $D_X \times MV_X + D_H \times MV_H^* = 0$

$$\cdot D_G = D_A - \frac{\text{총부채}}{\text{총자산}} \times D_L$$

$$\cdot D_G^* = D_G + \frac{MV_H^*}{\text{총자산}} \times D_S$$

4. 스왑을 이용한 헷지전략

- 고정금리자산을 변동금리자산으로 전환
  - 변동이자지급하고 고정이자수취 하는 고정금리자산을 가지고 있는 금융기관이 이
    자율상승이 우려 → 이자율스왑(고정이자지급, 변동이자수취) 체결

- 변동금리부채를 고정금리부채로 전환
  - 변동금리채로 자금을 조달 시 이자율상승이 우려 → 이자율스왑(고정이자지급,
    변동이자수취) 체결

- 상품스왑을 통한 가격변동위험 헷지
  - 이자율스왑을 상품분야에 적용

- 주식스왑을 통해 주식투자를 채권투자로 전환
  - 주식스왑(주식수익률지급, 고정이자율수취) 체결

- 주식스왑을 통해 채권투자를 주식투자로 전환
  - 주식스왑(변동이자율지급, 주식수익률수취) 체결

Q1. (2003 CPA) 스왑에 대한 다음 설명 중 가장 잘못된 것은? (   )

① 스왑은 두 거래 당사자간 미래 현금흐름을 교환하는 계약으로 일련의 선도거래 또는 선물계약을 한번에 체결하는 것과 유사한 효과를 갖는다.

② 스왑은 표준화된 상품인 선물, 옵션과 같이 거래소에서 거래되지 않고, 스왑딜러 및 브로커의 도움을 얻어 주로 장외에서 거래가 이루어진다.

③ 금리스왑은 미래 일정기간 동안 거래당사자간 명목원금에 대한 변동금리 이자와 고정금리 이자 금액만을 교환하는 거래로서 원금 교환은 이루어지지 않는다.

④ 통화스왑은 미래 일정기간동안 거래당사자간 서로 다른 통화표시 채무 원금에 대한 이자 금액만을 교환하는 거래로서 원금 교환은 이루어지지 않는다.

⑤ 스왑은 두 거래 당사자간 필요에 따라 다양하게 설계될 수 있는 장점이 있어 금리 또는 환위험관리를 위해 적절하게 사용될 수 있다.

Q2. (2006 CPA 수정) 기업 A, B는 국제금융시장에서 각각 다음과 같은 조건으로 자금을 차입할 수 있다. 은행이 기업 A와 B 사이에서 스왑을 중개하고자 한다. 은행이 기업 A에게 변동금리를 지급하고 고정금리를 수취하는 스왑계약을 체결하며, 기업 B와는 그 반대의 스왑계약을 체결한다. 본 스왑으로 인한 은행의 총마진은 0.2%이며, 스왑 이득은 두 기업에게 동일하다. 기업 A는 고정금리를 원하고 기업 B는 변동금리를 원 하고 있다. 만약 은행이 기업 A에게 LIBOR+1%를 지급한다면 기업 A는 은행에게 얼 마의 고정금리를 지급해야 하는가? (   )

	고정금리시장	변동금리시장
기업 A	8%	LIBOR+1%
기업 B	9%	LIBOR+3%

① 8%   ② 7.8%   ③ 7.6%

④ 7.4%   ⑤ 7.2%

Q3. (2010 CPA) 오랜 거래관계를 유지해온 한국의 기업K와 중국의 기업C는 각각 상대국 에서 신규사업을 위해 중국 금융시장에서 위안화로 한국 금융시장에서 원화로 1년 만 기 동일규모의 자금을 차입하고자 한다. 원화/위안화 환율은 고정환율로서 변동되지 않는다고 가정한다. 기업K와 기업C가 각국 금융시장에서 차입할 때의 시장이자율은

다음 표에서 요약된 바와 같다.

	한국 금융시장에서 원화 차입	중국 금융시장에서 위안화 차입
기업C	6.60%	4.20%
기업K	5.60%	3.83%

통화스왑 계약에서 거래비용은 존재하지 않으며 금융기관의 중개를 통하지 않고 기업K와 기업C의 양자계약(bilateral contract)의 형태를 갖는다고 가정한다. 기업K와 기업C가 1년 만기 통화스왑을 고려할 때 다음 중 옳지 않은 항목만으로 구성된 것은? (   )

a. 기업K는 기업C에 비하여 원화 및 위안화 차입에서 모두 낮은 이자율을 지급하므로 통화스왑을 맺을 경제적 유인을 갖지 않는다.

b. 기업K는 원화 차입, 기업C는 위안화 차입 후에 통화스왑을 통해 부채비용을 절감할 수 있다.

c. 기업K와 기업C가 통화스왑을 통해 절감할 수 있는 부채비용의 최대폭은 63 베이시스 포인트(basis point)이며 통화스왑 당사자들은 이를 균등하게 분할해야 한다.

d. 통화스왑의 경우 이자율스왑과는 상이하게 차입원금이 교환되며 계약상 약정된 환율에 의하여 상환되는 것이 일반적이다.

e. 본 통화스왑에서 신용위험은 존재하지 않으며, 이자율 및 환율의 변동에 따라서 스왑이자율의 조정 및 계약의 갱신 여부 등이 결정될 수 있다.

① a, c, e   ② a, d, e   ③ b, c, d

④ b, d, e   ⑤ c, d, e

Q4. (2009 CPA) ㈜한국은 3개월 후에 미국기업에 대한 수입대금 1백만 달러를 지급해야 한다. 다음 중 환위험을 헷지하기 위해 이 기업이 취할 수 있는 환위험관리전략으로 가장 적절한 것은? (   )

① 동일한 행사가격의 3개월 만기 달러 콜옵션과 달러 풋옵션을 동시에 매도한다.

② 스왑딜러를 통해 원화 수입이 주된 소득원인 미국 현지의 A기업과 달러를 지급하고 원화를 수취하는 원－달러 통화스왑계약을 체결한다.

③ 3개월 만기의 달러 콜옵션을 매수한다.

④ 국내 유로은행에서 달러를 차입하여 이를 외환시장에 매도한다.

⑤ 3개월 만기의 달러화 선물환 매도계약을 체결한다.

Q5. (2017 CPA) 아래의 표와 같은 고정금리 차입조건 하에서 한국의 ㈜대한은 1,000만엔, ㈜민국은 10만 달러를 차입하려고 한다. ㈜대한은 비교우위를 갖고 있는 달러화시장에서 10만 달러, ㈜민국은 엔화시장에서 1,000만엔을 차입한 후, ㈜대한은 1,000만엔에 대한 연 5.5%의 이자를 ㈜민국에게 직접 지급하고 ㈜민국은 10만 달러에 대한 연 3%의 이자를 ㈜대한에게 직접 지급하는 통화스왑계약을 체결하려고 한다. 이 통화스왑에서 정기적인 이자지급 외에도 ㈜대한은 계약시점에서 1,000만엔을 받고 10만 달러를 주고, 만기시점에서는 10만 달러를 돌려받고 1,000만엔을 돌려주어야 한다. 현재 환율이 100엔/달러일 때, 통화스왑으로 인해 발생하는 결과로 가장 적절한 것은? (   )

	달러화 차입금리	엔화 차입금리
㈜대한	3%	6%
㈜민국	5%	7%

① ㈜대한은 달러화 환위험에 노출된다.

② ㈜민국은 달러화와 엔화 환위험에 노출된다.

③ ㈜대한은 달러화차입비용을 0.5%p 줄일 수 있게 된다.

④ ㈜민국은 달러화차입비용을 0.5%p 줄일 수 있게 된다.

⑤ ㈜민국은 엔화차입비용을 0.5%p 줄일 수 있게 된다.

Q6. (2019 CPA) 기업 D는 명목원금(notional principal) 1억원, 1년 만기 변동금리를 지급하고 8% 고정금리를 수취하는 5년 만기의 이자율 스왑계약을 3년 6개월 전에 체결하였다. 현재 동 스왑의 잔존만기는 1년 6개월이다. 현재가치 계산을 위해 활용되는 6개월과 1년 6개월 만기 현물이자율은 각각 연 10%와 연 11%이다. 직전 현금흐름 교환 시점의 1년 만기 변동금리는 연 10.5%였다. 기업 D의 관점에서 이 이자율 스왑 계약의 현재가치와 가장 가까운 것은? 단, 현금흐름은 기말에 연 1회 교환되고 이자율기간구조의 불편기대이론이 성립한다고 가정하며, $\frac{1}{1.10^{0.5}} = 0.9535$, $\frac{1}{1.11^{1.5}} = 0.8551$이다. (   )

① −5,382,950원　　　② −4,906,200원　　　③ 0원

④ 4,906,200원　　　⑤ 5,382,950원

Q7. A회사와 B회사는 각각 $1,000,000를 5년 동안 차입하려고 하며, 각 회사의 신용상태에 따른 연이자율은 다음과 같다.

회사	고정이자율(%)	변동이자율(%)
A	11.2	LIBOR+0.9
B	9.4	LIBOR+0.5

A회사는 고정이자율을 원하고 B회사는 변동이자율을 필요로 한다. 금융기관 C가 중개기관으로서 자신은 연 0.4%의 순수입을 얻고 A회사와 B회사에는 동등한 이익을 줄 수 있도록 이자율스왑을 구성하려면 어떻게 하면 되겠는가? 단, C는 A에게 LIBOR+0.2%를 주고 B에게 9.6%를 주도록 설계한다.

Q8. A회사와 B회사의 차입가능조건이 다음과 같다.

	A회사	B회사
차입비용($시장)	8.00%	7.75%
차입비용(¥시장)	6.00%	6.25%
비교우위	¥표시차입	$표시차입

A회사는 달러화 표시로 차입하기를 원하고 B회사는 엔화표시로 차입하기를 원한다. 각각 비교우위가 있는 통화로 차입한 후 차입한 원금을 서로 교환하고 동시에 계약기간 동안의 이자지급 및 만기 시의 원금상환도 계속 서로 부담할 것을 약정하는 두 회사간의 고정금리 통화스왑계약의 원리금지급흐름을 구성하시오. 단, 고정금리 통화스왑계약시 금융기관 C가 중개기관으로서 자신은 A에게 엔화에 대한 이자율 6%를 지급하여 엔화와 달러화에서 각각 0.1%씩의 순수입을 얻고, A회사와 B회사에는 동등한 이익을 줄 수 있도록 계약하고자 한다.

Q9. (2003 CPA 2차) ㈜소수는 2001년 1월 1일 100억원을 5년 만기, 고정금리 13.5%라는 조건으로 KM은행으로부터 차입하였다. 2003년 1월 1일 현재 ㈜소수의 재무담당자는 CH은행으로부터 변동금리로 이 채무를 스왑해 주겠다는 제의를 받았다. 1년 만기 현물이자율은 10%, 2년 만기 현물이자율은 12%, 3년 만기 현물이자율은 13%이다. 단, 이자는 매년 말에 1회 지급하고, 이자율기간구조의 순수기대이론이 성립하며 시장참가자들은 위험중립적이라고 가정한다.

1. ㈜소수의 입장에서 스왑거래에 따른 매년의 순현금흐름을 계산하라.(백만원 단위 이하 절사)

2. 스왑거래의 대가로 CH은행은 2억원의 수수료를 요구하고 있다. 이 제의를 받아들일 것인가를 평가하라.

Q10. (2009 CPA 2차 수정) 건설업종의 중견기업 ㈜다비드는 100억원 규모의 3년 만기 부채조달을 고려하고 있다. 채권시장에서 다비드기업의 부채조달조건은 고정금리 10% 혹은 LIBOR+2.3%이다. 유통업종의 대기업 ㈜골리앗도 3년 만기로 100억원의 부채조

달을 고려하고 있는데, 조달조건은 고정금리 8% 혹은 LIBOR+1.5%로 알려져 있다. 금액은 억원 단위로 표기하고, 반올림하여 소수점 넷째 자리까지 계산하시오.

1. 우연한 기회에 두 회사의 자금담당임원들이 만나 부채조달에 대한 의견을 나누던 중 서로의 조달조건을 확인하고 금리스왑계약을 체결하기로 하였다. 다만, 골리앗 기업은 자신의 유리한 조달조건 등을 내세워 스왑계약으로 인한 이익의 6할을 차지하고 나머지는 다비드기업 몫으로 하되, 동 스왑의 변동금리는 LIBOR금리로 하자고 제안하였다. 다비드기업이 제안을 받아들여 스왑계약이 체결될 경우, 해당 계약으로 인한 현금흐름을 그림으로 나타내시오.

2. 스왑계약으로 인한 이익조정문제로 두 기업의 계약체결이 지연되자, 두 기업과 동시에 거래하고 있던 방코은행이 거래중재에 나섰다. 은행은 20bp의 이익을 얻고 나머지 이익은 두 기업에게 균등하게 배분되도록 하되, 변동금리는 모두 LIBOR금리로 하자고 제안하였다. 은행중개를 통한 스왑계약이 체결될 경우, 해당 계약을 통해 은행이 두 기업에게 지급하고 지급받는 고정금리를 각각 구하시오. (단, 다비드는 고정금리를, 골리앗은 변동금리를 원하고 있다.)

3. 다비드기업의 입장에서 (물음 2)에서 제시된 스왑계약의 가치를 평가하시오. 스왑계약은 매년 말에 한 번씩 이자지급액의 차액만을 주고받으며, 현재 LIBOR금리의 기간구조는 다음과 같고 순수기대이론을 가정한다.

만기(년)	1	2	3
이자율(%)	5.5	6.0	6.5

Q1. ④

Q2. ③

┃답┃

기업 A는 변동금리에서 비교우위가 있고, 기업 B는 고정금리에서 비교우위가 있다.
총비용절감분＝2%－1%＝1% → 은행: 0.2%, A: 0.4%, B: 0.4%

A: 7.6%의 고정금리로 차입한 결과가 되어 이자율절감효과가 0.4%가 된다.
B: LIBOR＋2.6%의 변동금리로 차입한 결과가 되어 이자율절감효과가 0.4%가 된다.
C: 0.2%의 마진을 얻게 된다.

Q3. ①

┃답┃

기업 C는 위안화차입(4.20%)에 비교우위가 있고 기업 K는 원화차입(5.60%)에 비교우위가 있어 두 기업이 비교우위에 따라 기업K는 원화 차입, 기업C는 위안화 차입 후에 통화스왑을 통해 부채비용을 절감할 수 있기 때문에 통화스왑을 맺을 경제적 유인을 갖는다. 또한, 기업K와 기업C가 통화스왑을 통해 절감할 수 있는 부채비용의 최대폭은 63 베이시스 포인트이며, 스왑은 두 당사자간의 사적인 계약으로 장외거래이기 때문에 통화스왑 당사자들이 이익절감폭을 균등하게 분할할 수도 있지만 협상력에 의해 이익분배가 달라질 수도 있다. 통화스왑을 한 후 스왑기간 동안 이자를 서로 교환해야 하는데, 이를 어길 경우 신용위험이 발생하게 된다.

Q4. ③

┃답┃

③ 달러 콜옵션 매수 시 환율상승(기초자산가격 상승)시 이익이 발생하므로 환율상승위험을 헷지할 수 있다.

Q5. ②

┃답┃

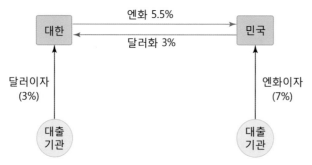

① ㈜대한은 5.5% 엔화이자와 원금 1,000만엔 상환해야 하므로 엔화 환위험에 노출된다.

② ㈜민국은 3% 달러화 이자, 1.5%(=7%−5.5%) 엔화 이자, 원금 10만 달러를 상환해야 하므로 엔화와 달러와 환위험에 노출된다.

③ ㈜대한은 엔화차입비용을 0.5%p(=6%−5.5%) 줄일 수 있다.

Q6. ①

┃답┃

$$(1+r_{0,n})^n = (1+r_{0,n-1})^{n-1}(1+r_{n-1,n})$$

$$\to\ (1+r_{0,1.5})^{1.5} = (1+r_{0,0.5})^{0.5}(1+r_{0.5,1.5})$$

$$\to\ (1+0.11)^{1.5} = (1+0.1)^{0.5}(1+r_{0.5,1.5})$$

$$\to\ r_{0.5,1.5} = \frac{(1+0.11)^{1.5}}{(1+0.1)^{0.5}} - 1 = 0.115$$

0.5년 말 기업 D의 현금흐름: 고정이자 8% 수취, 변동이자 10.5% 지급

∴ $100,000,000(0.08-0.105) = -2,500,000$원

1.5년 말 기업 D의 현금흐름: 고정이자 8% 수취, 변동이자 11.5% 지급

∴ $100,000,000(0.08-0.115) = -3,500,000$원

따라서, 현재가치 $= (-2,500,000) \times \dfrac{1}{1.10^{0.5}} + (-3,500,000) \times \dfrac{1}{1.11^{1.5}} = -5,376,600$원

Q7.

┃답┃

기업 A는 변동금리에서 비교우위가 있고, 기업 B는 고정금리에서 비교우위가 있다.

총비용절감분=1.8%−0.4%=1.4% → C: 0.4%, A: 0.5%, B: 0.5%

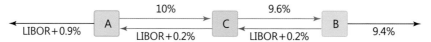

A: 10.7%의 고정금리로 차입한 결과가 되어 이자율절감효과가 0.5%가 된다.

B: LIBOR의 변동금리로 차입한 결과가 되어 이자율절감효과가 0.5%가 된다.

C: 0.4%의 마진을 얻게 된다.

Q8.

┃답┃

A회사는 엔화시장에서 비교우위가 있으며, B회사는 달러시장에서 비교우위가 있다. 총비용절 감분=2%−1.5%=0.5% → C: 0.2%, A: 0.15%, B: 0.15%

원리금 지급흐름은 다음과 같다.

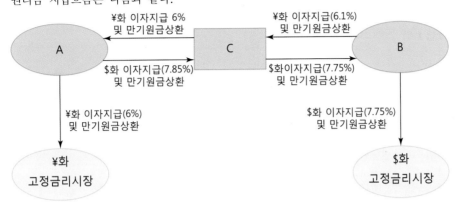

C: 달러화에 대하여 0.1%(=7.85%−7.75%), 엔화에 대하여 0.1%(=6.1%−6%)의 마진확보

A: 0.15%(=8%−7.85%) 달러화 차입비용 절감

B: 0.15%(=6.25%−6.1%) 엔화 차입비용 절감

Q9.

┃답┃

1.

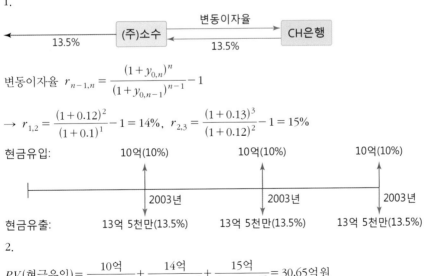

변동이자율 $r_{n-1,n} = \dfrac{(1+y_{0,n})^n}{(1+y_{0,n-1})^{n-1}} - 1$

$\rightarrow r_{1,2} = \dfrac{(1+0.12)^2}{(1+0.1)^1} - 1 = 14\%, \quad r_{2,3} = \dfrac{(1+0.13)^3}{(1+0.12)^2} - 1 = 15\%$

2.

$PV(\text{현금유입}) = \dfrac{10억}{(1+0.1)^1} + \dfrac{14억}{(1+0.12)^2} + \dfrac{15억}{(1+0.13)^3} = 30.65억원$

$$PV(\text{현금유출}) = \frac{13.5억}{(1+0.1)^1} + \frac{13.5억}{(1+0.12)^2} + \frac{13.5억}{(1+0.13)^3} = 32.39억원$$

→ 현금유입의 현재가치보다 현금유출의 현재가치가 1.74억원 더 큰 상황에서 2억원의 수수료의 지불은 더 큰 손실을 초래하므로 제의를 받아들이는 것은 바람직하지 않다.

Q10.

┃답┃

1.

	고정이자율	변동이자율
다비드	10%	LIBOR+2.3%
골리앗	8%	LIBOR+1.5%

다비드 → 변동이자율에 비교우위

골리앗 → 고정이자율에 비교우위

총비용절감분: 2%−0.8%=1.2% → 골리앗: 0.72% 절감, 다비드: 0.48% 절감

골리앗의 목표이자율=LIBOR+0.78%(=LIBOR+1.5%−0.72%)

→ 총이자율(=8%+LIBOR−x)이 목표이자율이 되어야 하므로, 8%+LIBOR−x=LIBOR+0.78% → x=7.22% 즉, 7.22%를 받아야 한다.

다비드의 목표이자율=9.52%(=10%−0.48%)

→ 총이자율(=LIBOR+2.3%−LIBOR+x)이 목표이자율이 되어야 하므로, 9.52%=LIBOR+2.3%−LIBOR+x → x=7.22% 즉, 7.22%를 지급해야 한다.

2.

총비용절감분=1.2%: 방코은행(0.2%), 골리앗(0.5%), 다비드(0.5%)

골리앗의 목표이자율=LIBOR+1%(=LIBOR+1.5%−0.5%)

→ 총이자율(=8%+LIBOR−x)이 목표이자율이 되어야 하므로, 8%+LIBOR−x=LIBOR+1% → x=7% 즉, 7%를 받아야 한다.

다비드의 목표이자율=9.5%(=10%−0.5%)

→ 총이자율(=LIBOR+2.3%−LIBOR+y)이 목표이자율이 되어야 하므로, 9.5%=LIBOR+2.3%−LIBOR+y → y=7.2% 즉, 7.2%를 지급해야 한다.

방코은행: 7.2%(y)−7%(x)=0.2%(=20bp) 이익

3. 다비드가 방코은행으로부터 지급받는 각 기간별 변동이자율

$$r_{n-1,n} = \frac{(1+y_{0,n})^n}{(1+y_{0,n-1})^{n-1}} - 1$$

$$\rightarrow r_{1,2} = \frac{(1+0.06)^2}{(1+0.055)^1} - 1 = 6.5\%, \quad r_{2,3} = \frac{(1+0.065)^3}{(1+0.06)^2} - 1 = 7.5\%$$

$$PV(현금유입) = \frac{5.5억}{(1+0.055)^1} + \frac{6.5억}{(1+0.06)^2} + \frac{7.5억}{(1+0.065)^3} = 17.21억$$

$$PV(현금유출) = \frac{7.2억}{(1+0.055)^1} + \frac{7.2억}{(1+0.06)^2} + \frac{7.2억}{(1+0.065)^3} = 19.19억$$

따라서, 스왑계약의 가치 $= 17.21억 - 19.19억 = -1.98억$

15 CHAPTER 신용파생상품

학습개요

본 장에서는 신용위험을 헷지할 수 있는 장외파생상품인 신용파생상품에 대해서 다룬 후, 2007-2008년 글로벌 금융위기의 발생 원인 및 파급효과에 대해서 살펴본다.

학습목표

- 신용디폴트스왑
- 총수익스왑
- 신용연계채권
- 신용스프레드옵션
- 자산유동화증권
- 2007-2008년 글로벌 금융위기

Section 1 | 신용파생상품의 개요

1. 신용파생상품의 개념

신용위험은 대출이나 채권투자에서 거래상대방인 차입자(채권발행기업)가 계약상 의무를 이행하지 않음으로써 투자자가 입게 되는 경제적 손실인 채무불이행위험을 의미한다. 이러한 신용위험을 다른 투자자에게 이전시키는 장외파생금융상품(OTC derivatives)이 바로 신용파생상품이며, 1990년대 소개된 이래 비약적으로 발전하여 왔다.

전통적으로 이자율위험, 신용위험 등과 같은 다양한 위험요소를 가지고 있는 채권의 경우 신용디폴트스왑(CDS: credit default swap)와 같은 신용파생생품이 등장하기 전에는 채권 자체를 직접 매수 혹은 매도함으로써 신용위험을 관리해 왔다. 하지만 신용파생상품의 등장으로 오직 신용위험만을 채권과 분리하여 거래할 수 있도록 함으로써 채무불이행위험 즉, 신용위험을 채권과 별개로 독립적으로 관리할 수 있게 되었다.

이처럼 신용파생상품은 신용위험이 내재된 신용위험의 이전 대상자산인 채권과 같은 기초자산(underlying asset)에서 신용위험만을 분리하여 거래상대방에게 이전하는 금융거래계약으로 신용위험이전거래의 가장 대표적인 형태이다. 여기서 신용위험이전거래란 기초자산의 신용위험만을 분리하여 다른 거래상대방에게 신용위험을 이전함으로써 기초자산을 신용위험과 단절된 안전한 자산으로 바꾸는 활동을 말한다.

구체적으로 신용파생상품을 통한 신용위험이전거래는 신용위험매수자(투자자＝보장매도자(protection seller))가 신용위험매도자(기초자산보유자＝보장매수자(protection buyer))로부터 신용위험을 떠안는 대가로 수수료를 지급 받는 대신 기초자산에서 채무불이행 등의 신용사건(credit event)이 발생할 경우에는 신용위험 매도자가 입는 손실의 일부 또는 전부를 보전해 주기로 약정하게 된다.

결국 신용파생상품이란 특정 신용사건에 대한 보험을 의미하기 때문에 신용사건에 대한 사전적 합의 및 계약서상의 명시적 정의가 중요하다. 신용사건 발생의 판단 기준이 되는 자산을 준거자산(reference asset)[1]이라 하고, 신용사건은 거래당사자간의 사전약정에 의해서 좌우되는데 일반적으로는 ISDA(International Swaps and Derivatives Association)가 정한 표준계약서의 정의를 따른다.

ISDA가 정의하는 신용사건은 크게 도산(bankruptcy), 지급실패(failure to pay), 기한의 이익상실(obligation acceleration), 모라토리엄/국가대외지급거절(moratorium/repudiation), 채무재조정(restructuring)이다. 도산은 파산, 청산, 화의, 회사정리절차 신청 등을 의미한다. 지급실패는 만기일에 채무를 상환하지 못하는 경우를 말한다. 기한의 이익상실은 부도 등으로 만기 이전에 채무를 상환하여야 할 의무가 발생하는 경우이다. 국가의 지급정지 선언은 모라토리엄/국가대외지급거절이다. 채권자와 채무자 사이에 채무원금, 이자, 지급시기 등이 재조정되는 경우를 채무재조정으로 정의한다.[2]

---

1 신용위험매도자(보장매수자)가 신용파생상품거래를 통해 신용위험을 이전하고자 하는 대상자산인 기초자산과 준거자산이 반드시 일치할 필요는 없지만 본서에서는 준거자산과 기초자산이 일치한다고 가정하고 설명한다.
2 ISDA의 정의에 따른 신용사건의 범위는 실제로 신용평가기관이 부도율 산정기준으로 삼는 부도(default)의 정의보다 훨씬 포괄적이기 때문에 실무에서는 ISDA의 6가지 정의 중에서 신용평가기

신용파생상품은 신용상태와 관련된 기준을 바탕으로 장외시장에서 당사자간 계약으로 체결되므로 거래가 정형화되어 있지 않을 뿐 아니라 기존자산을 그대로 보유하면서 준거자산으로부터 신용위험만을 분리하여 타인에게 이전시킬 수 있으므로 기초자산에 대한 채무자가 누군지 알 필요 없이 거래가 가능하다는 특징이 있다.

따라서 보장매수자(신용위험매도자)는 다음과 같은 이득을 본다. 첫째, 신용도의 하락이나 채무불이행 등의 신용사건으로 인해서 발생하는 자산가치의 손실을 줄이거나 막을 수 있다. 둘째, 유동성 강화를 통하여 목적에 맞추어 신용위험의 노출을 원하는 수준으로 용이하게 조정할 수 있다. 셋째, 신용파생상품을 활용하여 신용위험을 조정함으로써 여신한도에 대한 규제를 피하는 것이 가능하다.

또한 보장매도자(신용위험매수자)에게도 다음과 같은 이득이 있다. 첫째, 다른 일반적인 파생상품과 마찬가지로 자금조달의 부담 없이 레버리지효과(leverage effect)를 높이는 투기적 거래의 수단으로 활용될 수 있다. 둘째, 신용파생상품의 거래를 통하여 보장매도자가 준거자산을 보유하고 있는 것과 동일한 효과를 창출할 수 있기 때문에 여러 경제적 제약조건들로 인해 접근할 수 없는 대출시장에 진출하는 효과를 창출해 낼 수도 있다. 셋째, 신용파생상품은 부외거래(off-balanced sheet)이므로 대차대조표상에 나타나는 제약을 회피함으로써 보다 효율적인 자산부채관리가 가능하다.

2. 신용파생상품의 유형

신용파생상품은 장외거래의 특성상 계약당사자간의 계약조건에 의하여 이론적으로는 무한히 많은 형태의 상품 유형을 만드는 것이 가능하다. 그러나 실제로 현재 시장에서 거래되는 대표적 상품은 크게 스왑형태의 상품과 채권형태의 상품이 주류를 이루고 있다.

관의 부도정의에 포함되는 것만 신용사건으로 정의하고 기업의 신용위험과 관련한 신용파생상품 거래의 경우에는 파산, 지급실패, 채무재조정의 3가지를 신용사건으로 정의하는 것이 일반적이다.

(1) 신용디폴트스왑(CDS)

신용파생상품 중 가장 큰 거래비중을 차지하고 있는 기본적인 상품이다. 〈그림 15-1〉에서 보듯이 보장매수자(신용위험매도자)가 보장매도자(신용위험매수자)에게 신용위험 인수의 대가로 정기적으로 약정한 수수료(premium)를 지급하고, 준거자산에 신용사건이 발생하면 손실분을 보장매도자가 보장매수자에게 지급하여, 계약만기 시에 특별한 현금수수 없이 계약을 종료하는 계약을 신용디폴트스왑(CDS: credit default swap)이라 한다.

예를 들면, A가 채권발행한 B의 신용위험을 헷지하기 위하여 C에게 일정한 비용을 정기적으로 지불하는 대신 채무불이행이 발생하면 C로부터 손실을 보전 받는 계약이다.

보장매수자가 보장매도자에게 정기적으로 지급하는 수수료는 베이시스포인트(bp)로 표시하는 CDS프리미엄(CDS스프레드)이라고 부르며 일반적으로 분기, 반년, 또는 일 년에 한 번씩 지불된다. CDS프리미엄은 채권시장에서 회사채에 대한 신용스프레드와 더불어 준거자산에 대한 신용위험을 평가할 수 있는 대안으로 사용될 수 있다.

또한, 거래의 만기가 길수록, 채무불이행가능성이 높을수록, CDS거래상대방의 신용등급이 높을수록, 준거자산 신용과 거래상대방 신용의 상관관계가 낮을수록, 준거자산 회수율이 낮을수록 CDS프리미엄은 높아진다.

그림 15-1 **신용디폴트스왑(CDS) 거래**

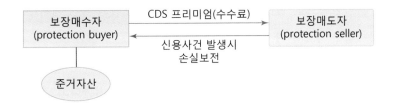

예제 | 신용디폴트스왑(CDS)

금융기관 A는 B기업이 발행한 만기 5년 액면가액 500억원의 채권을 보유하고 있다. B의 신용위험을 헷지하기 위하여 C에게 액면의 30bp를 매년 지급하고 채무불이행 발생 시 손실을 보전받는 신용디폴트스왑을 체결하였다. 채무불이행이 발생하는 시점에 이 채권이 200억원에 거래되고 있다면 A는 C로부터 얼마만큼을 손실보전액으로 받게 되는가?

| 답 |

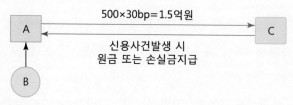

실물인수도방식: A는 B의 채권을 C에게 넘기고 액면가액 500억원을 지급받는다.

현금결제방식: C는 액면 − 회수가치 즉, 500억원 − 200억원 = 300억원을 지급받는다.

신용디폴트스왑은 신용바스켓스왑(CBS: credit basket swap)과 포트폴리오디폴트스왑(PDS: portfolio default swap)으로 세분할 수 있다. 준거자산이 하나인 신용디폴트스왑(CDS)에 비해 신용바스켓스왑(CBS)은 손실에 대한 부담 순위가 다른 다수의 준거자산을 대상으로 한다.

신용바스켓스왑은 보장매도자가 보장하는 신용사건의 발생 순서에 따라 FTD(first to default)바스켓스왑과 STD(second to default)바스켓스왑, TTD(third to default) 등으로 구분되는데 일반적으로 NTD(nth to default)바스켓스왑의 구조에서 N번째 신용사건이 발생하는 경우 정산된다.

예를 들면, FTD바스켓스왑의 경우 바스켓 안의 준거자산 중에서 첫 번째 신용사건이 발생하면 보장매도자가 해당 손실을 보장매수자에게 지불하고 계약이 종료된다. 마찬가지로 STD바스켓스왑의 경우에는 바스켓안의 준거자산 중에서 두 번째 신용사건이 발생하는 경우 보장매도자가 보장매수자에게 손실을 보상한다.

포트폴리오디폴트스왑(PDS)은 신용바스켓스왑에 비해 준거자산의 수가 통상 40~100여 개 수준으로 훨씬 많은 편이며, 보상한도가 신용사건의 발생순서가 아니라 신용사건 발생으로 인한 준거포트폴리오의 손실률이 사전에 약정된 특정비율에 도달할 때까지로 정의되는 차이가 있다.

(2) 총수익스왑(TRS)

총수익스왑(TRS: total return swap)은 〈그림 15-2〉에서 보듯이 보장매수자(총수익매도자) A가 보장매도자(총수익매수자) C에게 준거자산 B에서 얻어지는 총수익(total return), 즉 준거자산에서 얻어지는 모든 현금흐름을 주기적으로 지급하고, 보장매도자는 보장매수자에게 사전에 약정된 일정한 수수료(통상 LIBOR+스프레드)를 지급하는 계약이다.

보장매도자가 지급하는 수수료의 대가로 받게 되는 총수익에는 준거자산에서 얻어지는 모든 현금흐름을 포함하므로 준거자산의 시장가치의 변동분도 포함된다. 따라서 총수익스왑 계약 시 준거자산의 가치보다 계약만기 시의 준거자산의 가치가 크면 보장매수자가 보장매도자에게 준거자산의 가치상승분을 지급해야 한다. 반대로 총수익스왑 계약 시 준거자산의 가치보다 계약만기 시의 준거자산의 가치가 작으면 보장매도자가 보장매수자에게 준거자산의 가치하락분을 지급해야 한다.

신용디폴트스왑은 신용사건이 발생할 때에만 손실보전을 위한 정산이 이루어지지만, 총수익스왑은 신용사건의 발생여부와 관계없이 보장매수자와 보장매도자 사이에 현금교환이 이루어진다는 점이 총수익스왑과 신용디폴트스왑의 가장 큰 차이점이다.

현금흐름 측면에서 볼 때 총수익스왑은 준거자산을 실제로 매각하지 않고서도 준거자산의 신용위험과 이자율변화 및 환율변화로 인한 시장위험까지 이전할 수 있어서

그림 15-2   **총수익스왑(TRS) 거래**

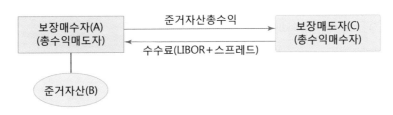

준거자산을 직접 매각하는 것과 동일한 효과를 가진다. 따라서 총수익스왑은 엄밀한 의미에서 신용위험만을 분리해서 거래하는 신용파생상품의 범주를 벗어난 것으로 보기도 한다.

총수익스왑은 흔히 자금조달수단으로 이용되는 경우가 많다. 다시 말하면, 보장매도자와 보장매수자간에 총수익스왑의 체결은 결국 보장매도자가 LIBOR＋스프레드의 이자율로 채권(준거자산)에 투자하기 위한 자금을 보장매수자으로부터 차입한 것으로 볼 수 있다. 보장매도자의 입장에서 볼 때 채권과 같은 자산에 투자할 때 현금지출 없이 매수할 수 있으므로 직접 채권에 투자하기 힘든 투자자들에게 새로운 투자기회를 제공하게 된다.

한편, 보장매수자의 입장에서는 계약기간동안 채권(준거자산)에 대한 소유권을 가지고 있으므로 보장매도자에게 직접 자금을 빌려주는 것보다 채무불이행위험이 훨씬 줄어들게 되는 장점이 있다. 또한 보장매수자는 준거자산(채권)을 계속 보유하면서도 위험을 계약기간 동안 제거할 수 있기 때문에 고객과의 관계를 지속적으로 유지하기 위해서 자산을 매각하기 어려운 은행과 같은 금융기관이 적절히 활용할 수 있는 상품이다.

예제 │ **총수익스왑(TRS)** ● ● ●

금융기관 A는 B기업이 발행한 만기 5년, 액면가액 100억원, 액면이자율 8%인 채권을 보유하고 있다. B의 신용위험을 헷지하기 위해 1년 후 C에게 총수익을 지불하는 대신 C로부터 LIBOR＋30bp를 지급받는 총수익스왑을 체결하였으며 현재 이 채권의 가격은 90억원이다.

(1) 1년 후 이 채권의 신용등급이 상승하여 시장가격이 95억원이 되고 LIBOR가 6%일 경우 A의 현금유입과 현금유출을 계산하시오.

(2) 1년 후 이 채권의 신용등급이 하락하여 시장가격이 80억원이 되고 LIBOR가 6%일 경우 A의 현금유입과 현금유출을 계산하시오.

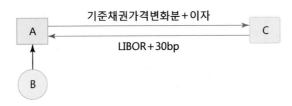

(1) 현금유입=100억원×6.3%=6.3억원

   현금유출=(95억원-90억원)+100억원×8%=13억원

(2) 현금유입=100억원×6.3%=6.3억원

   현금유출=(80억원-90억원)+100억원×8%=-2억원

만약 만기이전에 신용사건이 발생하여 계약이 종료되는 경우에는 C는 A에게 현금 또는 현물로 기준자산의 가치하락분 또는 사전에 약정된 금액을 지급한다. 일반적으로 현금결제인 경우에는 [(최근가격-최초가격)/최초가격]×원금으로 결제하고, 현물결제인 경우에는 신용사건 발생자산을 C가 인수하는 대신 C가 A에게 약정금액을 지급하여 결제한다.

(3) 신용연계채권(CLN)

신용연계채권(CLN: credit linked note)은 채권에 신용디폴트스왑이 내재된 상품이다. 신용연계채권은 〈그림 15-3〉에서 보듯이 보장매수자(CLN발행자)가 준거자산의 신용위험을 헷지하기 위하여 일반채권보다 높은 이자를 주는 신용연계채권을 발행하게 되면, 보장매도자(CLN투자자)는 신용연계채권을 매수함으로써 신용사건이 발생할 경우 손실을 지급하는 대신 높은 이자의 고수익을 얻게 된다.

보장매도자는 신용위험을 부담하는 대신 채권투자수익률의 향상을 도모한다. 신용사건이 발생하지 않는 경우에는 정상적으로 CLN투자자가 CLN의 원리금을 지급받지만 신용사건이 발생할 경우에는 원리금 지급이 중단되고 정산절차에 따라 CLN투자자가 준거자산의 손실을 부담하게 된다. 신용연계채권의 가장 일반적인 형태로 은행 등의 금융기관이 자신이 보유한 위험자산(채권)으로부터 발생하는 신용위험을 전가하기 위하여 신용연계채권을 발행하는 것이다.

신용연계채권의 이자율이 일반채권보다 높은 이유는 신용연계채권 발행자의 신용위험 뿐만 아니라 준거자산의 신용위험까지 동시에 부담하기 때문이다. 즉, 신용연계채권의 이자율은 일반채권이자율에 준거자산의 CDS스프레드를 합한 것이 된다. CLN투자자는 CLN발행자의 신용위험과 신용디폴트스왑에 대한 준거자산의 신용위험을 모두 책임지게 된다.

그림 15-3　신용연계채권(CLN) 거래

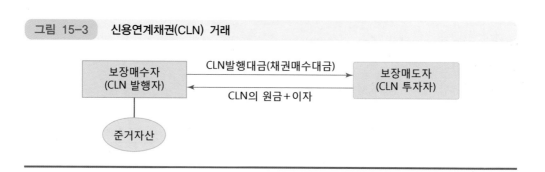

한편, 보장매도자인 CLN투자자는 준거자산의 신용위험만 노출된 것이 아니라 원리금 수취를 제대로 받을 수 있는지 즉, 원리금지급의무 이행과 관련한 위험에도 노출되는데, 이는 〈그림 15-4〉와 같이 특수목적회사(SPC: special purpose company)를 이용하여 줄일 수 있다.

그림 15-4　SPC를 이용한 신용연계채권(CLN) 거래

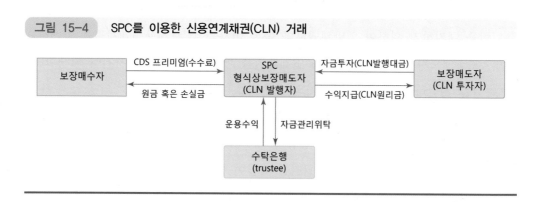

　실제로 시장에서 많은 경우에 특수목적회사를 이용하여 신용파생상품을 발행하고 있는데, 특수목적회사를 이용한 신용연계채권의 경우에는 보장매수자가 특수목적회사와 신용디폴트스왑을 체결하여 준거자산의 신용위험을 특수목적회사에게 이전하

고, 특수목적회사는 신용연계채권을 발행하여 조달된 자금을 수탁은행을 통하여 우량 자산에 투자함으로써 신용사건이 발생할 때 보장매수자에 대한 손실보전 및 신용연계 채권의 원리금 상환에 대비한다.

예제 **신용연계채권(CLN)** ● ● ●

금융기관 S는 300억원을 신용연계채권에 투자하였고, CLN발행자는 특수목적회사를 설립하여 AAA신용등급 채권에 투자하여 매년 액면이자율 LIBOR＋40bp를 지급받고, CLN발행자는 별도로 신용디폴트스왑을 체결하여 매년 50bp의 수수료를 받도록 신용연계채권을 구성하였다. 1년 동안 채무불이행이 발생하지 않을 경우 LIBOR가 8%라면 신용연계채권의 수익은 얼마인가?

▮답▮

300억원×(8%＋40bp＋50bp)＝300억원×0.089＝26.7억원

만일 채무불이행이 발생하면 신용디폴트스왑의 보전금액은 실질적으로 CLN투자자가 부담하게 된다.

(4) 신용스프레드옵션

신용옵션(credit option)은 특정 자산이나 신용스프레드(채권수익률－무위험수익률)를 행사가격에 사거나(credit call option) 팔 수 있는(credit put option) 권리를 말한다. 신용옵션 중에서 기초자산이 신용스프레드인 경우를 신용스프레드옵션(CSO: credit spread option)이라고 한다. 신용스프레드 콜옵션은 신용스프레드를 살 수 있는 권리이므로 행사가격 이상으로 스프레드가 커질 경우에 이익을 얻게 된다. 반면 신용스프레드 풋옵션은 신용스프레드를 팔 수 있는 권리이므로 행사가격 이상으로 스프레드가 축소될 때 이익을 얻게 된다. 따라서 앞으로 스프레드가 확대될 것으로 예상하는 투자자는 신용스프레드 콜옵션을 매수하고, 앞으로 스프레드가 축소될 것으로 예상하는 투자자는 신용스프레들 풋옵션을 매수한다. 이와 같은 신용스프레드옵셔은 투자한 채권의 신용등급변화로 인한 손실 위험을 옵션투자의 수익으로 헷징하는 특징을 갖는다.

(5) 자산유동화증권(ABS)

자산유동화증권(ABS: asset-backed securities)은 자산담보부증권이라고도 하는데, 금융기관, 사기업체, 공공법인 등이 보유하고 있는 다양한 형태의 자산의 현금흐름을 대상으로 발행되는 증권이다. ABS의 기초자산으로는 ① 채권, 주식 등의 유가증권, ② 주택저당채권(mortgage) 및 은행의 대출채권, ③ 주거용 및 상업용 부동산, ④ 신용카드 관련 채권, ⑤ 일반 매출채권 및 부실채권, ⑥ 학자금 융자, ⑦ 자동차융자 등을 들 수 있다.

일반적으로 자산유동화증권은 〈그림 15-5〉에서 보듯이 자산보유자와 별도로 분리된 특수목적회사가 발행한다. 이러한 자산유동화전문회사인 특수목적회사는 투기등급 채권을 넘겨받은 뒤, 이를 담보로 자산유동화증권을 발행하여 시장에 유통시키는 역할을 하며 자산유동화증권의 상환이 끝나면 해산된다.

특수목적회사는 실체가 없기 때문에 자산관리자가 특수목적회사를 대신하여 기초자산 및 그로부터 발생하는 현금흐름을 관리한다. 한편, 기초자산 보관, 자산유동화증권의 원리금 상환 실무 및 채무불이행 시 담보권 행사 등 특수목적회사를 대신하여 세부적인 실무업무를 총괄하여 투자자의 권익 보호하고 자산관리업무에 대한 감시(monitoring)는 수탁기관이 한다.

신용평가기관은 기초자산의 신용위험, 자산보유자 및 자산관리자의 신용도, 유동화의 구조 및 법률적 문제 등에 대한 분석을 통하여 자산유동화 증권의 신용등급을

그림 15-5   자산유동화증권의 기본구조

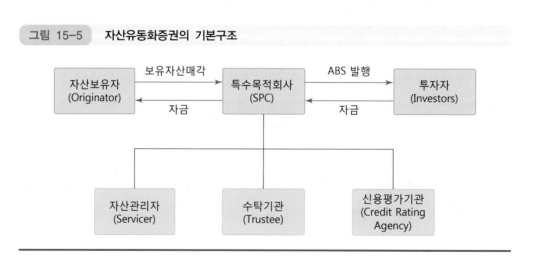

결정한다. 일반적으로 자산유동화증권은 다양한 기초자산 풀(pool)에 대하여 발행되므로 일반 투자자가 자산유동화증권의 신용위험을 정확하게 평가하기는 매우 어려우므로 자산유동화증권의 신용등급은 투자자들에게 유용한 정보가 된다.

자산유동화증권의 발행은 크게 두 단계를 거친다. 첫째, 보유자산 매각이다. 자산보유자는 특수목적회사에 자산을 완전히 매각하므로 자산보유자의 신용위험과 자산유동화증권의 신용위험이 완전 분리된다. 둘째, 신용보강이다. 자산유동화증권의 기초자산의 신용위험이 클 경우 자산유동화증권의 신용위험을 제거 혹은 감소시키는 것을 신용보강이라 한다.

신용보강은 외부신용보강과 내부신용보강으로 이루어지는데, 외부신용보강은 은행, 신용보증기관의 지급보증이나 은행의 신용공급 등 제3자의 지급능력에 의존하여 자산유동화증권의 신용등급을 높이는 것이고, 내부신용보강은 기초자산의 현금흐름에 대한 우선순위에서 차별화된 복수의 증권(tranches)을 발행하는 것으로 현금흐름이 불충분한 경우 후순위 증권의 희생으로 선순위 증권의 현금흐름의 안정성을 확보하는 것이다.

1) 주택저당증권(MBS)

자산유동화증권 중 금융기관이 차입자에게 주택을 담보로 제공한 대출(mortgage loan)을 기초자산으로 하여 발행한 증권을 주택저당증권(MBS: mortgage-backed securities)이라 한다. 주택저당증권은 자동이전형 주택저당증권(pass-through MBS)과 CMO(collateralized mortgage obligations)로 구분된다.

① 자동이전형 주택저당증권

주택을 담보로 제공한 대출은 주택을 사는 사람 입장에서는 돈을 빌려왔으므로 부채이지만 돈을 빌려준 은행의 입장에서는 자산이다. 하지만 이 자산은 이미 대출해 준 상태라 은행이 마음대로 쓸 수 있는 자산이 아니다. 즉, 자산을 팔아서 쉽게 현금화하기가 어렵다는 것이다. 따라서 은행은 자기 마음대로 사용할 수 없는 이 자산(주택담보대출)을 별도의 회사를 만들어서 그 회사한테 넘기고 주택담보대출의 매각대금을 받음으로써 현금화할 수 있다.

그렇다면 주택담보대출을 넘겨받은 별도의 회사는 어떻게 매각대금을 마련할 수 있을까? 넘겨받은 주택담보대출을 가지고 있으면 결국 주택을 담보로 대출한 사람들로부터 이자와 만기 시에 원금을 받게 된다. 별도의 회사는 이러한 주택담보대출을 근거로 새로운 채권을 발행하여 매도하면 된다. 이와 같이 발행되는 새로운 채권을 주택저당증권이라 한다.

주택저당증권 중 자동이전형 주택저당증권은 단순하다. 〈그림 15-6〉에서 보듯이 예를 들어, S은행이 100개의 주택담보대출을 하였다고 하자. S은행은 100개의 주택담보대출을 모두 별도의 회사 즉, 특수목적회사에게 넘기고 매각대금을 받게 된다. 특수목적회사는 넘겨받은 100개의 주택담보대출로부터 창출되는 현금흐름을 담보로 하여 새로운 증권 즉, 주택저당증권을 발행하게 된다.

만약 100개의 주택담보대출의 평균대출원금이 1억원이고, 주택저당증권 1,000개를 발행한다고 하면 주택저당증권 지분 1개의 가격은 100×1억원/1,000＝1천만원이 된다. 그리고 100개의 주택담보대출의 조기상환위험[3]을 1/1,000씩 분배하면 위험이

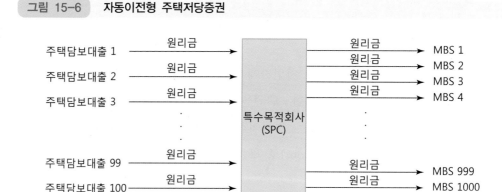

그림 15-6 　자동이전형 주택저당증권

---

[3] 만기일 이전에 주택담보대출의 차입자가 대출금의 일부 혹은 전부를 상하는 것을 조기상환(prepayment)이라고 한다. 예를 들어, 과거에 높은 대출이자율로 주택담보대출을 받은 차입자는 시장이자율이 하락할 경우에 기존의 높은 이자율로 받은 대출을 상환하고 현재의 낮은 이자율이 적용되는 대출을 새로이 받고자 한다. 통상 부동산담보대출의 가치가 대출원금보다 높아질 정도로 시장이자율이 하락하면 차입자는 대출을 상환하기 때문에 대출을 제공한 금융기관 입장에서는 대출가치상승의 혜택이 제한되는 불이익을 당할 뿐 아니라 원하지 않는 시점에서 낮아진 시장이자율로 다시 대출해야 하는 불이익도 당한다. 이처럼 조기상환으로 인하여 대출기관인 금융기관이 받게 되는 다양한 불이익을 모두 합쳐서 조기상환위험이라고 한다.

분산되고 크기가 작아지게 된다.

② CMO

CMO는 원리금지급에 있어서 우선순위를 구분함으로써 조기상환위험을 트랜치(tranche)별로 차별화하여 우등한 증권을 보유한 투자자들의 조기상환위험을 열등한 증권을 보유한 투자자에게 전가한다. 〈그림 15-7〉에서 보듯이 조기상환위험을 1차적으로 Tranche A가 모두 흡수, 순차적으로 Tranche B, Tranche C, Tranche D 순으로 이전하게 된다.

그림 15-7   CMO

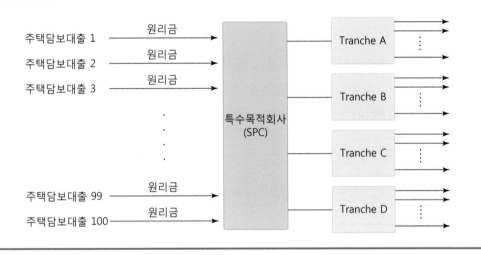

2) 부채담보부증권(CDO: collateralized debt obligation)

부채담보부증권은 회사채, 금융기관의 대출채권, 주택저당증권 등을 특수목적회사에 이전하여 이를 담보로 발행한 자산유동화증권(ABS)을 말한다. 이때 자산의 소유권은 원래의 자산보유자로부터 특수목적회사에게 완전히 이전된다. 투자은행들은 신용등급이 상대적으로 낮은 채권들을 섞어 새로운 신용등급을 가진 부채담보부증권으로 만들어 팔아 왔다.

예를 들어, A등급과 B등급의 회사채들을 담보로 묶어 신용평가를 한 뒤 변제 순위에 따라 AAA등급부터 투기등급(BB+이하)까지 세분화하는 부채담보부증권을 발행해 왔으며, 주로 상업은행(commercial bank) 등은 바젤(Basel) Ⅱ(일명, 신BIS협약)[4] 등으로 신용등급이 높은 채권이 필요하므로 선순위 tranche CDO에 투자하는 반면 투자은행이나 헷지펀드 등은 투기등급의 후순위 tranche CDO에 투자해 왔다. 후순위 tranche CDO의 매수기관은 위험포지션 헷지를 위하여 신용디폴트스왑 계약을 체결하여 신용위험에 대한 보장을 매수하기도 한다.

일반적으로 부채담보부증권은 같은 등급의 회사채에 비해 금리가 높아 발행규모가 급성장하고 인기가 높지만 부채담보부증권에 어떤 채권이 담보로 편입되어 있는지조차 제대로 알 수 없고 부도가 늘어날 경우 높은 등급의 부채담보부증권에의 투자자들이 큰 손실을 볼 수 있는 위험이 있다.

3) 합성CDO

보유자산이 특수목적회사에 완전히 매각되어 특수목적회사가 법적 소유권을 가

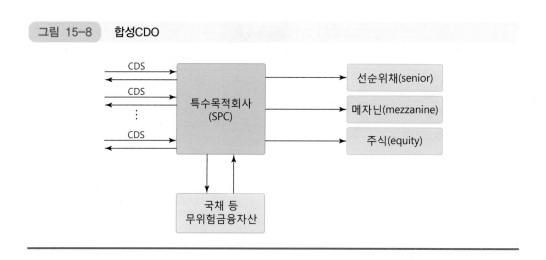

그림 15-8   합성CDO

---

4   바젤 II는 기존의 일정규모 이상의 최저자기자본을 유지하도록 하는 것만으로는 은행의 건전성을 확보하는 데 불충분하다는 판단에 따라 최저자기자본규모(pillar 1)와 더불어 은행의 위험관리와 자본적정성평가체제에 대한 감독당국의 점검(pillar 2)과 공시강화를 통한 시장참여자의 감시유도(pillar 3)에 의해 최저자기자본규모를 보완하는 구조로 이루어져 있다. 자기자본규모는 자기자본을 총위험가중자산으로 나누어 산출하며, 최저자기자본비율은 8%이다.

$$자기자본비율 = \frac{자기자본}{총위험가중자산(=신용위험가중자산+시장위험가중자산+운영위험가중자산)} \times 100 \geq 8\%$$

지게 되는 부채담보부증권와는 달리 합성CDO는 자산유동화증권과 신용파생상품이 결합된 형태로, 자산의 소유권은 자산소유자의 장부에 그대로 남고 자산과 관련된 신용위험만이 특수목적회사에 이전되며, 특수목적회사는 여러 개의 신용디폴트스왑을 묶어 이를 기초자산으로 하여 합성CDO(synthetic CDO)를 발행한다.

Section 2 | 2007-2008년 글로벌 금융위기

부동산을 담보로 대출을 받는 부동산담보대출을 모기지(mortgage)라고 한다. 미국에서는 부동산을 사기 위해 돈 빌리는 사람의 신용도에 따라 프라임(prime), 알트에이(Alt-A), 서브프라임(subprime)으로 구분한다.

1930년대부터 1980년대까지 미국의 주택보유비율은 65%에도 못 미치는 수준이기 때문에 1930년대부터 주택보유비율을 올리는 것이 미국 역대정부의 주요 정책목표 중 하나였다. 주택보유비율을 높이기 위해 미국 정부는 1938년 패니메이(FNMA/Fannie Mae: Federal National Mortgage Association)라는 정부기구를 만들어 은행 등 금융기관이 대출한 부동산담보대출을 마음대로 쓸 수 있는 자산인 현금으로 전환할 수 있게 하였다.

구체적으로 보면, 일반적으로 부동산을 사려는 사람은 은행에서 부동산을 담보로 대출을 받아서 부동산을 사고자 한다. 하지만 은행 등 금융기관의 입장에서는 대출을 할 경우 현금이 묶이게 되어 적극적으로 부동산담보대출을 하지 않는다. 이때 패니메이가 부동산담보대출을 은행 등의 금융기관으로부터 매수하게 되면 은행입장에서는 묶여 있는 자산인 부동산담보대출을 마음대로 쓸 수 있는 자산인 현금으로 바꿀 수 있기 때문에 부동산구입희망자들에게 부동산담보대출을 쉽게 해 줄 수 있게 된다. 그리고 패니메이는 〈그림 15-9〉와 같이 부동산담보대출을 근거로 새로운 채권인 주택저당증권(MBS)을 발행하여 매각한다.

이처럼 패니메이가 부동산담보대출시장에 유동성을 공급하는 역할을 하지만 기본적으로 정부조직의 관료주의로 인하여 효율성이 낮아짐에 따라 1968년에 패니메이를

그림 15-9   주택저당증권 거래구조

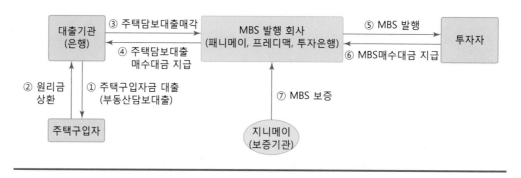

민영화하고, 독점의 폐해를 우려하여 경쟁유도차원에서 1970년에 프레디맥(FHLMC/ Freddie Mac: Federal Home Loan Mortgage Corporation)을 설립하고 패니메이와 프레디 맥 모두 정부후원기업(GSE: government-sponsored enterprise)으로 지정하였다.

한편, 1968년에 패니메이의 민영화와 동시에 부동산담보대출을 보증하는 기관으로 지니메이(GNMA/Ginnie Mae: Governmental National Mortgage Association)를 설립함으로써 지니메이의 보증을 통하여 정부의 보증을 확보하게 되었다.

1990년대 들어서면서 미국의 클린턴 행정부의 주택보유비율을 높이기 위한 패니메이와 프레디맥의 주택담보대출사업 지지 정책에 힘입어 패니메이와 프레디맥은 예를 들어, 2%의 이자를 주는 MBS를 발행하여 조달한 자금으로 은행이 가지고 있는 7% 이자를 받는 부동산담보대출을 매수함으로써 앉은 자리에서 5%의 수익을 확보할 수 있었다.

이에 은행 외에도 부동산담보대출만을 전문으로 하는 금융기관들이 우량신용도를 가진 프라임(prime) 및 알트에이(Alt-A)에 대한 부동산담보대출에 더하여 신용도가 낮은 서브프라임(subprime)의 신용도를 가진 저소득층에게도 부동산담보대출을 시작하였다.

비록 서브프라임에 대한 부동산담보대출의 이자가 높더라도 1990년대 중반부터 미국 부동산시장의 호황으로 주택가격이 상승하고 있어 본격적으로 부동산담보대출 붐이 시작되었다. 더구나 당시 미국은 2000년 3월 이후의 닷컴버블과 2001년 9.11테러 등으로 경기침체를 막기 위해 연방준비이사회(FRB)의 의장인 앨런 그린스펀이

2001년부터 기준금리를 낮추기 시작하여 2003년 6월에는 1%까지 기준금리가 내려갔다.

이처럼 1%의 초저금리 상태가 유지되면서 주택수요는 계속되고 주택가격은 계속 상승함에 따라 주택담보대출로 집을 구매한 투자자들은 큰 수익을 누리게 되었고, 이러한 주택담보대출은 매우 쉽게 이루어졌다. 전혀 수입이 없는 사람이라도 일단 집을 사면 바로 가격상승으로 인해 주택가치가 올라갔기 때문에 신용도가 낮은 서브프라임(subprime) 부동산담보대출의 규모가 급증하였다.

이후, 1%의 기준금리는 당시 물가상승률인 3%보다 낮아 실질이자율이 마이너스(−)인 상황이 되자 미국 연방준비이사회가 기준금리를 올리기 시작하고 2006년 2월 연방준비이사회는 금리를 2회 더 올려 2006년 6월에는 5.25%까지 상승하였다. 이러한 상황에서 2006년 초부터 미국의 주택가격이 하락하기 시작하여 주택가격의 거품이 꺼지고 주택담보대출의 연체율이 치솟으며 집값이 담보가치 이하로 떨어지면서 돈을 빌려주었던 부동산담도대출업체의 손실도 급격히 증가하게 되었다.

이러한 상황을 〈그림 15-10〉에 정리하여 나타내었다. 2000년 이후 주택경기 호황으로 인해 신용등급이 가장 낮은 서브프라임 대출자들이 주택을 담보로 돈을 빌리고, 이 서브프라임 주택담보대출을 가지고 주택저당증권을 발행하여 유동화하였다. 발행된 주택저당증권과 다른 고위험 채권을 섞어 부채담보부증권을 1차로 발행하여 다시 유동화한 후, 부채담보부증권 등을 다른 여러 자산과 섞어 2차로 부채담보부증권을 발행하여 다시 유동화하여 글로벌 금융시장에 유통시키게 되었다.

이때 주택가격 하락과 금리 인상으로 인해 채무불이행이 급증함에 따라 주택저당증권시장이 붕괴되기 시작하였고 부채담보부증권시장도 연쇄로 붕괴됨에 따라 국영

그림 15-10　파상금융상품의 연쇄구조

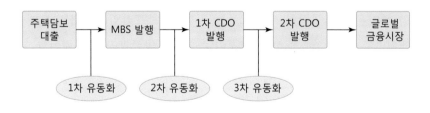

부동산담보대출회사인 패니메와 프레디맥이 위기를 맞게 되었고 헷지펀드도 손실을 보며 투자은행 등의 대형금융기관이 파산하는 순서로 붕괴되었다.

구체적으로, 2007년 2월 HSBC가 부동산담보대출 사업관련 손실규모를 발표하면서 서브프라임 부동산담보대출의 부실사태가 본격적으로 촉발되었다. 4월 2일에는 대형 투자회사인 모건스탠리, 골드만삭스 등이 지분을 갖고 있는 미국최대의 부동산담보대출 전문회사인 뉴센추리파이낸셜(new century financial)이 파산하였다. 이어 7월에는 알트에이(Alt-A)를 대상으로 부동산담보대출을 하는 얼라이언스뱅콥(Alliance Bancorp)도 파산신청을 하였다. 그리고 미국의 최대 은행인 씨티그룹과 모건스탠리, 메릴린치, 도이치은행 등 직접적인 손실을 본 미국과 유럽 금융회사들이 자금난에 직면하였다. 또한 직접손실을 보지 않은 금융회사들도 대출을 극도로 꺼리며 이미 투자해둔 자금까지 거둬들이기 시작하여 금융시장의 유동화 경색이 전 세계로 퍼져나갔다.

특히, 미국 5위의 투자은행 베어스턴스가 신용디폴트스왑(CDS)를 포함한 서브프라임 부동산담보대출 관련 손실로 2008년 3월에 상업은행인 JP모건체이스에게 매각되었고, MBS를 발행하여 들어온 돈으로 부동산담보대출을 매수하였던 패니메이와 프레디맥은 2008년 9월 7일 미국 정부에 의해 국유화되면서 두 회사에 각각 1,000억 달러의 긴급유동성자금을 지원받기 시작하여 같은 해 11월 말까지 두 회사에 7,440억 달러가 추가로 투입되었다.

9월 14일에는 미국 3위의 투자은행인 매릴린치가 뱅크오브아메리카에 500억 달러에 매각되었고, 9월 15일에는 미국 4위의 투자은행인 리먼브러더스가 파산하였으며, 9월 16일에는 미국 최대 보험사인 AIG가 과도한 신용디폴트스왑(CDS) 투자손실로 인한 파산위기로 850억 달러의 구제금융을 지원받기로 하였다. 미국 1위의 투자은행 미국 골드만삭스와 미국 2위의 투자은행 모건스탠리는 투자은행을 포기하고 상업은행을 자회자로 갖는 은행지주회사로 전환하여 연방준비은행의 자금을 사용할 수 있게 됨에 따라 유동성 위기에서 탈출하였다.

이처럼 투자은행이 몰락한 원인으로는 첫째, 서브프라임 부동산담보대출을 근거로 한 주택저당증권(MBS)에 대한 공격적인 투자 및 위험관리의 실패이고 둘째, 과도한 레버리지의 유지이다. 즉, 금융기관들은 차입하여 대출 또는 투자하는 것이 주업무이기 때문에 일반적으로 제조업에 비해 부채비율이 훨씬 높다. 그러한 사업의 성격을 고려하더라고 투자은행은 그 당시 자본에 비해 지나치게 과도한 부채를 가지고 있었다.

예를 들어, 자기자본이 10억원인 투자은행이 레버리지가 30배인 300억원을 2%에 빌려 투자하여 10%의 수익률 즉, 330억원을 만들면 이 중 6억원(＝300억원×2%)을 갚아도 24억원(＝30억원−6억원)의 수익을 거둘 수 있게 되어 레버리지를 과도하게 가져가는 분위기가 지속되었다. 실제로 2000년 5월 IT버블이 꺼지고 2001년 9.11 테러 사태를 겪으면서 경기 침체를 막기 위해 FRB 의장인 앨런 그린스펀은 2001년부터 연준 기준금리를 낮추기 시작하여 1%대의 초저금리 상태를 너무 오랫동안 방치하여 헷지 펀드와 투자은행이 앞장서고 상업은행 등의 금융기관도 과도한 레버리지 대열에 뛰어들었다. 예를 들어, 1%에 자금을 빌려와서 고위험자산에 투자하여 10%의 수익을 올리는 상황에서 너도 나도 자기자본에 비해 지나치게 높은 레버리지를 가지고 가게 되었다.

미국에서 발생한 금융위기는 이후 전 세계로 퍼져나가게 되어 유럽의 경우는 주요국 부동산 가격이 하락하고 부동산담보대출 회사의 부실징후가 나타났으며 미국 부동산대출관련 상품에 투자한 금융회사는 투자원금을 회수하지 못하여 부실화되면서 주가가 하락하였다. 또한 금융회사의 부실 우려가 확산되면서 대출을 기피하고 자금을 회수함으로써 아이슬란드 등 일부 국가의 외환보유액이 바닥을 치면서 부도위기를 겪었다.

우리나라의 경우 자국의 자금난에 몰린 외국인 투자자들이 주식을 매도하면서 주가가 폭락하고 주식 매도액을 환전하여 자국으로 가져감에 따라 달러수요 급증으로 환율이 폭등하게 되었다. 이와 같은 금융위기 발생 후 유럽, 미국, 영국, 일본, 한국 중앙은행이 유동성 강화를 위해 상호간에 자국통화와 달러화를 교환할 수 있는 통화스왑계약을 체결함으로써 달러공급 강화를 통해 금융위기를 진화하기 위해 노력하였다.

- 신용디폴트스왑(CDS)
  - 보장매수자(신용위험매도자): CDS 프리미엄(수수료) 지급
  - 보장매도자(신용위험매수자): 신용사건 발생시 손실보전

- 총수익스왑(TRS)
  - 보장매수자(총수익매도자): 준거자산 총수익 지급
  - 보장매도자(총수익매수자): 수수료(LIBOR＋스프레드) 지급

- 신용연계채권(CLN)
  - 보장매수자(CLN발행자): CLN발행대금(채권매수대금) 지급
  - 보장매도자(CLN투자자): CLN의 원금＋이자 지급

- 신용스프레드옵션(CSO)
  - 신용스프레드 콜옵션: 신용스프레드를 행사가격에 살 수 있는 권리
  - 신용스프레드 풋옵션: 신용스프레드를 행사가격에 팔 수 있는 권리

- 자산유동화증권(ABS)
  - 주택저당증권(MBS): 자동이전형 주택저당증권, CMO, 합성CDO

Q1. 다음 신용디폴트스왑의 프리미엄에 관한 설명으로 틀린 것은? (   )

① 거래의 만기가 길어지면 프리미엄이 올라간다.

② CDS거래상대방의 신용등급이 올라가면 프리미엄이 올라간다.

③ 준거자산 신용과 CDS거래상대방 신용의 상관관계가 부(−)의 관계이면 프리미엄이 내려간다.

④ 준거자산 회수율이 낮으면 프리미엄이 올라간다.

⑤ 채무불이행가능성이 높을수록 프리미엄이 올라간다.

Q2. 다음 신용파생상품에 관한 설명으로 맞는 것은? (   )

① TRS는 총수익지급자와 총수익수취자 사이의 현금흐름이 신용사건의 발생의 여부에 의해 결정된다.

② CLN의 이자율이 높은 이유는 보장매도자의 신용도에 따라 결정되는 조달금리에 준거자산의 신용위험에 대한 프리미엄이 가산되기 때문이다.

③ 준거자산의 신용위험이 증가하여 만기일의 신용스프레드가 행사스프레드보다 커질 것으로 예상하면 신용스프레드 풋옵션을 매수한다.

④ CDO의 경우 자산의 소유권은 원래의 자산보유자로부터 특수목적회사에게 완전히 이전된다.

⑤ CDS의 손실보전은 실물인수도방식만 존재한다.

Q3. 신용파생상품 중에서 준거자산의 신용위험을 분리하여 보장매도자에게 이전하고 보장매도자는 그 대가로 프리미엄과 손실보전금액을 교환하는 계약은? (   )

① CDS   ② TRS   ③ CSO

④ CLN   ⑤ ABS

Q4. 금융기관 A는 B기업이 발행한 채권을 보유하고 있다. B의 신용위험을 헤지하기 위해 1년 후 C에게 B기업이 발행한 채권에서 발생한 모든 현금흐름과 자본이익을 지급할 것이며, C에게 채권의 시장가격이 감소하면 감소분에 LIBOR+10bp를 더한 만큼을 지급할 것이다. 이러한 거래는 무엇인가? (   )

① CDS   ② TRS   ③ CLN

④ CSO   ⑤ ABS

Q5. CLN에 대한 설명으로 틀린 것은? (   )

① 신용파생상품을 증권화한 것으로 CDS가 내재된 채권이다.

② CLN이자율이 낮은 이유는 보장매입자의 신용도에 따라 결정되는 조달금리에 준거자산의 신용위험에 대한 프리미엄이 가산되어 있기 때문이다.

③ CLN투자자가 부담하게 되는 신용위험은 발행자의 신용위험과 CDS에 대한 준거자산의 신용위험이 된다.

④ 특수목적회사를 이용할 경우 CLN발행자와 관련된 거래상대방위험을 최소화할 수 있다.

⑤ 보장매도자는 신용위험을 부담하는 대신 채권투자수익률의 향상을 도모한다.

Q6. 다음 중 신용보강의 성격이 다른 것은? (   )

① 선순위 증권의 희생   ② 초과담보

③ 신용공급   ④ 우선순위가 다른 복수증권 발행

⑤ 적립금기금

Q7. 특수목적회사에 대한 설명으로 틀린 것은? (   )

① 자산유동화전문회사이다.

② 자산보유자와 별도로 분리되어 있다.

③ 자산유동화증권의 상환이 끝나면 해산한다.

④ 실체가 존재하는 회사이다.

⑤ 자산유동화증권을 발행하여 시장에 유통시키는 역할을 한다.

Q1. ③

Q2. ④

┃답┃

① TRS는 총수익지급자와 총수익수취자 사이의 현금흐름이 신용사건의 발생의 여부가 아니라 준거자산의 시장가치의 변화(신용등급 등)에 의해 결정된다.

② CLN의 이자율이 높은 이유는 보장매입자의 신용도에 따라 결정되는 조달금리에 준거자산의 신용위험에 대한 프리미엄이 가산되기 때문이다.

③ 준거자산의 신용위험이 증가하여 만기일의 신용스프레드가 행사스프레드보다 커질 것으로 예상하면 신용스프레드 콜옵션을 매수한다.

⑤ CDS손실보전은 실물인수도방식과 현금결제방식이 있다.

Q3. ①

Q4. ②

Q5. ②

Q6. ③

┃답┃

③ 신용공급이나 지급보증은 외부신용보강이다.

Q7. ④

찾아보기

저자 약력

이재하

서울대학교 공과대학 전자공학과 공학사
서울대학교 대학원 전자공학과 공학석사
인디애나대학교 경영대학 경영학석사
인디애나대학교 대학원 경영학박사
인디애나대학교 조교수
오클라호마대학교 석좌교수
한국파생상품학회 회장 / 한국재무관리학회 부회장
한국재무학회 상임이사 / 한국증권학회 이사
한국금융학회 이사 / 한국경영학회 이사
교보생명 사외이사 겸 리스크관리위원회 위원장
한국거래소 지수운영위원회 위원장
금융위원회·예금보험공사·자산관리공사 자산매각심의위원회 위원
공인회계사 출제위원
국민연금 연구심의위원회 위원
사학연금 자산운용 자문위원
대교문화재단 이사
교보증권 사외이사 겸 위험관리위원회 위원장
KB증권 사외이사 겸 리스크관리위원회 위원장
Journal of Financial Research Associate Editor
FMA Best Paper Award in Futures and Options on Futures
AIMR Graham and Dodd Scroll Award
한국재무관리학회 최우수 논문상
성균관대학교 SKK GSB 원장
현 성균관대학교 SKK GSB 교수

주요논문

How Markets Process Information: News Releases and Volatility
Volatility in Wheat Spot and Futures Markets, 1950-1993: Government Farm Programs, Seasonality, and Causality
Who Trades Futures and How: Evidence from the Heating Oil Futures Market
The Short-Run Dynamics of the Price Adjustment to New Information
The Creation and Resolution of Market Uncertainty: The Impact of Information Releases on Implied Volatility
The Intraday Ex Post and Ex Ante Profitability of Index Arbitrage
A Transactions Data Analysis of Arbitrage between Index Options and Index Futures
Intraday Volatility in Interest Rate and Foreign Exchange Spot and Futures Markets
Time Varying Term Premium in T-Bill Futures Rate and the Expectations Hypothesis
The Impact of Macroeconomic News on Financial Markets
Intraday Volatility in Interest Rate and Foreign Exchange Markets: ARCH, Announcement, and Seasonality Effects
KOSPI200 선물과 옵션간의 일중 사전적 차익거래 수익성 및 선종결전략
KOSPI200 선물을 이용한 헤지전략 등 Journal of Finance, Journal of Financial and Quantitative Analysis, Journal of Business, Journal of Futures Markets, 증권학회지, 선물연구, 재무관리연구 외 다수.

한덕희

성균관대학교 경상대학 회계학과 경영학사
성균관대학교 일반대학원 경영학과 경영학석사
성균관대학교 일반대학원 경영학과 경영학박사
인디애나대학교 Visiting Scholar
한국금융공학회 상임이사
한국재무관리학회 상임이사
한국기업경영학회 이사
한국전문경영인학회 이사
한국파생상품학회 이사
국민연금연구원 부연구위원
부산시 시정연구위원회 금융산업분과위원회 위원
부산시 출자·출연기관 경영평가단 평가위원
김해시 도시재생위원회 위원
한국주택금융공사 자금운용성과평가위원회 평가위원
부산문화재단 기본재산운용관리위원회 위원
한국문화정보원 기술평가위원
중소기업기술정보진흥원 중소기업기술개발 지원사업 평가위원
5급국가공무원 민간경력자 면접시험과제 출제위원
국가직 5급공채 면접시험과제 선정위원
중등교사 임용시험(제1차시험) 출제위원
2016년 / 2018년 / 2019년 Marquis Who's Who 등재
동아대학교 교육혁신원 교육성과관리센터장
동아대학교 사회과학대학 부학장
동아대학교 경영대학원 부원장
동아대학교 금융학과 학과장
현 동아대학교 금융학과 교수

주요논문

국채선물을 이용한 헤지전략
국채선물을 이용한 차익거래전략
KOSPI200 옵션시장에서의 박스스프레드 차익거래 수익성
KOSPI200 옵션과 상장지수펀드 간의 일중 차익거래 수익성
차익거래 수익성 분석을 통한 스타지수선물 및 현물시장 효율성
KOSPI200 현물 및 옵션시장에서의 수익률과 거래량 간의 선도-지연관계
국채현·선물시장에서의 장·단기 가격발견 효율성 분석
금현·선물시장과 달러현·선물시장 간의 장·단기영향 분석
통화현·선물시장간의 정보전달 분석
한·중 주식시장과 선물시장 간의 연관성 분석
금융시장과 실물경제 간의 파급효과: 주식, 채권, 유가, BDI를 대상으로
사회책임투자의 가격예시에 관한 연구
1980-2004년 동안의 증시부양정책 및 증시규제정책의 실효성
부동산정책, 부동산시장, 주식시장 간의 인과성 연구
부동산정책 발표에 대한 주식시장의 반응에 관한 연구 등 금융공학연구, 기업경영연구, 산업경제연구, 선물연구,
    증권학회지, 재무관리연구 외 다수.

핵심파생상품론

초판발행   2021년 8월 30일

지은이   이재하·한덕희
펴낸이   안종만·안상준

편 집   전채린
기획/마케팅   조성호
표지디자인   이미연
제 작   고철민·조영환

펴낸곳   (주) 박영사
               서울특별시 금천구 가산디지털2로 53, 210호(가산동, 한라시그마밸리)
               등록 1959. 3. 11. 제300-1959-1호(倫)

전 화   02)733-6771
f a x   02)736-4818
e-mail   pys@pybook.co.kr
homepage   www.pybook.co.kr
ISBN   979-11-303-1339-9   93320

정 가   39,000원